suhrkamp taschenbuch 284

Ernst Fischer, geboren 3. 7. 1899, gestorben am 1. 8. 1972, wurde 1920 Mitglied der sozialdemokratischen Partei und war zunächst Redakteur der sozialdemokratischen Zeitung *Arbeiterwillen,* von 1927-1934 Redakteur der *Arbeiter-Zeitung,* Wien. 1934 wechselte Fischer zum Kommunismus über und ging im gleichen Jahr in die Prager Emigration. 1939 flüchtete er vor den deutschen Truppen nach Moskau. 1945 kehrte Fischer nach Österreich zurück und gehörte von 1945-1959 dem Nationalrat an. Nach dem Kriege wurde er an der Universität Wien zum Dr. phil. promoviert und machte sich vor allem als Schriftsteller und Übersetzer einen Namen. Der österreichischen Sektion des internationalen PEN gehörte Fischer bis 1956 an. Großes Aufsehen in den westlichen Ländern verschafften ihm seine Essaybände *Kunst und Koexistenz-Beiträge zu einer marxistischen Ästhetik* (1966) und *Auf den Spuren der Wirklichkeit* (1968). Im Herbst 1968 scheute Fischer sich nicht, die Okkupation der CSSR zu verurteilen. Am 13. Oktober 1969 wurde er aus der KPÖ ausgeschlossen. – Weitere Veröffentlichungen u. a.: *Goethe, der große Humanist,* 1949; *Von der Notwendigkeit der Kunst,* 1959; *Zeitgeist und Literatur. Gebundenheit und Freiheit der Kunst,* 1964; *Erinnerungen und Reflektionen,* 1969.

Ernst Fischer hat ständig zwischen allen Meinungen und Fronten gestanden, aber seine Hoffnungen und sein Engagement haben bis zuletzt einem humanistischen Sozialismus gegolten. Der Grund, daß Ernst Fischer trotz seiner politischen Wandlungen bis ins hohe Alter hinein kein Doktrinär geworden ist, wird wohl in seiner intellektuell gebildeten Redlichkeit zu suchen sein. In diesem Band stellen wir sechs kritische Essays des Literaten Fischer vor: Grillparzer, Lenau, Nestroy, Kraus und Musil, im besonderen aber Kafka werden dem Vorurteil der Bürgerlichkeit wie dem der Entartung entzogen, damit in der Freilegung ihre Bedeutung zu erkennen und ihr Verdienst im Blick marxistischer Theorie zu analysieren ist.

Ernst Fischer

Von Grillparzer zu Kafka

Sechs Essays

Suhrkamp

suhrkamp taschenbuch 284
Erste Auflage 1975

Satz: IBV Lichtsatz KG, Berlin
Druck: Nomos Verlagsgesellschaft, Baden-Baden
Printed in Germany.
Umschlag nach Entwürfen
von Willy Fleckhaus und Rolf Staudt

Inhalt

Dies Österreich ist eine kleine Welt,
In der die große ihre Probe hält ...

Friedrich Hebbel

Man handelte in diesem Land – und mitunter
bis zu den höchsten Graden der Leidenschaft und ihren Folgen –
immer anders, als man dachte, oder dachte anders,
als man handelte ...
Kakanien war von einem in großen historischen Erfahrungen
erworbenen Mißtrauen gegen alles Entweder-Oder beseelt
und hatte immer eine Ahnung davon,
daß es noch viel mehr Gegensätze in der Welt gebe,
als an denen es schließlich zugrunde gegangen ist.
Sein Regierungsgrundsatz war das Sowohl-Als-auch
oder noch lieber mit weisester Mäßigung das Weder-Noch ...

Robert Musil

Franz Grillparzer

Der berühmteste Dichter seines Zeitalters, Lord Byron, schrieb, nachdem er eine italienische Übersetzung der Tragödie »Sappho« gelessen hatte, die Nachwelt werde lernen müssen, den schwierigen Namen Grillparzer auszusprechen. Österreich spricht ihn voll Bewunderung aus, die Welt aber kennt ihn zu wenig – nicht weil der Name so schwierig ist, sondern weil der Dichter es war, der ihn trug.

Sein Leben und Werk ist der Inbegriff altösterreichischer Problematik: die komplizierte Vereinigung von leidenschaftlicher Phantasie und menschenscheuem Raunzertum, von Traumgewalt und Wirklichkeitsangst, Opposition und Konservativismus, Humanität und Resignation. Er liebte Österreich und litt an ihm (»Die christliche Türkei« nannte er es gelegentlich). Er haßte das Regime Metternichs und fürchtete zugleich die demokratische Revolution. Er wollte die Einheit der buntscheckigen Monarchie bewahren und ahnte melancholisch ihren Verfall. Er hätte am liebsten die Zeit zum Stillstand gebracht, denn jeder Schritt vorwärts war ein Schritt zum Zusammenbruch des Habsburgerstaats. Ein brüchiges Staatssystem hatte auf das Nervensystem eines großen Dichters übergegriffen. Die widerspruchsvolle geschichtliche Entwicklung Österreichs erschwert es anderen Völkern, einen Dichter zu verstehen, der die Verkörperung all dieser Widersprüche war.

Grillparzer war nicht nur von der Allerseelenstimmung der zwischen Gräbern, Blumen, Lorbeerkränzen dahindämmernden Habsburgermonarchie beeinflußt, sondern auch das Haus seiner Kindheit war von Dunkelheit durchflutet.

»Finster und trüb waren die riesigen Gemächer«, berichtet er in seiner Selbstbiographie. »Nur in den längsten Sommertagen fielen um die Mittagszeit einzelne Sonnenstrahlen in das Arbeitszimmer unseres Vaters, und wir Kinder standen und freuten uns an den einzelnen Lichtstreifen am Fußboden. Ja, auch die Einteilung der Wohnung hatte etwas Mirakuloses. Nach Art der uralten Häuser war es mit der größten Raumverschwendung gebaut… Nächst der Küche lag das sogenannte Holzgewölbe, so groß, daß allenfalls ein mäßiges Haus darin Platz gehabt hätte. Man konnte es nur mit Licht betreten, dessen Strahl übrigens bei weitem nicht die Wände erreichte ... Nichts hinderte uns, diese schauerlichen Räume als mit Räubern, Zigeunern oder wohl gar Geistern bevölkert zu denken. Das Schauerliche wurde übrigens durch eine wirkliche, lebende Bevölkerung vermehrt, durch Ratten nämlich, die in Unzahl sich da herumtrieben und von denen einzelne sogar den Weg in die Küche fanden.«

Es gehörte zum Wesen dieses Hauses, dessen feudale Fassade über den Bauernmarkt hinwegblickte, daß es sich nach hinten zu gleichsam auflöste, sich mit verwinkelten Hinterhöfen und Hintertreppen in eine enge, schmutzige Sackgasse verlor, von deren Existenz die meisten Menschen in Wien keine Ahnung hatten.

In diesem »mirakulosen« Hause mit seinen feierlichen Prunkräumen und schauerlichen Gewölben, mit seinen Ratten, Schatten und Gespenstern wohnte »standesgemäß« und von Schulden aufgefressen der Advokat Wenzel Grillparzer. Da gab es eine Köchin und ein Küchenmädchen, einen Bedienten, der die gnädige Frau sonntags in die Kirche begleitete und würdevoll ihr Gebetbuch trug, einen Hofmeister und einen Musiklehrer, da gab es eine Sommerwohnung in Enzersdorf, Hausmusik und verschwenderische Hausbälle – und kein Geld für das Notwendige. Stipendien, Vorschüsse, demütigende Bittgesuche an die verschiedensten Institutionen, notdürftig verhüllte Bettelei und schließlich, am Totenbett des Vaters, die Armut ohne Maskerade. Neben dem ebenso energielosen wie leidenschaftlichen Vater huschte eine hochmusikalische, aber halbverrückte Mutter durch die Kindheit des Dichters, unruhig flackernd, kläglich erlöschend. Von den vier Söhnen ertränkt sich der eine in der Donau, zwei andere verzetteln ihre Begabung und gehn am Rande des Lumpenproletariats zugrunde; die Kinder, die der eine von ihnen hinterläßt, werden zu Taugenichtsen und Prostituierten. Und neben diesen und anderen brüchigen Gestalten finden wir in der Dunkelheit des alten Hauses am Bauernmarkt eine wunderliche Literatur, die ihren Zauber auf den Knaben ausübt: blutrünstige Ritter- und Gespenstergeschichten, die Heiligen- und Wundergeschichten des Paters Kochem, das Leben Alexanders von Quintus Curtius in einer uralten Übersetzung, das Textbuch der »Zauberflöte« und das Märchendrama »Der Rabe« von Gozzi; vor allem dieses erregende, überspitzte, von den Flammen einer kalten Phantasie durchloderte Märchendrama hat den jungen Grillparzer nachhaltig beeinflußt.

Das »mirakulose« Haus am Bauernmarkt mit seinen nicht weniger mirakulosen Bewohnern, mit seiner feudalen Fassade und seinem verstaubten Gerümpel, mit seinen musikalischen und theatralischen Veranstaltungen und seiner heillosen Finanzwirtschaft war im Wien der Habsburger und Metternichs, in der schwarzgelben Dunkelheit einer weitläufigen und verfaulenden Monarchie nichts Einmaliges und Fremdartiges; es war eine Miniaturausgabe dieser Monarchie. Nichts wäre falscher, als in der von Krankheit und Halbheit gezeichneten Familie Grillparzers, in der zermürbenden und gefährlichen Atmosphäre, aus der er hervorging, in seinem eigenen verworrenen und abseitigen Leben einen »Sonderfall« zu erblicken; dieses Leben voll Schwermut und Schwäche, voll Phantasie und Resignation, voll schöpferischer Begabung und verzehrender Energielosigkeit war ganz und gar bedingt durch das Wesen, durch die Geschichte, durch die Traditionen der Habsburgermonarchie.

Der widerspruchsvolle Habsburgerstaat

Der Habsburgerstaat war keineswegs nur Ergebnis der Fürstenwillkür. »Hausmachtpolitik« haben alle Fürsten der Feudalzeit betrieben, sie war keine Spezialität der Habsburger. Das Aufkommen mächtiger Landesherren war für die Herausbildung moderner Staaten unentbehrlich, der Kampf um eine geregelte Erbfolge, um die Sicherung einer festen Zentralgewalt hat zumeist den Fortschritt gefördert. Zum Unterschied von den englischen und französischen Königen, die sich immer wieder auf die Städte stützten, um den Feudaladel zu bändigen, hat sich schon der Begründer der Habsburgermacht auf den Feudaladel gestützt, um seinen Gegenspieler Ottokar von Böhmen niederzuwerfen. Dieses Bündnis mit dem Feudaladel wurde zur habsburgischen Tradition, zum Teil wohl dadurch bedingt, daß die geographische Lage Österreichs die Entstehung von Städten nicht begünstigte. Der staatliche Zusammenschluß der Donauvölker, vor allem im Kampfe gegen die Türken, war eine geschichtliche Notwendigkeit; das Unheil waren die reaktionären Methoden, durch welche dieser Zusammenschluß herbeigeführt und aufeinander angewiesene Völker aneinander gekettet wurden. Das Gefühl des Aufeinander-Angewiesenseins war sogar 1848 noch so groß, daß der tschechische Historiker Palacky von dem »notwendigen Völkerverein« sprach, dessen »Ader die Donau« sei, daß Kossuth in seiner revolutionären Rede am 3. März 1848 erklärte, es gehe um die »Verbrüderung der verschiedenen Völker Österreichs«, um die Ersetzung des »schlechten Bindemittels der Bajonette und des Beamtendrucks durch den festen Kitt einer freien Verfassung«, daß der konstituierende Wiener Reichstag am 7. Oktober 1848 proklamierte: »Wir sollen einen politischen Staatsbau aufführen, der verschiedene Völker zu einem brüderlichen Völkerstaat vereinigt, dessen unerschütterliche Grundlage das gleiche Recht, dessen Lebensprinzip die gleiche Freiheit aller sein soll.« Die Proklamation zu diesem Zeitpunkt wurde von der Wirklichkeit zur Phrase degradiert.

Nach den behutsamen Reformen der klugen Kaiserin Maria Theresia hatte ihr Sohn Joseph II. den Versuch unternommen, die Macht des Feudaladels und der Kirche zu brechen, ohne sich dabei auf die Kräfte des Volkes zu stützen. Das Konzept dieses heftigen und hochmütigen Monarchen war der Einheitsstaat mit einheitlicher deutscher Amtssprache. Eine einheitliche, deutschsprachige, aufgeklärte Bürokratie sollte diesen Staat zusammenhalten, als Exekutive des Monarchen sein Gerüst und seine Rüstung sein. Die »Revolution von oben«, gegen die nicht nur Adel und Kirche, sondern auch die zu nationalem Selbstbewußtsein erwachenden Völker sich auflehnten, scheiterte. Schritt für Schritt mußte der einsame, in der Wahl seiner Mittel durchaus kluge Kaiser vor seinen hartnäckigen und gewandten Gegnern zurückweichen. Es entbehrte nicht geschichtlicher Tragik, daß an sein Totenbett, als er die »Revolution von oben« zurücknahm, die Revolution von unten trat, daß manches, was der aufgeklärte Despot geahnt hatte, nun in Frankreich »für das Volk und durch das Volk« zur Tat wurde. Der Traum eines »aufgeklärten Absolutismus« war zusammengebrochen. Die Angst vor der Revolution, ja vor jeder Änderung, wurde zum Regierungsprinzip. Franz I., den Joseph verachtet hatte, übernahm die Methoden und den bürokratischen Machtapparat des Absolutismus, nicht um Reformen durchzuführen, sondern um jede Entwicklung zu unterbinden. Der »Josephinismus« war in seiner Fortwirkung widerspruchsvoll: als Widerschein der Aufklärung in den Köpfen intelligenter Bürger und Bürokraten, und als System bürokratischer Unterdrückung und Bevormundung. Franz I. und seine Minister sahen im »Josephinismus« den Bahnbrecher der verhaßten Menschenrechte, der Bauernbefreiung, des Sturzes von Adel und Monarchie. Sie begriffen, daß jede Enwicklung, jede Veränderung auf die bürgerliche Revolution hinzielte, und hielten es daher für das schlaueste, den Atem anzuhalten, den Zeiger von der Uhr der Geschichte zu entfernen und Österreich gegen das Tikken dieser Uhr schalldicht abzuschließen.

Dadurch wurde erreicht, daß das Feudalsystem in Österreich mit seinem absolutistisch-bürokratischen Überbau bei lebendigem Leib verfaulte. Die Verworrenheit, Unordnung und Unproduktivität, die dem Feudalismus zu eigen ist, war überdies von dem unentwirrbaren Netz einer umständlichen, pedantischen und anmaßenden Bürokratie überspannt. Diese Bürokratie hatte dafür zu sorgen, daß nichts geschehe. Ein riesiger Apparat war unablässig in Bewegung, um keinerlei Bewegung zuzulassen, unablässig in Tätigkeit, um jegliche Tätigkeit lahmzulegen. Das Wohl des Staates schien davon abzuhängen, daß über jeden Schritt jedes Bürgers ein Akt angelegt, zugleich aber davon, daß niemals ein Akt erledigt wurde, denn jede Erledigung irgendeines Anliegens, einer Beschwerde, eines Streitfalls konnte irgendwelche unvorhergesehene Wirkungen haben. Diese zum Staatsgrundgesetz erhobene Untätigkeit, diese Passivität als Inbegriff der Bürgertugend, dieses unruhige Auf-der-Stelle-Treten, die inhaltslose »G'schaftelhuberei«, bemächtigte sich der ganzen Gesellschaft und jedes einzelnen. Die Trägheit, Indolenz, »Wurstigkeit« nahm überhand. Grillparzers Hauslehrer opferte lieber seine Existenz als seinen Schlaf. Und Grillparzer selbst schrak vor jeder Tat zurück, fürchtete sich vor endgültigen Entschlüssen, war stets bemüht, keinen Akt seines Lebens zu erledigen. Er war der repräsentative Österreicher seines Zeitalters.

Der romantische Protest

Franz Grillparzer wurde am 15. Jänner 1791 als Sohn des Advokaten Wenzel Grillparzer geboren. Er starb am 21. Jänner 1872 als Hofrat in Pension und Mitglied des österreichischen Herrenhauses. Die meisten wußten damals von ihm nicht mehr, als daß er der Dichter der »Ahnfrau« war. Dieses genialische Schauerstück des Fünfundzwanzigjährigen hatte großen Erfolg; das ungewöhnliche Lebenswerk, das diesem Auftakt folgte, war so wenig erfolgreich wie das eines andren Einzelgängers: Heinrich von Kleist. Der weiche, jeder Entscheidung ausweichende Österreicher war dem fieberhaft überspannten, dem rebellierenden preußischen Junker sehr unähnlich; gemeinsam aber war den beiden abseitigen Dichtern die eigenwillige Haltung, die sie zwischen den Zeitaltern einnahmen.

Das Zeitalter der Aristokratie, des Absolutismus, der Aufklärung, des von Optimismus erfüllten aufsteigenden Bürgertums ging zu Ende; das Zeitalter des siegreichen Bürgertums, des Kapitalismus und Individualismus, hatte begonnen. Im wesentlichen war die Französische Revolution der Wendepunkt. Es galt nun, die Ideen der Aufklärung, der revolutionären Bewegung zu erfüllen; doch »Erfüllungen sind immer Enttäuschungen«, schrieb der große österreichische Schriftsteller Robert Musil. Das Zeitalter der vorwärtsstürmenden Technik und Industrie, des unaufhaltsam um sich greifenden Kapitals, der Bürgerherrschaft in mannigfaltigen Formen war zugleich, wie Honoré de Balzac formulierte, ein Zeitalter »verlorener Illusionen«. Die tiefen gesellschaftlichen Widersprüche fanden ihren Ausdruck in der *Romantik,* die zur philosophischen, literarischen und künstlerischen Hauptströmung wurde. Die wichtigsten Merkmale der in sich selber widerspruchsvollen Romantik waren die tiefe Abneigung gegen den Kapitalismus, das Gefühl, in einer zur Fremde gewordenen, durch fortschreitende Arbeitsteilung zerstückelten Welt zu leben, die Sehnsucht nach einer verlorenen, in die Vergangenheit hineingeträumten oder von ferner Zukunft erhofften Einheit des Menschen mit sich selbst und mit der Gesellschaft, die Selbstbespiegelung der Persönlichkeit mit all ihren Leidenschaften, Träumen und Komplikationen, das Bekenntnis zum Künstler gegen den Bürger, zum »Erwählten« und »Begnadeten« im Konflikt mit einer prosaischen Außenwelt.

Grillparzer und Kleist gehörten nicht der von den Brüdern Schlegel, von Tieck, Novalis, Schleiermacher gegründeten »Romantischen Schule« an; beide waren jedoch dem Wesen und der Haltung nach *Romantiker.* Ihr romantischer Protest gegen die Bürgerwelt, ihr Verlangen nach Einheit und Fülle des Lebens, nach Übereinstimmung von Persönlichkeit und Gesellschaft verband sich mit neuen Methoden *realistischer* Menschendarstellung. Der klassizistische Idealismus (den in Deutschland vor allem Friedrich Schiller verkörperte), hatte die Charaktere zu sehr vereinfacht, stilisiert, pathetisch überhöht; behutsamer als der ungestüme, ungeduldige Kleist, aber mit verwandter Absicht, gestaltete Grillparzer Menschen »mit ihrem Widerspruch«, problematische Wesen mit einer Vielfalt von Trieben und Träumen, von Farben und Nuancen. Es waren nicht mehr Charaktermasken, sondern Charaktere mit positiven und negativen Zügen, die vor das Publikum traten; und eben dies war unbequem und befremdend. Außerdem hielten sowohl Kleist wie Grillparzer daran fest, daß ein Theaterstück nicht den Alltag widerzuspiegeln habe, sondern daß es *Dichtung* sein müsse; und diese Vereinigung von *Psychologie,* die ins Unbewußte und Fragwürdige des Menschen hinabtauchte, mit dem von der klassischen Literatur übernommenen Prinzip der Größe, der Umwandlung von Wirklichkeit in Dichtung, trug dazu bei, die Dichter zwischen den Zeitaltern mit Schatten der Einsamkeit zu verdunkeln.

Der romantische Protest gegen die kapitalistische Entwicklung war für Grillparzer zugleich Abwehr gegen die Bedrohung des österreichischen Staatsgefüges durch eben diese Entwicklung. Grillparzer war keineswegs der »Reaktionär«, als den man ihn mitunter angeklagt hat.

Er sah die Fäulnis des Systems, er machte sich über Franz I., über Metternich und all ihre Kreaturen nicht die geringsten Illusionen, aber er suchte vergeblich nach ihren Gegenspielern, die fähig wären, Österreich zu erneuern; er fürchtete, daß sie nur imstande seien, Österreich zu zertrümmern. Er meinte, daß es zu spät oder zu früh sei, die große Umwälzung herbeizuführen, die Österreich zu retten vermochte; und in dieser seiner Anschauung spiegelte sich die tiefe Problematik eines Dichters, der in der Tat zu spät gekommen war oder zu früh, eines Humanisten, der einsam zwischen den Zeiten stand und dem eine fremde, feindliche Wirklichkeit entgegenstarrte. »O Mensch, der nur zwei Fremden und keine Heimat hat!« rief er in klagendem Selbstgespräch; unerfüllbare Sehnsucht wurde in knappen Versen ausgesprochen:

Nur weiter geht ihr tolles Treiben,
Von vorwärts! vorwärts! erschallt das Land:
Ich möchte, wär's möglich, stehenbleiben,
Wo Schiller und Goethe stand.

Dieser Wunsch, »stehenzubleiben, wo Schiller und Goethe stand«, entsprang dem tiefen Grauen vor der Zersetzung einer Gesellschaft, der scheinbar die großen positiven Gegenkräfte mangelten. In den humanistischen Dichtern Deutschlands, in Lessing und Herder, in Schiller und Goethe, verkörperte sich der ungestüme Aufschwung des Bürgertums. Es war die Morgenröte eines neuen Zeitalters, die alles mit ihrem kräftigen und lebhaften Licht übergoß. Das Leben schien zu einer neuen Einheit, Fülle und Harmonie zu erwachen. Es folgte in Frankreich der Sonnenaufgang der Revolution – und in Mitteleuropa die reaktionäre Verdunkelung. In Frankreich war die verfaulte Gesellschaft in einem ungeheuren, reinigenden Gewitter zusammengebrochen, in Deutschland und mehr noch in Österreich siechte sie dahin, erstickte sie gräßlich langsam an ihrer eigenen Jämmerlichkeit. Der Kapitalismus trat seine Herrschaft nicht mit Donner und Blitz an, er kam durch die Hintertür hereingeschlichen, seine Wegbereiter waren nicht revolutionäre Heroen, sondern mittelmäßige, unansehnliche Gestalten. Was ein feinfühliger und zugleich unbarmherziger Beobachter wie Grillparzer vor allem wahrnahm, war der Prozeß der Zersetzung, und er weigerte sich, in dieser Zersetzung einen Fortschritt zu erblicken. Ausdrücklich bejahte er die amerikanischen Freiheitskriege und die große Französische Revolution. »Die ersten Revolutionen des neueren Europas«, schrieb er in seinen Erinnerungen, »die amerikanische und die französische der neunziger Jahre, gingen mehr oder weniger von einer Notwendigkeit, von einer Gefährdung der materiellen Interessen, von einer Bedrohung der Grundlagen alles Bestehenden aus.« An den späteren revolutionären Bewegungen leugnete Grillparzer diese Notwendigkeit; unfähig, den Klassencharakter der bürgerlich-demokratischen Revolution zu verstehn, sah er in ihr das Geschichtsdrama, das er nach den sichtbaren Kräften und Gegenkräften – und nach der Qualität der Darsteller bewertete. Die demokratischen Kräfte in Österreich waren nun keineswegs hervorragend: eine engherzige, von dem nachrückenden Proletariat erschreckte Bourgeoisie, mehr oder minder deklassierte Kleinbürger, mehr oder minder talentlose Literaten. In all dem bemerkte Grillparzer eine beklemmende Unzulänglichkeit, fühlte er die Halbheit, deren tiefste Ursachen er freilich nicht erkannte: daß das Bürgertum vor der plebejischen Revolution Angst hatte, weil es vor den Arbeitern Angst hatte, und daß es daher stets bereit war, Hals über Kopf zur Reaktion überzugehn.

Die demokratische Revolution

Den elementaren Bedürfnissen der Bauern stand der Großstädter Grillparzer fremd gegenüber. Die Arbeiter waren ihm unverständlich, erschienen ihm nur als eine Kraft der Zerstörung. Die draufgängerische Tapferkeit der Studenten erregte seine Bewunderung; unmöglich aber konnten ein paar tausend Studenten die Träger einer neuen Ordnung sein. Da er nirgends die Träger dieser neuen Ordnung erblickte, war Grillparzer nicht imstande, den bürgerlich-demokratischen Charakter der Revolution von 1848 zu begreifen. Der Beginn dieser Revolution dünkte ihn »so matt, so erbärmlich, daß ich mich im Namen meiner Landsleute schämte, daß, wenn sie schon krawallen wollten, sie's gar so unscheinbar anfingen«. Dann aber machte die Kühnheit der Studenten auf ihn einen großen Eindruck. »Die Unbekümmertheit, mit der die jungen Leute wie Opferlämmer sich hinstellten und von den aufgestellten Bewaffneten gar keine Notiz nahmen, hatte etwas Großartiges. Das sind heldenmütige Kinder, sagte ich zu mir selbst.« Als jedoch später die Revolution in Wien sich in ihrer ganzen Größe aufrichtete, als Arbeiter und Studenten Wunder an Heldenmut vollbrachten, während das Bürgertum angstschlotternd der Konterrevolution Vorschub leistete, hatte Grillparzer seine Entscheidung schon getroffen: gegen die Revolution, für die Armee der Habsburger unter dem Kommando des Feldmarschalls Radetzky.

Im Bewußtsein Grillparzers war die Revolution des Jahres 1848 nicht eine Kraft, die eine neue Ordnung versprach, sondern nur ein weiteres Element der allgemeinen Zersetzung, die ihm den Angstruf abnötigte: »Ich möchte, wär's möglich, stehenbleiben…!« Stehenbleibend, stand er plötzlich im Lager der Reaktion, die sein Leben zerstört hatte. Wir hören sein Geständnis: »Der Despotismus hat mein Leben, wenigstens mein literarisches, zerstört, ich werde daher wohl Sinn für die Freiheit haben. Aber nebstdem, daß die Bewegung des Jahres achtundvierzig mein Vaterland zu zerstören drohte, das ich bis zum Kindischen liebte, schien mir auch überhaupt kein Zeitpunkt für die Freiheit ungünstiger als der damalige.« Grillparzer traute der deutschen, geschweige denn der österreichischen Bourgeoisie die Fähigkeit nicht zu, etwas wirklich Neues und Großes hervorzubringen; aber ausschlaggebend für seine Stellungnahme war nicht so sehr diese Einschätzung seiner bürgerlichen Zeitgenossen wie seine tiefe Sorge um den Bestand Österreichs. Es war nicht nur die gesellschaftliche Zersetzung im allgemeinen, es war die Zersetzung des österreichischen Nationalitätenstaates im besonderen, die Grillparzer bis an die Wurzeln seines Wesens beunruhigte.

Grillparzer, der sein Vaterland »bis zum Kindischen« liebte, war mit allen Fasern seines Daseins Österreicher. In ein Stammbuch schrieb er:

Hast du vom Kahlenberg das Land dir rings besehn,
So wirst du, was ich schrieb und was ich bin, verstehn.

Und es war keineswegs nur die österreichische Landschaft, sondern es war das gesamte staatliche, geschichtliche, kulturelle Gebilde Österreich mit all seinen Widersprüchen und Wunderlichkeiten, zu dem er sich leidenschaftlich bekannte. Er sei kein Deutscher, sagte er einmal, sondern ein Österreicher, genauer ein Niederösterreicher und alles in allem ein Wiener. Das war weit mehr als der Ausdruck eines beschränkten Lokalpatriotismus, das war das Ergebnis eines unablässigen Ringens mit der österreichischen Problematik. Um Grillparzer gerecht zu werden, müssen wir uns vor Augen führen, daß er die Revolution des Jahres 1848 vor allem deshalb ablehnte, weil sie in Österreich unvermeidlich den nationalen Kampf entfesselte, weil sie einer Sprengung des österreichischen Nationalitätenstaates entgegentrieb. In seinen »Erinnerungen« hat Grillparzer sich eine Reihe von Fragen vorgelegt und beantwortet:

»Warst du mit dem vormärzlichen Zustande zufrieden? Hast du keine Änderung gewünscht? Glaubst du, daß der Mensch nicht Hand anlegen soll, um unleidliche, nichtswürdige Verhältnisse zu verbessern? Alle diese Fragen mit ja beantwortet, muß doch bei allem Praktischen auf die Umstände Rücksicht genommen werden. Wäre der östreichische Staat ein kompakter, von ein und demselben Volksstamme bewohnter, oder wären diese Volksstämme von dem Wunsche des Zusammengehörens und Zusammenbleibens beherrscht; wäre die Richtung der Zeit eine solche gewesen, daß ein vernünftiges Einhalten nach Erreichung vernünftiger Zwecke vorauszusetzen gewesen, ich hätte die Hand freudig zu jedem Reformversuch geboten, oder – um mir nicht zu viel Tatkraft anzudichten – wenigstens jeden solchen, wenn auch gewaltsamen Versuch mit meinen Wünschen und mit meinem moralischen Einfluß auf meine Landsleute unterstützt. So aber war – und gerade damals im höchsten Grade – von alledem das Gegenteil.«

Und er fügte hinzu:

»Die lächerliche Nationalitätsfrage hatte allen Volksstämmen der östreichischen Monarchie eine zentrifugale Bewegung eingedrückt...«

Das nationale Problem

Die Nationalitätsfrage war keineswegs so »lächerlich«, wie Grillparzer in seinem Groll behauptete, sie war die Grundfrage der bürgerlich-demokratischen Revolution in Österreich. Sollten sich im Prozeß dieser Revolution die deutschsprechenden Österreicher mit den Preußen, den Bayern, den Sachsen usw. zur deutschen Nation vereinigen – auch unter der Voraussetzung, daß die alten Verbindungen mit den slawischen Völkern gesprengt wurden und Wien aufhörte, das Zentrum eines großen Reiches zu sein? Sollten die Tschechen und andere slawische Völker gegen ihren Willen zu dem neuen Deutschland gehören? Sollte ein großer slawischer oder ein großer ungarischer Staat entstehn? Und waren all diese Fragen, die unmittelbar mit der komplizierten nationalen Gliederung der Monarchie zusammenhingen, in der Tat schon lösungsreif?

Österreich hat sich wirtschaftlich, politisch und kulturell anders entwickelt als Deutschland. Obwohl die Habsburger jahrhundertelang die deutsche Kaiserkrone trugen, waren die österreichischen Länder nur locker mit dem Deutschen Reich verbunden. Nach dem Dreißigjährigen Krieg war diese Verbindung nahezu völlig unterbrochen und mehr und mehr trat die Rivalität zwischen Österreich und Preußen, ihr Kampf um die Vorherrschaft in Mitteleuropa in den Vordergrund. Der Überfall Preußens auf Österreich in der Mitte des 18. Jahrhunderts und der Siebenjährige Krieg zwischen Friedrich II. und Maria Theresia hinterließen ihre Spuren im Bewußtsein des österreichischen Volkes. Andererseits aber blieb der wirtschaftliche und kulturelle Aufschwung in Westdeutschland, der sich am eindrucksvollsten in den Werken der deutschen Klassiker widerspiegelte, nicht ohne tiefe Rückwirkung auf die fortgeschrittensten Teile des österreichischen Bürgertums, der österreichischen Intelligenz. Es war eine dünne, aber lebhafte und progressive Schicht, die sich auf das Deutschland Lessings, Goethes und Schillers orientierte und vor allem nach dem Wiener Kongreß, in den Jahrzehnten der drückendsten Reaktion in Österreich, im Zusammenschluß mit Deutschland eine geschichtliche und nationale Notwendigkeit erblickte. Die demokratischen Kräfte in Österreich wünschten die chinesische Mauer zu durchbrechen, die das System Metternichs zwischen der Habsburgermonarchie und Deutschland errichtete, sie waren Anhänger einer großdeutschen demokratischen Revolution.

Man darf jedoch nicht übersehn, daß diese Kräfte in Österreich sehr isoliert und zum größten Teil alles andere als konsequent waren. Das österreichische Bürgertum und die aus seinem Schoß hervorgegangene Bürokratie waren nicht bereit, auf die Vormachtstellung gegenüber den slawischen Völkern der Monarchie zu verzichten und sich unter Preisgabe ihrer Privilegien einem gesamtdeutschen Reiche einzugliedern und unterzuordnen. Die österreichischen Bauern standen in ihrer großen Masse den großdeutschen Bestrebungen gleichgültig, ja mißtrauisch gegenüber. Die österreichischen Arbeiter, die heldenhaften Barrikadenkämpfer von 1848, waren nur schwer zu bewegen, die großdeutschen Losungen anzunehmen. Und auch die eigentlichen Repräsentanten des großdeutschen Gedankens schwankten in ihren Anschauungen. Der norddeutsche Dramatiker Friedrich Hebbel, der in Wien seine zweite Heimat gefunden hatte, kennzeichnete mit scharfen Worten diese Schwankungen. In seinem Tagebuch findet sich unter dem Datum des 18. April 1848 die Notiz:

»Die lieben Österreicher! Sie sinnen jetzt darüber nach, wie sie sich mit Deutschland vereinigen können, ohne sich mit Deutschland zu vereinigen! Das wird schwer auszuführen sein, ebenso schwer, als wenn zwei, die sich küssen wollten, sich dabei den Rücken zuzukehren wünschten!«

Nach der Niederlage der Revolution vollzog sich auch ein Umschwung in jener schmalen Schicht, die bisher am entschlossensten für Großdeutschland eingetreten war. Der entscheidende

Wendepunkt war 1866 der militärische Sieg Preußens über Österreich. Damals schrieb einer der Wortführer der großdeutschen Bewegung, L. A. Frankl, an den ebenfalls großdeutschen Dichter Anastasius Grün:

»Immer und immer wieder drängt sich mir der Zweifel auf, ob denn auch die deutsche Bevölkerung Österreichs in Wahrheit sich eine Vereinigung mit Deutschland wünscht... In Wien vor allem, das doch eine von Deutschen zumeist bewohnte Stadt ist, scheint mir mit dem Deutschtum viel geflunkert worden zu sein...«

Frankl kam zu der Schlußfolgerung, »daß ich bei einem Plebiszit voraussetzen muß, daß die Deutschösterreicher sich nicht mit Deutschland vereinigen werden...«

Die größten Schwierigkeiten und Hemmungen hatten sich von Anfang an aus der nationalen Frage ergeben. Auch die slawischen Völker der Monarchie gerieten in die Strömung der bürgerlich-demokratischen Revolution und stellten ihre nationalen Forderungen. Die Ungarn jedoch, die am kühnsten die Fahne der Revolution erhoben, waren nicht bereit, diesen Forderungen auch nur im geringsten entgegenzukommen; die Kroaten, von den Ungarn zurückgestoßen, wurden den habsburgischen Intrigen zugänglich und ließen sich ins Lager der Konterrevolution ziehn. Ähnlich verhielt es sich mit den Tschechen, denen das deutsche und das österreichische Bürgertum verständnislos und anmaßend entgegentrat; sie fürchteten nicht mit Unrecht, durch einen großdeutschen Block erdrückt zu werden, und stellten sich nach einigen Schwankungen an die Seite der Habsburger, in denen sie das kleinere Übel erblickten. Die reaktionären Kräfte verstanden es, aus den nationalen Kämpfen ihren Vorteil zu ziehn, die verschiedenen Völker gegeneinanderzuhetzen und mit slawischer Unterstützung die Revolution niederzuwerfen. Grillparzer sah vor allem die plötzlich akut gewordene nationale Zerrissenheit und fürchtete nicht nur, Österreich könne daran zugrunde gehn, sondern auch, der jäh emporlodernde Nationalismus werde einen neuen Zustand der Barbarei heraufbeschwören. In seiner Sorge um die Ideale des Humanismus hat er die Worte geprägt:

Der Weg der neuern Bildung geht
Von Humanität

Durch Nationalität
Zur Bestialität.

Grillparzer hat die Unvermeidlichkeit, die historische Notwendigkeit des Erwachens der Nationen im Zeitalter des Kapitalismus nicht verstanden, aber ahnungsvoll hat er die künftige Entartung des Nationalismus, hat er den bestialischen Chauvinismus vorausgesehn. Er wollte auch in dieser Frage stehenbleiben, wo Schiller, aber vor allem, wo Goethe stand, und weigerte sich ingrimmig und hoffnungslos, den Kapitalismus mit all seinen Wesenszügen anzuerkennen. Man muß dabei berücksichtigen, daß in Deutschland die nationale Frage einen durchaus positiven Charakter trug, während in Österreich das Negative überwog; in Deutschland trat sie auf mit dem großen revolutionären Pathos der Einigung, in Österreich mußte sie als ein Element der Zersetzung erscheinen. Wir wissen, daß für Grillparzer eben die Zersetzung das hervorstechende Merkmal des Kapitalismus war, und so wertete er den Aufbruch des Nationalismus nur als eine Bestätigung seiner Anschauungen. Er kämpfte für eine Einheit des Menschen und der Gesellschaft, die nirgends existierte als in den Werken der humanistischen Literatur. Er wurde dadurch zu einem »Konservativen« besonderen Schlags, der unter den besonderen österreichischen Bedingungen auf einmal in der Front der Reaktion stand, die er in Wahrheit verabscheute. Auch ein anderer verspäteter Repräsentant des deutschen Humanismus ist, eben weil er ein großer Humanist war, zum »Sonderling« geworden: aber dieser andere einsame Hüter des Goetheschen Vermächtnisses, Gottfried Keller, hatte das Glück, nicht in dem absolutistischen Österreich, sondern in der urwüchsigen Schweizer Demokratie verwurzelt zu sein. Sein Schweizer Patriotismus stand auf einem gesünderen Boden als der Patriotismus Grillparzers, sein Humanismus war durch und durch demokratisch, der Humanismus Grillparzers aber, der nur »zwei Fremden und keine Heimat« hatte, mündete in politische Hoffnungslosigkeit.

Jenes Österreich, das Grillparzer »bis zum Kindischen« liebte, war mehr Wunschtraum als Wirklichkeit – im Gegensatz zu der Schweiz Gottfried Kellers, deren gesellschaftliche Wirklichkeit zwar an dessen Dichtung nicht annähernd heranreichte, aber doch ihr solides Fundament bildete.

Trotzdem schöpfte auch Grillparzer seine Dichtung aus einer Wirklichkeit – und diese Wirklichkeit war Wien. Von Grillparzer sprechen, heißt von Wien sprechen, von dieser eigenartigen und eigenwilligen Stadt, in der sich die Geschichte des österreichischen Volkes, sein Wesen, seine Kultur zu einem festen und dauerhaften Kern verdichtete.

Wien, an einer uralten Völkerstraße gelegen, angelehnt an das Alpenvorland und weit geöffnet gegen den Orient, war schon im Mittelalter ein großer Schmelztiegel vieler Völker und Kulturen. Im Zeitalter der Kreuzzüge wurde Wien zu einem wichtigen Handelsknotenpunkt, zu einem gewaltigen Sammelplatz fremder Waren und fremder Kaufleute. Die Gemeindeordnung von 1221 zählt unter anderen Waren auf: Hopfen und Bier aus Böhmen, Honig und Honigwasser aus Polen, Häute und Pelzwerk aus Rußland, Heringe aus Bremen, Tuch aus Gent, Ypern und Arras, Glaswaren aus Venedig, kostbare Gewebe aus Byzanz, Gewürze aus dem Morgenland. Dazu kommen die österreichischen Produkte: Eier, Schafe, Ziegen, Käse, Früchte, Holz, Getreide und vor allem der Wein, aus dem der Wohlstand Wiens emporsteigt. Das deutschsprachige Bürgertum dieser reichen Handelsstadt vermischte sich von Anfang an mit den ausländischen Kaufleuten, verschwägerte sich mit Italienern, Ungarn, Tschechen, Byzantinern usw. Die Massen des Volkes waren noch im 14. Jahrhundert slowenisch; die Messe wurde zu Wien auch in slowenischer Sprache gelesen, weil, wie wir aus Durandis »Rationale divinorum officiorum« erfahren, »keine andere Sprache so weit verbreitet ist als diese, so man die windische nennt«. Antonio Bonfini, der Geschichtsschreiber des Matthias Corvinus, berichtet von den vielen italienischen Bürgerfamilien in Wien, den Skaligers, Carraras usw. Nach dem Tod des Kaisers Maximilian I. bestehn Adel und Kaufmannschaft von Wien zum großen Teil aus Spaniern und Italienern. Spanische und italienische Worte dringen in die Volkssprache, spanische Etikette und Mode, italienische Kostüme, Sitten und Vergnügungen nehmen in Wien überhand. Wolfgang Lazius, der Arzt und Geschichtsschreiber Ferdinands I., schildert das Wien des 16. Jahrhunderts als eine ganz und gar internationale Stadt; man höre hier in gleicher Weise Deutsch, Italienisch, Lateinisch (die Sprache des ungarischen Adels), Böhmisch, Polnisch und Slowenisch. Wolfgang Schmelzl, von 1540 bis 1551 in Wien, schreibt einen »Lobspruch« an die Donaustadt, auf das gute und reiche Essen, auf den Wein vom Kahlenberg, auf die Musiker, die Wien ein besonderes Gepräge verleihn. Auch er berichtet von dem Völker- und Sprachengemisch; man höre in den Straßen von Wien Deutsch, Französisch, Italienisch, Spanisch, Hebräisch, Griechisch, Lateinisch, Türkisch, Tschechisch, Ungarisch, Holländisch, Syrisch, Polnisch. Zur Hauptstadt eines Weltreiches heranwachsend, hat Wien deutsche, italienische, spanische, slawische und manche anderen Elemente in sich aufgenommen und verarbeitet, ist es im vollen Sinn des Wortes zu einer Weltstadt geworden.

Diese Buntheit, dieses Überquellen von Farbe und Musik hatte jedoch etwas Parasitäres an sich und konnte über den Mangel an Konsistenz nicht hinwegtäuschen. Jede mittelalterliche Stadt war in mancher Hinsicht parasitär, Wien aber war es in ungewöhnlichem Ausmaß. Es lebte von seiner Lage an der Donau, als Umschlagplatz zwischen West und Ost. Die landesherrlichen Privilegien des Stapelrechts und Straßenzwangs, also Privilegien eines schmarotzerischen Zwischenhandels, waren für den Wohlstand der Stadt ausschlaggebend. In vielen mittelalterlichen Städten hat sich schon früh nicht nur zünftlerisches Handwerk, sondern auch Fabrikation größeren Stils herausgebildet, nicht so in Wien, das jahrhundertelang nur Wein exportierte, dessen Patrizier ihre Weingärten besaßen, und ihren Gewinn vor allem dem Zwischenhandel verdankten. In Städten, die für einen größeren Markt produzierten, waren nicht nur Tuch, Leinen und andere Gebrauchsgüter, sondern auch neue gesellschaftliche Ideen das Ergebnis. Die norditalienischen, provençalischen, flandrischen, rheinischen, englischen Städte wurden zu Zentren der Opposition gegen die Feudalordnung, zu Zentren des Ketzertums und einer progressiven Philosophie. Eine Schicht verwegener und weitblickender Handelsherren bildete sich heraus, über Althergebrachtes hinausgreifend und freierem Denken Vorschub leistend. Aus den jonischen Handelsstädten war einst die europäische Philosophie hervorgegangen; in den Handelsstädten des Mittelalters wurde sie wiedergeboren. Wien hat an dieser Entwicklung nicht teilgenommen, keine produktive Ökonomie, keine kühnen Handelsherren, Fabrikanten, Ketzer, Philosophen hervorgebracht, sondern nur einen wohltemperierten Praktizismus. Daraus ergab sich die Verspätung, mit der alles Neue nach Österreich kam, daraus die geistige Passivität, das Sichheraushalten aus dem Streit der Ideen, aus Ketzerbewegung und philosophischer Formulierung gesellschaftlicher Gegensätze. Die Früchte reiften nicht in Österreich, sie wurden reif und spät aus andren Ländern gebracht, und daher war von der Gotik an jeder neue Stil gemäßigt, gemildert, nicht aggressiv, sondern liebenswürdig.

Das von altersher den Charakter Wiens Bestimmende wurde durch den Sieg der Gegenreformation bekräftigt und auf lange Sicht konserviert. Sowohl Bauernkrieg wie Reformation hatten in Österreich größte Ausmaße angenommen. Im Bündnis mit der katholischen Kirche gelang es den Habsburgern, diese gesellschaftlichen Bewegungen niederzuwerfen. Den Wienern vor allem wurde das Rückgrat gebrochen, doch gab es zweierlei Entschädigung: daß im Prozeß der Gegenreformation und im Ergebnis des Dreißigjährigen Krieges Österreich zur Großmacht wurde, herausgesprengt aus der deutschen Zersplitterung, und daß die Jesuiten mit behutsamer Hand und unbestreitbarer Meisterschaft die Erziehung des Adels und der Bürger übernahmen, die Erziehung zu absolutem Gehorsam, doch lässiger Moral, zu gesellschaftlicher Resignation, verklärt von Theater, Musik und Kunst.

Die Jesuiten waren vom Bewußtsein menschlicher Unzulänglichkeit durchdrungen. Sie stellten keine hochgespannten sittlichen Anforderungen. Sie eiferten nicht gegen Lebensfreude und irdisches Genießertum. Sie traten ihren Zöglingen als kluge Skeptiker und nicht als starre Sittenrichter gegenüber. Sie huldigten in der Sphäre des Privaten dem Grundsatz »Leben und leben lassen!«, um dadurch um so sicherer Einfluß auf die Menschen zu gewinnen. Von dieser Lebensauffassung ist manches in das Wesen Wiens übergegangen. Auf der einen Seite die Tendenz zu einem gewissen Fatalismus, eine gewisse Entschlußlosigkeit, Ausweichen vor Entscheidungen, achselzuckende Ironie, auf der anderen Verständnis für den Mitmenschen, Toleranz, Liebenswürdigkeit und zäher Widerstand gegen die Vergewaltigung des Privatlebens durch anmaßende Obrigkeiten. »Vita somnium breve« – »das Leben ist ein kurzer Traum!« – lehrten die Jesuiten. »Das Leben ein Traum!«, heitere Gelassenheit, weil hinter allem ja doch der Tod emporsteigt, Musik und Licht am Rande einer großen schwarzen Nacht.

Der Untertan des Habsburgerreiches sah über sich einen pompösen Machtapparat, der ihn dirigierte, häufig mit Elend und manchmal mit Gnaden bedachte, den Machtapparat eines weiträumigen und unübersichtlichen Riesenreiches, das nur locker zusammenhielt. Seit der Niederwerfung der letzten großen Volksaufstände, die in Österreich ebenso ungestüm wie hartnäkkig waren, traten die Volksmassen in sehr merkwürdige Beziehungen zu dem siegreichen Machtapparat. Sie nahmen ihn mit spöttischem Fatalismus hin, betrachteten ihn als etwas Willkürliches und Zufälliges; es war am besten, sich seinen Ansprüchen irgendwie zu entziehn, den Herrschaften ein undurchdringliches Gesicht und manchmal den Hintern zu zeigen. Das ungemein lose Verhältnis des Volkes zu den Machthabern beruhte vor allem darauf, daß das Habsburgerreich eine europäische Weltmacht und nicht ein deutscher Kleinstaat war, in dem die »Obrigkeit« sich in alles und jedes einmengte, in dem der »Landesvater« jedem Untertan in die Schüssel guckte und spuckte – und daß diese Weltmacht unvergleichlich weniger zentralisiert war als zum Beispiel Frankreich; daß die Verwaltung weitmaschiger und durchlässiger den Volkskörper umgab als etwa die Verwaltung des französischen Königtums. Aus diesem losen Verhältnis zwischen der Regierung und den Regierten erklärt sich auch die auf den ersten Blick erstaunliche Tatsache, daß sich trotz dem drückenden Absolutismus in der Barockzeit auch die österreichische Volkskultur entwickelte, daß aus der Barockzeit nicht nur Kirchen und Schlösser, sondern auch Bauerntruhen und dörfliche Schnitzereien, nicht nur feierliche Jesuitendramen und prachtstrotzende Opern, sondern auch saftige Volksstücke hervorgingen.

Die lange fortwirkende Theaterleidenschaft des Wieners hängt ebenfalls mit den eigentümlichen Verhältnissen der Habsburgermonarchie zusammen. Stets von großer Politik überschattet, ohne aktiv an ihr Anteil zu nehmen oder sie völlig zu durchschauen, haben die Wiener ihre dramatischen Reflexe, ihre erregenden Äußerlichkeiten, die Siegesfeiern, Paraden und repräsentativen Veranstaltungen wahrgenommen. Sie waren Publikum des großen Welttheaters, das sich in Wien vor ihnen auftat, ein lebhaftes, neugieriges und spöttisches Publikum. Das große

Welttheater wirkte auf ihre Phantasie, aber es blendete nicht ihren Blick für die Hohlheit der meisten »Helden«. Die Wiener hatten ein feines Ohr für das Falsche, Unechte, Aufgedonnerte. Sie rächten sich an dem spanischen Hofzeremoniell, an den pompösen Übertreibungen und majestätischen Haupt- und Staatsaktionen durch ein schallendes, unehrerbietiges Gelächter. So ließ der Absolutismus, »gemildert durch Schlamperei«, den Fatalismus, die Lässigkeit, die ironische Resignation, aber auch den Humor, die Toleranz, die passive Energie des Wieners heranreifen.

In dieser Stadt wurzelte Grillparzer, sie war seine Kraft und seine Schwäche zugleich. In seinem »Abschied von Wien« hat er die Worte geprägt:

Schön bist du, doch gefährlich auch,
Dem Schüler wie dem Meister,
Entnervend weht dein Sommerhauch,
Du Capua der Geister...

Weithin Musik, wie wenn im Baum
Der Vögel Chor erwachte,
Man spricht nicht, denkt wohl etwa kaum
Und fühlt das Halbgedachte.

Dazu dein Volk, ein wackres Herz,
Verstand, und vom gesunden,
Das sich mit Märchen und mit Scherz
Der Wahrheit Bild umwunden...

Doch weil, von soviel Schönheit voll,
Wir nur zu atmen brauchen,
Vergißt man, was zum Herzen quoll,
Auch wieder auszuhauchen...

Grillparzer hat mitunter versucht, sich von der geliebten Stadt loszureißen, doch immer wieder hat sie ihn festgehalten. Undenkbar ist seine Dichtung ohne den Saft und den Duft Wiens; aus dem Wiener Vorstadttheater erhebt sie sich in das hohe Licht eines Humanismus, der herbstlich zur Neige geht, während ringsum schon die Schatten des Verfalls, der Auflösung des österreichischen Völkerstaates das Land verdunkeln. Aus der

Mitte des Volkes von Wien, aus dem Helldunkel der Wiener Gassen und Gäßchen, Vorstädte und Hinterhöfe, Paläste und Volkscafés treten seine Gestalten in das Rampenlicht, verkleidet in antike oder mittelalterliche Kostüme. Die Griechinnen Sappho und Melitta, Kreusa und Hero sind Wiener Frauen und Mädchen; und aus den Tiefen der allumfassenden Völkerstadt steigen auch die Medea und die Jüdin von Toledo hervor. In seiner wehmütig schönen Erzählung »Der arme Spielmann« hat Grillparzer selbst darauf hingewiesen:

»Von dem Wortwechsel weinerhitzter Karrenschieber spinnt sich ein unsichtbarer, aber ununterbrochener Faden bis zum Zwist der Göttersöhne, und in der jungen Magd, die, halb wider Willen, dem drängenden Liebhaber seitab vom Gewühl der Tanzenden folgt, liegen als Embryo die Julien, die Didos und die Medeen.«

Es ist mehr als ein Zufall, daß Grillparzer, als er die »Argonauten« schrieb, »die turmartige Wendeltreppe in dem Hofe eines uralten Nachbarhauses« als »willkommenen Stützpunkt« seiner Phantasie vor Augen hatte, so wie es kein Zufall ist, daß die unsterbliche österreichische Musik häufig die Geburtshelferin seiner Dichtung war:

»Bei all diesen Symphonien Haydns, Mozarts, Beethovens dachte ich fortwährend an mein Goldenes Vlies, und die Gedankenembryonen verschwammen mit den Tönen in ein ununterscheidbares Ganzes.«

Aus ursprünglichen Eindrücken und Erlebnissen, aus der verdämmernden Hintergründigkeit von Wien sind die Dichtungen Grillparzers hervorgegangen, als seien sie gleichsam Träume dieser Stadt.

»Die Ahnfrau«

Nur sein erstes Theaterstück »Blanka von Kastilien« schöpfte der junge Dichter nicht aus dem Lebensstoff der Heimatstadt. Es war eine unbeholfene Nachahmung von Schillers »Don Carlos« und schleppte sich dahin, in Pathos und Papier. Dann kam der Umschwung: Das Kunterbunt des Wiener Vorstadttheaters, aus dem auch das Werk von Raimund und Nestroy hervorging, der Humanismus Goethes, gebrochen durch Resignation, die atemlose

Phantasie Calderons, der farbenreiche, unerschöpfliche Realismus Lope de Vegas. Auf diesem Wege fand Grillparzer seine Eigenart als eine Österreich repräsentierende dichterische Persönlichkeit. Der originelle Versuch, Vorstadttheater und edlen Stil, Volkstümlichkeit und strenge Kunst, barocke Fülle und klassisches Maß zu vereinigen, die Magd aus der Vorstadt zur Medea zu steigern, findet in der Erzählung vom armen Spielmann ergreifenden Widerhall. Mit schwermütiger Ironie hat Grillparzer hier sein Schattenbild gezeichnet, in der Gestalt des zum Bettelmusikanten gewordenen Hofratssohnes, der zeit seines Lebens versucht, das einfache Lied eines Wiener Vorstadtmädchens den erhabenen Gesetzen des Kontrapunkts zu unterwerfen. Grillparzer war nun freilich ein unvergleichlich besserer Spielmann als der hilflose Held seiner Erzählung. Welch ein verwegener und hinreißender Musikant er war, hat er schon mit seinem Jugenddrama »Die Ahnfrau« bewiesen.

Der 1814 zum Konzeptpraktikanten, 1815 zum ordentlichen Finanzbeamten gewordene Grillparzer lernte 1816 den Leiter des Burgtheaters Schreyvogel kennen. Als dieser ihn fragte, ob er nach der mißlungenen »Blanka von Kastilien« nicht einen neuen Stoff entdeckt habe, erzählte ihm der Vierundzwanzigjährige die Handlung der Ahnfrau. Schreyvogel rief: »Das Stück ist fertig, Sie brauchen es nur niederschreiben !« In drei Tagen war der erste Akt, nach drei Monaten das Stück vollendet. Es ist vor allem das Ritter- und Gespensterstück des Vorstadttheaters mit seinen halbverfallenen Burgen, finsteren Grabgewölben, alten Kastellanen und weißen Damen, das in Grillparzers Werk zur wilden Dichtung wurde. Dazu kam der Schauerroman »Die blutende Gestalt mit Dolch und Lampe oder die Beschwörung im Schlosse Stern bey Prag«, ein aus dem Roman »The Monk« des englischen Schriftstellers Lewis zusammengestohlenes Machwerk, sowie der abenteuerliche Bericht über den Räuber Louis Mandrin, wodurch der Liebhaber solcher Literatur angeregt wurde. Zunächst wurde Grillparzer durch »ein Schamgefühl« gehemmt, »einen Stoff zu behandeln, der höchstens für die Vorstadttheater geeignet schien, und mich einer Klasse von Dichtern gleichzusetzen, die ich immer verachtet habe«. Die Hemmungen wurden durch die Lektüre von Calderons »Andacht zum Kreuz« überwunden; der große Dichter des Katholizismus ließ in diesem Drama den Helden Eusebio zum Mörder seines Bruders, zum

Liebhaber seiner Schwester, zum Räuberhauptmann werden. »Die Räuber« von Schiller mit all den ihnen folgenden edlen Räubern, dem Rinaldini von Vulpius, dem Abällino von Zschokke und schließlich der Erfolg von Müllners Schicksalsdrama »Die Schuld« trugen dazu bei, daß Grillparzer in fiebriger Besessenheit sein grelles und effektvolles Vorstadt-Theaterstück schrieb. Auf den Rat Schreyvogels ging er mürrisch daran, die erste Fassung umzuformen, und im Januar 1817 wurde das Drama mit großem Erfolg aufgeführt.

Allerlei Themen und Requisiten der Romantik sind in dieses Stück hineingestopft. Wesentlich ist die Idee, daß der Mensch seiner Taten nicht bewußt ist, daß er nicht tut, was er will, sondern im Dunkeln tappt, von einem undurchsichtigen Schicksal vorwärtsgetrieben. Der Räuber Jaromir deklamiert nach dem Vatermord:

Wo ist der, der sagen dürfe:
So will ich's, so sei's gemacht!
Unsre Taten sind nur Würfe
In des Zufalls blinde Nacht;
Ob sie frommen, ob sie töten?
Wer weiß das in seinem Schlaf?
Meinen *Wurf* will ich vertreten;
Aber das nicht, was er traf!

Es waren die Ereignisse des Zeitalters, die Dichter wie Schiller, Kleist, Grillparzer und andre bewogen, die antike Schicksalsidee in verwandelter Form heraufzubeschwören. Die Ergebnisse der Französischen Revolution, die den ursprünglichen Forderungen und Hoffnungen widersprachen, der Aufstieg und Sturz Napoleons, die Entwicklung der Technik, die Arbeiter arbeitslos machte, Krisen und Katastrophen als unmittelbares Ergebnis der kapitalistischen Industrialisierung, die Undurchsichtigkeit einer Gesellschaft, in der die scheinbar freie Persönlichkeit sich unenträtselten Gesetzen unterworfen sah – all dies wirkte zusammen, um den bürgerlichen Individualismus durch die Schicksalsidee zu verdunkeln.

»Sappho«

Verärgert über die Kritiker, die ihm seine »Räuber, Gespenster und Knalleffekte« vorwarfen, entschloß sich der junge Grillparzer, »bei einem zweiten Drama, wenn es je zu einem zweiten kommen sollte, den möglichst einfachen Stoff zu wählen«, um sich und der Welt zu beweisen, daß er »durch die bloße Macht der Poesie Wirkungen hervorzubringen imstande« sei. Aufgefordert, den Liebestod der griechischen Dichterin Sappho zu einem Operntext zu verarbeiten, griff er nach diesem einfachen Stoff. In weniger als drei Wochen war das Drama »Sappho« vollendet.

Sappho, um das Jahr 635 vor unserer Zeitrechnung auf der Insel Lesbos geboren, war das Oberhaupt einer Kultgemeinschaft junger, der Aphrodite geweihter Mädchen. In ihrer privilegierten Stellung sowie in der Kultgemeinschaft, die sie leitete, wirkte noch das alte Mutterrecht nach. Andrerseits war durch ausgedehnte Seefahrten und durch die lydische Erfindung der Münze der Handel hochgekommen, und mit dem Handel das Geld, und mit dem Geld die ungebundene Persönlichkeit, die sich gegen die Tradition herrschender Adelsgeschlechter erhob. In den Gedichten der Sappho spiegelt sich beides wider: die Gleichberechtigung der Frau und das Recht der Persönlichkeit, eignes Erlebnis dichterisch mitzuteilen. Das unvergängliche Gedicht an Aphrodite ist zugleich magische Beschwörung und subjektives Liebeslied. Die Göttin der Liebe naht in goldenem Wagen, unsterblichen Angesichts, und fragt, was denn die Flehende wünsche, »rasenden Herzens«. Und sie verspricht:

> Flieht sie heute noch, bald wird sie verfolgen!
> Die Geschenk verschmäht: nun denn, sie wird geben!
> Liebt sie heute nicht: bald wird sie lieben auch wider Willen!

In einem andren Gedicht der Leidenschaftlichen wird Eifersucht maßlos vernehmbar:

> Mein Auge sieht nichts mehr, es brandet mir in den Ohren.
> Schweiß strömt mir vom Leib, ein Zittern
> Überfällt mich, fahler als Gras
> Bin ich: gestorben – fehlt nicht viel mehr – komm' ich mir vor.

Alle diese Gedichte sind Mädchen gewidmet. Als in Athen das Vaterrecht, die Männerherrschaft, unumschränkt errichtet war, wurde Sappho zur Gestalt der Komödie, zur mannstollen alternden Frau, die sich, als der junge Phaon sie verließ, ins Meer stürzte. Auch dieser Selbstmord ist Legende, und stammt vielleicht daher, daß in einem ihrer Gedichte der »Sprung vom Leukadischen Fels« erwähnt wird – was damals nur mehr Redensart war und Vergessen bedeutete.

Grillparzer hat der Sappho ihre Hoheit zurückgegeben, doch ebenso das »rasende Herz« bewahrt. Sie steht als Gestalt zwischen der edlen Iphigenie Goethes und der tobenden Penthesilea Kleists, eine Mittelstellung, die in der Medea noch deutlicher erkennbar wird. Das Leitmotiv der Tragödie ist die romantische Auffassung, daß Kunst und Leben unvereinbar seien, daß das »Genie« in heiliger Einsamkeit dem profanen Dasein gegenüberstehe.

Wen Götter sich zum Eigentum erlesen,
Geselle sich zu Erdenbürgern nicht;
Der Menschen und der Überird'schen Los,
Es mischt sich nimmer in demselben Becher.
Von beiden Welten eine mußt du wählen,
Hast du gewählt, dann ist kein Rücktritt mehr...

Nach tödlicher Enttäuschung, nach allen Schauern der Leidenschaft schwindet Sappho in stillem Verzicht dahin. Sie hebt die Stirn, den Mund zu den Göttern:

Oh, gebt nicht zu, daß eure Priesterin
Ein Ziel des Hohnes werde eurer Feinde,
Ein Spott des Toren, der sich weise dünkt.
Ihr bracht die Blüten, brechet auch den Stamm!...

Mit diesem romantischen Motiv, daß Dichtung Auserwähltheit und Fluch zugleich sei, vermischt sich das Grundgefühl Grillparzers, man dürfe gegebene Grenzen der Gesellschaft, der Tradition, der Individualität nicht überschreiten, da man sonst zum Fremden unter Fremden werde, ins Grenzenlose, ins Chaos hineingerate. Aus der Fremde nahm Sappho den jungen Phaon mit sich, aus der Fremde kam die junge Melitta. Die Sehnsucht nach den ursprünglichen Lebensbedingungen trägt wesentlich dazu bei, daß sich die jungen Menschen gegen Sappho zusammenschließen. Und so hat Sappho die Grenze der Menschheit überschritten, als sie zur Dichterin, zur Gefährtin der Götter wurde, und abermals die Grenze, als sie sich ins Irdische zurückwandte. Das Ende ist die im Werk Grillparzers immer mehr hervortretende Resignation:

> Es war auf Erden ihre Heimat nicht.
> Sie ist zurückgekehret zu den Ihren.

Am 21. April 1818 zum erstenmal aufgeführt, wurde die »Sappho« zum zweiten großen Bühnenerfolg Grillparzers.

»Das Goldene Vlies«

Im Juni 1818 wandte sich Grillparzer einem neuen Thema zu, der antiken Sage von den Argonauten, von der kolchischen Zauberin Medea, die dem Griechen Jason half, das Goldene Vlies zu rauben, die ihn als Gattin nach Griechenland begleitete, dort von ihm verraten wurde und zur Rache ihre Kinder tötete. Goethe hatte in der »Iphigenie« einen griechischen Mythos humanisiert, Kleist in der »Penthesilea« einen andren barbarisiert und psychologisiert: Grillparzer wählte, wie schon angedeutet, in seiner Gestaltung den Mittelweg. Er dämpfte das Blutig-Wilde, ohne es wie Goethe in »reine Menschlichkeit« aufzulösen, verzichtete nicht auf das Ungeheuerliche der Sage, wandte jedoch das Mythologische mannigfaltig ins Psychologische, tauchte das Geschehn in ein Zwielicht von Magie und modernem Empfinden.

Medea war im alten Mythos zunächst eine mutterrechtliche Mondgöttin. Ihr Wagen wurde von geflügelten Schlangen gezogen. Sowohl der Mond wie die geflügelte Schlange sind Sinnbilder der Unsterblichkeit, der ewigen Erneuerung. Der ursprüngliche Charakter der Medea wurde auch durch den Kessel der Verjüngung und Wiedergeburt, dessen Herrin sie ist, unmißverständlich angedeutet. Sie wurde unsterblich und herrschte über die Elysischen Gefilde. Nach einer von vielen Sagen war sie die Helena (Selene – die Mondgöttin), mit der sich Achilleus vermählte. Nach dem Sieg der vaterrechtlichen über die mutterrechtliche

Der Held als Un-Held, die Tat als Un-Tat – so sieht Grillparzer das bürgerlich-kapitalistische Zeitalter, das die Züge Napoleons trug. Es ist, als werde dieses Zeitalter durch die schweren Worte der Medea heraufbeschworen:

Die ihr einhergeht im Gewande der Nacht
Und auf des Sturmes Fittichen wandelt!
Furchtbare Fürsten der Tiefe!
Denen der Entschluß gefällt
Und die beflügelte Tat;
Die ihr bei Leichen weilt
Und euch labt am Blut der Erschlagenen...

In Shakespeares »Hamlet« wird die Tatlosigkeit des Helden zum Verhängnis. In Goethes »Faust« hat schon die Problematik der Tat Gestalt angenommen. Von Tat zu Tat schreitend, zerrüttet und vernichtet Faust Menschen und menschliche Verhältnisse, von Gretchen bis zu Philemon und Baucis. Doch in Goethe wirkt noch der Optimismus eines aufsteigenden Zeitalters. »Im Anfang war die Tat!« übersetzt Faust das Bibelwort in die Sprache dieses neuen Zeitalters, und über Schuld und Irrtum hinaus tönt es in Engelschören: »Wer immer strebend sich bemüht, den können wir erlösen!« In Grillparzer ist dieser Optimismus des aufsteigenden Bürgertums schon gebrochen, der Glaube an die aktive Persönlichkeit schon erschüttert. Der positive Held der neuen Gesellschaft wird zum negativen Unhelden.

Aufs engste mit diesem Motiv verschränkt sich das Motiv der »Entfremdung«, des Bruches der Einheit von Mensch und Umwelt durch Grenzüberschreitung, durch das Heraustreten aus vertrauten gesellschaftlichen Zuständen. Grillparzer nannte sich selber einen Menschen, »der nur zwei Fremden und keine Heimat hat«. Jason bricht in die Fremde ein und wird sich selbst zum Fremden:

Und, abenteuerlich ich selbst, schau' ich
Verwundrungslos, als könnt' es nur so sein,
Die Abenteuer dieses Wunderbodens.
Und wieder, ist das Fremde mir bekannt,
So wird dafür mir, was bekannt, ein Fremdes:
Ich selber bin mir *Gegenstand* geworden,
Ein andrer denkt in mir, ein andrer handelt...

In dem ihr fremden Griechenland klagt Medea:

Klar sei der Mensch und einig mit der Welt!
In andre Länder, unter andre Völker
Hat uns ein Gott geführt in seinem Zorn;
Was recht uns war daheim, nennt man hier unrecht,
Und was erlaubt, verfolgt man hier mit Haß...

In diesem von Grillparzer gestalteten Erlebnis der »Entfremdung« verschränkt sich zweierlei: der Zusammenstoß verschiedener Völker und Kulturen in der Habsburgermonarchie, die Fremdheit, die zwischen ihnen waltet, und der Sieg neuer gesellschaftlicher Verhältnisse, die über die alten hinwegschreiten, eines gesellschaftlichen Systems, in dem der Mensch sich selber zum »Gegenstand« wird, zum fremden Ding, in dem Bewußtsein und Tat, Ich und Welt nicht mehr übereinstimmen. Wenn Grillparzer immer wieder den Konflikt der Naturmenschen, der »Barbaren« mit der Zivilisation heraufbeschwört, so greift dies über die nationale Problematik Österreichs hinaus. Widerwillig erkennt er die Unvermeidlichkeit des neuen Zeitalters, doch seine Sympathie gilt der einfachen, urwüchsigen Gesellschaft, deren verglimmenden Rest er noch in den (tatsächlich schon unerträglich gewordenen) vorkapitalistischen Zuständen zu erkennen glaubt. In der Medea, der magischen Frau der Urzeit, der amazonenhaften, die dem fremden Mann, seiner Habgier, seinem Ehrgeiz, seinem Herrentum unterliegt, wird zum Teil schon die zauberhafte Libussa vorweggenommen.

Die eindrucksvolle Trilogie endet in tiefer Resignation:

Was ist der Erde Glück? – Ein Schatten.
Was ist der Erde Ruhm? – Ein Traum.

Es ist nicht nur das Erbe der katholischen Gegenreformation, des Jesuitentheaters mit seinem Refrain: »Vita somnium breve!« (»Das Leben – ein kurzer Traum!«), der Bühnendichtungen Calderons, was in solchen Versen widerklingt – sondern auch die zunehmende Angst Grillparzers vor der Wirklichkeit, seine Tendenz, sich aus dem Treiben zurückzuziehn, in Melancholie zu versinken, kommt mehr und mehr zu Wort. Aktivität an sich erscheint ihm als tragische Schuld, Passivität als einzige Rettung. Aus bunten Schatten weht der Hauch des Nichts.

Die Trilogie »Das Goldene Vlies« wurde am 26. und 27. März 1820 im Burgtheater zum erstenmal aufgeführt. Das Publikum wußte mit der ungewöhnlichen Dichtung wenig anzufangen.

»König Ottokars Glück und Ende«

Napoleon war die widerspruchsvolle Zentralgestalt seines Zeitalters. Goethe und Hegel, Byron und Shelley, Stendhal und Balzac, Manzoni und Heine waren von ihm fasziniert. Der romantische Genie-Begriff hatte in ihm Gestalt angenommen. So galt ihm Bewunderung und Haß. Bei Kleist und der deutschen Romantischen Schule überwog der Haß. Grillparzer hatte schon im »Goldenen Vlies« gegen den napoleonischen Typus der Tat und der Gewalt Partei ergriffen. Als er die Arbeit an der Trilogie unterbrach, studierte er alle Schriften von und über Napoleon, deren er habhaft wurde. Karoline Pichler, in deren Salon der Dichter aus und ein ging, berichtete im März 1819 von dem Plan zu einem Drama, das im Aufstieg und Sturz des böhmischen Königs Ottokar das Schicksal Napoleons darstellen sollte: »Wie seltsam, daß ein entscheidender Sieg ohnferne der March, der darauf gefolgte Frieden, eine Scheidung und eine zweite Vermählung der Wendepunkt des Glückes zweier so großer gekrönter Feldherren, wie Ottokar und Napoleon, sein mußten.« Schon daraus geht hervor, daß nicht die geschichtlichen Triebkräfte, sondern zufällige Ähnlichkeiten für die Wahl des Themas entscheidend waren.

Grillparzer gab dem Stoff zunächst die Form eines Balladenzyklus. Im Herbst 1819 begann er ihn dramatisch zu gestalten, stellte ihn aber zurück, um das »Goldene Vlies« zu beenden. Der Tod Napoleons am 5. Mai 1821 bewog ihn, die Arbeit am »Ottokar« fortzusetzen. Im Oktober 1823 konnte er das Stück seinem Freund Schreyvogel übergeben. Die Zensur machte Schwierigkeiten. Der Polizeiminister Sedlnitzky schrieb an Metternich, die »gute Absicht« des Stückes sei anzuerkennen, doch die Handlung dürfte »von dem Publikum auf die Geschichte der neuesten Zeit bezogen werden und sohin den Anlaß zu unangenehmen Erinnerungen geben«. Um den Untertanen solche Erinnerungen zu ersparen, entschied die Zensur im Januar 1824: »Ist zur Aufführung nicht geeignet befunden worden.« Nach allerlei Interventionen durfte das Werk im Herbst 1824 gedruckt und im Februar

1825 aufgeführt werden. Es gab demonstrativen Beifall, doch keinen echten Erfolg.

Der erste Akt der Tragödie ist meisterhaft: alle Motive und Konflikte kündigen sich an, der Charakter des kühnen und rücksichtslosen, prahlerischen und menschenverachtenden Machthabers tritt in kräftigen Zügen hervor. Von dieser Höhe steigt jedoch das Stück nicht aufwärts, sondern abwärts. Szenen von großer Schönheit – so vor allem der Hauch der gespenstischen Schlachtfelder im letzten Akt, die tote Margarete in kalter Sommernacht – vermögen das im Prinzip Mißlungene nicht zu übertönen. Bewundernswert ist die Kunst, mit der Grillparzer die Vielheit der Ereignisse zur Einheit der Handlung zusammenrafft, fatal aber ist es, daß diese Einheit nicht (wie in den Königsdramen Shakespeares) als *geschichtliche* Entwicklung, sondern als Konsequenz *individueller* Schuld (Verstoßung der Margarete, Ermordung Merenbergs) erreicht wird.

Die großen gesellschaftlichen Konflikte des Zeitalters nach dem Sturz der Hohenstaufen, dem Ende der Babenberger (Papsttum gegen Kaisertum, Bürger und Bauern gegen die Feudalherren, königliche Zentralgewalt gegen die Adels-Anarchie) werden nicht oder nur nebenbei angedeutet, und alles schrumpft auf den Konflikt zwischen einem bösen und einem guten Führer, zwischen den schlimmen Tschechen und den braven Deutschen zusammen. Daß Ottokar sich vor allem auf die Städte, Rudolf von Habsburg sich auf den Adel stützte, wird nicht erwähnt, sondern der Habsburger wird zum Mann des Volkes, der Přemyslide zum abenteuerlichen Eroberer umgefälscht. Der schlaue, zähe, kalt und sorgsam planende Rudolf verblaßt zur faden Lesebuchfigur, »halb Kaiser Franz, halb heiliger Florian«, wie der Schauspieler Heurteur ihn im Einverständnis mit Grillparzer charakterisierte. Ebenso fehlt die Problematik Napoleons, dessen Kraft das revolutionäre Prinzip war, das er verleugnete, der, von allen Fürsten Europas als revolutionärer Usurpator angesehn, verzweifelt um Legitimität kämpfte, der, als Bahnbrecher von Kapital und Bürgertum, die ökonomischen Gesetze eines neuen Wirtschaftssystems mißachtete, der als »Realpolitiker« zu gelten wünschte, doch als phantastischer Abenteurer das Unmögliche begehrte. Von der gesamten Problematik des Mannes, der im Inneren die revolutionären Kräfte niederhielt, nach außen hin aber die Revolution verkörperte und vorwärtstrug, blieb Grillparzer unberührt: übrigblieb der napoleonische Eroberer, für den die Menschen nur Werkzeug, nur Mittel zum Zweck sind, und der im Zusammenbruch sich selber anklagt:

Ich hab' nicht gut in deiner Welt gehaust,
Du großer Gott!...
Wer war ich, Wurm? daß ich mich unterwand,
Den Herrn der Welten frevelnd nachzuspielen,
Durchs Böse suchend einen Weg zum Guten!
Den Menschen, den du hingesetzt zur Lust,
Ein Zweck, ein Selbst, im Weltall eine Welt...
Ich aber hab' sie hin zu Tausenden geworfen
Um einer Torheit, eines Einfalls willen,
Wie man den Kehricht schüttet vor die Tür...

Die Verse sind schön und human; doch werden sie weder den Absichten Napoleons noch dem Wesen der Macht gerecht, die nicht um einer Torheit, eines Einfalls willen angestrebt und trotzdem zum Verhängnis wird, aus einem Mittel zum Zweck sich wandelnd. Und schließlich: »Habsburg für immer!«, der Ruf, mit dem das Drama endet, war höchst loyal, doch keineswegs die Bürgschaft für reine Menschlichkeit.

»Ein treuer Diener seines Herrn«

In der römischen Geschichte wurde Tarquinius gestürzt, weil er Lucretia vergewaltigte: aus ihrem Tod erhob sich die Republik. Im deutschen Drama legten die Väter Hand an ihre Töchter, nicht an den Fürsten, der sie verführte. Grillparzer, den das Lucretia-Thema schon früh beschäftigte, erwies sich in seiner Gestaltung als allzeit getreuer Untertan. In ungarischen Chroniken fand er den Bericht von Bancbanus, den König Andreas II., als er an einem Kreuzzug teilnahm, zum königlichen Statthalter ernannte. Der Bruder der hochmütigen Königin, Otto von Meran, vergewaltigte, nicht ohne Zutun seiner Schwester, die junge Frau des Bancbanus. Nach einer Version töteten dessen Bruder und Schwager die Königin, nach einer andren Version war er selbst der Rächer seiner Frau. Er begab sich hierauf ins Lager des Königs vor Konstantinopel, meldete seine Tat und bat um Strafe, falls er im Unrecht sei. Der König gab ihm recht.

Grillparzer, der das Stück in der Zeit vom März bis zum Dezember 1826 niederschrieb, hat aus dem Bancbanus eine unbeabsichtigte Karikatur des Kantschen Pflicht-Prinzips gemacht. Der als hilfloser, polternder, seinem Herrscherhaus blindlings ergebener Bürokrat vortrefflich gestaltete Bancbanus rettet nicht nur das Kind der Königin, sondern auch den Mörder seiner Frau vor den Aufrührern, und überbietet sich selbst durch die Auslieferung seines Bruders und seines Schwagers, die an dem Aufruhr teilnahmen. Schon vorher hat er ihnen zugerufen:

> Aufrührer, ich mit euch? Ich bin der Mann des Friedens,
> Der Hüter ich der Ruh'. Mich hat mein König
> Geordnet, seinen Frieden hier zu wahren.
> Ich in den Bürgerkrieg mit euch?
> Fluch Bürgerkrieg! Fluch dir vor allen Flüchen!
> Aufrührer, sieh, und so verhaft' ich dich
> Im Namen meines Königs, deines Herrn.

Das Drama, als Verherrlichung des perfekten Untertanen peinlich, ist literarisch originell. »Ein Mittelding zwischen Goethe und Kotzebue« nannte der Autor sich selbst, als er an diesem Stück arbeitete. In einer Auflehnung gegen das klassische Pathos fügte Grillparzer lauter Lustspielmotive zur Tragödie zusammen, in der Form die Tragikomödie Ibsens und andrer Naturalisten vorwegnehmend. Er schrieb jedoch mit den Mitteln der Satire eine Apotheose des Untertanentums. Dem Kaiser aber konnte man's nicht recht machen. Auch nur der Hinweis, daß ein Aufruhr möglich sei, war ihm odios. Durch Sedlnitzky ließ er dem Dichter sagen, Seiner Majestät habe das Stück so gut gefallen, daß Seine Majestät es »ausschließlich zu besitzen wünschen«. Die Handschrift sei in der kaiserlichen Privatbibliothek aufzubewahren, das Stück nicht mehr aufzuführen, der Autor materiell zu entschädigen. Grillparzer, der die Knausrigkeit des Kaisers kannte, forderte eine große Summe als Entschädigung. Schließlich verzichtete der Kaiser auf sein Vorhaben. Da das Stück sowieso »beanständet« war, verschwand es ohne Lärm aus dem Repertoire des Burgtheaters.

Ein altes griechisches Märchen erzählt von Leander, der den Hellespont durchschwamm, um zu seiner Geliebten Hero zu kommen. Die Lampe in ihrem Turm erlosch. Die Wellen zogen ihn hinab. Das Mädchen folgte ihm in den Tod. Ovid hat das Thema in einer Epistel, Musaios in einer Verserzählung gestaltet. In dieser Erzählung ist Hero eine streng behütete Priesterin der Aphrodite.

Grillparzer hat den Stoff zunächst in die »Argonauten« hineingenommen. 1821 griff er ihn abermals auf, mit sanfteren Gefühlen. Er war mit der reizenden Kathi Fröhlich verlobt. Sie wurde zum Urbild der Hero. In der Dichtung starb sie jung, im Leben alterte sie an der Seite des krankhaften Mannes dahin, weder seine Frau noch seine Geliebte. In der Hero verschmolz sie mit der schönen Marie von Smolenitz zur romantischen Traumgestalt. Erst im Februar 1829 wurde das immer wieder unterbrochene und umgearbeitete Trauerspiel vollendet. Die Uraufführung am 5. April 1831 wurde zum Mißerfolg. Abermals änderte Grillparzer viele Szenen, formte und feilte am Werk, bis er es 1840 drucken ließ.

»Des Meeres und der Liebe Wellen« ist in mancher Hinsicht das Gegenstück zur »Sappho«. Wie Sappho ist Hero Priesterin der Aphrodite, hat sie die Grenze eines engen Daseins überschritten. Ohne das Talent der Sappho fühlt sie sich »zu Höherem bestimmt«, entzieht sich einem Leben, das ihr, der durchaus nicht Ungewöhnlichen, besser entspräche als keuscher Tempeldienst. Ihr Schicksal steht im Zwielicht der Ironie, denn sie wird Priesterin, um »das Glück des stillen Selbstbesitzes« zu finden, in Lebensangst der Wirklichkeit zu entrinnen, und eben dadurch flieht sie ins Verderben. Der Priester warnt sie:

Nur hüte dich, daß so beschränktes Streben
Ein Billiger nicht möge selbstisch nennen.
Es hält der Mensch mit Recht von seinem Wesen
Jegliche Störung fern: allein sein Leben,
Ablehnend alles andre, nur auf sich,
Des eignen Sinns Bewahrung zu beschränken,
Scheint widrig, unerlaubt, ja ungeheuer,
Und doch auch wieder eng und schwach und klein...

Dann aber, als Hero nach der Weihe sich in Leander verliebt, ist es der Priester, der die Lampe löscht und so zum Mörder wird, im Namen seiner Götter:

Nun, Himmlische, nun waltet eures Amts!
Die Schuldigen hält Meer und Schlaf gebunden;
Und so ist eures Priesters Werk vollbracht.
Das Holz geschichtet und das Beil gezückt,
Wend' ich mich ab. Trefft, Götter, selbst das Opfer!

Hero stirbt dem Geliebten nach, ohne Dolch und Gift, aus gebrochenem Herzen, überraschend mehr als überzeugend. Die Parteinahme Grillparzers für ein »natürliches« Leben, gegen das Wagnis der Größe, gegen die Unnatur von Tempeldienst und Nonnentum, ist unverkennbar. Wenn der Priester sein Haupt verhüllt und schweigend fortgeht, sind die Worte, die Janthe ihm nachruft, Anklage nicht gegen vergangene, sondern gegen bestehende Institutionen:

Du gehst und schweigst? Sei Strafe dir dies Schweigen!
Mich duldet's länger nicht in eurem Hause...

Die Gestalt der Hero – keine Heldin, Seherin, Priesterin, sondern ein eigenwilliges, sehnsüchtiges, dem Augenblick hingegebenes Mädchen – ist psychologisch und dichterisch unanfechtbar, die Liebesszene des dritten, vor allem aber der Monolog der Entschlummernden im vierten Akt, sind von hoher Schönheit. Doch im Vergleich mit »Romeo und Julia«, der dann und wann gewagt wurde, kann Grillparzers Stück nicht standhalten.

»*Der Traum, ein Leben*«

Im Jahre 1813 entwarf Grillparzer nach der Lektüre von Voltaires Erzählung »Le blanc et le noir« ein Theaterstück. Der Held heißt Rustan wie bei Voltaire und wird durch einen Traum davor bewahrt, in die Fremde zu ziehen, in Abenteuern unterzugehen. Klingers »Geschichte Giafars des Barmeciden« ließ die schlanke Fabel ins Weite und Breite gedeihn. Und schließlich war da noch der Anfang der »Zauberflöte«, der von der Schlange verfolgte

Tamino, das satirische Epos »Die Gräber von Kom« von Johann Daniel Falk und Calderons Drama »Das Leben, ein Traum«. Aus all diesen Elementen formte Grillparzer sein großes Traumspiel. Das unmittelbar nach der »Ahnfrau« im selben Versmaß Begonnene wurde zurückgestellt und erst nach »Des Meeres und der Liebe Wellen« wieder aufgenommen. Der im November 1817 vollendete erste Akt tauchte 1821 aus der Schreibtischlade; doch abermals vergingen zehn Jahre, bis Grillparzer 1831 dem Freunde Schreyvogel das Schauspiel übergab. Dieser wies es als für das Burgtheater ungeeignet zurück. Drei Jahre später, am 4. Oktober, wurde das Stück im Burgtheater aufgeführt. Der Erfolg war groß, doch nur auf kurze Zeit und nur auf Wien beschränkt.

Grillparzers Verneinung des napoleonischen Tatmenschen erreicht in seinem Traumspiel einen Höhepunkt. »Der Traum, ein Leben« ist ein Anti-Faust. Der sein Leben durchstürmende Faust, der noch im Arbeitslärm der sein Grab schaufelnden Lemuren das Werden einer neuen Welt vernimmt, und durch sein unendliches Bemühn, stets der Zukunft zugewandt, dem scheinbar schon siegenden Teufel entrinnt, wird entschieden abgelehnt. Der Ehrgeiz Rustans, sein Verlangen nach Tat und Ruhm wird von dem schwarzen Zanga angefacht, und sein Hymnus an das tätige Leben steigert sich zur Verherrlichung des Krieges:

Da fühlt' ich mein Herz sich wandeln,
Jeder Zweifel war besiegt;
Klar ward's, daß im Tun und Handeln,
Nicht im Grübeln 's Leben liegt...

Jetzt auf weitem Feld
Der Würger hält,
Überschaut die gefallenen Ähren,
Doch kann er der Freude nicht wehren.
Sieg! Rufet es: Sieg!
Herr, das heißt Leben! Es lebe der Krieg...

Von solchen Wünschen, solchen Bildern erregt, geht Rustan zu Bett, um früh am Morgen zum Ritt in die Welt aufzubrechen. Ein Derwisch schreitet vorbei und singt:

Schatten sind des Lebens Güter,
Schatten seiner Freuden Schar,
Schatten Worte, Wünsche, Taten,
Die Gedanken nur sind wahr,
Und die Liebe, die du fühlest,
Und das Gute, das du tust...

Es ist das Motiv der Medea, das hier wiederkehrt: und was in »Des Meeres und der Liebe Wellen« angetönt wurde, das Lob des Lebens ohne Größe, des Glücks im Winkel, wird hier als Bekenntnis ausgesprochen:

Eines nur ist Glück hienieden,
Eins: des Innern stiller Frieden
Und die schuldbefreite Brust!
Und die Größe ist gefährlich,
Und der Ruhm ein leeres Spiel;
Was er gibt, sind nicht'ge Schatten,
Was er nimmt, es ist so viel!

Es ist das Bekenntnis zum Ständischen und Stehenden, das Festhalten an der Gebundenheit und Geborgenheit in unverrückbarer Ordnung, die Angst vor den neuen, keinerlei Bindung anerkennenden Kräften des Kapitals und der entfesselten Persönlichkeit, und eigentlich nichts andres als die konservativen Sprichwörter: »Schuster, bleib bei deinen Leisten!« und »Bleib im Land und nähr dich redlich!« Die beiden österreichischen Romantiker Grillparzer und Raimund sind einander in dieser Haltung verwandt. Sie spüren das heraufziehende Gewitter von 1848. Sie ducken sich ins Laub der Vergangenheit. Sie wünschen, daß die Welt nicht anders werde. Erst Nestroy, der große Anti-Romantiker, schlägt, ein Blitz, in diese Vormärz-Stimmung, und sein Witz zerfetzt die Welt der Stagnation.

Vor allem in der deutschen, zum Teil aber auch in der französichen Romantik galt der Traum als dem Bewußtsein überlegen, das Hinabtauchen in den »Abgrund« des Seins, als Verschmelzung des Ich mit Gott und der Welt. Die Funktion des Traums in Grillparzers Stück entspricht weit mehr der Aufklärung, der Selbsterkenntnis mit moralischer Nutzanwendung als der romantischen Auffassung von der »höheren Wirklichkeit« des Unbewußten, Geahnten, Geträumten. Dieser Traum ist aus Erinnerungen an die Tag-Welt und phantastischer Steigerung kunstvoll zusammengeflochten. Durch das farbige, hier sich verdichtende, dort sich verdünnende Gewebe schimmert die Wirklichkeit und plötzlich weht es gespenstisch im Wind, Kälte haucht aus der Finsternis, als nahe der Morgen oder das Nichts. Der rollende Becher der Hexe, der Stumme, aus dem die Stimme des Gerichts aufsteigt, die Flucht zurück zur Brücke, auf der die Untat geschah, das Unheil begann, sind intensive Traum-Magie. Der Traum von Mord und Macht, von Ruhm und Angst ist in seiner Gespanntheit und Erregtheit, in seinem Tempo sich überstürzender Ereignisse eine der suggestivsten Dichtungen Grillparzers.

»Weh dem, der lügt!«

Die Geschichte vom Küchenjungen Leon, der sich in die Sklaverei verkaufen läßt, um den Neffen des Bischofs von Langres aus barbarischer Gefangenschaft zu befreien, stammt aus der »Historia Francorum« des Gregor von Tours. Grillparzer hat der naiven Erzählung das Kantsche Sittengesetz eingeflößt und dadurch das als Lustspiel gedachte Stück verdorben. Der Gegensatz zwischen den christlichen Franken und den heidnischen Barbaren, denen sie durch Kirche, Küche und Kultur überlegen sind, ergibt nicht komische, sondern peinliche Effekte. Der grobe Graf Kattwald als Gegenspieler des liebenswürdig übermütigen Küchenjungen ginge noch an, doch der Stottertrottel Galomir, diese Karikatur des Caliban aus Shakespeares zauberhaftem Stück »Der Sturm«, vermag nur Unbehagen, nicht Heiterkeit hervorzurufen. Ins Heiter-Edle jedoch erhebt sich der Schluß, wenn der Bischof dem dünnblütigen Atalus, der seine Liebe zur Tochter des Barbaren durch den Hinweis auf ihre adelige Abstammung rechtfertigt, mit humaner Ironie erwidert:

Und also, meinst du, auch dir ebenbürtig?
Gib nicht für einen Ahn, so alt er ist,
den ältsten auf, den ersten aller Ahnen,
Ihn, der da war, eh noch die Sonne war,
Der niedern Staub geformt nach seinem Bild.
Des Menschen Antlitz ist sein Wappenschild.

Aristokratische Vorurteile wurden dadurch herausgefordert, daß die Grafentochter nicht den Aristokraten Atalus, sondern den Plebejer Leon begehrt, und österreichische Antipathie gegen alles Dogmatische und Extreme spricht aus den Worten des Bischofs, wenn er am Ende seinen Wahrheitsfanatismus behutsam zurücknimmt:

Wer deutet mir die buntverworrene Welt?
Sie reden alle Wahrheit – sind drauf stolz,
Und sie belügt sich selbst und ihn; er mich
Und wieder sie; der lügt, weil man ihm log –
Und reden alle Wahrheit, alle, alle.
Das Unkraut, merk' ich, rottet man nicht aus,
Glück auf, wächst nur der Weizen etwa drüber.

Das unlustige Lustspiel, am 6. März 1838 im Burgtheater aufgeführt, wurde vom Publikum ausgepfiffen. Grillparzer wußte den Angriff der Kritiker zu ertragen; der Widerstand des Publikums erschütterte ihn. »Weh dem, der lügt!« war das letzte Stück, das er auf die Bühne brachte. Seine bedeutendsten dramatischen Dichtungen »Libussa« und »Ein Bruderzwist in Habsburg« sowie das problematische Werk »Die Jüdin von Toledo« wurden der Schreibtischlade und der Nachwelt anvertraut.

»Die Jüdin von Toledo«

Nur wenige Freunde wußten von der Existenz dieses wunderlichen, in jeder Hinsicht unvollkommenen Werks. Der Plan, ein Drama der Wollust zu schreiben, reicht weit in die Jugend des Dichters zurück. Hilflos seinen Begierden preisgegeben, vor ihrer Befriedigung zurückschreckend oder angeekelt, träumte der neurotische Grillparzer von einer Erziehung zur Mannheit, von der Überwindung des Zustands, halb noch ein Knabe, halb schon ein Greis zu sein. Der konservative Aufruhr gegen die Tänzerin Lola Montez, die Mätresse des bayrischen Königs Ludwig I., und die Entschlossenheit, mit welcher der König zunächst seine Leidenschaft gegen ein klerikales Ministerium verteidigte, ließen den alten Plan neu hervortreten.

Der Entwurf aus dem Jahre 1824 wurde erweitert, abermals zurückgestellt, wieder in Angriff genommen, die Arbeit daran zwischen 1850 und 1860 beendet. In dem Entwurf heißt es: »Die Geschichte Alonso des Guten aus Kastilien und jener Rahel, die ihn nicht ohne Verdacht der Zauberei so lange umstrickt, und die zuletzt von den Großen des Reichs im Einverständnis mit der Königin ermordet wurde. Alonso, jünger aufgefaßt, als er, nach der Geschichte, zur Zeit jenes Liebesverhältnisses eigentlich war, ein im guten Sinne des Wortes wohlerzogener Prinz; ohne die Liebe eigentlich je zu kennen, schon früh mit einer Prinzessin vermählt, in der er für alles Befriedigung findet, was der Umkreis seiner Wünsche bisher erreichte... Alles ist gut; da erscheint eine Jüdin, und ein Etwas wird in ihm rege, von dessen Dasein er bis jetzt noch keine Ahnung gehabt; die *Wollust.* ...von Gartenknechten verfolgt, die das Volk der Ungläubigen abzuhalten Befehl haben, fällt die schöne Jüdin zu des Königs Füßen; ihre Arme umfassen seine Füße, ihr üppiger Busen wogt an seine Knie gepreßt und – der Schlag ist geschehen. Das Bild dieser schwellenden Formen, dieser wogenden Kugeln (unter diesem Bilde sind sie seinen Sinnen gegenwärtig) verläßt ihn nicht mehr. Ungeheure Gärung in seinem Innern...«

Im Jahre 1827 widmete Grillparzer der schönen, verlockenden, abstoßenden Marie von Smolenitz zwei Gedichte: »Verwünschung« und »Trennung«.

Nie kannt' ich dich, noch kenn' ich selbst dich jetzt.
Ein Rätsel warst du mir...
Bald sah ich Hohn durch deine Züge schweifen,
Drauf sie verklärt durch warmer Tränen Hauch...

Und so, gemischt aus Wonne und aus Grauen,
Stehst du, ein Todesengel, neben mir...

Wie sehr erinnert dies an die Verse, mit denen 1819 Shelley die Medusa feierte:

Its horror and its beauty are divine...
'Tis the tempestuous loveliness of terror...
(Ihr Schauder ist wie ihre Schönheit göttlich...
Die ungestüme Anmut ist's des Schreckens...)

Von Goethes Adelheid und Schillers Julia Imperiale bis zu Balzacs Lady Dudley, Stendhals Mathilde de la Mole, Mérimées Carmen ist die »femme fatale«, das »Teufelsweib«, eine für das romantische Zeitalter charakteristische Gestalt. Häufig verschmilzt sie mit dem Vampir, dem Succubus, der Zauberin zum Inbegriff todbringender Leidenschaft: Entzücken und Entsetzen, Schönheit und Schauder vermischt. All dies hat Grillparzer in die Jüdin Rahel hineingedichtet, und eben die Unentschiedenheit, mit der er sie gestaltet – in seiner Abwehr stets aufs Neue verführt, das Traumbild bannend und von ihm gebannt –, gibt ihr die dunkle Anmut, den wunderlichen Reiz. Sie spielt mit ihrem schönen Körper, mit allem Zauber der Wollust wie ein Kind mit seinem Spielzeug, ohne Arg und ohne Scham. Dieses unbefangene Hingegebensein, dieses elementare Erfülltsein vom Augenblick ist das Geheimnis ihrer Anziehungskraft. Das Vampirische, die Liebesmagie, wird angedeutet: Rahel heftet das Bild des Königs an einen Stuhl:

> Die Hexen, sagt man, die zur Liebe zwingen,
> Sie bohren Nadeln, so, in Wachsgebilde,
> Und jeder Stich dringt bis zum Herzen ein
> Und hemmt und fördert wahrgeschaffnes Leben.
> Oh, gäbe jeder dieser Stiche Blut,
> Ich wollt' es trinken mit den durst'gen Lippen
> Und mich erfreun am Unheil, das ich schuf...

Die Granden ermorden sie im Einverständnis mit der tugendhaften Königin. Der König will ihren Leichnam sehn. Der lebende Körper hat ihn entzückt, doch der tote ekelt ihn an. Er kehrt zurück:

> Ein böser Zug um Wange, Kinn und Mund,
> Ein lauernd Etwas in dem Feuerblick
> Vergiftete, entstellte ihre Schönheit...
> Statt üpp'ger Bilder der Vergangenheit
> Trat Weib und Kind und Volk mir vor die Augen.
> Zugleich schien sich ihr Antlitz zu verzerren,
> Die Arme sich zu regen, mich zu fassen.
> Da warf ich ihr ihr Bild nach in die Gruft...

Es ist, dramatisch übersteigert, die für Grillparzer typische Situation, für ihn, der seine begehrende Phantasie als Büttel, als Dämon verfluchte:

Er heiße dich nach allem fassen,
Was irdisch schön, mit raschem Geiz;
Doch hältst du's, müssest du es hassen,
Und Mängel sieh in jedem Reiz!
Verdammet, Schatten nachzujagen,
Buhl' doch um Augenblickes Kuß;
Es fehle Kraft dir zum Entsagen
Und Selbstbegrenzung zum Genuß...

Der tote Genuß des Gestern verzerrt sein Antlitz. Dem König mißfällt der Leichnam. Er hält's mit den lebenden Mördern gegen die tote Geliebte. Die Großen sind bereit, über mehr als eine tote Jüdin hinwegzuschreiten. Die tiefere Problematik des Stükkes wird erkennbar. Wohl sagt mit bittrem Mund die Schwester der Toten:

Siehst du, sie sind schon heiter und vergnügt
Und stiften Ehen für die Zukunft schon.
Sie sind die Großen, haben zum Versöhnungsfest
Ein Opfer sich geschlachtet aus den Kleinen
Und reichen sich die anoch blut'ge Hand...

Doch nur mit halbem Herzen, was er so oft mit ganzem getan, ergreift Grillparzer Partei für die hingeopferte Frau, für die als verächtlich Geltende gegen den Hochmut des Herrenvolks. An sich ist die gesellschaftliche Situation verzeichnet: denn die spanischen Juden des 12. Jahrhunderts verkörperten die städtische Kultur gegen einen barbarischen Feudaladel. (Jedem Leser der »Jüdin von Toledo« sei die »Spanische Ballade« von Lion Feuchtwanger empfohlen, der dasselbe Thema mit umfassender Kenntnis bewältigt hat.) Innerhalb seiner geschichtlichen Fehlkonstruktion war der Dichter nicht bereit, die Juden als den Christen ebenbürtig darzustellen. Es war nur unentschlossene Verteidigung, wenn er den König sagen ließ:

Ich selber lieb' es nicht, dies Volk, doch weiß ich,
Was sie verunziert, es ist unser Werk;
Wir lähmen sie und grollen, wenn sie hinken...

Diese humane Selbstbezichtigung unterscheidet sich vom üblichen Antisemitismus, doch zur unzweideutigen Anklage gegen die mordenden Machthaber konnte sich Grillparzer nicht entschließen. Daß alle »in der Sünder Reihe« stehen und der Zertretene dem Zertreter verzeihen soll, um Gottes Verzeihung zu gewinnen, das ist die matte Moral, aus einer Dichtung voll Farbe und Üppigkeit destilliert.

»Ein Bruderzwist in Habsburg«

Grillparzer komme ihm »so märchenhaft« vor, schrieb Ludwig Speidel, »wie ein verwunschener habsburgischer Prinz, der bei Tage zum Archivdirektor verdammt sei und nachts Erinnerungen an seine glänzende Vergangenheit niederschreibe. Am stärksten tritt dieser verwandtschaftliche Zug im ›Bruderzwist‹ hervor, wo Grillparzer uns das ganze Erzhaus von damals wie ein Kartenspiel aufschlägt. Wir befinden uns wie geladene Gäste in der Familie.« In der Tat hat Grillparzer, seit 1832 Direktor des Hofkammerarchivs und dort die Akten aus der Zeit Rudolf II. studierend, diesen Kaiser zum Bildnis seiner selbst, vermischt mit Franz I., gemacht. Vom eignen Wesen spricht er, wenn er den Erzherzog Matthias von den Habsburgern sagen läßt:

Das ist der Fluch von unserm edeln Haus:
Auf halben Wegen und zu halber Tat
Mit halben Mitteln zauderhaft zu streben…

Der wunderliche Rudolf II., »der stille Kaiser«, wie er ihn nannte, hat Grillparzer 1824 zu interessieren begonnen. Je reicher seine Kenntnis wurde, desto tiefer lebte er in sich den passiven, weltscheuen, neurotischen Mann hinein, dessen dünne Beine kaum den dicken Bauch, den schweren Kopf, dessen schmale Schultern ganz und gar nicht die Last der Macht, die Bürde geschichtlicher Verantwortung zu tragen vermochten. Je schroffer die gesellschaftlichen Gegensätze hervortraten, je sichtbarer im Kampf zwischen Katholiken und Protestanten, zwischen Habgier der Fürsten und der Ohnmacht kaiserlicher Zentralgewalt das Unheil sich ankündigte, desto ängstlicher zog sich Rudolf in den Prager Hradschin zurück, so daß man manchmal nicht wußte, ob er noch lebte oder schon tot sei. Welch ein Kaiser zwischen Aberglauben und Wissenschaft, Kunst und Magie, Verträumtheit und Vertracktheit, Ausschweifung und Verfolgungswahn! Welch ein absonderlicher Hof, an dem der Maler Arcimboldi zum Reichsgrafen ernannt wurde, an dem die großen Astronomen Kepler und Tycho de Brahe mit Astrologen und Alchimisten zusammenwirkten, an dem ein Kaiser plante, einen Orden der Friedensritter zu gründen, von ähnlichen Gedanken bewegt, wie der Ketzer Campanella, wie der Humanist Andräe, der zur selben Zeit den unsichtbaren Bund der »Rosenkreuzer« erfand. Es war der antinapoleonische Charakter, der Grillparzer faszinierte, der Monarch, von dem die Welt Taten erwartet, und der die Tat verabscheut.

Frühe Notizen des Dichters sind aufschlußreich: »Soll nicht dieser Rudolf in der Theorie alles erkennen und in der Praxis alles verfehlen?« – In einer Szene soll er »die allerweisesten Urteile über Spaniens Lage und die Mittel der Verbesserung vorbringen und im nächsten Augenblick gerade das Gegenteil in seinen eigenen Angelegenheiten tun«. – »Wie, wenn Rudolf das Unheil der kommenden Zeit vorausgesehen und die Unmöglichkeit gefühlt hätte, ihm vorzubeugen...« Der Sinn des Ganzen sei, »daß Rudolf nicht handle und die ihn verderben, die für ihn zu seinen Gunsten handeln... Seine Untätigkeit wäre das Glück, die Tätigkeit der andern zerstört alles«... Und schließlich, 1855, die knappe Formel der Problematik: »Das Tragische wäre denn doch, daß er das Hereinbrechen der neuen Weltepoche bemerkt, die andern aber nicht, und daß er fühlt, wie alles Handeln den Hereinbruch nur beschleunigt.«

Das alles ist eminent österreichisch. Ein Jahrhundert später schrieb Robert Musil in seinem großen Roman »Der Mann ohne Eigenschaften« über Österreich: »Man handelte in diesem Land – und mitunter bis zu den höchsten Graden der Leidenschaft und ihrer Folgen – immer anders, als man dachte, oder dachte anders, als man handelte... Kakanien war von einem in großen historischen Erfahrungen erworbenen Mißtrauen gegen alles Entweder-Oder beseelt und hatte immer eine Ahnung davon, daß es noch viel mehr Gegensätze in der Welt gebe als die, an denen es schließlich zugrunde gegangen ist. Sein Regierungsgrundsatz war das Sowohl-Als-auch oder noch lieber mit weisester Mäßigung das Weder-Noch...« Das ist aufs Haar die Haltung Grillparzers und seines Rudolf II., der seinen Regierungsgrundsatz mit den Worten kundtut:

Zudem gibt's Lagen, wo ein Schritt voraus
Und einer rückwärts gleicherweis' verderblich.
Da hält man sich denn ruhig und erwartet,
Bis frei der Weg, den Gott dem Rechten ebnet...

Das Jahr 1835 gab Grillparzer den Impuls, die Arbeit an seinem Drama der Passivität, des Stillestehns, ernsthaft aufzunehmen. Franz I. war gestorben. Der schwachsinnige Ferdinand, sein Nachfolger, wurde von der »Staatskonferenz« der Erzherzöge gegängelt. Metternich trachtete, das Land in Leichenstarre festzuhalten. Doch Grillparzer ahnte, wenn auch alle Uhren stillstanden, die unaufhaltsam vorwärtsschreitende Zeit, und hinter Katafalken die neue Weltepoche. Es war die Situation vor 1848; sie schien der Situation vor dem Dreißigjährigen Krieg verwandt, als Rudolf II. sich totstellte, um zu verhüten, daß alles in Bewegung gerate.

Was Grillparzer in »König Ottokars Glück und Ende« mißlungen war, die Spiegelung einer aktuellen in einer historischen Situation, so daß aus der Vergangenheit Licht in die Gegenwart fällt und umgekehrt, gelang im »Bruderzwist«. Es war ein historisches Drama und zugleich ein aktuelles, das Grillparzer um 1848 beendete – aus der Sicht eines konservativen Humanisten, eines Rückwärtsgewandten, dem der Sturm ins Gesicht schlägt, so daß er vorwärts muß, ohne die Zukunft zu sehen; er sieht nur die zusammenbrechende Vergangenheit, und Revolution, Demokratie, die nationalen und plebejischen Forderungen sind für ihn der Inbegriff der Katastrophe. Dadurch wird manches entstellt und verzerrt; es ist die Größe des Dichters, daß er auch von diesem anfechtbaren Standpunkt aus nicht nur einen Charakter, ein Zeitalter meisterhaft gestaltet, nicht nur das überzeugende Drama habsburgischer Halbheit, der Unentschiedenheit, der Passivität, des Widerspruchs von individueller Ohnmacht und gesellschaftlicher Aufgabe hervorbringt, sondern all dies ins Allgemeine zu steigern vermag, *zur Tragödie der Macht, der Politik.*

Rudolf erschrickt nicht nur vor der Entscheidung, der unabsehbar folgenschweren, sondern vor der Politik insgesamt, vor der Kunst,

Der undankbaren, ewig unerreichten,
In der, verkehrt, was sonst den Menschen adelt,
Erst der Erfolg des Wollens Wert bestimmt,
Der reinste Wille wertlos – wenn erfolglos.

Man wirft ihm Schwäche, Unentschlossenheit vor. Seine Verteidigung ist:

Denn was Entschlossenheit den Männern heißt des Staats,
Ist meistenfalls Gewissenlosigkeit,
Hochmut und Leichtsinn, der allein nur sich
Und nicht das Schicksal hat im Aug' der andern...

Es mischt sogar »dem reinen Trachten eines Edlen«, wenn es zur Tat wird, vom Mittel zum Zweck, von der Selbstsucht des Werkzeugs

So viel sich bei, daß, hat er nun vollbracht,
Ein Zerrbild vor ihm steht, statt seiner Tat.

Von seinem innerlich haltlosen, hysterischen und herrschsüchtigen Bruder Matthias, der schnell die *Mittel* lernt, Treubruch und Perfidie, doch nicht dem *Zweck* gewachsen ist, sagt Rudolf geringschätzig:

Er hat nur seiner Eitelkeit gefrönt,
Und dacht' er an die Welt, so war's als Bühne,
Als Schauplatz für sein leeres Heldenspiel...

Vor dem kalten, fanatischen, menschenverachtenden Ferdinand jedoch, dem mitleidlosen Vollstrecker der Gegenreformation, dem unbeugsamen Machthaber, schaudert Rudolf zurück. Ferdinand hat sechzigtausend Menschen an einem Tag »katholisch gemacht«, zwanzigtausend mit Weib und Kind verjagt, gleichzeitig aber wirbt er, aus Staatsräson, um eine protestantische Fürstin. Rudolf erwidert ihm:

Nun, ich bewundre Euch. – Weis deine Hände!
Ist das hier Fleisch? Lebendig, wahres Fleisch?
Und fließt hier Blut in diesen bleichen Adern?

Freit eine andre, als er meint und liebt –
Mit Weib und Kind, bei zwanzigtausend Mann,
In kalten Herbstesnächten, frierend, darbend!
Mir kommt ein Grauen an. Sind hier nicht Menschen?
Ich will bei Menschen sein!...

Erfolg als einzige Rechtfertigung, Blut als gerinnendes Siegel politischer Entscheidung:

Blut ist das rote Wachs, das jede Lüge
Zur Wahrheit stempelt; wenn von Volk zu Volk,
Warum nicht auch von Fürst zu Untertan?
Und nun hinaus, beweisen mit dem Schwert,
Was nur der Geist dem Geiste soll beweisen.
Des Reiches Ehre soll und muß bestehn,
Und ist das Tor dem Unheil nun geöffnet,
Ist Mord und Brand geschleudert in die Welt,
Dann denkt einst spät, wenn längst ich modre:
Wir waren auch dabei und haben es gewollt...

Nationalzozialistische Literaturhistoriker haben 1941, zum 150. Geburtstag Grillparzers, diesen Hohn als Bekenntnis zu »des Reiches Ehre« aufgefaßt, so wie sie die Worte, die Grillparzer den blutigen Wallenstein sprechen ließ:

So sei auch in des Landes Regiment
Ein Gott, ein Herr, ein Wollen ungetrennt!

ins Positive umdeuteten, als prophetische Vorwegnahme von: »*Ein* Volk, *ein* Reich, *ein* Führer!« So wurde damals der Anschluß des großen österreichischen Dichters an das Großdeutsche Reich gewaltsam vollzogen.

Grillparzer hat in dieser Tragödie der Macht die aufsteigenden Kräfte eines neuen Zeitalters, Bürgertum und Arbeiterschaft, widersinnig angeklagt, althergebrachte Ordnung, und sei sie noch so brüchig und verfault, gegen jede revolutionäre Forderung in Schutz genommen. Zugleich aber fühlte er, daß diese Ordnung nur mehr Maske des Chaos war, und ratlos vor dem Widerspruch, Hüter dessen zu sein, was nur noch als Schein bestand, ließ er den »stillen Kaiser« in den Kosmos blicken.

Kennst du das Wörtlein: Ordnung, junger Mann?
Dort oben wohnt die Ordnung, dort ihr Haus,
Hier unten eitle Willkür und Verwirrung...

Eine so fragwürdige, so anfechtbare Ordnung verteidigend, ist es vor allem der Friede, den Grillparzer gegen die »Helden«, gegen die Machtpolitiker und Gottesstreiter hochhält. Dem für den Katholizismus zum Krieg entschlossenen Ferdinand, der sich darauf beruft, das Koexistenz-Übereinkommen mit den Protestanten sei erzwungen, entgegnet der Bischof Klesel:

Erzwungen ist zuletzt ein jeder Friede;
Der Schwächere gibt nach. Doch soll das Schwert
Nicht wüten bis zur völligen Vertilgung,
Muß Friede werden, der nur Friede ist,
Wenn er gehalten wird, ob frei, ob nicht.

Und Rudolf, nicht imstande, flackernder Aktivität Einhalt zu gebieten, die Macht zur Rettung des Friedens zu nützen, ersinnt nur in Gedanken das große Friedensreich:

Ich hab' erdacht im Sinn mir einen Orden,
Den nicht Geburt und nicht das Schwert verleiht,
Und Friedensritter soll die Schar mir heißen.
Die wähl' ich aus den Besten aller Länder,
Aus Männern, die nicht dienstbar ihrem Selbst,
Nein, ihrer Brüder Not und bittern Leiden;
Auf daß sie, weithin durch die Welt zerstreut,
Entgegentreten fernher jedem Zwist,
Den Ländergier und was sie nennen: Ehre
Durch alle Staaten sät der Christenheit.

Im »Bruderzwist« mit seinem passiven Helden, dessen Nicht-Tun das Unheil so wenig abzuwenden vermag wie die kurzsichtige, fanatische, selbstherrliche Aktivität der andern, dessen Selbstspiegelung in einer geborstenen Welt Flucht vor Entscheidung, vor Tat und Verantwortung ist, in diesem Drama der Macht und Ohnmacht, der wissenden und der unbewußten Verantwortungslosigkeit ist Grillparzer in seiner Größe – und seinen Grenzen erkennbar. »Ein Bruderzwist in Habsburg« tritt an die Seite der großen dramatischen Dichtung »Der Prinz von Homburg« des andren Einsamen, Heinrich von Kleist. In diesem Schauspiel jedoch ist das Problem der Entscheidung, der freien Tat als bewußte Übereinstimmung von Persönlichkeit und Gesellschaft gelöst. Grillparzers Meisterwerk endet mit allen Fragezeichen der Resignation.

»*Libussa*«

Es war die große Entdeckung Bachofens, daß in der Urzeit der menschlichen Gesellschaft nicht Vaterrecht, sondern Mutterrecht galt. In seinem Werk »Mutterrecht« (1861) stellte er fest, daß die Gruppenehe der Einzelehe voranging, daß daher die Vaterschaft ungewiß, die Abstammung nur von der Mutter her zu erkennen war, und daß in einer solchen gesellschaftlichen Organisation die Mutter, die Frau, hohes Ansehen genoß. Morgan, der aufs genaueste die gesellschaftliche Organisation der Irokesen untersuchte, erbrachte in seinem Hauptwerk »Ancient Society« (1877) den umfassenden Beweis, daß dem vaterrechtlichen eine mutterrechtliche Gens (Geschlechtsverband) voranging. Was gemeinsam gemacht und genutzt wurde, war gemeinsames Eigentum. Die Arbeit war urwüchsig zwischen Mann und Frau aufgeteilt. Der Mann ging auf Jagd und Raub, die Frau sorgte für Herd, Garten und Nachwuchs. Bei wandernden Jäger- und Hirtenstämmen wurde sehr bald der Mann zum Gebieter, das Vaterrecht festgesetzt. Bei seßhaften Stämmen, bei denen die Frau durch Entwicklung des Gartenbaus Förderin der Kultur war, überwog zunächst das Mutterrecht; doch eben der Aufstieg der Landwirtschaft, das Wachstum des Wohlstands, den die Erde gab, wurde zur Ursache für den Entschluß des Mannes, sich das Land anzueignen, die Frau zu unterdrücken. »Der Umsturz des Mutterrechts«, schreibt Friedrich Engels in seinem Werk »Der Ursprung der Familie, des Privateigentums und des Staates«, – »war die *weltgeschichtliche Niederlage des weiblichen Geschlechts.* Der Mann ergriff das Steuer auch im Hause, die Frau wurde entwürdigt, geknechtet, Sklavin seiner Lust und bloßes Werkzeug der Kinderzeugung.«

Die Entdeckungen Bachofens und Morgans (Mutterrecht, Gruppenehe, Urkommunismus), zunächst von hervorragenden

Gelehrten unterstützt und erweitert, wurden in der spätbürgerlichen Welt von dogmatisch gebundenen Forschern und andren »Antimaterialisten« heftig angegriffen. Etwas so Unmoralisches wie Mutterrecht und Gruppenehe, etwas so Beunruhigendes wie Urkommunismus darf nicht der Ursprung der menschlichen Gesellschaft sein – zumindest aber habe bei den »Ariern« stets der Vater geherrscht, Monogamie und Privateigentum stets als heiliges Gesetz gegolten. Bedeutende Gelehrte unseres Zeitalters, wie Evans, Ridgeway, Harrison, Glotz, Briffault, Thomson und andre, haben die Entdeckungen Bachofens und Morgans durch ein enormes Material bekräftigt und den Beweis erbracht, daß auch das prähistorische Griechenland mutterrechtlich organisiert war.

Der alte Prager Chronist Cosmas (1045-1125) hat, wie mancher andre, späte Erkenntnisse vorweggenommen. Er berichtete, daß am Anfang der tschechischen Geschichte ein Goldenes Zeitalter des Gemeineigentums und des Mutterrechts war. Der Übergang zum Vaterrecht habe sich derart vollzogen, daß die Männer nicht mehr bereit waren, sich weiblichem Richterspruch zu unterwerfen, und einen Herzog forderten. Libussa, die jüngste von drei weisen Schwestern, die das Volk leiteten, rief den Fordernden zu: »O allererbärmlichstes Volk, das nicht frei zu leben vermag und die Freiheit preisgibt! Leicht ist der Herzog einzusetzen, ihn abzusetzen ist schwer. Er wird euch ein harter Herr sein.« Ein Pferd ward ausgesandt und holte den Bauern Přemysl (den »Klügelnden«), der mit zwei Ochsen ackerte. Der Ackersmann wurde zum Herzog, zum Gatten der Libussa, knechtete das Volk und teilte den Männern das Land auf, als Privateigentum. Libussa prophezeite vor ihrem Tod die Entstehung von Praha, der Stadt. Nach ihrem Tode wurde zwischen den Männern und den Frauen der Krieg der Geschlechter ausgefochten. Die Frauen wurden niedergeworfen, Vaterrecht und Klassenherrschaft waren das Ergebnis. Ähnliche Sagen gibt es bei vielen Völkern; sie alle stellen in mythologischer Form den geschichtlichen Vorgang dar, daß der Fürst, zunächst nur als Gatte der priesterlichen Herrin befristete Macht ausübend, schließlich die alte Ordnung sprengt, die Herrschaft an sich reißt.

Humanisten des 17. Jahrhunderts, wie Dubravius und Äneas Sylvius, haben die Libussa-Sage nacherzählt. Herder hat sie in seine Volkslieder aufgenommen, Musäus sie in seinen »Volksmärchen der Deutschen«, den gesellschaftlichen Sinn nicht begreifend, zur platten Liebesgeschichte deformiert. Der Romantiker Clemens Brentano verflocht in seinem weitschweifigen Drama »Die Gründung Prags« die Libussa-Sage mit dem Sieg des Christentums über das Heidentum und stellt in vielen Szenen den Liebeskampf amazonenhafter Frauen gegen wackre Männer dar. Grillparzer, der sich schon in früher Jugend mit tschechischen Sagen befaßt hatte, entwarf 1822 eine »Libussa«. Daß er den Plan zurückstellte, war ein Glück; denn damals wäre aus dem gewaltigen Stoff nichts als ein Liebesdrama hervorgegangen, Unterwerfung einer widerspenstigen Zauberin unter den Gatten Primislaus. Neue Versuche 1825 und 1831 brachten kein Ergebnis. Als sich der Dichter 1837 abermals dem Thema zuwandte, begann das große Werk zu entstehen, daß 1848 vollendete dramatische Gedicht vom Untergang des Goldenen Zeitalters, vom Ursprung der Männerwelt, des Privateigentums und des Staates. In einer Notiz dazu heißt es: »Gefühl, Verstand, Rückkehr zum Gefühl« – also die von Rousseau proklamierte Dreiheit: Naturzustand, Zivilisation, Rückkehr zum Naturzustand, diese von der romantischen Philosophie so mannigfach entwickelte Geschichts-Dialektik. Die philosophische Auffassung der rückwärtsgewandten Romantiker blieb bei der Rückkehr zum Ursprung stehen, die der vorwärtsgewandten sah die künftige Gesellschaft nicht als Wiederkunft des Vergangenen, sondern als aufgehobenen Gegensatz, als Synthese. Grillparzer ging über den ursprünglich konservativ-romantischen Entwurf hinaus und seine Vision ferner Zukunft war nicht einfach Rückkehr zum Gefühl, zum Naturzustand.

»In dem Ganzen«, heißt es in einer Notiz, »der Streit über den Vorrang der Männer vor den Weibern in den Vordergrund gestellt, obgleich es sich eigentlich um den Widerstreit der Gefühls- und Verstandeswelt, des Goldenen Weltalters und der nüchternen Ordnung handelt.« Das Gefühl Grillparzers ergriff Partei für Libussa, sein Verstand (und wohl auch sein Vorurteil als Mann) pflichtete dem Primislaus bei, und eben aus diesem Widerstreit ergab sich das Gleichgewicht, die Vollkommenheit der Dichtung. Dieses dramatische Gedicht, die künftige Entdeckung Bachofens erstaunlich vorwegnehmend, Geschichtsphilosophie künstlerisch gestaltend, ist ein großes Abschiedslied der Romantik: gegen das Geld und den Staat, gegen Gewinn und Gesetz, für Einheit des

Menschengeschlechts und Freiheit der Persönlichkeit. Das romantische Grundgefühl wird überwunden, die bedingte Berechtigung all dessen, was der tätige Primislaus verkörpert, anerkannt, auf die Möglichkeit gesellschaftlicher Synthese ahnungsvoll hingedeutet.

Abseits der Welt, mit Pflanze und Gestirn, Magie und prophetischer Ekstase, leben Kascha, Tetka und Libussa, die Töchter des sagenhaften Königs Krokus, uralte Dreifaltigkeit mutterrechtlicher Mond- und Schicksalsgöttinnen. Krokus stirbt, das Volk fordert, daß eine der Schwestern die Regentschaft übernehme. Die älteren weigern sich, Libussa tut »den Schritt aus dem Gewohnten«.

Er zieht unaufhaltsam hin auf neue Bahnen;
Nur vorwärts führt das Leben, rückwärts nie.

In ihrer Gestalt, in diesem Entschluß sind Sappho, Medea, Hero vereinigt, die Frauen, die zu neuem Sein aufbrechen, Grenzen der Herkunft, der Tradition überschreitend.

Mit Menschen Mensch sein, dünkt von heut mir Lust...

Libussa errichtet eine Gesellschaft des Gemeineigentums, in der, nach den Worten Ovids, ohne Gericht und Gesetz, aus freiem Entscheid, jeder das Rechte tut. Da jedoch, in Grillparzers Dichtung, diese Gesellschaft nicht Ursprung, sondern Rückbildung ist, erhebt sich Widerspruch:

Der Reichtum letzter Zeit kam etwas stark zu Falle,
Sonst hatten die und der, nun aber haben alle.
Was kaufst du um dein Geld da, wo nichts käuflich ist,
Das Land ein breiter Tisch, an dem, wer hungert, ißt.

Der »Wladike« (Herr) Biwoy begehrt auf:

Verkehrt ist all dies Wesen, eitler Tand,
Und los aus seinen Fugen unser Land.
Weiber führen Waffen und raten und richten.
Der Bauer ein Herr, der Herr mitnichten...

Libussa verteidigt die Gleichberechtigung:

Fühlt sich dein Knecht als Mensch dem Herren ähnlich,
Warum soll sich dein Weib denn minder fühlen?
Kein Sklave sei im Haus und keine Sklavin:
Am wenigsten die Mutter deines Sohns.

Der Streit zweier Männer um einen Markstein führt die Wendung herbei. Der eine der Streitenden wehrt sich gegen jeden Vergleich; er will sein »Recht«. Libussa erwidert im Geist des ursprünglichen Kommunismus:

Von allen Worten, die die Sprache nennt,
Ist keins mir so verhaßt als das von Recht.
Ist es dein Recht, wenn Frucht dein Acker trägt?...
Daß du dem Dürft'gen hilfst, den Bruder liebst,
Das ist dein Recht, vielmehr ist deine Pflicht,
Und Recht ist nur der ausgeschmückte Name
Für alles Unrecht, das die Erde hegt...

Der Streitende bleibt dabei:

Ich will mein Recht. Oh, wäre hier ein Mann,
Der ernst entschiede, wo es geht um Ernstes.

Mehrere: Jawohl: ein Mann, ein Mann!

Libussa: Da lärmen sie
Und haben, fühl' ich, recht. Es fehlt ein solcher...
Wohlan, ihr Herrn, ich geb' euch einen Mann ...
Und eisern wird er sein, so wie sein Tisch,
Um euch zu bändigen, die ihr von Eisen.
Die Luft wird er besteuern, die ihr atmet,
Mit seinem Zoll belasten euer Brot;
Der gibt euch Recht, das Recht zugleich und Unrecht,
Und statt Vernunft gibt er euch ein Gesetz...

Das schnelle Nachgeben der Libussa ist eine der Schwächen des dramatischen Gedichts. Die unausgesprochene Motivierung, daß sie den Primislaus, der sie zu Beginn des Stücks vor dem Ertrinken rettete, unbewußt liebt, ist nicht überzeugend. Die falsche Konstruktion, daß eine schon in Klassen, Herren und Knechte, geteilte Gesellschaft des Privateigentums in einen Zustand des Urkommunismus zurückversetzt wird, ergibt unglaubwürdige Einzelheiten. Und wenn schon auf die Schwächen der großen Dichtung hingedeutet wird, ist nicht nur das ausgedehnte Spiel mit einem überanstrengten Rätsel anfechtbar, sondern vor allem ist zu bemerken, daß vielen Szenen die sinnliche Frische früherer Werke fehlt. Die Gestalten werden häufig zu Schatten und zu Stimmen, und Gleichnis und Vision verwölken die Wirklichkeit. Das Gesamtbild ist größer geworden, das Detail weniger fest und farbig...

Primislaus wird, wie in der Sage, vom Pfluge weggeholt. Er liebt Libussa. Doch sein Programm ist Herrschaft des Mannes:

> Die Königin erniedrigt den als Mann,
> den wählend sie als Untertan erhöht;
> Denn es sei nicht der Mann des Weibes Mann,
> Das Weib des Mannes Weib, so steht's zu Recht...

Libussa will zurück. Die Schwestern weisen sie ab. Kascha läßt ihr sagen:

> Wer gehen will auf höhrer Mächte Spuren,
> Muß einig sein in sich...

Libussa ist nicht mehr einig in sich selbst und mit der Welt. Die Einheit des Ursprungs ist dahin. Sie wehrt sich gegen Primislaus, gegen die Welt des Mannes, wo alles zu Besitz und Ware, zu Gewinn und Gesetz wird:

> Sie wollen einen Richter, der entscheide,
> Nicht, was da gut und billig, fromm und weise,
> Nein, nur was recht, wieviel ein jeder nehmen,
> Wieviel verweigern kann, ohn' eben Dieb
> Und Schelm zu heißen, ob er's etwa wäre...

Dann aber fügt sie sich dem neuen, männlichen, strebsamen Zeitalter, das von ihren Schwestern verflucht wird:

Im Walde, wo ihr Schloß, ertönt die Axt,
Der tausendjähr'gen Eichen Stämme fallen
Zu niedrigem Gebrauch. Der Felsen Innres
Durchwühlt der Eigennutz und sprengt die Fugen...

Gegen Libussa, die noch einmal die alte Genügsamkeit verteidigt, tritt Grillparzer, dem eigenen Gefühl widersprechend, unromantisch an die Seite des Primislaus, der die Entfesselung der Produktivkräfte rühmt:

Befriedigt ist das Tier nur und der Weise,
Den Menschen, die gleich mir und gleich den meisten,
Ward das Bedürfnis als ein Reiz und Stachel
Von ew'gen Mächten in die Brust gelegt...

Zwischen dem magischen Einst und dem Jetzt, das dem Manne gehört, Fremde hier und dort, siechte Libussa dahin. Primislaus will ihre erloschene Seherkraft noch einmal zu eigenem Nutzen gebrauchen und fordert von ihr, sie möge den Grundstein Prahas segnen. Sie wehrt sich zunächst, fühlt sich zu schwach, dann aber siegt die Verlockung, noch einmal Seherin, Prophetin zu sein. Das lateinische Wort »sacrum« hat den Doppelsinn von Heiligung und Verdammung. Libussa will segnen, doch, von magischen Dämpfen umwallt, flucht sie der neuen Welt, der Herrschaft, dem Besitz:

Nicht Ganze mehr, nur Teile wollt ihr sein
Von einem Ganzen, das sich nennt die Stadt,
Der Staat, der jedes Einzelne in sich verschlingt,
Statt Gut und Böse, Nutzen wägt und Vorteil
Und euren Wert abschätzt nach seinem Preis...
Der eigne Nutzen wird dir zum Altar,
Und Eigenliebe deines Wesens Ausdruck.
Dann wirst du weiter schreiten fort und fort,
Wirst Wege dir erfinden, neue Mittel
Für deinen Götzendienst, dem gier'gen Bauch
Und der Bequemlichkeit zur eklen Nahrung.
Durch unbekannte Meere wirst du schiffen
Ausbeuten, was die Welt an Nutzen trägt.
Und allverschlingend sein, vom All verschlungen...

Es ist, in romantischem Antikapitalismus, die mächtigste Anklage, die Grillparzer jemals gegen die Bürgerwelt, die napoleonisch alle Grenzen sprengende, erhob. Doch dies ist nicht das Ende; wie Saint-Simon, wie Fourier sieht er die Zukunft sich im Ursprung spiegeln:

> Der Mensch ist gut, er hat nur viel zu schaffen,
> Und wie er einzeln dies und das besorgt,
> Entgeht ihm der Zusammenhang des Ganzen...
> Doch an die Grenzen seiner Macht gelangt,
> Von allem Meister, was dem Dasein not...
> Wird er die Leere fühlen seines Innern...
> Dann kommt die Zeit, die jetzt vorübergeht,
> Die Zeit der Seher wieder und Begabten.
> Das Wissen und der Nutzen scheiden sich
> Und nehmen das Gefühl zu sich als drittes;
> Und haben sich die Himmel dann verschlossen,
> Die Erde steigt empor an ihren Platz,
> Die Götter wohnen wieder in der Brust,
> Und Menschenwert heißt dann ihr Oberer und Einer.

Es ist romantische Zukunftsvision, in der die Romantik sich aufhebt. Ein Zeitalter nimmt von sich selber Abschied. Ein neues kündigt sich an. Und hinter ihm die Heimkehr des Menschen zu sich selbst. Als Grillparzer sein Gedicht vollendete, hatten Marx und Engels das Kommunistische Manifest proklamiert...

Grillparzer stand im Zwielicht zwischen Gestern und Morgen. Er träumte zurück, ahnte voraus, empfand die Problematik der Gegenwart, den inneren Widerspruch des kapitalistischen Zeitalters. In seinem Fühlen human, in seiner Gesinnung konservativ, war er ein einsamer Dichter des Übergangs von Klassizismus und Romantik zu neuen Bereichen der Kunst, zu neuen Methoden dramatischer Gestaltung. Welch ein Zwiespalt! Die demokratische Revolution des Jahres 1848, die er ablehnte, steigerte seine Kraft zur Vollendung von Meisterwerken. Als Habsburg siegte, begann der Dichter Habsburgs zu verstummen. Denn er war ungleich mehr: ein Dichter der Humanität. Ihm selber galt das Wort der sterbenden Libussa:

…die Nacht liegt schwer am Boden,
Und bis zum Morgen ist noch lange Zeit.
Die Kraft versiegt, mein Auge schwimmt im Dunkel.
Fort alles, was um mich noch Gegenwart,
Die Luft der Zukunft soll mich frei umspielen.

Nikolaus Lenau

Woher der düstre Unmut unsrer Zeit,
Der Groll, die Eile, die Zerrissenheit? –
Das Sterben in der Dämmerung ist schuld
An dieser freudenarmen Ungeduld;
Herb ist's, das langersehnte Licht nicht schauen,
Zu Grabe gehn in seinem Morgengrauen.

Mit diesen schönen Worten hat Nikolaus Lenau das Zeitalter, in das er hineingeboren war, die Jahrzehnte zwischen dem Sturz Napoleons und der mitteleuropäischen Revolution von 1848, das Wesen seines Daseins und seiner Dichtung prägnant charakterisiert. Als Lenau am 13. August 1802, einer österreichischen Offiziersfamilie entstammend, in der ungarischen Stadt Csatád geboren wurde, stand Napoleon auf dem Höhepunkt seiner Macht; die Marseillaise brauste durch Europa und, seltsamer Zwiespalt der Geschichte, in der Uniform diktatorischer Fremdherrschaft sprengte die Idee der bürgerlich-demokratischen Revolution durch Deutschland und Österreich. Es war ein Ereignis voll tiefer Ironie, daß erst die französische Besetzung es möglich machte, die freiheitsatmenden Dramen Friedrich Schillers in Wien, zum erstenmal durch keine Zensur verstümmelt, aufzuführen. Der Geist eines neuen demokratischen Nationalbewußtseins, den das revolutionäre Frankreich geweckt hatte, wandte sich schließlich gegen Napoleon; die Schlacht von Aspern, der Aufstand Andreas Hofers in Tirol, der große Traum einer patriotischen Volkserhebung waren der Horizont um Lenaus Knabenwelt. Als jedoch der Knabe zum Manne wurde und mit ersten Werken hervortrat, war dies alles vorbei und zu Ende, die trügerische Morgenröte verschluckt von schwarzgelber Dunkelheit. Und als im März 1848 aus dem Wien des Fürsten Metternich, der Heiligen Allianz, des Weihrauchs und des Walzers ein Wien der Barrikaden geworden war, lag Lenau in einem Irrenhaus in Döbling von Paralyse umnachtet; der Schriftsteller Johann Gabriel Seidl kam zu ihm mit der Botschaft: »Wir sind frei!«, aber der Dichter der Freiheit verstand die Botschaft nicht mehr und wandte sich teilnahmslos ab.

Er konnte das langersehnte Licht nicht schauen, und erschüttert widmete Seidl, der einst den untertänigen Text der Kaiserhymne verfaßt hatte, dem hoffnungslos Dahinsterbenden das Gedicht: »Nein, du bist nicht zu retten: die Ketten fallen nicht von deinem Sinn beim Schall von eines Volks gesprengten Ketten.« Als Lenau am 22. August 1850 starb, hatte die österreichische Revolution sich längst schon ausgeblutet, Metternich war zurückgekehrt und in der Hofburg saß als Kaiser Franz Joseph I. der ehemalige Prinz der Konterrevolution. Purpurmäntel und schwarze Kutten verhängten den Sonnenaufgang eines neuen Zeitalters; waren auch die Revolution und Lenau zu Grabe getragen, so blieb doch, was der Dichter prophezeite:

Das Licht vom Himmel läßt sich nicht versprengen,
Noch läßt der Sonnenaufgang sich verhängen
Mit Purpurmänteln oder dunkeln Kutten;
Den Albigensern folgen die Hussiten
Und zahlen blutig heim, was jene litten;
Nach Hus und Ziska kommen Luther, Hutten,
Die dreißig Jahre, die Cevennenstreiter,
Die Stürmer der Bastille, und so weiter.

In diese Verse klingt Lenaus gewaltigste Dichtung aus, der Romanzen-Zyklus »Die Albigenser«, und selten in der Weltliteratur hat revolutionärer Optimismus Worte von solcher Kraft und Knappheit gefunden wie das »Und so weiter«, das hier aus alltäglicher Redensart zu einem aufrüttelnden Bekenntnis gesteigert wird, zu einem Bekenntnis des tiefsten Glaubens an die unendlich fortschreitende revolutionäre Entwicklung des Menschengeschlechtes.

Ein Mensch mit seinem Widerspruch

Die bürgerlichen Literaturhistoriker haben versucht, aus diesem unbequemen revolutionären Dichter einen »Melancholiker aus Veranlagung« zu machen, ihn vor allem als den Poeten der dunkel-schönen »Schilflieder«, schwermütiger Herbstwälder, silberner Maiennächte, romantischer Zigeuner und einer wehen Liebe zu feiern, über deren Schulter Wahnsinn und Tod sich neigen, und die Züge der Revolution aus seinem Bildnis wegzuretuschieren. Sie haben ihn ins Pathologische umgefälscht, ihm »angeborenen Wahnsinn« angedichtet, seine gesamte persönliche und künstlerische Entwicklung als ein allmähliches Überhandnehmen krankhafter Eigenschaften dargestellt und so den Verdacht nahegelegt, gerade seine letzten und reifsten Dichtungen, »Die Albigenser« und der »Don Juan« seien schon Produkte einer beginnenden Geistesverwirrung. Wir wissen heute, daß von einer erblichen Belastung Lenaus nicht die Rede sein kann, sondern daß er an Paralyse starb. Die vor allem von seinem biederen Schwager und Biographen Schurz in Umlauf gebrachte Legende der vererbten Disposition zum Wahnsinn ist medizinisch längst widerlegt; wir halten es dennoch für nützlich, einige Zeugnisse seiner Zeitgenossen anzuführen.

Der Geisterseher Justinus Kerner, der Lenau sehr gut kannte und sich in seiner philiströsen Art oftmals über den »Dämon« in dem leidenschaftlich widerspruchsvollen Dichter entsetzte und seinen Mangel an »innerem Frieden und Glauben« bejammerte, hat trotzdem festgestellt: »Sein Verstand war dabei stets so hell und klar, so mathematisch, möchte ich sagen, daß ich, trotz seiner starken Phantasie, nie geglaubt hätte, dieser Mensch könnte wahnsinnig werden.« Der Dichter Moritz Hartmann, der an der Wiener Revolution des Jahres 1848 aktiven Anteil nahm, schrieb 1843 über Lenau: »Von der Verschlossenheit und Schroffheit in Lenaus Umgang, von denen man mir so viel erzählt hatte, fand ich keine Spur; im Gegenteil war er damals, wie oft noch in der Zukunft, voll Humor und heiterer Laune.« Sophie Löwenthal, die unsterbliche Geliebte Lenaus, schrieb im November 1844 an Schurz: »Niembsch ist eigentlich ein starker und gesunder Mann gewesen, solange ich ihn kenne.« Und Lenau selbst hat im Mai 1843 in einem Brief an Sophie erklärt: »Meine Studien mit obligatem Frühaufstehen werden lebhaft fortgetrieben, und ich danke meiner Natur, daß sie mir, je älter ich werde, je mehr Kraft und Lust zu anhaltendem Arbeiten gibt.«

Neben diesen klaren und bestimmten Aussagen gibt es freilich auch andere, die von der inneren Unruhe Lenaus sprechen, von seinen sprunghaft wechselnden Stimmungen, von seiner Menschenscheu und Melancholie, von seiner leidenschaftlichen Überhitztheit und seiner hemmungslosen Hingabe an jede Laune, jedes Gefühl, jeden Reiz der Außenwelt – was aber geht daraus hervor? Lenau war ein Lyriker und, wenn man so will, ein Neurastheniker. Die hohe Reizbarkeit, das empfindliche Reagieren auf jede Schwingung und jeden Umschwung in der Atmosphäre, die dauernde Bereitschaft, sich Erregungen hinzugeben, die Lust an innerer Erschütterung gehören zum Wesen des Lyrikers, und Lenau unterscheidet sich darin nicht von anderen Dichtern, deren eigentliches Element die Lyrik ist. Jeder Mensch ist ein Bündel von Widersprüchen, aber dem Künstler, dem Dichter ist es auferlegt, diese Widersprüche nicht zu verhüllen, sondern sie in ihrer Fülle herauszuarbeiten. Wenn Goethe einmal sagte, er sei in seiner Vorstellung zu jedem Verbrechen fähig, so sprach er damit nur aus, daß der Künstler, der Dichter in seiner Persönlichkeit viele Gestalten, viele Wesenszüge, viele heterogene Möglichkeiten vereinigt, daß sich in ihm eine Vielfalt des Menschlichen widerspruchsvoll zusammenfügt. Lenau war reich (wenn auch bei weitem nicht in dem Ausmaß wie Goethe, Shakespeare, Balzac) an solchem inneren Widerspruch; schwermütig und genußsüchtig, weich und wild, kühn und wehleidig, egoistisch und hingebungsvoll, einsam und sehnsüchtig nach Gemeinschaft, aristokratisch hochmütig und entzückt von allem urwüchsig Plebejischen, weltverachtend und weltverliebt, rebellisch und resignierend, nach Liebe dürstend und Freiheit über alles liebend. Wenn in all dem ein Grundton von Schwermut vorwaltete, hängt dies nur zum Teil mit Veranlagung und Erziehung, zum weitaus größeren Teil mit den gesellschaftlichen Umständen zusammen, mit dem problematischen Zeitalter des »Sterbens in der Dämmerung«.

Jahre der Jugend

Zunächst das Individuelle: Nikolaus Niembsch von Strehlenau stammte aus einer jener österreichisch-ungarischen Offiziersfamilien, in denen die ganze Buntscheckigkeit der Habsburgermonarchie sich widerspiegelte. Die aus Schlesien eingewanderte Familie ist, wie der Name sagt, deutschen Ursprungs, aber schon als Kind in Ungarn heranwachsend, hat Lenau den Hauch und die Farbe fremder Nationalität in sich aufgenommen. Ohne sich jemals als Ungar zu fühlen (der er nicht war), hat er sich der ungarischen Landschaft dichterich hingegeben, hat er sie gleichsam als lyrisches Element entdeckt. Er galt seinen deutschen Freunden später als »Magyare«, als Angehöriger einer fremdartig interessanten Nation, und dieses Kolorit hat nicht unwesentlich zu seinem frühen Ruhm beigetragen. Lenau gedachte stets in respektvoller Dankbarkeit des ungarischen Milieus, das die Welt seiner Kindheit war. So sagte er einst zu Frankl, daß er kein Ungar sei, sich dessen aber nicht rühme, vielmehr möchte er »so urwüchsig, so feurig und so naiv, so husarentapfer und so gutherzig sein wie sie«. Franz von Némethy berichtet, Lenau bewahre seinen Landsleuten ein gutes Angedenken, »ja, er versäume keinen Anlaß, sich über die Ritterlichkeit und die hervorragende Kenntnis der Rechtswissenschaft, welche er bei Ungarn gefunden, geradezu schwärmerisch auszudrücken«. Ein andermal sagte Lenau: »Man schimpft so auf die Ungarn als Barbaren, aber es ist dort mehr Gefühl als in ganz Deutschland zusammengenommen.« Trotz dieser wiederholten Sympathiekundgebungen für das Land und Volk seiner Kindheit soll man nicht übersehn, daß Lenaus Beziehungen zu Ungarn etwas romantisch Oberflächliches anhaftete; für ihn war die Pußta, deren landschaftlichen Reiz er in die Literatur einführte, nur mit Zigeunern, Betyaren, Husaren und einzelnen Bauern bevölkert. Die gesellschaftlichen Probleme und Tendenzen, die großen Freiheitskämpfe des ungarischen Volkes fanden in seiner Dichtung keinen Widerhall; er liebte den Rákóczi-Marsch, wie er die Marseillaise liebte, als einen hinreißenden Freiheitshymnus, aber es blieb bei diesem ästhetischen Wohlgefallen. Es ist für Lenau ungemein charakteristisch, daß er von Zigeunern, denen er einige seiner schönsten Gedichte widmete, den stärksten Eindruck empfing; die Fremdheit in der Gesellschaft, die Freiheit des einsam auf sich selbst Gestellten, der individuelle Protest gegen jede Gebundenheit entsprach seinem eigenen individualistischen Rebellentum. Es war die Revolte der Persönlichkeit gegen Sitte, Vorschrift und Konvention, die ihn magisch anzog; Auerbach sagte später von ihm, daß er sich in politischen Vereinen und verfassunggebenden Versammlungen nicht an seinem Platz fühlte. »Er war ein Wilhelm Tell des Gedankens, ein über Bergesspitzen alleingehender Jäger, der nicht in geschlossenen Reihen kämpfen mag.« Man hat gelegentlich darauf hingewiesen, daß Lenau durch seine Entdekkung der ungarischen Landschaft und mehr noch durch seine gesamte Dichtung auf die magyarische Literatur, vor allem auf

Arany und Petöfi, eingewirkt habe. Es mag wohl sein, daß Petöfi in mancher Hinsicht von Lenau beeinflußt war – aber um wieviel kräftiger, ursprünglicher, ungebrochener ist Petöfi, das Schwert und die Flamme der ungarischen Revolution, als der in den Schatten der Habsburgermonarchie gebannte ältere Bruder, der Dichter in der Dämmerung eines Zeitalters! Lenau ist in tiefer Nacht Vorahnung und Vorgefühl der Morgenröte, Petöfi Tagesanbruch der Revolution.

Lenaus Vater war ein leichtsinniger, im Spiel und in der Liebe hasardierender Offizier, seine Mutter eine Frau von großer Leidenschaft, hingebungsvoll bis zur Selbstaufopferung, ungestüm bis zur Raserei. Schurz sagt von ihr: »Es obwaltet kein Zweifel, daß er seine großen Dichtergaben ausschließlich nur ihr verdankte; an dieser heißen, hellen Sonne entzündete sich sein gewaltiger Schöpfergeist. Nur brannte das Feuer bei der Mutter nach außen, bei dem Sohne nach innen; sie war leichtblütig, gallsüchtig; er war schwerblütig, schwermütig. Ihrer blinden Nachgiebigkeit und ihrer übertriebenen Vergötterung des Sohnes ist es wohl zuzuschreiben, wenn dieser etwas eigenwillig, bequem, launenhaft und wohl auch einigermaßen selbstsüchtig war.« Ähnlich dem jungen Petöfi fügte der junge Lenau sich keinem Zwang, liebte es mehr, den Vögeln nachzustellen und ihr Singen und Pfeifen kunstvoll nachzuahmen, als sich zu geregeltem Unterricht zu bequemen, brachte es im Lautenspiel und Geigenspiel zu größerer Meisterschaft als in anderen Disziplinen. Die humanistisch-aufklärerischen Ideen des vergangenen, aber von der Intelligenz nicht vergessenen josephinischen Zeitalters wirkten auf den Knaben ein. Ein griechisch-nichtunierter Pope ging häufig mit dem Vierzehnjährigen spazieren und unterhielt sich bald deutsch, bald ungarisch, bald lateinisch mit ihm über Gott und religiöse Gegenstände. Er war, wie Lenau erzählte, »ein Freigeist und Verächter aller positiven Religionen, dabei aber auch sonst ein sonderbarer Kauz.« Später übernahm ein alter Rittmeister, der sein Onkel war, die Funktion des Popen. Er las ihm Voltaires Briefwechsel mit Friedrich II. vor und machte ihn mit den Gedanken der Aufklärung vertraut. Lenau erinnerte sich, daß er ihn einmal um Mitternacht weckte, um ihm in lateinischer Sprache mitzuteilen, daß es keinen Gott gebe. Eine Zeitlang wollte Lenau Schauspieler werden, vor allem um die Rolle des Verinna, des unerschütterlichen Republikaners in Schillers »Fiesko«, zu spielen. Der schöne und eitle Knabe gewöhnte sich daran, daß die Mädchen ihm nachliefen, wenn er lautespielend durch die Sommernächte zog; auch später sind ihm die Frauen nachgelaufen. Von angeborener Melancholie war an dem jungen Lenau nichts wahrzunehmen.

In seinen Studien war Lenau sprunghaft, von den Rechtswissenschaften zur Agronomie und von ihr zur Medizin übergehend, launenhaft, unbefriedigt, »rerum novarum cupidus« (gierig nach neuen Dingen). Ohne Zucht und Regel aufgewachsen, von Mutter und Schwester maßlos verwöhnt, ein kleiner Grandseigneur inmitten liebender Frauen und durch ihre Arbeit stets mit dem Nötigsten ausgestattet, pflegte er in der Schulzeit zu reiten, auf Vogelfang zu gehn, sein Geigenspiel zu kultivieren und schließlich die Prüfungen nachzutragen. »Überhaupt liebte er das Nachtragen der Prüfungen«, schrieb Schurz über ihn, »weil er im Laufe des Jahres sich eben nur wenig um die Lehrbücher bekümmerte und ihm sonach gegen Ende mehr zu lernen zusammenkam, als er auch bei angestrengtem Fleiße und mit allen seinen Fähigkeiten zu bewältigen vermöchte. Wie mit dem Lernen, so ging es ihm auch späterhin mit dem Dichten. Er dichtete nur ruck- und rantweise, sodann aber auch angestrengt und ausgiebig, dagegen wieder durch geraume Zeit fast gar nicht.«

Die wohlhabenden Großeltern, der altväterische Oberst Niembsch und seine adelsstolze, in steife Konvention eingeschnürte Gemahlin, nahmen den Sechzehnjährigen zu sich nach Stockerau und zahlten ihm das Studium. Schließlich kam es zum Bruch zwischen dem an schrankenlose Freiheit gewöhnten Knaben und den ehrbaren Großeltern. »Es begab sich«, wie Schurz erzählt, »daß Niki, welcher sich wieder auf die Vogelfängerei geworfen hatte – die Stiefel bis über die Knöchel mit dickem Kot besudelt –, fröhlich und laut lärmend, denn er hatte reichen Fang gemacht, in das Zimmer seiner Großmutter hereinstürmte. Diese erhob sich, darüber rotglühend, von ihrem Sofa, stemmte sich mit beiden Armen auf den zitternden Tisch vor ihr und rief laut und schneidend: ›Aber gerade wie ein rechter Bauer!‹ Dies Wort war der erste Donnerschlag des Doppelgewitters, das nun losbrach und mit Nikis empörtem Rufe endigte: ›Lieber verhungern, als ein ewiger Sklave in goldenen Ketten sein!‹ Worauf er hastig auf den Hausboden lief, seine noch nasse Wäsche zusammenraffte, damit zu seinem Schwager Plöch in die Schule rannte und auf und davon nach Wien fuhr.« Nach einiger Zeit wurde eine Versöhnung bewerkstelligt, und nach dem Tode der Großmutter im Jahre 1830 erbte Lenau ein kleines Vermögen, das es ihm gestattete, jedes Berufsstudium aufzugeben und seine Existenz auf Rente und Dichtung aufzubauen.

Wir haben der Darstellung von Lenaus Jugendjahren relativ breiten Raum gegeben, um klarzumachen, daß diese Art von ungebundenem und verantwortungslosen Heranreifen wohl geeignet war, einen ungefestigten, launenhaften, jede Bindung verabscheuenden Charakter hervorzubringen, daß sie den Aufbruch der Leidenschaften begünstigte, ohne das Gegengewicht innerer Disziplin zu fördern, daß sie jedoch den wesentlichen Inhalt seiner Dichtung nicht zu begründen vermag. Die meisten Biographen legen besonderen Wert auf die Liebe des Neunzehnjährigen zu der schönen fünfzehnjährigen Berta, der Tochter einer kupplerischen Haushälterin, mit der er einige Jahre zusammenlebte, die ihm ein Kind gebar und von der er sich trennte, weil sie ihn, wie er meint, betrog, und weil ein anderer Mann, wie er meinte oder vorgab zu meinen, der Vater des Kindes war. Aus dieser Enttäuschung, so sagen die Biographen, sei unaufhaltsam dauernde Melancholie hervorgequollen, mit dieser Wunde habe die Wendung seines Daseins ins Dunkle angefangen. Wir halten das für eine absurde Übertreibung; gewiß war nicht nur die Eitelkeit des Verwöhnten, sondern auch das Gefühl des Liebenden verletzt, gewiß sind aus der Erschütterung einer erotischen und menschlichen Gemeinschaft ein paar anklagende Gedichte hervorgegangen – aber aus dem verfehlten Erlebnis eines jungen Dichters seine gesamte künstlerische Entwicklung abzuleiten, ist ein lächerliches Unternehmen. Man könnte mit demselben Recht des Unverstands die dichterische Originalität Heines, das Wesen seiner hintergründigen Ironie aus einer unglücklichen Jugendliebe ableiten und sich dabei sogar auf seine eigenen spielerischen Worte berufen: »... du hast mir ja Gift gegossen ins blühende Leben hinein!« Natürlich wird die Entwicklung eines Dichters, eines Schriftstellers auch durch Privatestes mitbestimmt, doch eben nur mitbestimmt; entscheidend für das Wesentliche künstlerischer Produktion, für den Inhalt und für die Tonart eines künstlerischen Lebenswerkes sind die gesellschaftlichen Verhältnisse, ist die Gesamtheit des Zeitalters, dem der Künstler angehört. Durch das gesellschaftliche Klima, durch die geschichtliche Periode, in der ein Dichter lebt und webt, wird auch das Privateste infiziert, nicht nur die allgemeinmenschliche, sondern auch die erotische Beziehung; man kann es nicht für einen Zufall halten, daß die Liebeslyrik Byrons und Keats', Heines und Lenaus einen anderen, dunkleren, unreineren Klang hat als etwa die Liebeslyrik des jungen Goethe. Dieser Wechselwirkung von Zeitalter und künstlerischer Persönlichkeit war sich auch Lenau bewußt, als er schrieb: »Alle Leidenschaften einzelner Individuen werden in Beschlag genommen von der großen Bewegung der Zeit.« Die individuellen Umstände und Zufälle, Herkunft, Begabung, Erziehung, dies alles hilft mit, den Dichter eben so und nicht anders heranzubilden, aber dies alles wird »in Beschlag genommen von der großen Bewegung der Zeit«, und sie vor allem muß man kennen, um das Werk eines Dichters ernsthaft zu würdigen. Daß in Lenaus Dichtung das Schwermütige, Nächtliche, Abgründige der Grundton ist, hängt wohl auch mit seiner Individualität, vor allem jedoch mit den besonderen gesellschaftlichen Verhältnissen zusammen, in denen er sich entwickelte und die zutiefst in sein Privatestes hineinspielten.

Die verlorenen Illusionen

Das heroische Zeitalter des aufsteigenden Bürgertums war mit dem Sturz Napoleons zu Ende gegangen, das Zeitalter der Restauration, der Heiligen Allianz, des prosaischen Kapitalismus, der verlorenen Illusionen war angebrochen. Die junge Generation, die noch die Morgenluft der revolutionär-demokratischen Bewegung geatmet hatte, wuchs in eine Periode banaler Ernüchterung, gesellschaftlicher Verdrossenheit hinein und fühlte den Mangel an großen, den ganzen Menschen erfassenden und durchdringenden Aufgaben. In einem seiner gewaltigsten Romane, dessen Titel »Verlorene Illusionen« das innerste Wesen des Zeitalters charakterisierte, schilderte Balzac die verzweifelte Lage der jungen Menschen, deren Tatkraft, Kühnheit und Sehnsucht nach großem Erlebnis an der jämmerlichen Wirklichkeit scheiterte. Er sagte in seinem Roman: »Nichts klagt so sehr das Helotentum an, zu dem die Restauration die Jugend verurteilt hatte. Die jungen Leute, die nicht wußten, wie sie ihre Kräfte anwenden sollten, führten sie nicht nur dem Journalismus, den politischen Verschwörungen, der Literatur und der Kunst zu, sie verschwendeten sie auch in den befremdlichsten Exzessen... Wenn sie arbeiteten, verlangten sie Macht und Genuß; als Künstler verlangten sie nach Reichtümern, als Müßiggänger nach leidenschaftlichen Erregungen – so oder so, sie verlangten nach einem Platz, den ihnen die Politik versagte.«

In der Natur wird aus der gefräßigen Raupe der hell und schön dahinschwebende Schmetterling: in der gesellschaftlichen Wirklichkeit hatte der Schmetterling die gleißenden Flügel der revolutionären Idee abgeworfen und kroch als gefräßige Raupe durch den Kohl bürgerlicher Trivialität. Die tiefsten und originellsten Geister des neuen Zeitalters retteten sich in ein Gefühl abweisender Einsamkeit. Der Typus Byron entstand, der Typus eines Künstlers und Schriftstellers, der voll melancholischer Ironie, voll Haß und Verachtung gegen die selbstgefällige Bürgerwelt, voll Verlangen nach unbürgerlichem, exzessivem Erlebnis in individueller Revolte der specknackigen Gesellschaft entgegentrat. Die in den Flammen der bürgerlich-demokratischen Revolution geahnte, geträumte Einheit des Menschen mit der Menschheit und mit der Welt hatte sich ins Leere verflüchtigt; die bürgerliche Gesellschaft glich einem Scherbenberg, einer Anhäufung unschöner Bruchstücke, zertrümmerter und zertretener Ideen. Revoltierende Künstler und Schriftsteller wie Byron trachteten, wenigstens die Idee der freien Persönlichkeit, eine der wesentlichsten Ideen der bürgerlich-demokratischen Revolution, aus der Konkursmasse herauszulösen und in einsamer Selbstbehauptung zu verwirklichen. In einem aus tatsächlicher Isolierung hervorgehenden Subjektivismus, in einer unbändigen Übersteigerung des eigenen Ich wehrten sie sich gegen die Banalität des Bürgertums, gegen die Geistlosigkeit des Kapitalismus.

In dieser romantischen Revolte bildete sich der Typus der einsamen unbefriedigten, unersättlichen Persönlichkeit heraus, der *Genie-Kult*. Der Begriff des Genies ist ein Knotenpunkt kleinbürgerlichen Widerspruchs: einerseits plebejische Auflehnung gegen Althergebrachtes, Vorgeschriebenes, Vorgebildetes, gegen Regel und Konvention Berufung auf das Urwüchsige, Elementare, nicht einer ständischen Hierarchie Entstammende; andrerseits der aristokratische Hochmut, die Abgrenzung des Begnadeten vom profanum volgus, die Einsamkeit des Ungewöhnlichen, Stendhals »To the happy few!« (Den glücklichen Wenigen!).

Den Humanisten der Renaissance stand als erster »freier« Schriftsteller der Schuhmachersohn, der Plebejer Pietro Aretino gegenüber. Keinem ständischen Auftraggeber untertan, verkaufte er seine literarische Ware an den Meistbietenden. Und eben weil er sich bewußt war, nicht ein Hofbeamter, sondern ein Warenproduzent zu sein, mußte sich diese Ware von jeder gewöhnlichen ganz und gar unterscheiden. Sie durfte nach keiner Schablone hergestellt, sondern mußte originell sein, Geschenk des Himmels, Wunderwerk der Intuition. So war es denn der respektlose plebejisch-freche Aretino, der den noblen Nachahmern der Antike oder des Petrarca im Namen der Natur und Originalität entgegentrat, von Platon die Theorie der Besessenheit, des Trunkenseins übernehmend, von Longinus die Lehre, für den Dichter das Wichtigste sei »der glückliche Instinkt im Finden großer Ideen und die heftige und enthusiastische Leidenschaft«. Den vornehmen Humanisten rief Aretino zu: »O irrende Schar! Ich sage euch, daß die Poesie eine jubelnde Grille ist, daß sie aus furore (Verzückung, Raserei) stammt... Die einfache Natur, deren Sekretär ich bin, diktiert mir, wenn ich schreibe, und mein Vaterland löst mir die Zunge, wenn der Aberglaube an fremdes Geschwätz mich binden will...«

Hier also wurde der Geniebegriff künftiger »freier«, nicht für Mäzene, sondern für den Markt produzierender Schriftsteller vorweggenommen: das Bekenntnis zum »furore«, zur »Intuition«, zum »Diktat der Natur«, zu Volk und Vaterland. In den Anfängen der Romantik, in der Aufsässigkeit Rousseaus, im »Sturm und Drang«, war der Geniebegriff vor allem plebejische Antithese gegen die höfische, die konventionelle Kunst – doch waren aristokratische Nebentöne schon damals vernehmbar. Im nachrevolutinären Zeitalter nahm angesichts der kapitalistischen Marktwirtschaft, der freien Konkurrenz an Stelle des alten Mäzenatentums, die aristokratische Komponente im Geniebegriff überhand, Hochmut und Weihrauch, Dandytum und Irrationalismus. Je mehr der Dichter, der Künstler auf den Markt angewiesen waren, desto heftiger begehrte er, daß man ihn als höheres Wesen anerkenne, als Nachfolger des antiken Helden, des christlichen Märtyrers und Heiligen, als einen, dessen Produktion weder Vergnügen noch Broterwerb, sondern Aufopferung im Dienste höherer Mächte oder der Menschheit sei.

In all den Exaltationen des Geniekults ist die *antibürgerliche*

Provokation, die Distanzierung vom Kapitalismus, nicht zu übersehn. Die antikapitalistische Tendenz der Romantik hängt nur zum Teil mit der neuen Situation des Künstlers und Schriftstellers als Produzent für den »freien« Markt zusammen, mit dem Wunsche, sich vom »ordinären« Produzenten und Händler abzugrenzen; vor allem ist es das *antipoetische Prinzip des Kapitalismus*, wogegen die Romantiker sich auflehnen, die Geringschätzung, die der Bourgeois der »brotlosen« Kunst entgegenbringt, die Versachlichung und Verdinglichung des Daseins. Heinrich Heine hat in seinen berechtigten Attacken gegen die deutsche »Romantische Schule« auf den antikapitalistischen Protest hingewiesen: »Vielleicht war es der Mißmut ob dem jetzigen Geldglauben, der Widerwille gegen den Egoismus, den sie überall hervorgrinsen sahen, was in Deutschland einige Dichter von der romantischen Schule, die es ehrlich meinten, zuerst bewogen hatte, aus der Gegenwart in die Vergangenheit zurückzuflüchten und die Restauration des Mittelalters zu befördern.« In Shelleys Essay »A Philosophical View of Reform« vermengt sich revolutionäres Gefühl mit aristokratischer Verachtung einer Schmarotzerschicht von »Anwälten, Steuerbeamten, Direktoren, Rentnern, Wucherern, Effektenhändlern und kleinen Bankiers mit ihren Angehörigen und Nachkommen... Sie vergiften die Literatur des Jahrhunderts, in dem sie leben, denn sie verlangen, daß in den Büchern das *Abbild ihrer eigenen Mittelmäßigkeit* erscheine, oder sie wollen jenen dummen und verzerrten disharmonischen Idealismus, der allein imstande ist, ihre stumpfe Phantasie aufzurütteln...«

Gegen die zahlungsfähige Moral der Bürgerwelt erhebt sich die romantische Persönlichkeit. Was sie von puritanischen Vätern ererbt, wollen die vom Ergebnis der kapitalistischen Ökonomie enttäuschten Söhne vergeuden. Die Horizonte weiten sich in blaue Unendlichkeit. Cook segelt viermal um die Erde. Fichte reckt das Ich in die Welt. Napoleon stürmt durch Europa, von Triumph zu Triumph in den Untergang. Byron, der Bonaparte der Literatur, bricht auf, um alle Lüste der Welt an sich zu reißen, sich keinen Exzeß entgehn zu lassen. Das Wesen des Menschen, der das Feudalsystem gesprengt hat, ist Unersättlichkeit: maximale Akkumulation von Kapital, von Wissen, von Genuß. Der bürgerliche Faust überbietet den feudalen Don Juan; war's diesem nur um Weiber zu tun, will jener sich das Universum einverleiben. Es sei der Mensch, so schrieb Rousseau, künftige Problematik vorwegnehmend, »ins Universum geworfen«. Faust fühlt es wohl, doch ebenso die Kraft, nicht nur ein »Geworfener«, sondern ein Bewältiger zu sein. Der Faust des Mittelalters wird vom Teufel geholt; Goethes Faust, entworfen in einer Zeit des noch ungebrochenen weltgeschichtlichen Optimismus, ist der einzige, der gerettet wird; der Faust des nachrevolutionären Zeitalters scheitert als ein Enttäuschter, Angewiderter, von Hochmut und Einsamkeit Verzehrter. Die großen Gestalten der Romantik, Faust, Satan, Prometheus, Ahasver sind bleich, verdüstert, gelangweilt, vom Munde furchen sich die Falten abwärts, das *mal du siècle* ankündigend, den »Weltschmerz«, wie Jean Paul und Heine den Begriff ins Deutsche übertrugen.

Mit zunehmender Zerrissenheit und Entfremdung nahm die *Sehnsucht nach dem Ursprung*, gewann die Sage von Paradies und Goldenem Zeitalter neue Bedeutung und Anziehungskraft. Der amerikanische Freiheitskrieg, die Französische Revolution waren gesellschaftliche Sonnenaufgänge, in denen die verlorene Einheit wiederzukehren schien, Gleichheit der Menschen, Freiheit und Brüderlichkeit. Es war die heroische Illusion eines weltgeschichtlichen Augenblicks. Als sie verflog, griff das romantische Einheits-Verlangen nach individuellem Erlebnis, erwartete von Liebe und Natur die vollkommene Vereinigung, die aus gesellschaftlicher Umwälzung nicht hervorgegangen war.

In der Stellungnahme zur verlorenen und wiederzugewinnenden Einheit vollzog sich eine scharfe Differenzierung der Romantik. Für die von Anfang an reaktionären oder zur Reaktion übergehenden Romantiker war die Menschheit in ihrem Ursprung nicht nur größer und weiser als in späteren Zeitaltern, die Vergangenheit nicht nur vollkommener als die Gegenwart, sondern auch *unerreichbar*. Ideen von Rousseau wurden auf solche Weise entstellt, daß die gesellschaftliche Entwicklung nicht als Fortschritt galt, sondern als Verfall. Nicht in gesellschaftlicher Wirklichkeit, sondern nur durch Gott und Religion, vermöge die Einheit »innerlich« wiederzukehren. Auch progressive Romantiker waren in ihrem Widerwillen gegen die kapitalistische Bürgerwelt überzeugt, daß in vergangenen Zeiten das Leben eine Fülle in sich geborgen habe, unähnlich der entleerten Gegenwart, daß der Reichtum der Individualität eingeschrumpft, die Einheit des Menschen mit sich selbst und der Welt in Brüche gegangen sei; doch sie hofften, die Menschheit werde in ihrer geschichtlichen Entwicklung dies alles auf *höherer* Stufe reproduzieren, nicht im Jenseits, sondern im Diesseits die Versöhnung von Ich und Kollektiv, von Freiheit und Notwendigkeit, die große Synthese, erreichen.

Chateaubriand, Montlosier, Bonald, de Maistre in Frankreich, vor allem aber die Dichter der deutschen »Romantischen Schule« sahen im ständisch gegliederten »ritterlich-christlichen« *Mittelalter* den Inbegriff von Ordnung und Einheit. Auch zwischen diesen feudalen Romantikern gab es Differenzen. Montlosier predigte Rückkehr zum Ständestaat, lehnte den Absolutismus ab, als Verrat des Königs am Adel, als widernatürlichen Bund mit dem »dritten Stand«. De Maistre bekannte sich zum Absolutismus und klagte den Adel an, er habe durch sein »monströses Bündnis« mit der Aufklärung die Revolution vorbereitet. Doch sie alle hielten das Bürgertum für einen Schmarotzer an der Vergangenheit, für einen Nutznießer »besserer Zeiten«, von deren Frucht man heute noch lebte, wie Novalis sagte. Und sie alle stimmten darin überein, daß Gott allein bewegende Kraft der Geschichte sei. Auf Grund dieser vorteilhaften Auffassung erwiderte Adam Müller, der Publizist Metternichs, nach dem Sturz Napoleons den von Freiheit Träumenden: »Die großen Erfolge waren das Werk Gottes und nicht der Menschen, also können die Völker keine politischen Folgerungen daraus ableiten«.

Nikolaus Lenau hat diese rückwärtsgewandte Sehnsucht vor allem der deutschen Romantiker in durchaus romantischer Art charakterisiert, als er schrieb: »Auffallend ist es, daß die tiefsinnigsten Männer unserer Zeit, wie Leo, Görres, Baader, Schelling und andere, ihre Arme nach rückwärts strecken, daß ihre Sehnsucht etwas Retrogrades hat. Bei solchen genialen Naturen ist es meines Erachtens die tiefste Ahnung verfehlter göttlicher Geschichtsintentionen, was sie treibt, stromauf zu schwimmen. Sie spüren, daß die schaffende, gestaltende, webende Hand der Natur (und Geschichte, was eins ist) bei ihren feinsten und schönsten Geweben der Vorzeit plötzlich gezittert, daß ihr der Faden entfallen ist und damit das Glück ganzer Völker und Zeitalter unwiederbringlich verlorengegangen. Da werden sie von ihrem schmerzlichen Instinkt gedrängt, zurückzugehen und den gefallenen Faden aufzusuchen und wieder anzuknüpfen. Das ist vielleicht der rührendste und tragischste

Irrtum und Mißgriff großer Naturen...«

Dennoch war nicht die feudale Reaktion, sondern vor allem die Sehnsucht nach Geborgenheit, nach einer gesicherten und geordneten Welt, nach Frieden, Einheit, Zusammenhalt, die innerste Triebkraft auch der deutschen Romantik. Sogar in einem so absurd reaktionären Manifest wie *»Die Christenheit oder Europa«* von Novalis ist es der Traum der Einheit, aus dem die Zerrbilder aufsteigen. »Es wird solange Blut über Europa strömen, bis die Nationen ihrer fürchterlichen Wahrheit gewahr werden, die sie im Kreise herumtreibt, und von heiliger Musik betroffen und besänftigt, zu ehemaligen Altären in bunter Vermischung treten, Werke des Friedens vornehmen, und ein großes Liebesmahl als Friedensfest auf den rauchenden Walstätten mit heißen Tränen gefeiert wird...« In all der mystischen Verworrenheit, dem peinlichen Überschwang, ist die echte Sehnsucht nach Einheit des Menschengeschlechts nicht zu überhören.

Es waren die maximal ungünstigen gesellschaftlichen Voraussetzungen Deutschlands im Zeitalter der Französischen Revolution, wodurch rebellierende Romantiker immer tiefer in Reaktion hineingerieten. Die beiden empfindsamen jungen Aristokraten Novalis und Shelley, der Deutsche und der Engländer, waren einander nicht nur im Äußeren ähnlich, sondern auch im Wesen; das wolkenhaft Schwebende, das dunkle Verlocktsein von Tiefe und Tod. Der Deutsche aber, dem zunächst republikanische Regungen nicht fremd waren, ging immer weiter nach rechts, bis zum absurdesten Kult mit König und Königin als dem »poetischen Prinzip« in einer prosaischen Welt. Der englische Romantiker wurde zum Revolutionär. In Deutschland gab es noch keine modernen Klassen, sondern nur ein Konglomerat verwesender Stände; in England jedoch, zur Zeit von Byron und Shelley, demonstrierten tausende Arbeiter, erschütterte 1819 das Gemetzel von St. Peter's Field, von »Peterloo«, Herz und Vernunft. Das Echo war Shelleys gewaltiges Gedicht *»Die Maske der Anarchie«* mit seiner letzten Strophe:

Steht wie Löwen auf, 's will tagen,
zahllos seid ihr, nicht zu schlagen –
werft die Ketten ab im Spiel
wie den Tau, der auf euch fiel;
sie sind wenig, ihr seid viel!

In Deutschland und Österreich war nach dem Sturz Napoleons die Möglichkeit zu solchen Versen noch nicht herangereift. Das Zeitalter der Heiligen Allianz machte es dem Dichter, dem Schriftsteller schwer, die geschichtlichen Kräfte zu sehn, die fähig wären, nicht nur den Kadaver des Feudalsystems, sondern auch die sich ankündigende Kommerzialisierung des Daseins, die Welt, in der man alles, sogar die eigne Haut, zu Markte trägt, zu überwinden.

Es ist daher kein Zufall, daß in der Literatur der ersten Hälfte des 19. Jahrhunderts ein Grundton der Schwermut vorwaltet. Man hat den »Weltschmerz«, der mit Byron verführerisch in die Literatur hereinbrach, eine »Mode« genannt. Gewiß, es war auch manches »Mode« an dieser neuen Haltung und Stimmung, aber damit ist nichts erklärt. Wie konnte der »Weltschmerz« zur »Mode« werden, das ist die Frage, wie konnte ein solches neues dunkles Lebensgefühl mit solcher Unwiderstehlichkeit sich der Kunst und Literatur bemächtigen? Und war die Schwermut des alternden Beethoven und des jungen Schubert, des jungen Schumann, war die Schwermut Keats' und Shelleys, Hölderlins und Heines, Grillparzers und Lenaus wirklich nur eine »Mode«, war sie nicht der tiefe Ausdruck einer gesellschaftlichen Situation, ein Ausdruck jener »verlorenen Illusionen« nach dem Ende der heroischen Periode des Bürgertums? Konnte die so plötzlich vereinsamte, um große gesellschaftliche Aufgaben geprellte, den noch weiterverwesenden Leichnam des Mittelalters verabscheuende und vor dem demaskierten Kapitalismus zurückschaudernde humanistische Persönlichkeit anders als melancholisch und ironisch dem neuen Zeitalter gegenüberstehn?

In solchem »Weltschmerz« empfand der Dichter, der Künstler das enttäuschende Ergebnis der politischen und industriellen Revolution, das Fragmentarische, Zerbrochene, Zerstückelte, den Scherbenhaufen verlorener Einheit.

In England und Frankreich erhob sich aus der Romantik sowohl die realistische Kritik an der bürgerlich-kapitalistischen Gesellschaft als auch die revolutionäre Anklage und die kommunistische Utopie, die den Erkenntnissen von Marx und Engels voranging. In Mitteleuropa war diese Entwicklung zurückgestaut; vielleicht hat eben diese Stauung dazu beigetragen, daß aus der Romantik ihre geistige Überwindung im Ausmaß der Hegelschen Philosophie, der Heineschen Polemik hervorging, daß plötzlich das »Kommunistische Manifest« über jede kleinbürgerlich-romantische Revolte hinaus von der revolutionären Kraft und weltgeschichtlichen Aufgabe der Arbeiterklasse sprach.

Ahnungsvoll war der Romantiker Nikolaus Lenau solcher Zukunft zugewandt.

Die österreichische Misere

Die allgemeine europäische Situation der Enttäuschung nach der heroischen Periode, die mit dem Sturz Napoleons endete, hatte in Deutschland und Österreich ihre abscheulichen Besonderheiten. Im Westen hatte die bürgerlich-demokratische Revolution gesiegt, und auch die Restauration vermöchte ihre Ergebnisse nicht rückgängig zu machen, die Entwicklung der bürgerlichen Gesellschaft nicht aufzuhalten; in Deutschland und Österreich war die bürgerliche Gesellschaft nicht durchgebrochen, lastete auf den Völkern der Kadaver der Feudalordnung. Die letzten Kriege gegen Napoleon hatten, zum Teil in wunderlich vertrackten Formen, den Charakter von Befreiungskriegen angenommen, breitere Schichten aufgerüttelt und die Hoffnung erweckt, das Volk werde nun einer freieren und schöneren Zukunft entgegengehn. In Österreich hatte der Sieg von Aspern, der Aufstand Andreas Hofers, die von Männern um Erzherzog Karl genährte Idee der Volksbewaffnung und Volkserhebung patriotisch-demokratische Illusionen hervorgerufen. Die bürgerlich-intellektuellen Kräfte, die durch das große Reformwerk unter Joseph II. herangebildet, durch die Reaktion nach dem Tode des kaiserlichen Reformators wieder zurückgedrängt worden waren, erwarteten einen neuen Aufschwung; sie wurden durch das Regime Metternich-Sedlnitzky, der allmächtigen Minister des dürren und dumpfen Kaisers Franz I., maßlos enttäuscht.

Die Todesangst dieses Regimes vor jedem Hauch einer neuen Zeit führte zu einer absurden Absperrung Österreichs gegen das Eindringen der modernen Industrie, in der die Machthaber (nicht mit Unrecht) den Brutofen moderner Ideen erblickten, zur Unterdrückung der letzten Reste von Geistesfreiheit, zur Schreckensherrschaft einer bürokratisch-boshaften Geheimpolizei, zur systematischen Jagd auf jedes Buch, auf jede Broschüre, auf jeden Gedanken, der auch nur im leisesten an den Schlaf der Welt zu rühren wagte. Jegliche Lehrfreiheit wurde aufgehoben. Der Besuch fremder Universitäten war verboten. Die Zensur erstreckte sich bis auf Grabinschriften. Massenverhaftungen wirkten einschüchternd. Man fürchtete sich, in Gesellschaft zu gehn, weil jedes leichte Wort zur schweren Kette werden konnte, an der man vor Gericht geschleift wurde. Die Willkür der verlotterten Feudalordnung verband sich mit der schwerfälligen Pedanterie des bürokratischen Apparates, den Joseph II. gegen die Feudalherren aufgebaut hatte und der nun in ihrem Dienste mißbraucht wurde. Neben der Polizei war es die katholische Kirche, auf die das Regime sich stützte. Die irdische Macht konspirierte mit der himmlischen, und das »Unkraut des Geistes«, dessen die Häscher des Grafen Sedlnitzky nicht habhaft werden konnten, sollte durch wirkungsvolle Prediger, wie Klemens Maria Hofbauer und Zacharias Werner, ausgeräuchert werden.

Die noch im Josephinismus, in humanistischer Bürgerlichkeit wurzelnden Intellektuellen haßten und verachteten das Regime und wurden dennoch, ohne daß sie es merkten, zum Teil von ihm infiziert, in ihrer Tatkraft gelähmt, in ihrem Wesen ausgehöhlt. Die brave Karoline Pichler, die zur Zeit der Kämpfe gegen Napoleon an eine Wiedergeburt Österreichs geglaubt hatte, schrieb 1828: »Um mich herum wird es viel stiller, als es einst war; das ist die Folge der allgemein fühlbaren Abnahme an Sinn für gesellige Freuden und freundschaftliche Mitteilung, wovon wieder der zunehmende Luxus und die durch Polizeianstalten verbreitete Ängstlichkeit Ursache ist. Das Gespräch wird hiedurch geniert, man unterdrückt seine Gedanken, weil man nicht weiß, wer da vielleicht aufhorcht und berichtet, und viele Menschen, besonders Männer, meiden deswegen die gemischten Gesellschaften, bleiben zu Haus, gehen ins Theater und spielen Karten.« Der sehr vorsichtige, sehr zurückhaltende Grillparzer sagte im November 1839: »Die Rotte, die uns regiert, ist von einer Schlechtigkeit, welche höchstens in ihrer Dummheit eine Entschuldigung finden mag.« Max Löwenthal, der Freund Lenaus, schrieb in sein Tagebuch: »Österreichs Regierung führt einen systematischen, in die kleinsten Züge berechneten Vertilgungskrieg gegen alle Geistesauszeichnung, gegen alle Selbständigkeit der Gesinnung, Festigkeit des Charakters.«

Tiefer und leidenschaftlicher als alle seine Zeitgenossen haßte Lenau den österreichischen Absolutismus. Berthold Auerbach berichtet über ihn: »Er verbrachte seine ganze Lebenszeit unter der Herrschaft Metternichs, gegen den ihn eine Empörung erfüllte, die, wie ich aus eigener Aussprache weiß, grausenerregend war.« Moritz Hartmann erzählt: »Ich werde es nie vergessen, wie er einst im Gasthause an der offenen Tafel zwischen preußischer und österreichischer Politik mit wahrhaft Börneschem Witze die Parallele zog und das Porträt des Kaisers Franz, von Amerling gemalt, schilderte. Ihm war das faltenreiche Gesicht ein Buch, daraus er die komischsten Geschichten mit den erschrecklichsten Pointen vorlas. Die Hofräte und hohen Beamten, welche in der Nähe saßen und ein unfreiwilliges Auditorium bildeten, entsetzten sich über ihr eigenes Lachen, das sie nicht unterdrükken konnten. Doch war sein Witz nur immer die Schale des tiefsten Ernstes.« Lenau selber schreibt: »Wie schrecklich ist es, in einem Lande und unter einer Regierung zu leben, wo ich keinen Augenblick sicher bin, daß man mich nicht überfalle und mir meine Manuskripte wegnehme... Die Post ist das einzige Fenster, durch welches manchmal frische Luft hereinstreicht in unser großes Nosocomium, wo Kranke aller Art herumliegen, von denen einige unter ihrer Decke schreiben, denen aber die wohlmeinende aufsichtige Wächterin Zensur von Zeit zu Zeit ihr kühlendes Elixier herumreicht... Ja, das Land! Das Land ist göttlich; noch göttlicher durch den Kontrast der Menschen. Mögen hier die Alpen ragen, Bergströme stürzen, Lawinen donnern; das geschwächte Herz des Menschen zuckt im Staube und kann an den kühnen Felsen nicht hinaufklettern zu hohen Gedanken und Empfindungen. Jede Burgruine kommt mir in diesem Lande vor wie eine versteinerte, bittere Lache der Zeit, die vom grauen Gestein herabgrinst in das entartete Herz... Ein zufriedener Österreicher aber, der unaufhörlich in der dichten Atmosphäre dieses Jammers weilt und ihn über Strauß und Lanner vergessen kann, ist eo ipso ein schlechter Kerl. In unseren Leuten ist ja doch kein Funken Gefühls für Selbständigkeit, Würde und Recht des Menschen.«

Aus Österreich immer wieder nach Deutschland flüchtend, fand Lenau dort (in dem relativ liberalen Württemberg) einen dumpfen, spießbürgerlichen Provinzialismus, der ihm noch unerträglicher schien als der österreichische Absolutismus. Er schrieb dann wohl: »Nicht die Despotie ist das größte Hindernis der Poesie, denn sie regt auf, und in der Zornesaufwallung kann man gute

Gedanken haben, aber das Philistertum und seine Pedanterie ist es, was die Poesie nicht aufkommen läßt, daher Wien ein so guter und Norddeutschland ein so schlechter Aufenthalt für den Dichter.« Sein tiefes Leid an der deutschen und österreichischen Misere steigerte sich bis zu Ausbrüchen einer nationalen Verzweiflung: »Der Deutsche aber ist selig, wenn ihm ein Fürst auf die Schulter klopft, und täte er ihm übrigens alle Mißhandlung an... Der eingeborene Sklavensinn des Deutschen, sein gänzlicher Mangel an Menschheitsgefühl ist etwas Fürchterliches... Die politische Seite des Deutschen ist seine schlimmste... Er hat einen unheilbaren Druck auf das Gehirn, einen unlöslichen eisernen Reif um den Kopf... All das Gerede von Nationalkraft und Einigkeit der Deutschen ist fabelhaft. Man sehe nur, wie sich die Bevölkerungen der vielen Landesabteilungen untereinander hassen. Die Franzosen hatten nur eine Spur einer Religionsidee und sie ließen sich zu Hunderttausenden dafür totschlagen. Sie hatten nur einen Schatten der Idee politischer Freiheit und machten die Revolution. Der Deutsche hat die Idee der Freiheit durch und durch ergründet, aber er rührt keinen Finger dafür. Das ist ein Volk von Schulmeistern.«

In diese gesellschaftliche Situation war Lenau hineingeboren. Sie hat eine Fülle von Talenten gebrochen, korrumpiert, zugrunde gerichtet. Die Widersprüche schienen nahezu unauflöslich. Die heroische Periode der großen bürgerlich-demokratischen Revolution war zu Ende, aus dem Westen kam ein eisiger Hauch von Skepsis, Enttäuschung, Ernüchterung, Resignation – aber in Deutschland und Österreich war nach wie vor die bürgerlich-demokratische Revolution die unabweisbare gesellschaftliche Aufgabe. Mit welchen Kräften sie durchführen, wie an sie herankommen, und konnte das im Westen schon sichtbar werdende Ergebnis, der Sieg des Kapitalismus, den Aufwand rechtfertigen? Das Grauen vor dem Kapitalismus, das der Romantik die innere Stoßkraft gab, beeinträchtigte auch die Entschlossenheit mancher bürgerlicher Humanisten, die das feudal-absolutistische System verabscheuten; man denke etwa an Grillparzer, dessen Angst vor dem Neuen schließlich größer war als sein Haß gegen das Alte, und der im entscheidenden Augenblick, innerlich gebrochen, zur Reaktion überging. Lenau hat niemals kapituliert; er hat sich im Gegenteil zu immer entschiedeneren revolutionären Anschauungen durchgerungen, aber sein Haß gegen das, was sterben mußte, paarte sich stets mit dem Zweifel an dem, was kommen sollte. In der Dämmerung zwischen den Zeitaltern fühlte er alles in Frage gestellt. In Augenblicken gesteigerter Produktivität war ihm dieser Zustand erwünscht und so schrieb er denn: »Überhaupt ist es doch etwas Schönes um die Zeit, wo alles, woran Jahrtausende geglaubt und fortgebaut haben, in Frage gestellt wird.« Gleichzeitig aber war in ihm das tiefe Verlangen, irgend etwas zu finden, das jedem Zweifel standhielt. Er fand es nicht in der Welt, die ihn umgab. Die politischen Kräfte des deutschen und des österreichischen Bürgertums waren nicht sehr hoffnungsvoll und so zog er aus seiner aufrichtigen Freiheitssehnsucht keine klaren politischen Konsequenzen. Für ihn war Freiheit mehr eine subjektive Haltung als eine objektive gesellschaftliche Aufgabe. Von den realen Ergebnissen der bürgerlich-demokratischen Revolution, die er in Amerika kennenlernte, ernüchtert und angeekelt, verbarrikadierte er sich in individualistischer Einsamkeit. Es ist daher nicht erstaunlich, daß seine Freiheitssehnsucht von Melancholie überschattet war.

Die neue Welt des Kapitals

Die Reise des Dreißigjährigen nach Amerika (1832) war vor allem Flucht aus der Enge und Ausweglosigkeit der deutschen und österreichischen Verhältnisse. Lenau hatte durch Vermittlung Gustav Schwabs, des Häuptlings der sogenannten »Schwäbischen Dichterschule«, ein Gedichtbuch bei dem berühmten Verleger Cotta angebracht und war mit einem Schlag zu einem gefeierten Lyriker geworden. Die Beziehungen des vor der österreichischen Zensur nach Süddeutschland ausweichenden Lenau zur »Schwäbischen Dichterschule«, die den berechtigten Spott Heines herausforderte, wurden mitunter überschätzt; auch Heine hat Lenau nicht in einen Topf mit den braven Schwaben geworfen, die »hübsch patriotisch und gemütlich zu Hause bleiben bei den Gelbveiglein und Metzelsuppen des teuren Schwabenlandes..., in demselben Gedankenkreise umherhüpfen, sich mit denselben Gefühlen schmücken und auch Pfeifenquäste von derselben Farbe tragen«. (Heinrich Heine: »Der Schwabenspiegel.«) Lenau, dessen Gedichte in dem absolutistischen Österreich niemals erscheinen konnten, fand bei den schwäbischen Dichtern, die

Abfälle der Romantik am Herdfeuer eines gemäßigten Liberalismus aufwärmten, Anerkennung und Förderung, ließ sich von ihnen protegieren, vorübergehend auch beeinflussen, wirkte jedoch in ihrer Mitte wie ein Falke, der irrtümlicherweise von einer Gluckhenne ausgebrütet wird. Die Reise nach Amerika, seit längerer Zeit geplant, ergab sich aus einer Reihe von Beweggründen: Lenau hoffte, in Amerika zu Wohlstand zu kommen, als Rentner nach Europa zurückzukehren, er sehnte sich nach großen leidenschaftlichen Eindrücken und aufrüttelnden Erlebnissen, er flüchtete vor der Liebe zu einer schwäbischen Jungfrau, der die »Schilflieder« gewidmet waren und mit der ihn die Schwabs verheiraten wollten – das Entscheidende aber war der Wunsch, die Luft der Freiheit zu atmen, den Absolutismus gegen die bürgerlich-demokratische Republik einzutauschen. Anastasius Grün (Graf Auersperg) hat darauf hingewiesen, daß Lenau seit jeher »tiefen Haß und Trotz gegen jede Art von Tyrannei und Unterdrückung« bekundete, daß er in politischer Beziehung »mindestens zu den Malkontenten« gehörte und sich schon vor seinem Aufenthalt in Schwaben mit Auswanderungsplänen trug. »Sein idealer Republikanismus erblickte in den Vereinigten Staaten Nordamerikas das Land der Verheißung.« Man muß sich schließlich vor Augen halten, daß in den Jahren 1831 bis 1840 mindestens 150000 Deutsche und Österreicher nach Amerika auswanderten, um der unerträglichen Misere, der wirtschaftlichen Not und politischen Unterdrückung zu entrinnen. Lenau folgte dem Zug der Zeit, als er seine Reise antrat.

Das gelobte Land des aufsteigenden Kapitalismus, der ungehemmt sich entfaltenden bürgerlichen Gesellschaft, wurde für den Dichter der Freiheit zur tiefen, nachhaltigen Enttäuschung. Mit wachen Augen sah er die Welt, in der alles zur Ware, alles zum Geschäft wird, und seine Briefe aus Amerika sind eine einzige Anklage gegen die kapitalistische Entwicklung. Am 16. Oktober 1832 schrieb er an seinen Schwager Schurz: »Diese Amerikaner sind himmelan stinkende Krämerseelen. Tot für alles geistige Leben, maustot... Eine Niagarastimme gehört dazu, um diesen Schuften zu predigen, daß es noch höhere Götter gebe, als die im Münzhause geschlagen werden. Man darf diese Kerle nur im Wirtshaus sehen, um sie auf immer zu hassen. Eine lange Tafel, auf beiden Seiten 50 Stühle (so ist es da, wo ich wohne), Speisen, meist Fleisch, bedecken den ganzen Tisch. Da erschallt die

Freßglocke und hundert Amerikaner stürzen herein, keiner sieht den andern an, keiner spricht ein Wort, jeder stürzt auf eine Schüssel, frißt hastig hinein, springt dann auf, wirft den Stuhl hin und eilt davon, Dollars zu verdienen.«

Aus einem Brief vom 5. März 1833: »Rauhe Menschen. Ihre Rauheit ist aber nicht die Rauheit wilder, kräftiger Naturen, nein, es ist eine zahme und darum doppelt widerlich. Buffon hat recht, daß in Amerika Menschen und Tiere von Geschlecht zu Geschlecht weiter herabkommen. Ich habe hier noch keinen mutigen Hund gesehen, kein feuriges Pferd, keinen leidenschaftlichen Menschen... Es ist was recht Trauriges, diese ausgebrannten Menschen zu sehen in ihren ausgebrannten Wäldern. Besonders haben die eingewanderten Deutschen einen fatalen Eindruck auf mich gemacht. Wenn sie einige Jahre hier gewesen, hat sich alles Feuer, das sie aus der Heimat herübergebracht, bis auf den letzten Funken verloren. Das bekennen sie selbst. ›In Deutschland war ich ein ganz anderer Kerl‹, sagte einer, ›da würde ich jeden hinter die Ohren geschlagen haben, der mir das geboten hätte‹ usw. Die schlimmste Frucht der üblen Verhältnisse in Deutschland ist nach meiner Überzeugung die Auswanderung nach Amerika... Hier sind tückische Lüfte, schleichender Tod. In dem großen Nebellande Amerika werden der Liebe leise die Adern geöffnet, und sie verblutet sich unbemerkt.«

Tags darauf schrieb Lenau in einem anderen Brief: »Hier lebt der Mensch in einer sonderbaren kalten Heiterkeit, die ans Unheimliche streift. Die Natur selbst ist kalt... Kein wahrer Singvogel. Alles ist nur Gezwitscher und unmelodisches Geflüster. Selbst der Mensch hat keine Stimme zum Gesang. Ich war häufig in musikalischen Gesellschaften, wo junge Damen sich singen hören ließen. Ihr Ton war in Wahrheit jenem zu vergleichen, den man hervorbringt, wenn man mit nassem Finger an dem Rande eines mit Wasser gefüllten Glases herumfährt, ein sonderbares Geschrille, das höchstens einer Möwe ähnlich kommt. Ich hörte mit vielem Grausen zu, denn ich vernahm in jeder Note die Resonanz einer fürchterlichen inneren Hohlheit. Auch blicken diese Damen nicht, sie schauen nur; es klaffen nur zwei Kellerfenster... Auffallend ist übrigens die hohe Verehrung und die große Galanterie, mit welcher die hiesigen Ehemänner ihren Frauen begegnen. So zum Beispiel gehen die Männer in den Städten auf den Gemüsemarkt, den Korb am Arme tragend, und kaufen hier das Nötige zusammen, während die Frauen sich zu Hause sehr behaglich und sehr müßig auf eigens dazu eingerichteten Schaukelstühlen hin- und herwiegen. Die Weiber sind fast heiliggehalten. Ich habe schon in meinem Inneren die heimliche und verwegene Frage aufgworfen, ob der Grund dieser Erscheinung nicht etwa demjenigen verwandt sein dürfte, der einige deutsche Gebirgsvölker veranlaßt, ihre Kretins für heilig zu halten. Ich weiß es nicht. In der großen Bildung der Männer, die freilich auch Galanterie gegen die Weiber gebietet, ist die Ursache nicht zu finden. Das weiß ich. Die Bildung der Amerikaner ist bloß eine merkantile, eine technische. Hier entfaltet sich der praktische Mensch in seiner furchtbarsten Nüchternheit. Doch ist selbst diese Kultur keine von innen organisch durchgegangene, sondern eine von außen gewaltsam und rapid herbeigezogene bodenlose und darum gleichsam mühselig in der Luft schwebend erhaltene... Dem unbefangenen Fremden kommt überhaupt das ganze amerikanische Wesen gewissermaßen forciert vor. Mit dem Ausdruck ›Bodenlosigkeit‹ glaube ich überhaupt den Charakter aller amerikanischen Institute bezeichnen zu können, auch der politischen. Man meine ja nicht, der Amerikaner liebe sein Vaterland oder er habe ein Vaterland. Jeder einzelne lebt und wirkt in dem republikanischen Verband, weil dadurch und solange dadurch sein Privatbesitz gesichert ist. Was wir Vaterland nennen, ist hier bloß eine Vermögens-Assekuranz. Der Amerikaner kennt nichts, er sucht nichts als Geld; er hat keine Idee; folglich ist der Staat kein geistiges und sittliches Institut (Vaterland), sondern nur eine materielle Konvention.«

Zusammenfassend sagte Lenau: »Amerika ist das wahre Land des Untergangs, der Westen der Menschheit. Das Atlantische Meer aber ist der isolierende Gürtel für den Geist und alles höhere Leben.« Als Justinus Kerner den Heimgekehrten fragte, wie es gewesen sei, antwortete er: »Das sind verschweinte, nicht vereinte amerikanische Staaten.« Und zur Gräfin Maria von Württemberg, in die er verliebt war, äußerte er: »Mein Aufenthalt in der Neuen Welt hat mich von der Schimäre von Freiheit und Unabhängigkeit, für die ich mit jugendlicher Begeisterung schwärmte, geheilt. Ich habe mich dort überzeugt, daß die wahre Freiheit nur in unserer eignen Brust, in unserem Wollen und Denken, Fühlen und Handeln ruht.«

Die vernichtende Kritik, die Lenau an Amerika übte, entspringt zum Teil seinen aristokratisch angehauchten Neigungen und seiner romantischen Empfindsamkeit: dennoch hat er mit ungewöhnlicher Beobachtungskraft wesentliche Züge der bürgerlich-kapitalistischen Gesellschaft entdeckt und sich schaudernd von ihnen abgewandt. Nach wie vor dem feudal- absolutistischen System in Todfeindschaft gegenüberstehend, zog er sich in einen individualistischen Freiheitsbegriff zurück und suchte resignierend »die Freiheit in der eignen Brust«, ähnlich wie der resignierende Grillparzer den »Frieden in der eignen Brust« allen Anforderungen der Welt entgegensetzte.

Im Zwielicht der Zeiten

Mit der Welt des Feudalismus, der weltlichen und kirchlichen Machthaber gab es für Lenau keinen Kompromiß. »Dieser Aristokratismus«, sagte er in einem Gespräch mit Emma Niendorf, »das ist die eingefleischte Borniertheit. Die Menschennatur vermochte nicht den Gedanken ihrer Größe zu fassen und stellte also als Erweiterung des Menschen, als Vervielfältigung, den Adel hin; als höchste Idee von Fürsten, weil sie sich nicht so hoch, nicht zur eigenen Bestimmung, nicht zu Gott aufschwingen konnte.« An Sophie Löwenthal schrieb er: »So ein Aristokratenweibel, das sich Ihnen, liebe Sophie, entgegenspreizt, muß einem Herzweh machen. Wann wird die Welt vom Adel genesen? Alte Klage, alte Frage!« Mit großem Behagen stellte er plebejische Kraft den ausgeronnenen Typen der Herrenwelt gegenüber: »Die liebste Figur unter den Reisenden war mir ein italienischer Matrose. Ein antiker, echt römischer Kopf, mit der reinst erhaltenen römischen Derbheit und usurpierenden Insolenz... Ein ganz kräftiger, von hundert Stürmen hart gehämmerter Kerl, neben dem sich ein österreichisches, aus Eitelkeit, Wahn und Arroganz zusammengeblasenes Offizierle kläglich genug ausnahm, daß es trotz seiner Widerlichkeit nicht ohne Mitleid betrachtet werden konnte.« Und schließlich gegen die »Merkurialkrankheit«, gegen das »Kirchengift« im Leibe der Menschheit: »Die beste Nachkur der Merkurialkur ist aber der Gebrauch des Eisens. Und dazu wird sich denn auch die Menschheit entschließen müssen.« Er predigte Harpunen gegen das »blöde Ungeheuer« des Mittelalters:

Im Strauchgewirr von Glauben, Recht und Sitte
Ein Ungeheuer liegt in Schlangenringen;
Trat mancher drauf mit unversehnem Tritte
Und schrie entsetzt, kann das melodisch klingen?

Ein kaltes, plumpes, blödes Ungeheuer,
Das Herzen frißt und saugt Gehirne trocken,
Das ewig wälzt, ein träger Wiederkäuer,
Des Elends mittelalterliche Brocken.

Harpunen in die Schuppen starrer Satzung!
Und Dolche nach, die Menschheit zu erlösen!
Kein blutend Herz dem Untier mehr zur Atzung!
Messias Zorn, o komm, erschlag den Bösen!

Dein Tod am Kreuz, o Christus, ist verloren,
Wenn du nicht wiederkommst für unsre Nöten,
Prophet, hat uns das Völkerleid geschworen,
Messias, daß du diesmal kommst, zu töten!

Sie fingen auf das Blut von deinen Hüften,
Die Welt zu tränken mit gefälschter Schale,
Die Welt damit zur Feigheit zu vergiften,
Sie krankt vom Opium in deinem Grale.

Es ist der leidenschaftliche Aufruf zur Revolution, den wir hier vernehmen, zur gewaltsamen Abrechnung mit dem alten Ungeheuer des Feudalsystems; immer wieder bricht dieser Aufschrei aus Lenaus Dichtung:

Funken sind des Feuers Boten,
Funken jagen durch das Land,
Und den großen Gottesbrand
Dämpft ihr nicht mit euren Pfoten.

Zitternd seht ihr und erschrocken
Funken, die der Witz entfacht,
Die das Volk, indem es lacht,
Haucht in tote Aschenflocken;

Aber nicht wollt ihr erschrecken,
Wenn es blitzt im Herzensgrund,
Wenn die Sklaven, kettenwund,
Doch den Gott in sich entdecken.

Hört, es kann die Stunde kommen,
Wo das Lamm ein Löwe heißt,
Wo es brüllend euch zerreißt;
Laßt euch Gottes Zeichen frommen!

Doch immer wieder mischt sich der Zweifel in diesen Aufruf zur Revolution, die Melancholie der Tatlosigkeit; wir nehmen als Beispiel einige Verse aus den Polenliedern:

Das stumme, finstre Antlitz
Des Himmels niederstarrt,
Und mit verhaltnem Grolle
Der Zeit des Sturmes harrt. –

Der auf dem Dornenpfühle
Tatloser Schmerzen ruht,
Du wunderlicher Träumer,
Wie wäre dir zu Mut,
Wenn plötzlich übers Meer sich
Zu dir herüberschwänge
Ein Vöglein aus der Heimat
Und wach den Träumer sänge?
Wenn es ein Lied dir sänge,
Wie sie sich drüben schlagen
Und wie die Waffenbrüder
Nach dir im Kampfe fragen…?

Das Vöglein wird nicht kommen
Und singen, wie sie schlagen
Und wie die Waffenbrüder
Nach mir im Kampfe fragen…

Zu diesem Zweifel an der Möglichkeit der Revolution kommt der noch tiefere Zweifel, ob der große Kampf sich lohne, ob die neue Zeit besser sein werde als die alte.

Vor seiner Fahrt nach Amerika schrieb Lenau im Stile Byrons das Abschiedslied:

Sei mir zum letztenmal gegrüßt,
Mein Vaterland, das, feige dumm,
Die Ferse dem Despoten küßt
Und seinem Wink gehorchet stumm...

Du neue Welt, du freie Welt,
An deren blütenreichem Strand
Die Flut der Tyrannei zerschellt,
Ich grüße dich, mein Vaterland!

Nach der Rückkehr aus einem ersehnten Vaterland freier Menschen, das sich, aus der Nähe besehn, als widerliche »Vermögens-Assekuranz« präsentierte, nach der tiefen Enttäuschung am aufsteigenden Kapitalismus fragt Lenau in einem Gedicht, in dem er das neue Zeitalter mit einer Eisenbahn vergleicht, die sich rücksichtslos in die Wälder hineinfrißt:

Lohnt ein schöner Freudenkranz
Deine Opfer einst,
Wenn du mit dem Sonnenglanz
Über Freie scheinst?

Oder ist dies Wort ein Wahn
Und erjagen wir
Nur auf unsrer Sturmesbahn
Gold und Sinnengier?

Zieht der alte Fesselschmied
Jetzt von Land zu Land,
Hämmernd, schweißend Glied an Glied
Unser Eisenband?...

Die Antwort, die Lenau zögernd gibt, ist in diesem Gedicht positiv; in anderen Gedichten ist sie negativ, bis zu der wilden Verzweiflung, ob du ein Kämpfer oder ein Lump bist, ein Sokrates oder ein Raubmörder:

Ist just so wichtig, als: ob nur im Kreise
Einförmig stets das Aufgußtierchen schwimmt,
Ob es vielleicht nach rechts die große Reise,
Vielleicht nach links im Tropfen unternimmt.

Zwischen diesen Extremen, revolutionärem Optimismus und weltverachtendem Nihilismus, sucht Lenau den Ausgleich, die Aufhebung der Gegensätze in einer Welt von übermorgen. Schon in einem der amerikanischen Gedichte schöpft er aus der Beobachtung, daß man in der Ferne den Donner des Niagarafalls mächtiger und einheitlicher vernimmt als in der Nähe, die schönen Verse:

Und so mag vergebens lauschen,
Wer dem Sturze näher geht;
Doch die Zukunft hörte rauschen
In der Ferne der Prophet.

In einem Gedicht an Beethoven, dessen Musik für Lenau der Inbegriff alles Großen, unsterblicher Triumph der Menschenwürde war, wird als Ergebnis des Zwiespalts die künftige Einheit geahnt:

Horch! Im Zwiespalt dieser Töne
Klingt der Zeiten Wetterscheide,
Jetzo rauschen sie Versöhnung
Nach der Menschheit Kampf und Leide.

In der Symphonien Rauschen,
Heiligen Gewittergüssen,
Seh ich Zeus auf Wolken nahn und
Christi blut'ge Stirne küssen;

Hört das Herz die große Liebe
Alles in die Arme schließen,
Mit der alten Welt die neue
In die ewige zerfließen.

Die Resignation einer nur individualistischen Lösung, Einheit des Menschen mit sich selbst in weltabweisender Selbstbeschränkung, ist der Grundton eines anderen Gedichtes:

Schlaflose Nacht, der Regen rauscht,
Sehr wach ist mir das Herz und lauscht
Zurück bald nach vergangnen Zeiten,
Bald horcht es, wie die künftigen schreiten.

O Herz, dein Lauschen ist nicht gut;
Sei ewig, Herz, und hochgemut...!

Und wieder anders, voll Schwermut und zugleich voll Zuversicht, die rührenden Frühlingsstrophen:

Nach langem Frost, wie weht die Luft so lind!
Da bringt Frühveilchen mir ein bettelnd Kind...

So bringt dem Nachgeschlechte unser Leid
Die Frühlingsgrüße einer bessern Zeit.

Wir haben Widerspruchsvolles aus der Lyrik Lenaus herausgegriffen, um die Situation des Dichters in der Dämmerung zwischen den Zeitaltern zu charakterisieren und zugleich die gesellschaftlichen Wurzeln seiner so vielfach mißverstandenen »Melancholie« aufzudecken. Ähnlich wie Heine, obwohl an dessen Fülle und Klarheit nicht heranreichend, hat auch Lenau zutiefst empfunden, daß mit dem Riesenwerk Goethes die »Kunstperiode« zu Ende gegangen war, daß die nachfolgende Generation vor neuen, unendlich schwierigen Aufgaben stand. Der klassische deutsche Humanismus, die Ideen der Aufklärung und der bürgerlich-demokratischen Revolution zu voller Blüte entfaltend, hatte eine großartige Einheit des Menschen mit der fortschreitenden Menschheit als philosophische Erkenntnis und künstlerisches Erlebnis ausgedrückt. Diese gefühlte und gedachte Einheit war in Verlust geraten; zur Ironie und zur Rebellion herausfordernd, stand die schäbige gesellschaftliche Realität den Ideen und Forderungen des bürgerlichen Humanismus gegenüber. In den kapitalistisch fortgeschrittenen Ländern konnten sich die grellen Widersprüche der neuen Gesellschaft in der dialektischen Einheit des großen Romans widerspiegeln, in dem rückständigen, noch nicht einmal zu nationaler Einigung gediehenen Mitteleuropa war die Zerrissenheit, das Bruchstückhafte, Fragmentarische aller Zustände noch ungleich deutlicher, schmerzhafter fühlbar. Es war ein schlechtes gesellschaftliches Klima für Kunst und Dichtung. Die Klassiker hatten in ihren Werken eine große Nation vorweggenommen; aber wo war sie, diese Nation? Sie mußte erst entstehen, nicht in den Wolken der Ideologie, sondern auf platter Erde, in handfesten Klassenkämpfen. Dem nationalen Roman, dem nationalen Drama fehlte der Nährboden; der gegebenen Situation entsprach die Lyrik als Ausdruck der mehr oder minder isolierten Individualität, und die Polemik als Ausdruck des Kampfes gegen unerträgliche Verhältnisse. Heinrich Heine hat von allen Dichtern der nachgoetheschen Periode die neuen Probleme und Aufgaben am besten begriffen, am besten die ihnen gemäßen Ausdrucksmittel gefunden, in einer originellen Mischung von lyrisch-ironischem Subjektivismus und literarischer Polemik, die sich auf höchstem künstlerischen Niveau hielt und nie zu kunstloser Agitation herabsank. In einigem Abstand ist Lenau zu nennen, der nach den klugen Worten Heinrich Laubes einen Platz zwischen Heine und Uhland einnahm. Lenau war sich der neuen Lage des Dichters durchaus bewußt; zum Unterschied von Heine neigte er aber dazu, an den Aufgaben des Dichters in dieser dunklen Periode des Übergangs fast zu verzweifeln. Er hat viel später als Heine und weniger konsequent als dieser den Anschluß an die entscheidende Philosophie des Zeitalters, an die Philosophie Hegels gefunden und hatte, in Wien und in der deutschen Provinz geistiger Anregung entbehrend, nicht die vielseitige Welterfahrung und den europäischen Überblick des in Paris lebenden Dichters. Dennoch hat er sich aus provinzieller Enge zu erstaunlichen Leistungen durchgerungen.

Hören wir, wie Lenau selbst die Problematik seiner Situation als Dichter charakterisierte: »Ich bin keiner von den glücklichen Dichtern, die ihrer selbst und ihrer Werke froh wären wie Goethe... Ein Dichter kann heutzutage nicht glücklich sein, denn die Zeit will nichts von ihm... Mit meinen poetischen Produktionen geht es spärlich. Man fühlt sich oft matt und niedergeschlagen, wenn das elektrische Fluidum in der Luft verstimmt ist; und so fühlen gewiß jetzt alle Dichter, daß das poetische Fluidum in unserer Zeit verdorben ist. Ich fühle die schlechte Geisteswitterung deutlich, und oft will mich's gemahnen, als hätte ich auf Erden nichts mehr zu tun. Unsere Zeit ist nichts für Poesie, nur Politik gilt. Was bin ich? Ich bin ein Stein, der auf öder Heide liegt...

Ich habe die Wünsche meines Lebens in einen engen Raum zusammengeschlossen. Einem Volke, das auf ganz andere Dinge als Poesie zu horchen hat, mit meinen Liedern im Ohr zu liegen, erscheint mir mehr und mehr als chimärisches Treiben... Mich loben und lesen wohl viele, aber ein Publikum habe ich nicht... Es ist durchaus keine Freude, zu dichten in dieser Zeit, die an der Poesie in der Tat keinen Anteil nimmt. Selbst das Lob, das einem erteilt wird, kann einem gleichgültig, ja zuwider sein, wenn man sieht, wie nur Nebendinge, Pikantes und Frappantes aufgegriffen und gepriesen wird, während sie das Wichtige und Wesentliche, dasjenige, worin der Dichter sein Innerstes und Bestes niedergelegt zu haben glaubt, gar nicht bemerken... Mit der dramatischen Poesie ist's auch nichts. Unsere jetzige Poesie ist ihrem innersten Wesen nach eine lyrische; alles andere ist ein Gerede von außen her, wenn auch Zuhörer sich genug einfinden. Hat denn die dramatische Poesie auch Organe in unserer Zeit? Schwebt sie nicht, wie ein Gespenst, mit blassem Scheinleib über unsere Bretter? Wen es freut, der mag seine laterna magica immerhin anzünden!... In fünfzig Jahren gibt es kein Theater mehr. Das ist für jugendliche, noch mit Phantasie begabte Völker ein Gottesdienst, für politisch entwickelte eine Nationalaufgabe, für blasierte, wie es die Franzosen und Italiener sind, eine Belustigung... Ja, wenn man Journalartikel und gelehrte Abhandlungen als Monologe, einen umgestürzten Salonteekessel als Motiv wählen könnte, da gäbe es freilich noch Dramen genug, wie deren der selige Herr von Kotzebue geschrieben hat. Die deutsche Nation hat vorerst eine andere Aufgabe. Diese aber kann man ihr nicht von der Bühne herab predigen, man kann es höchstens, und sehr leise nur, in Büchern. Eine Bühne aber, die das Höchste nicht darstellen und sagen darf, ist eine Komödiantenbude.«

Lenau hat dann und wann versucht, ein Drama zu konzipieren, er hat sich an epische Stoffe herangewagt und sie mit dramatischen Dialogen ausgestattet, aber auch seine epischen Dichtungen und seine dramatischen Dialoge haften im Subjektivismus des Lyrikers, der nur imstande ist, das eigne Erlebnis auszudrükken, seine eignen Beziehungen zur Umwelt dichterisch und polemisch zu gestalten. Lenau war ausschließlich Lyriker; darin lag seine Schwäche und darin wuchs er zugleich zu echter Größe hinan.

In der romantischen Lyrik wird der Versuch unternommen, die dem Menschen entfremdete Außenwelt wieder zurückzugewinnen, als subjektives Erlebnis, als leidenschaftliche »Innerlichkeit«. Die Außenwelt wird in die Persönlichkeit des Dichters eingeschmolzen, das Objekt löst sich im Subjekt auf. Von dieser vollkommenen Identifizierung berichtet John Keats: »Wenn ich mit Leuten in einem Raum bin... beginnt die Identität von jedermann in diesem Raum so sehr auf mich zu drücken, daß ich in kürzester Zeit vernichtet bin... Wenn ein Spatz vor mein Fenster kommt, nehme ich teil an seinem Dasein und picke die Körner auf... Als ich jüngst in der Nacht wachlag, hörte ich den Regen mit dem Gefühl, aufgequollen und verwesend zu sein wie ein Weizenkorn...« Wordsworth definierte die Dichtung als »das spontane Überströmen eines mächtigen Empfindens...« Es war in einer Welt vielfältiger Vermittlung das Verlangen nach *Unmittelbarkeit,* was in romantischer Lyrik seinen Ausdruck fand. Schelling feierte die dichterische Intuition als die »unmittelbare« Anschauung, »weil das Wesen der Seele, welches mit dem Absoluten ein und selbst ist, zu diesem kein anderes als *unmittelbares* Verhältnis haben kann.«

Die neuen Elemente, die Lenau lyrisch verarbeitete, sind ein sehnsüchtig-ironisches Naturgefühl (wobei er die ungarische und österreichische Landschaft für die Literatur entdeckte), die Flucht aus einer zerstückelten, unbefriedigenden Gesellschaft in die Einheit der Natur, die zugleich als dämonisch-dialektisches Werden und Vergehn, als dunkler Spiegel des Menschenschicksals empfunden wird, die Verknüpfung volkstümlicher Begebenheiten und Gestalten mit den philosophischen Fragen des Zeitalters und vor allem der Ausdruck einer wilden, schwermütig-rebellischen Aufsässigkeit gegen jegliche politische, religiöse und nationale Unterdrückung. Lenau hat von sich selbst gesagt: »Das, worin ich neu bin, worin ich Epoche mache in der deutschen Literatur und worin mir keiner, wie viele Nachahmer auch schon aufgetreten sind, gleichkommt, ist meine Naturpoesie, meine poetische Durchdringung und Abspiegelung der Natur und ihres Verhältnisses zur Menschheit, ihres Ringens nach dem Geiste, meine Illustration der Natur. Meine effektvollsten Stellen sind jene, wo ich die Natur belauscht habe, die organische wie die menschliche.« In einer kritischen Abhandlung über Naturpoesie hat Lenau mit hohem Bewußtsein festgestellt: »Die wahre Naturpoesie muß unseres Bedünkens die Natur und das Menschenleben in einen innigen Konflikt bringen und aus diesem Konflikt ein drittes Organisch-Lebendiges resultieren lassen, welches ein Symbol darstellt jener höheren geistigen Einheit, worunter Natur und Menschenleben begriffen sind. Diese Gestaltung der Naturpoesie scheint unserer Zeit vorbehalten und auf eine merkwürdige Weise mit der charakteristischen Ironie der neuesten Poesie überhaupt zusammenhängen. Scheint es doch, als ob gerade die ironische Auffassung des Menschenlebens und ihre schmerzliche Nichtbefriedigung das Herz des Dichters näher zur Natur drängt, um in einem innigeren Verkehr mit derselben die ideale Befriedigung zu suchen, welche in der einseitigen Dissonanz der Ironie nimmer zu finden ist.«

Lenaus Naturpoesie

Das romantische Naturgefühl entstand im Widerspruch gegen das Geordnete, Geregelte, Zivilisierte. Die Wendung zur Natur war Protest gegen die Zivilisation, zunächst gegen die höfische, später gegen die industrielle, das Wildwachsende gegen die Taxushekken, das Ursprüngliche gegen das Gekünstelte, der wohlgeratene »Naturmensch« gegen den durch Arbeitsteilung Mißgestalteten. So galt zunächst die Natur als das »gute« Prinzip im Gegensatz zum »bösen« der Zivilisation. Die arkadische Natur wurde zur entfesselten im Zeitalter der heranreifenden Revolution, zum erstenmal von Diderot gefeiert. Den glatten Wasserflächen, Teichen und Kaskaden werde der Dichter den »Wasserfall im Gebirg« vorziehen, »der am Felsen zerschellt und dessen Tosen den Hirten, der seine Herde über die Berge führt, mit Schrecken erfüllt«. Erst das Erlebnis der Revolution, das Entsetzen der einen vor ihrer vulkanischen Gewalt, die Enttäuschung der andren über ihr Resultat, verfeinerte die Fähigkeit, den Kampf der Gegensätze auch in der Natur wahrzunehmen. Immer deutlicher wurde der Zwiespalt im romantischen Naturgefühl: einerseits ging es darum, die Natur nicht nur durch Wissenschaft, wie Bacon gefordert hatte, sondern auch durch Kunst zu erobern, das Reich des Menschen immer weiter auszudehnen; andrerseits war die hemmungslose Hingabe an die Natur nicht nur Rückzug aus der Gesellschaft in die Einsamkeit, sondern auch Versinken ins Unbewußte, Selbstvernichtung des Individuums, Ersatz für Religion. Schon Thomas Gray hatte in der Natur den immanenten Gott gefeiert, im Natur-Erlebnis den Religions-Ersatz: »Zwischen den unersteigbaren Felsen, den wilden Graten und den Stufen steiler Hänge, im Widerhall der Sturzbäche und in der Nacht des Hochwalds tut sich Gott uns mächtiger kund als unter dem Laubgeflecht der Zitronenbäume... Religion, ich grüße dich und rufe dich an, wie dein Ritus es heischt. Gib dem müden jungen Wandrer deinen Frieden, deine Ruh!« In Byrons »Childe Harold« findet sich die Strophe:

Genuß ist tief in Wäldern ohne Pfad,
Erquickung find' ich an verlaßnem Strande,
Gesellschaft mir, der Störendes nicht naht;
Ins Herz mir, Flut, Musik des Meeres, brande!
Die Menschen lieb' ich, doch in festre Bande
Schlug mich Natur. Und solcher Bund befreit
Vom eignen Selbst, dem hemmenden Gewande.
Vermählt nun bin ich mit Unendlichkeit,
Unsägliches zu sagen machtlos und bereit...

Das romantische Verlangen nach vollkommener Vereinigung mit der Natur, einer neuen »Unio Mystica«, war zwiespältig, zwielichtig. Die vergötterte wurde zur dämonischen Natur, vampyrisch regte es sich in ihr, Venus und Diana, Erlkönig und Elfenkönigin. Das erotisch Raunende, Lockende, Drohende der Natur wurde in Balladen Goethes vernehmbar, am deutlichsten aber, am unheimlichsten in der Ballade »La Belle Dame Sans Merci« von John Keats, in dieser Klage des von der Elfenkönigin Ausgesogenen, der am Schattenhang des Hügels, in dem er bei ihr lag, hoffnungslos dahinsiecht. Die Natur also war dem Romantiker nicht mehr »Außenwelt«, sondern Hieroglyphe seines eigenen Wesens, seiner Schauer, Sehnsüchte und Leidenschaften.

Diese Verschmelzung von Ich und Natur ist der Inbegriff von Lenaus Naturpoesie.

Der Lenz hat Rosen angezündet
An Leuchtern von Smaragd im Dom;

Und jede Seele schwillt und mündet
Hinüber in den Opferstrom.

(Aus dem Gedicht: »Liebesfeier«)

Es ist worden kühl und spät,
Nebel auf der Wiese weidet,
Durch die öden Haine weht
Heimweh – alles flieht und scheidet.

(Aus dem Gedicht: »Herbstentschluß«)

Flattern läßt sein Haar Merlin
In der Sturmnacht her und hin,
Und es sprühn die feurig-falben
Blitze, ihm das Haupt zu salben;

Die Natur, die offenbare,
Traulich sich mit ihm verschwisternd,
Tränkt sein Herz, wenn Blitze knisternd
Küssen seine schwarzen Haare...

Frühlingsnacht! Kein Lüftchen weht,
Nicht die schwanksten Halme nicken,
Jedes Blatt, von Mondesblicken
Wie bezaubert, stille steht.
Still die Götter zu beschleichen
Und die ewigen Gesetze,
In den Schatten hoher Eichen
Wacht der Zaubrer, einsam sinnend,
Zwischen ihre Zweige spinnend
Einsame Gedankennetze...

(Aus den »Waldliedern«)

O Wolke dort im Untergang!...
Erst hast du hell und klar geblüht,
Vom Sonnenstrahle überglüht; –
Dann wardst du schwarz, es ließ der Schein
Versunkner Sonne dich allein; –
Und nun zerfließet und vergeht
Dein Bild, vom Abendhauch verweht!

Mir ist ein Trost die Hoffnung nur,
Daß einst, im kühlen Abendhauch,
Vergehn wird meine Seele auch,
Ein finstres Traumbild der Natur...

(Aus dem »Faust«)

Unter mir in wilder Flucht
Braust der Strom und stürzt von hinnen;
Starrend in die rege Schlucht,
Seh ich's Leben mit verrinnen...

Von dem Sturzbach, windverstreut,
Tropfen mir ins Antlitz dringen;
Will mir die Vergangenheit
Meine Tränen wiederbringen?

Rausche, Zeit, vorbei, vorbei!
Deine Opfer, hab' sie alle!
Auch dein eigner Sterbeschrei
Tönt mir zu im Wasserfalle.

(Aus »Die Albigenser«)

Der Blitz des Augenblicks

Die Naturpoesie Lenaus hat in der Tat neuartige und bewunderungswürdige Höhepunkte; dennoch war es eine Selbsttäuschung, wenn der Dichter darin seine eigentliche Bedeutung erblickte. Worin er am größten war, ist die Subjektivität in der dichterischen Gestaltung des Trotzes, der Rebellion, in der leidenschaftlich-großartigen Polemik gegen eine Welt der Unterdrückung und des Untergangs. In widerspruchsvoller Entwicklung hat er sich zu diesem Kern seines Wesens durchgekämpft. Es ist die Gefahr jedes nur lyrisch Dichtenden, allzusehr in sich selbst hineinzuhorchen, sich nicht nur jeder Stimmung hemmungslos hinzugeben, sondern eine Treibjagd nach Stimmungen zu veranstalten. Das echte Gedicht ist stets das Ergebnis einer jähen und tiefen Erschütterung. Lenau schrieb einmal an Sophie: »Heute war wieder ein starkes Gewitter abends, und ich höre es noch in der Ferne ausbrummen. Ganze Sträucher von Blitzen glühten am Himmel auf. Ich weidete mich lange an dieser schnellen Vegetation, wo Geburt, Leben und Tod so zusammenschlägt in einen flammenden Augenblick.« Er hat dasselbe in einem Gedicht ausgesprochen:

Könnt' ich leben also innig,
Feurig, rasch und ungebunden,
Wie das Leben jenes Blitzes,
Der dort im Gebirg verschwunden!

Eine solche kurzlebige lodernde »Vegetation«, ein solches Zusammenschlagen in einem flammenden Augenblick ist das lyrische Erlebnis, gesteigert durch das Verlangen, dem Augenblick Unsterblichkeit zu verleihn. Daraus ergibt sich als Wesen der Lyrik, unmittelbar Erlebtes in dichtester, konzentriertester Form auszudrücken. Schilderung, Weitschweifigkeit, Geschwätzigkeit und Rhetorik sind der Lyrik wesensfremd. Es ist ein Prüfstein für jedes Gedicht, ob es möglich ist, ein Wort, eine Strophe wegzunehmen oder hinzuzufügen, einen Vers abzuändern oder umzustellen. Das vollkommene Gedicht ist eine organische Gestalt, die man zerstört, wenn man sie an irgendeiner Stelle verletzt.

Der Verfall der Lyrik beginnt, wenn das Gedicht aufhört, ein solcher unauflöslicher Organismus zu sein, wenn es zu einem Bündel von Bildern, Einfällen und Assoziationen wird, die man auswechseln und zum Teil auch eliminieren könnte, ohne dadurch Inhalt und Form zu vernichten. Es gibt auch bei Lenau Tendenzen einer solchen Auflösung, und nicht mit Unrecht hat Berthold Auerbach festgestellt: »Die neuösterreichische lyrische Poesie hat in einer Fülle von Überkraft sich von der mustergültigen goetheschen Einfachheit entfernt, in welcher jeder Einzelgedanke des Gedichtes dem Verlaufe des Ganzen untertan ist und nicht eine Aufmerksamkeit für sich beanspruchen darf. Auch Lenau schien mir nicht frei davon, in einzelne Zeilen und Wortfügungen einen selbständigen Gehalt einzuknüpfen, wodurch ein Abirren und statt der einfach und wie organisch notwendig sich fortentwickelnden Melodie ein figurierter Gesang entsteht, der oft kunstvoll ist, aber dem reinen Geschmack minder entspricht.«

Der lyrische Dichter braucht als Gegengewicht gegen das ihm

eigentümliche Überfließen, gegen die Abhängigkeit von der Erschütterung des Augenblicks einen großen Reichtum an konkreter Beobachtung, Natur- und Welterfahrung, und vor allem einen großen, vielfältigen Lebensinhalt, eine tiefe Verbundenheit mit den wesentlichen Tendenzen und Ereignissen seines Zeitalters, Gesinnung und gesellschaftliches Bewußtsein. Lyrik ist kein Beruf; ihr tut als Rückgrat die Pflicht des Tages not. Es hat die Entwicklung Lenaus beeinträchtigt und seine launenhafte Selbstquälerei gefördert, daß die lyrische Produktion seine einzige Tätigkeit war, und daß er daher das unvermeidliche Vakuum zwischen den produktiven Erlebnissen nicht mit einem aktiven Dasein zu füllen vermochte. Er füllte dieses Vakuum zum Teil mit Studium, zum größeren Teil mit melancholischer Selbstbespiegelung und der gewaltsamen Aufstachelung zu neuer, gesteigerter Erlebnisfähigkeit. Nur in lyrischer Produktivität sein Leben als sinnvoll empfindend, lechzte er dauernd nach großem Gefühl, nach dem »flammenden Augenblick«. Er schrieb von sich selbst: »Künstlerische Ausbildung ist mein höchster Lebenszweck. Alle Kräfte meines Geistes, meines Gemütes, betrachte ich nur als Mittel dazu. Erinnerst Du Dich des Gedichtes von Chamisso, wo ein Maler einen Jüngling an das Kreuz nagelt, um ein Bild vom Todesschmerz zu haben? Ich will mich selber ans Kreuz schlagen, wenn's nur ein gutes Gedicht gibt.« Und in Briefen an Sophie: »Meine sämtlichen Schriften sind, da ich für Taten keinen Raum finde, mein sämtliches Leben... Man hat meine Arbeit zuweilen plastisch genannt. Daran ist wenigstens so viel wahr, daß ich wie ein plastischer Künstler zu Werke gehe und mich selbst zerschlage, wie der Bildhauer die Form, um den Gedanken heraustreten zu lassen. Vielleicht ist die Eigenschaft meiner Poesie, daß sie ein Selbstopfer ist, das Beste daran. Man verzeihe es mir darum, wenn mein Herzblut nicht so gleichmäßig und regelrecht abläuft wie die Tropfen einer Wasseruhr. Ohne das Gefolge der Trauer ist mir das Göttliche im Leben nie erschienen...« Es ist für ihn ungemein charakteristisch, daß der Faust seiner Dichtung allenfalls bereit ist, sich mit dem Tod einer geliebten Frau abzufinden, nicht aber auf das Bild zu verzichten, in dem er sie künstlerisch festgehalten hat; um das Bild ringt er auf Tod und Leben mit Mephistopheles. In vielen seiner Gedichte wird dieses Motiv abgewandelt: das Bild ist wichtiger als die Wirklichkeit, das Leben hat nur die Funktion, Rohstoff der Dichtung zu sein, auf das subjektive lyrische Erlebnis kommt es an und nicht auf die menschliche Beziehung, durch die es hervorgerufen wird, möge die Wunde sich öffnen, damit das Blut der Dichtung fließe! Daraus ergibt sich eine Überhitztheit der Phantasie, ein Egoismus der Leidenschaft vor allem in dem Verhältnis zu Frauen und besonders in der verzweifelten Liebe zu Sophie Löwenthal.

Faust

Ehe Lenau diese ihn verwirrende und erschütternde Frau kennenlernte, hatte er, nach einigen Romanzenzyklen, seine erste größere Dichtung, den »Faust« vollendet. Die gewaltige Renaissance-Sage von Doktor Faustus, dem aus mittelalterlicher Beschränktheit ausbrechenden Forscher, der einen Pakt mit dem Teufel schließt, um in alle Geheimnisse der Natur und der Menschenwelt einzudringen, mußte die Dichter des aufsteigenden deutschen Bürgertums faszinieren. Goethe hat diese Sage zu einem Menschheitsgedicht gesteigert, von dem die Anhänger einer neuen Philosophie in Deutschland sagten: In dieser Tragödie, wenn sie einst vollendet erscheine, werde der Geist der ganzen Weltgeschichte dargestellt sein; sie werde ein wahres Abbild des Lebens der Menschheit sein, Vergangenheit, Gegenwart und Zukunft umfassend. In Faust sei die Menschheit idealisiert; er sei der Repräsentant der Menschheit. – In dieser größten Dichtung des anbrechenden bürgerlichen Zeitalters war es in der Tat geglückt, in der Entwicklung eines Individuums die Entwicklung der Gattung, im Besonderen das Allgemeine darzustellen, die Einheit des Menschen mit der Menschheit überzeugend zu gestalten. In allen späteren Faust-Dichtungen, aus veränderten gesellschaftlichen Bedingungen hervorgegangen, brach diese Einheit entzwei, spiegelte sich die Problematik, die Zerrissenheit und Enttäuschung des neuen Zeitalters. Schon in Byrons »Manfred« drückt sich die schauerliche Vereinsamung des Menschen in der Bürgerwelt aus, des isolierten Individuums, das die Natur und sich selbst als einen Abgrund erlebt, in dem Dämonen und Gespenster hausen. So wie die Faust-Dichtungen Grabbes und Heines, war auch das Faust-Gedicht Lenaus in bewußter Opposition gegen Goethe entstanden, zu einem Vergleich herausfordernd, der den tiefen Bruch zwischen dem optimistischen Humanismus der heroischklassischen Periode und den verzweifelten Stimmungen der nachfolgenden Zeit enthüllt.

In dem nur lose zusammengebündelten Faust-Gedicht, das Lenau ursprünglich unter dem richtiger gewählten Titel »Faustische Bilder« herauszugeben beabsichtigte, tritt uns Faust als die isolierte, »bodenlos« gewordene Individualität entgegen, als ein kleinbürgerlicher Rebell, der sich selbst genug sein will, ohne sich selbst genug sein zu können. Die Riesenkraft des Renaissance-Menschen, der nicht zurück, sondern stets nur vorwärts blickt, der aus der kleinen Welt in die große schreitet, aus jedem Abgrund neue Kühnheit schöpft und jeden Gedanken an Resignation zurückweist, ist verschwunden; Lenaus Faust fühlt sich angstvoll in eine fremde Welt hinausgerissen und sehnt sich dauernd zurück nach einer verlorenen Geborgenheit. In einem einleitenden Gedicht »Der Schmetterling« wird der wesentliche Inhalt der Dichtung vorweggenommen:

Es irrt durch schwanke Wasserhügel
Im weiten, windbewegten Meer
Ein Schmetterling mit mattem Flügel
Und todesängstlich hin und her...

Kaum aber war vom Strand geflogen
Des Frühlings ungeduld'ges Kind,
Kam sausend hinter ihm gezogen
Und riß ihn fort der böse Wind;

Stets weiter fort von seines Lebens
Zu früh verlornem Heimatglück:
Der schwache Flattrer ringt vergebens
Nach dem verschmähten Strand zurück...

Das Grundmotiv von Lenaus »Faust« ist jenem von Grillparzers »Der Traum, ein Leben« sehr verwandt. In beiden Dichtungen wird der Aufbruch aus alten, engen Verhältnissen als ein Absturz in Leid und Schuld dargestellt, der Weg aus Kindheitsglauben und Heimatglück in eine größere und kühnere Welt als ein Weg in Verbrechen und Zusammenbruch.

Dennoch unterscheidet sich Lenau vorteilhaft von Grillparzer; dieser läßt seinen Helden reumütig in das stille Tal zurückkehren und in anspruchslosem Privatleben abseits des Weltgeschehens Einklang und Frieden finden, Lenaus Faust ist trotz seinem Heimweh nach der Vergangenheit, trotz seinen Lamentationen nicht bereit, in ein »schuldloses« und geruhsames Dasein zurückzukehren.

Die beiden bedeutendsten Dichter Österreichs im Zeitalter nach der klassischen »Kunstperiode« fühlen, daß eine geträumte Einheit verlorenging, daß die bürgerliche Individualität in wachsender Entfremdung der Umwelt gegenübersteht; beide sehnen sich nach Einheit, nach der Hingabe des einzelnen an etwas allen Gemeinsames; Grillparzer sieht den einzigen Ausweg in einem tatlosen Stillstehn, in einem romantischen Festhalten an den zum Untergang verurteilten Zuständen; Lenau sieht keinen Ausweg, lehnt es trotzig ab, mit der alten Welt zu irgendeinem modus vivendi zu gelangen und läßt seinen Helden lieber in einsam-wilder Melancholie scheitern als in Resignation und Selbstbetrug kapitulieren.

Lenaus Faust ist ein Österreicher. Er flieht aus dem Tal, aus dem die Glocken des Kinderglaubens zu ihm emporsteigen, in die steinerne Einsamkeit der Alpengipfel:

> Was willst du, Faust, auf diesen Bergeszinnen?
> Den Nebeln und den Zweifeln dort entrinnen?
> Des Abgrunds Nebel werden nach dir schleichen,
> Auch dort dir Zweifel an die Stirne streichen…
>
> O wolle nicht mit Gott zusammenfallen,
> Solang dein Los auf Erden ist zu wallen!…
>
> Ich fühl's: des Glaubens letzter Faden reißt,
> Anweht mein Herz ein kalter, finstrer Geist.

Unter sich den Abgrund, in dem ein Gewitter sich zusammenballt, erlebt Lenaus Faust den Triumph der Menschenkraft, von dem Lenau einst in einem Brief berichtete: »Ganz oben trat ich hinaus auf den äußersten Rand eines senkrechten Abgrunds… Die Minute, die ich auf jenem Rande stand, war die allerschönste meines Lebens, eine solche mußt auch du genießen. Das ist eine Freude! Trotzig hinabschauen in die Schrecken eines bodenlosen Abgrundes und den Tod heraufgreifen sehen bis auf meine Zehen und stehenbleiben und so lange der furchtbar erhabenen Natur ins Auge sehen, bis es sich erheitert, gleichsam erfreut über die Unbezwinglichkeit des Menschengeistes, bis es mir schön wird, das Schreckliche.« Da löst sich ein Stein zu den Füßen Fausts, in der Gestalt eines finstren Jägers rettet ihn Mephistopheles.

Wir finden Faust im Seziersaal; er möchte aus Leichen das Geheimnis des Lebens herausschälen, an die Ideen eines naturwissenschaftlichen Materialismus sich heranwagen:

Oft, wenn ich so die langen Forschernächte
Einsam mit stillen Leichen nur verkehrte
Und in der Nerven sinnigem Geflechte
Eifrig verfolg' des Lebens dunkle Fährte;
Wenn meinem Blicke dann sich aufgeschlossen
Der Nerven Stamm mit seinen Zweigen, Sprossen –
Da rief mein Wahn, entzückt ob solchem Funde:
Hier seh ich deutlich den Erkenntnisbaum,
Von dem die Bibel spricht im alten Bunde...

Mephistopheles tritt als fahrender Scholast an ihn heran:

Es macht mir Spaß, des Nachts mit klugen Leuten
Das Menschenlos zu prüfen und zu deuten.

In Faustens Antwort wird das Grundmotiv der Dichtung angeschlagen, die Sehnsucht der sich selbst und der Welt entfremdeten Individualität nach Einheit mit der Welt und sich selbst:

O unglückselig Wort: das Menschenlos!
Ich fühl's in seiner ganzen Bitterkeit.
Vom Schoß der Mutter in den Grabesschoß
Jagt mich die ernste, tiefvermummte Zeit,
Die dunkle Sklavin unbekannter Mächte.
Sie spricht kein Wort auf alle meine Fragen,
Gleichgültig meinem Fluchen und Verzagen,
Stoßt sie mich weiter durch des Lebens Nächte.
In meinem Innern ist ein Heer von Kräften,
Unheimlich eigenmächtig, rastlos heiß,
Entbrannt zu tief geheimnisvoll'n Geschäften,
Von welchen all mein Geist nichts will und weiß.

So bin ich *aus mir selbst hinausgesperrt*
Und stets geneckt von Zweifeln und gezerrt,
Ein Fremdling ohne Ziel und Vaterland,
Indem ich schwindelnd, strauchelnd fort mich quäle
Zwischen dem dunkeln Abgrund meiner Seele
Und dieser Welt verschloßner Felsenwand,
Auf des Bewußtseins schmalem, schwankem Stege,
Solang dem Herz belieben seine Schläge.

Was dem Physiologen die Menschenleiche vorenthielt, soll dem suchenden Forscher die Natur mitteilen, den tiefen Urgrund von Werden und Vergehn:

Ihr Bäume haftet an der Mutter Brust,
Woraus hervorquillt der Geheimniswust,
Ihr lauschet mit den Wurzeln in den Grund,
Doch gebt ihr nichts aus seiner Tiefe kund...

Ich kann mich nicht vom heißen Wunsche trennen,
Den schöpferischen Urgeist zu erkennen,
Mein innerst Wesen ist darauf gestellt,
In meiner ewigen Wurzel mich zu fassen;
Doch ist's versagt, und Sehnsucht wird zum Hassen,
Daß mich die Endlichkeit gefangen hält...

Einem Mönch, der aus dem Waldesdunkel hervortritt und ihn mahnt, sich nicht an die Kreatur, sondern an Gott zu wenden, antwortet der nach Unendlichkeit dürstende Faust in stolzem Individualismus:

Beglücken kann mich nur ein Wissen,
Das mein ist und von seinem losgerissen.
Ich will mich immer als mich selber fühlen:
Nicht soll aus meinem festen Mauerring
Die heilige Meereswoge fort mich spülen
Wie Tau, der leicht am Ufergrase hing...
Zur Kirche, meinst du, daß ich flüchten soll?
Ei! wartet Gott gleich einem Bänkelsänger,
Mit seiner Stimme, bis die Stube voll?...

In dieser Stimmung unterzeichnet Faust den Vertrag mit Mephistopheles. Er wirft die Bibel ins Feuer, das Gesetzbuch »des ungeheuern Urdespoten«, und fordert als Preis dafür Wahrheit, nichts als Wahrheit.

Lenau hat nicht die Kraft, die Faust-Dichtung auf der dichterischen und philosophischen Höhe der ersten Gesänge weiterzuführen; das Werk versickert auf lange Strecken hin ins Fragmentarische, zum Teil Belanglose, und steigt erst zum Schluß wieder steil und groß empor. Ein Jugendfreund, Graf Isenburg, möchte den Faust in ein stilles Dasein zurückretten; die kleinbürgerlich-feige Moral vom »Glück im Winkel«, die Grillparzer in seinem »Der Traum, ein Leben« predigt, wird hier von Isenburg vorgebracht und von Faust zurückgewiesen:

Was frommt die ungewisse Saat
Der Wissenschaft? was frommt die Tat?
Die leichte Saat verweht der Wind,
Und eine Tat ist doch kein Kind!...
Ich hab's erfahren: Weib und Kind
Das höchste Gut auf Erden sind.

Mephistopheles erblickt (wie Lenau selbst) in der Liebe und in der Natur die beiden Mächte, die in einer zerrissenen Gesellschaft dem individualistischen Nihilismus entgegenwirken, und Faust von ihnen losreißend, hofft er ihn endgültig zu gewinnen:

Von Christus ist er los; noch hab' ich nur
Zu lösen meinen Faust von der Natur.
Gelingen wird's, ich hab' es mir durchdacht!
Tief in die *Lust,* bevor die *Lieb'* erwacht!
Mit Weibern zärtlich rohes Spiel getrieben!
Manch Kind gezeugt! – So wird der grade Stand
Sich zwischen Faust und der Natur verschieben,
Und er in Unmut stürmen an den Rand.
Dann faßt die *Liebe* ihn am steilen Bord
Und stürzt hinab ihn jählings in den *Mord*...

Der Plan gelingt: In einer Reihe locker hingeworfener Szenen wird Faust zum Genießer, der den Genuß bereut, zum Liebenden und zum Mörder. Einzelne dieser Szenen sind von großer dichterischer Schönheit, so vor allem der brausende Tanz in der Dorfschenke; aber das faustische Grundmotiv verliert sich in Einzelheiten, in denen sich private Erlebnisse Lenaus und österreichische Zustände widerspiegeln.

Der leidenschaftliche Haß gegen den Absolutismus, der Unmut über ein Volk, das vor jedem Bischof niederkniet und ein zerrissenes Tischtuch mehr beklagt als das zertretene Menschenrecht, kommen zu Wort, wobei es charakteristisch ist, daß Lenau am stärksten wird, wenn er volkstümliche Motive gestaltet, am schwächsten, wenn er die ebenso holde wie fade Königstochter Maria verherrlicht.

Erst in dem später eingefügten »Waldgespräch«, in dem Mephistopheles den Faust ermuntert, sein eignes Denken zum Gott zu machen, zum individualistischen Übermenschen zu werden, und Faust erwidert:

> Behaupten will ich fest mein starres Ich,
> Mir selbst genug und unerschütterlich...

und in den großartigen Schlußgesängen wird das faustische Grundmotiv wieder aufgegriffen.

In den Schauern eines Schiffbruchs wirft Faust den betenden Kapitän über Bord:

> Schämst du dich, Memme! vor dem Sturme nicht?
> Ich dulde nicht die Schmach im Angesicht,
> Den Menschen da in seiner Bettlerblöße
> Genüber der Natur in ihrer Größe.

und aufrechtstehend im Kreis der Knienden ruft er in die Wolken:

> Mach, was du willst mit deiner Sturmesnacht!
> Du Weltenherr, ich trotze deiner Macht!
> Hier klebt mein Leib am Rand des Unterganges,
> Doch weckt der Sturm in meinem Geist die Urkraft,
> Die ewig ist, wie du, und gleichen Ranges,
> Und ich verfluche meine Kreaturschaft!

Nach dem Schiffbruch tritt der Matrose Görg dem zwiespältigen Faust als Verkörperung des unbedingten Individualismus, als neuer Typus eines nur auf sich selbst gestellten, harten und kalten Menschen entgegen. »Schlich dir nicht auch so ein Gebetlein in den Bart?« fragt ihn ein anderer der geretteten Matrosen, und Görg antwortet:

Dafür bin ich zu kalt, zu hart.
Ich bete nichts, ich bitte nichts,
Will's nimmer halten, ei, so bricht's!

Zwischen ihm und Faust entspinnt sich ein Gespräch:

Faust: An Gott vor allem glaubst du nicht?

Görg: Ich schaute nie sein Angesicht,
Niemals mir seine Stimme klang;
Wenn er von mir was haben will,
So blieb er nicht so mausestill,
So gab er mir ein Zeichen lang.

Faust: Gab er dir nicht in Berg und Tal,
In blauer Luft, in Wetterstreichen,
Im großen Meer, im Sternenstrahl,
Daß er da herrscht, ein starkes Zeichen?

Görg: Soll all das mir zum Zeichen frommen,
So muß er früher selber kommen,
Daß ich von ihm erst fassen lerne:
Was sagt: Berg, Tal, Luft, Meer und Sterne?
Das alles ist mir vor der Hand
Nur eben Stern, Luft, Meer und Land.
Was ich nicht fasse und verstehe,
Darf nicht dem Herzen in die Nähe...

Faust: Der Görg da sprach so manches Wort,
Das mich beschäftigt fort und fort.
Ein voller Mann! er steht so fest,
Ob Gott ihn und Natur verläßt...

Man fühlt die Bewunderung und zugleich das Entsetzen Lenaus vor diesem selbstbewußten und skrupellosen Typus des neuen, kapitalistisch-individualistischen Zeitalters, das er in Amerika kennenlernte: Vielleicht sollte man sein wie Görg? Alles in dem zwischen unbedingtem Individualismus und tiefer Sehnsucht nach einem Kollektivleben hin und her gerissenen Faust bäumt sich dagegen auf. Er kann sich selbst nicht genügen, will mehr sein als isolierte Persönlichkeit:

Der starke Görg hat meiner Nacht
Auch keinen Funken Trost gebracht.
Nach dem, was er so kalt entbehrt,
Hat er mein Sehnen nur vermehrt...

Ich habe Gottes mich entschlagen
Und der Natur, in stolzem Hassen,
Mich in mir selbst wollt' ich zusammenfassen;
O Wahn! ich kann es nicht ertragen.
Mein Ich, das hohle, finstre, karge,
Umschauert mich gleich einem Sarge...

Erst war's ein glühendes Entbrennen,
Die Welt zu fassen im Erkennen;
Nun würde mir, geschöpft in vollsten Zügen,
Erkenntnis nimmermehr genügen.
Wenn ich die Welt auch *denken* lerne,
So bleibt sie *fremd* doch meinem Kerne,
In Einzelwesen kalt zertrümmert,
Wo keines sich des andern kümmert.
Solang ein Kuß auf Erden glüht,
Der nicht durch meine Seele sprüht,
Solang ein Schmerz auf Erden klagt,
Der nicht an meinem Herzen nagt,
Solang ich nicht allwaltend bin,
Wär' ich viel lieber ganz dahin...

Es ist das ungeduld'ge Zanken,
Hindurchzubrechen alle Schranken,
Im freudevollen Todesfalle
Zusammenstürzen alle – alle! –

In unendlichem Verlangen nach Weltwerdung, nach dem Durchbruch aus kalter Zertrümmerung und Vereinzelung zu einer großen Gemeinschaft, in einem pantheistischen Allgefühl, von Spinoza und Schelling angeregt, träumt Faust sich in dem Weltgott hinein und träumt sich selbst »das Messer in das Herz«. Dem überströmenden Bekenntnis zum Pantheismus, zur All-Einheit, zur Aufhebung des Individuums in der Weltgemeinschaft folgt der Zweifel auf den Fuß, das ironische Schlußwort des Mephistopheles:

Du warst von der Versöhnung nie so weit,
Als da du wolltest mit der fieberheißen
Verzweiflungsglut vertilgen allen Streit,
Dich, Welt und Gott in Eins zusammenschweißen.
Da bist du in die Arme mir gesprungen,
Nun hab' ich dich und halte dich umschlungen!

Lenau hat in seiner Faust-Dichtung einen tiefen und wesentlichen Konflikt des Zeitalters aufgedeckt, und eine verzweifelt negative Antwort gegeben. Der weltgeschichtliche Optimismus Goethes ist verlorengegangen – aber kann sich die nachfolgende Generation, kann sich Lenau damit abfinden, daß alles faustische Streben des Teufels sei? Der Dichter ist nicht bereit, dem Mephistopheles, dem Geist der Negation, das letzte Wort zuzugestehn.

Die romantische Liebe

In seiner zweiten größeren Dichtung »Savonarola«, die den religiösen Aufruhr des Florentiner Mönchs gegen das Papsttum zum Inhalt hat, unternahm Lenau den halsbrecherischen Versuch, sich in das alte »Kinderglück«, in die Religion, zurückzuretten. Die Dichtung gipfelt in einer Anklage gegen den Sensualismus Heines, den Pantheismus Spinozas, die dialektische Philosophie Hegels (die Lenau damals nur flüchtig kannte), gegen die progressiven Ideen des Bürgertums, gleichzeitig aber in einem kühnen Bekenntnis zum Republikanismus. Die Entstehung dieses Gedichtes hängt unmittelbar mit Lenaus Liebe zu Sophie Löwenthal zusammen.

Die hochbegabte, tiefunbefriedigte und tiefreligiöse Sophie war mit einem Freund Lenaus, dem österreichischen Beamten Max von Löwenthal verheiratet. Die Ehe der anmutsvollen, vielumworbenen Frau mit dem mittelmäßigen Max war unerquicklich; sie schrieb in ihr Tagebuch: »Bei der Ehe, wie sie unter uns ist, finde ich vieles herb und roh. Fürs Leben! – so etwas auf immer Festgestelltes für ein menschliches Verhältnis bei dem wandelbaren Wesen der menschlichen Natur und Dinge! Dann das gemeinschaftliche Existieren in denselben Räumen – die Verpflichtung, Kinder zu zeugen. – Ich begreife nicht, wie die Mädchen nicht viel mehr Widerwillen gegen die Ehe als die Männer haben. Man hat ihnen die roten Beeren der bürgerlichen Bedeutsamkeit, des häuslichen Regiments, der einzigen Möglichkeit, mit Ehren Mutter zu werden, nicht umsonst an die Schlinge gebunden... Oh, das ist es eben, das ist eben der Jammer des Lebens, daß so manche edle Menschen ihr Herz verschenken müssen an Mittelmäßige, weil gerade kein anderer da ist.«

Lenau fand in der Liebe zu dieser Frau die große, verhängnisvolle Leidenschaft, nach der er lechzte. Das tiefe Verlangen nach Erschütterung, nach äußerster Hingabe an eine das eigenwillige Ich aufzehrende Gemeinschaft, und zugleich das Zurückschrekken der Phantasie vor ernüchternder Wirklichkeit, die dunkle Lust an Resignation schlugen in dieser Liebe zur schwarzen Flamme zusammen. Man hat der anfangs zögernden, Zurückhaltung übenden Frau vorgeworfen, sie sei inkonsequent und egoistisch gewesen, habe den Dichter hundertfach an sich gebunden, ihn eifersüchtig festgehalten, ihn erotisch fasziniert und ihm körperliche Hingabe verweigert, auf diese Art seine Nerven erregend und zugleich zerrüttend; mag sein, daß dieser Vorwurf berechtigt ist, aber es scheint uns, daß der Egoismus Lenaus in dieser Leidenschaft ungleich größer war. In der Tat wollte Lenau gerade das, eine Leidenschaft, die sein eigener Traum, sein eigener Abgrund, sein eigenes dichterisches Reservoir blieb. Er sah in dieser Leidenschaft den Ausdruck nicht nur seiner eigenen, sondern auch das Symbol der Zerrissenheit des gesamten Zeitalters, er liebte in ihr das Widerspruchsvolle, liebte sein Gefühl der Liebe mehr als den Menschen, der dieses Gefühl hervorrief. Er hat es in Briefen und Notizen deutlich genug ausgesprochen: »Ich bin mir selbst unheimlich geworden in meiner Leidenschaftlichkeit. Mein Fehler ist, daß ich die Sphäre der Poesie und die

Sphäre des wirklichen Lebens nicht auseinanderhalte, sondern beide sich durchkreuzen lasse. Gewohnt, in der Poesie mich dem Zuge meiner Phantasie zu überlassen, tu' ich ähnliches auch im Leben, und es geschieht, daß in Momenten der Selbstvergessenheit diese vielleicht zu viel geübte Kraft aufstürmt und ihre eigenen schönsten Gebilde verheerend niederdrückt. Ich bin überhaupt ein sehr schlechter Ökonom. Auch in der Ökonomie meiner Seelenkräfte habe ich zu wenig Berechnung, Maß, Ordnung.« Oder an anderer Stelle: »Ja, es ist ein großes Glück für einen Dichter, eine solche Geliebte zu haben wie Du. Du bist mein bester Umgang, meine Liebe, mein Ruhm, meine Kirche, alles in einer schönen Gestalt.« Und weiter: »Ich habe meine Leidenschaft für Dich großgezogen, ich ließ sie ohne alle Hemmung heranwachsen, es wäre mir frevelhaft gewesen, wenn ich mich nicht mit meinem ganzen Leben in dieses Gefühl gestürzt hätte, denn unsere Liebe war meine Rettung und mein Heil. Jetzt aber steht sie mir so gewaltig gegenüber, daß ich erschrecke.« Und schließlich: »Ich habe dem Sturm mein Herz weit aufgetan ohne allen Rückhalt, er ist eingezogen und hat an allem Gezweig meiner Nerven gerüttelt. Doch das war gut. In den entlaubten Hain scheint die Sonne herein... Du sollst Dir keinen Vorwurf darüber machen, daß Du in mein Leben eingedrungen bist und es erschüttert hast. Ich segne diese Invasion und freue mich dieser heilsamen Erschütterung.«

Und so wie Faust mit Mephistopheles um das Bild der schönen Maria kämpft, hat Lenau das Abbild der Wirklichkeit im unruhigen Spiegel seiner Gefühle für wesentlicher gehalten als die Wirklichkeit. Im Abbild das Wesen zu haben, immer wieder findet man dieses Motiv in seiner Dichtung, so zum Beispiel in dem Gedicht »Liebe und Vermählung«:

Die Rose lauscht ins liebliche Getose,
Umsungen von des Haines süßen Kehlen,
Und ihr zu Füßen weint der Ruhelose,
Der immer naht, ihr immer doch zu fehlen.

Ein schönes Spiel! solang der Frühling säumt,
Die Rose hold zum Bach hinunter träumt,
Solang ihr *Bild* in seinen Wellen zittert.

Wenn Sommersgluten sie vom Strauche jagen,
Wenn sie vom Bache wird davongetragen,
Dann ist sie welk, der Zauber ist verwittert!

Und der aus »fremder Meereswüste« Heimgekehrte dichtet:

O wie sehn' ich mich so bang hinaus
Wieder in das dumpfe Flutgebraus!
Möchte immer auf den wilden Meeren
Einsam nur mit ihrem *Bild* verkehren...

Es ist das umgekehrte Pygmalion-Motiv: der ein Marmorbild zum Leben Erweckende wünscht am Ende die Lebende wieder als Marmorbild. Das romantische Pygmalion-Motiv hatte in Rousseau den großen Initiator gefunden. In einer bezaubernden, aus dem Ovid geschöpften »lyrischen Szene« verliebt Pygmalion sich in die Statue, die er schuf: »Ich wollte dich zur Nymphe machen und habe dich zur Göttin gemacht... O Qualen, Wünsche, Begierden, Raserei, Ohnmacht, schreckliche Liebe, unselige Liebe... Göttin der Schönheit, tilge diese Schmach der Natur, daß so Vollkommenes nichts als ein Bild dessen sei, was nicht ist!« Venus erweckt den Marmor zum Leben, die Statue steigt hinab, Pygmalion kniet vor ihr: »O Blendwerk rasender Liebe!«

Galathea (berührt sich und sagt): »Ich.«

Pygmalion (hingerissen): »Ich!«

Galathea (berührt sich abermals): »Das bin ich.«

Pygmalion: »Überwältigende Illusion, die nun auch mein Ohr bedrängt, ah! weiche niemals von meinen Sinnen!... Meisterwerk meiner Hände, meines Herzens und der Götter: Du bist's, du bist's allein! Ich habe dir mein ganzes Sein gegeben. Künftig leb' ich nur durch dich.«

Die Romantik mit ihrem Bekenntnis zur »Leidenschaft an sich« forderte von der Liebe, was sie nur selten zu leisten vermag: die vollkommene Vereinigung, die exzessive Hingegebenheit, im Außer-sich-Sein das In-sich-Sein, die Kristallisation des elementaren zum bewußten Genuß, die neue »Unio Mystica«. In der »Lucinde«, dieser unbeabsichtigten Karikatur romantischen Verlangens, hat Friedrich Schlegel formuliert: »Wir umarmten uns mit ebensoviel Ausgelassenheit als Religion. Ich bat sehr, du möchtest dich doch einmal der Wut ganz hingeben, und ich flehte dich an, du möchtest unersättlich sein. Dennoch lauschte ich mit kühler Besonnenheit auf jeden leisen Zug der Freude, damit mir auch nicht einer entschlüpfe und eine Lücke in der Harmonie bleibe. Ich genoß nicht bloß, sondern ich fühlte und genoß den Genuß...«

In der aristokratischen Welt war Liebe nichts als Genuß. Man heiratete Güter und Namen, die Ehe gab der Frau die Freiheit, nicht nur genommenes Objekt zu sein, sondern in subjektiver Wahl den Gatten durch einen Liebhaber zu ergänzen. Im Bürgertum mit seinen puritanischen Grundsätzen wurden die Töchter und Söhne gleichfalls nur als Objekte vermählt, zur wechselseitigen Förderung des Geschäfts und »zum wechselseitigen Gebrauch der Geschlechtsorgane«, wie Kant, frei von jeder Sentimentalität, die Funktion der Ehe charakterisierte. Mit dem Heranreifen der Empfindsamkeit vor allem im Milieu des Nonkonformismus, der pietistischen und quietistischen Sekten und Bewegungen nahm die Sehnsucht nach Liebe zu. Die fortschreitende Emanzipation der Frau, die, wie Fourier hervorhob, ein Gradmesser der allgemeinen Emanzipation ist, erzog dem Manne die gleichberechtigte Geschlechtspartnerin. Die Sinnlichkeit der Aristokratie verschmolz mit der Empfindsamkeit des Bürgertums. Es konnte nicht mehr befriedigen, den Partner als Objekt zu besitzen, sondern man wünschte ihn als lebendige Antwort auf das eigene Ich. Die vollkommene Vereinigung der Liebenden sollte über Entfremdung und Zerstückelung hinwegtäuschen, sollte in der Umarmung zuwege bringen, was die Revolution verkündigt, nicht verwirklicht hatte: die Einheit des Menschengeschlechts.

Je mehr nun aber Empfindsamkeit überhandnimmt, und mit ihr ausschweifende Phantasie, je größer die Anforderung an das erotische Erlebnis wird, desto eher scheitert der Begehrende an der Wirklichkeit, desto wichtiger wird ihm das eigene Erlebnis und dessen Sicherung gegen die Außenwelt. Die Leidenschaft, die äußerste Vereinigung wünscht, wird nur allzu leicht zu äußerstem Egoismus. Die nach dem Hingeschmolzensein sich festigende Gestalt der Partnerin widerspricht nur allzu leicht dem Traumbild und wünscht mit Recht, *mehr* als Traumbild zu sein, autonome Persönlichkeit. Das Traumbild aber ging der Liebe voran, wie das Phantom der Helena im magischen Spiegel der Hexenküche dem Gretchen, wie in Shelleys großem Gedicht »Epipsychidion« der wechselnden Wirklichkeit.

Ein Wesen war, das meine Seele sah,
Durch goldne Traumwelt schweifend, hold und nah
Im Morgengrauen früher Jugendzeit...
In sterblicher Gestalten flüchtigem Schaum
Sah ich den Schatten, das Idol, den Traum...

Traumbild, Seraph, Sylphide – diese Vision der Leidenschaft an sich, dieses Erlebnis festzuhalten, nicht den Erreger, die Erregerin, scheint den meisten Romantikern das Wesentliche. In der romantischen Dichtung spielen daher Bilder aller Art, Statuen, Marmorgöttinnen und -madonnen eine große und phantastische Rolle – als Überwältigung durch das Phantom, Unvermögen, die Wirklichkeit traumgemäß zu gestalten, Widerspruch zwischen Leben und Kunst, wobei das Leben nur als Rohstoff, die Kunst als das wahrhaft Wirkliche gilt, als Vereinigung mit dem Unendlichen und deren dauerhaftes Ergebnis. Das Auseinanderklaffen von Traum und Wirklichkeit in der romantischen Liebe entspricht dem Zwiespalt der gesamten Gesellschaft. Auch die Liebe trägt die Farben der Zeit.

Eine Liebe, wie sie zwischen Lenau und Sophie entstand, führt in der Überspannung ihrer Unerfülltheit fast mit Notwendigkeit zur Liebesmystik. Sophie notiert in ihr Tagebuch: »Wenn die Leidenschaft wie der Glaube zur fixen Idee werden, steigern sie sich bis zu übermenschlichen Verhältnissen, welche der Menge unbegreiflich sind. Eine der furchtbarsten Bedingungen des verliebten oder religiösen Fanatismus ist, daß er seine Belohnung hier auf Erden nicht erwarten darf. Ein Opfer fordert das andere. Die Vergangenheit bedingt die Zukunft. Je mehr man sich hingibt, um so mehr will man sich hingeben. Mit wachsendem Eifer fesselt man sich an sein verhängnisvolles Werk. Man vergißt den Weg, welchen man zurückgelegt hat, weil sein Ende nahe scheint; je mehr man gelitten hat, desto mehr erwartet man das Ende der Leiden.« Die in wollüstige Religiosität sich hineinsteigernde Sophie widmet Lenau, nachdem sie seinen »Faust« kennenlernte, ein Gedicht, in dem sie sich anbietet, ihn von seinen Zweifeln zu erlösen und ihn zum Glauben zurückzubringen. Lenau beginnt nun auch, seine Liebe zu Sophie mit den Ideen der Religion zu identifizieren. Jeder wahrhaft Liebende identifiziert die Geliebte mit dem Größten und Höchsten, das er kennt, und will in erotischer Vereinigung die Einheit mit Welt und Menschheit fühlen.

Lenau, in seinem tiefen Zweifel an der fortschreitenden Entwicklung des Menschengeschlechtes, hatte schon in seinem »Faust« dem Kinderglück, der Religion, als der verlorenen Einheit nachgetrauert. Die Auseinandersetzung mit der Religion, mit dem Christentum, war in Mitteleuropa, wo bisher alle revolutionären Kämpfe nur in den Wolken der Ideologie ausgefochten wurden, unvermeidlich ein Zentralproblem. Auch Lenau meinte, die ideologische müsse der politischen Revolution vorangehn: »Solange diese metaphysischen Absurditäten nicht aufgeklärt und hinweggeräumt sind«, schrieb er gelegentlich, »ist von allen politischen Revolutionen nichts zu hoffen als allenfalls ein Impuls zum Nachdenken und zu kräftiger metaphysischer Revolution.« Im Grunde glaubte er von Jugend an nicht an die Lehren des Christentums und schon in einem seiner frühen Gedichte ließ er den als Gespenst wiederkehrenden Wildschütz auf die Frage nach dem Jenseits antworten: »Es ist halt nichts!«, ein Ausspruch, den er zu allen Zeiten seines Lebens wiederholte. Seine Sehnsucht nach Einheit, die er in der ihn umgebenden Welt nicht fand, trieb jedoch immer wieder dem Religiösen entgegen und die Liebe zu Sophie lockte ihn Schritt für Schritt in den blühenden Abgrund der Religion.

»Meine Liebe«, so schrieb er an Sophie, »hängt durchaus mit meiner Religion zusammen. Ich kann die eine nicht aufgeben ohne die andere... Überall, wo ich Gottes starke Hand fühle, spüre ich auch Deine liebe Hand, und ich kann oft beide nicht voneinander unterscheiden. Oh, Sophie! Du bist das Herz meines Lebens, es kommt von Dir und strömt zu dir zurück... Ich bin vollkommen Dein eigen. Störung von außen und hier und dort ein Verdruß von innen dürfen mir mein Gefühl nicht wanken machen. Darunter kann mein Herz leiden, aber nicht meine Liebe. Diese ist tiefer als mein Herz. Sie wurzelt durch mein Herz hindurch in Gott, der uns halten wird... Ich will mir etwas Ewiges schon diesseits einrichten, sonst gibt es kein Jenseits. Tu' ich darin einen Mißgriff, so ist's das Schrecklichste. Küssest Du mich nicht für die Ewigkeit, so gilt mir Dein Kuß nicht mehr als der Knall einer Peitsche... Das schönste Mysterium der Liebe ist zugleich das der Individualität. Darum führt wahre Liebe zur Religion... Ach, könntest Du mich doch überzeugen vom Wiederfinden, es wäre alles gut und leicht zu tragen. Aber da steckt's. Wir zehren mit jeder Stunde vom einzigen Kapital unseres Erdenlebens; wären es doch nur Zinsen der Ewigkeit! Aber ich fürchte, wir geben alles aus und haben doch nichts davon... Diese Liebe ist immer größer und ernster geworden. Sie ist nicht mehr in mir, ich bin in ihr. Sie ist mein Gott... Oh, es ist viel Unsterbliches in unserem Bündnis!«

Aus diesem Wunsch nach Unsterblichkeit der Liebe, aus dieser Vergöttlichung der Leidenschaft und dieser Sehnsucht nach unendlicher Einheit ist das religiöse, wenn auch antikirchliche Gedicht »Savonarola« hervorgegangen. »Ich habe Ihnen oft gesagt«, schrieb Lenau an Sophie, »daß ich ohne Sie keinen Savonarola geschrieben hätte, und ich wiederhole es.« In den aufgelockerten Boden drangen Gespräche mit dem geistvollen dänischen Bischof Martensen, der Lenau als Dichter bewunderte und ihn zu religiösen Disputationen anregte. Es gibt in dem »Savonarola« einzelne großartige Balladen (vor allem der Tod des Lorenzo Medici, in dem freilich die dichterische Gestaltung des Heidentums suggestiver wirkt als jene des Christentums), aber in ihrer Gesamtheit ist diese Dichtung mit ihren schattenhaften Charakteren, ihren unbeholfenen Übergängen und der Monotonie der kurzen Verse Lenaus am wenigsten geglücktes Werk.

Der Einfluß Hegels

Nach der Beendigung des »Savonarola« sehnte sich Lenau aus dem Dunstkreis von Weihrauch und Mystik hinaus. Sein innerstes Wesen revoltierte gegen christliche Entsagung, gegen das Aufgehn in Sophie und Religion. Er warf sich in eine jähe Liebe zu der großen Sängerin Karoline Unger, von der er sagte, sie habe »ein singendes Gewitter von Leidenschaft« auf sein Herz losgelassen, sie sei ihm »verwandt wie eine Wetterwolke der anderen«, sie sei »in den einsamsten und wildesten Gegenden der Leidenschaft heimisch«; nur mit dem vollen Einsatz ihrer Persönlichkeit konnte Sophie ihn der Sängerin, die er heiraten wollte, Schritt für Schritt entfremden. Die Liebe zu der Unger war nur ein Symptom der inneren Entwicklung, die sich in Lenau vorbereitet hatte und die nun explosiven Charakter annahm.

Er distanzierte sich von seinem »Savonarola« und schrieb im November 1839: »Man hat mich hier und dort des Mystizismus bezichtigt. Unverständiges, gehässiges Unrecht! Daß in meinem Savonarola mancher mystische Passus mitunterlauft, ist dem Helden, nicht dem Verfasser des Gedichtes beizumessen. Mystik halte ich für Krankheit. Mystik ist Schwindel.« Er suchte nach einem Helden, um »wieder einmal die wilden Geister in mir zu Worte kommen zu lassen, welche dem Girolamo (Savonarola) gegenüber so lange kuschen mußten«, und vertiefte sich in die Geschichte der Hussiten. Er plante, die großen religiös-revolutionären Bewegungen in einem Zyklus »Hus-Ziska-Hutten« zu verarbeiten, und dachte daran, die Französische Revolution zum Inhalt einer Dichtung zu machen. Vor allem aber begann er, sich ernsthaft der Philosophie Hegels zuzuwenden. Im Juni 1839 berichtet er über ein Gespräch mit dem Dramatiker Münch-Bellinghausen: »Es gelang mir, ihn zu überzeugen von der mißlichen und gedrückten Stellung eines Dichters, der, in seiner Zeit gar nicht philosophisch orientiert, ihren höchsten Fragen, um sich nicht zu kompromittieren, aus dem Wege gehen muß.« Von den Hegelianern sagte er: »Es ist etwas Großartiges in dieser Negation. Es ist der Nord, der die Luft reinigt.« Über Hegel urteilte er: »Hegel ist von einer kolossalen Denkkraft, seine Dialektik vermag Felsen zu spalten... In keinem Menschen hat sich je der Widerspruch zwischen Geist und Charakter greller gezeigt als in Hegel. Sein Geist war kühn und genial, aber der feige Mensch erschrak selber vor seinem Gebäude, als es fertig war und suchte es da und dort zuzustutzen und der preußischen Staatsweisheit zu akkommodieren. Ich war bis vor einem Jahr einer der heftigsten Gegner Hegels, damals studierte ich aber ein paar Werke von ihm und erkannte, daß doch nur auf der von ihm gebrochenen Bahn die Menschheit kann befreit werden.«

Lenau begann immer besser zu verstehn, daß der einzelne sich die verlorene Einheit mit der Welt nicht erschleichen und erdichten konnte, daß es gemeinsamen Kampfes, revolutionärer Entschlossenheit bedurfte, um jene »Welt des Geistes«, des siegenden Bewußtseins herbeizuführen, deren hohes Gesetz die Freiheit des Menschen ist. Unter dem Einfluß der Hegelschen Philosophie hat er, ähnlich wie Heine, zu diesem Reich des Geistes und der Freiheit aufgerufen:

Verachte jeglich Bild, zumeist das Kreuzeszeichen,
Das uns nicht frommt, noch Gott zur Ehre kann gereichen.

Gott gleicht nicht einem Knecht, der, kundig nicht der Schrift,
Statt seines Namens malt ein Kreuzlein mit dem Stift. –

Nach langem Schlafe regt sich forschend der Gedanke,
Doch trübt ihn noch und hemmt die Zeit und ihre Schranke.

Mag, was wir meinen, auch sich spalten noch und trennen,
Die freie Forschung ist's, wozu wir uns bekennen.

Wir lassen uns den Geist nicht hemmen mehr und knechten;
Es gilt das höchste Recht auf Erden zu verfechten...

Der volle Christus ist erschienen nicht auf Erden,
Sein göttlich Menschenbild muß noch vollendet werden.

Einst wird das Heil der Welt, Erlösung sich vollbringen,
Wenn Gott und Mensch im Geist lebendig sich durchdringen...

Auch Christi Zeit, die Gott verschleiert,
Vergeht, der neue Bund zerreißt,
Dann denken Gott wir als den Geist,
Dann wird der ewige Bund gefeiert.

So wird in dreien eins genommen,
Und Gott von uns in seiner Macht
Geglaubt, empfunden und gedacht;
Es will die Zeit des Geistes kommen...
(Aus »Die Albigenser«)

Ursprünglich sollten die Hussiten das Thema sein, dem Lenau die neuen Ideen einzuhauchen gedachte. Zeit seines Lebens hat der Dichter mit allen national Unterdrückten sympathisiert, mit den Indianern, Zigeunern und Juden, und vor allem mit den Polen und Tschechen, die sich gegen die Unterdrücker auflehnten. Zum Unterschied von Grillparzer, der mit seiner Humanität auf der Seite der national Unterdrückten stand, aber den Habsburgerstaat für notwendig hielt, und zum Unterschied von jenen rebellierenden österreichischen Intellektuellen, die deutschnationalen Tendenzen huldigten und den Geist des Hussitentums verabscheuten, war Lenau von ihrem Recht auf Revolution überzeugt. Er hat aus den Hussitenkriegen nicht das beabsichtigte große Werk geschöpft, weil er das Thema »bei näherer Bekanntschaft nicht für ergiebig genug« hielt und fürchtete, »bei der ewigen Monotonie des Kriegsgeschreis« werde ein langes Gedicht der Gefahr der Langeweile nicht entrinnen, aber der Romanzenzyklus »Johannes Ziska«, der schließlich das Ergebnis war, ist in seiner wilden Schönheit von einer großen Durchschlagskraft des Hasses gegen die Unterdrücker. Der Aufstand der Hussiten gilt dem Dichter als geschichtlicher Frühlingssturm:

Frühling, schönster Held auf Erden!
Wonniglich sind deine Kriege
Gegen starre Todesmächte,
Wie holdselig deine Siege!…

Bette Moos für seine Mannen,
Tränk und füttre seine Rosse;
Denn der Held, den du bewirtest,
Frühling, ist dein Stammgenosse…

Ziska will den Namen »Freiheit«,
Der sein Herz zu Taten schwellt,
Tief mit seinem Heldendegen
Schneiden in das Mark der Welt.

Seine Brautfahrt gilt der Freiheit,
Rache ist die starre Rüstung,
Die er trägt auf seinem Gange,
Seine Werbung heißt Verwüstung…

Mann und Roß hier schlummernd, weidend,
Lenz, erquicke sie und stärke
Sie zur heißen Heldenarbeit,
Zu dem blut'gen Frühlingswerke.

Lenz, wie dich und deine Wonnen
Stürme zur Nachtgleiche melden,
Hat dein Bruder Geistesfrühling
Sich vorausgesandt den Helden…

Vorwärts treibt er seine Scharen
Auf den nachtverhüllten Pfaden,
Um der Freiheit, seinem Liebchen,
Aufzuspielen Serenaden

Mit der Feldschlacht, seiner Orgel,
Die er weiß so stark zu greifen;
Pfaffenvolk und Fürstenknechte
Sind die gellen Orgelpfeifen...

Nichts mehr von der Melancholie des Dichters und seiner dunkelweichen Liebesgedichte ist in diesen gewitternden Versen zu entdecken; manchmal meint man, nicht Lenau, sondern Petöfi zu vernehmen, so vor allem, wenn Ziska auf die Botschaft seiner Geliebten, er möge doch endlich heimkehren, unerbittlich erwidert:

O sie sterbe! als das reinste
Opfer sei sie hingegeben
Für die Freiheit, der ich opfre
Jede Freude, all mein Leben...

Und der sterbende Ziska spricht zu denen, die sein Lager umstehn, von der Unsterblichkeit der Revolution:

Ziska tröstet die Betrübten,
Die an seinem Lager trauern:
»Brüder, heute werd' ich sterben;
Doch die Taten werden dauern.

Denn es wird in späten Tagen
Unsern Leid- und Kampfgenossen
Stärkend aus Hussitengräbern
Trost und grüner Mut entsprossen...«

Die Albigenser

Lenau hat die Arbeit an den Hussiten-Romanzen unterbrochen, um sich seinem entscheidenden Werk, der Albigenser-Dichtung, zuzuwenden. Im Winter 1837 hat Ferdinand Wolf, Kustos der Wiener Hofbibliothek, seinen Freund Lenau auf den Stoff der »Albigenser« aufmerksam gemacht. Mit heißem Eifer stürzte sich der Dichter in das Studium dieses großen Ketzeraufstandes um die Wende des 12. zum 13. Jahrhundert, dieses ersten mächtigen Auflodern bürgerlich-bäuerlicher Revolte in der gesellschaftlich fortgeschrittenen Provence gegen die Vormacht des Mittelalters, gegen das Papsttum und die katholisch-feudale Hierarchie. Schon im September 1838 konnte er berichten: »Ich denke jetzt viel an meine Albigenser. Fünfzehn Gesänge hab' ich bereits entworfen. Gott gebe mir Kraft zu seinem Gedicht! Es wird umfangreich werden, wenn ich's durchbringe. Der Stoff ist gewaltig, eine der größten, geistigsten und blutigsten Stellen der Geschichte rollt sich mir auf. Ich habe große Hoffnungen. Wenn nur mein Körper aushält, so denk' ich, ein tüchtiges Werk zu schaffen.« Am 1. November 1839 wird in einem Brief gesagt: »Gegenwärtig arbeite ich an einem epischen Gedicht: Die Albigenser – contra pontificem (gegen den Papst), wie sich von selbst versteht. Der Held des Gedichts ist der Zweifel, der von Innozenz blutig gejagte und in Ketten geschlagene, den aber eben das Klirren seiner Ketten und deren harter Druck nicht einschlafen läßt.« Am 26. Mai 1841 schreibt Lenau an Sophie: »An meinen Albigensern habe ich die Tage unablässig gearbeitet und sie bis auf weniges ganz wieder abgeschrieben und dabei hier und dort Verbesserungen angebracht... Beim Abschreiben hab' ich die Arbeit genau geprüft und gefunden, daß der Stoff selbst durchaus fragmentarischer Natur ist und sich nicht anders als in einzelnen Schilderungen poetisch bearbeiten läßt. Mehrere von meinen Gesängen find' ich gut, und zwar so gut, daß die schwächeren schon mitlaufen können. Überhaupt will ich an meinem Motto festhalten: ›Sie solln's fressen!‹ Es wird doch zur Zeit in Deutschland nichts Besseres gemacht.« Erst Ende Juli 1842 wurde das Werk zu Ende gedruckt, und Lenau sagte mit berechtigtem Selbstgefühl: »Die Albigenser sind das Kühnste, das Großartigste, was ich gemacht habe.«

Das kühne, großartige Werk wurde von all den frommen Seelen, die nach dem »Savonarola« gemeint hatten, nun sei Lenau »gerettet«, mit wahrem Entsetzen aufgenommen; die Schwaben schüttelten kummervoll den Kopf und der Bischof Martensen sagte später, die Albigenser hätten auf ihn »durchaus keinen wohltuenden Eindruck« gemacht. »Die Lebensansicht des Dichters war«, so schrieb der Bischof, »nicht mehr dieselbe, ja eine entgegengesetzte geworden. Die Lebensideale, die dem Dichter des Faust und Savonarola vorschwebten, schienen mir jetzt von ihm selbst aufgegeben worden zu sein, und er schien mir jetzt die Wahrheit und das Ideal zu suchen auf einem ganz entgegengesetzten Wege, der mit dem Wege der Negativität große Verwandtschaft hat...« Der Bischof wußte sich nicht anders zu helfen, als daß er annahm, »diese Umwälzung seiner Denkweise, diese Änderung der höchsten Lebensansicht« habe den Ausbruch des Wahnsinns vorbereitet.

Als Lenau im Juli 1839, zu jener Zeit, als seine Liebe zu Karoline Unger auf den Widerstand Sophiens stieß, in Ischl an den Albigensern arbeitete, schrieb er: »Seit vier Tagen bin ich wieder zwischen den Bergen Gottes... Die Luft ist herrlich, mir ist, als hätte man mir Leben in alle Adern gegossen. Es wird auch meinen Albigensern wohl werden in diesen Wäldern, wo ich mir das schönste Holz zu Scheiterhaufen aussuchen kann.« Die Dichtung war in der Tat ein Scheiterhaufen, auf dem die Anschauungen, die mit dem religiösen Einfluß Sophiens zusammenhingen, verbrannt werden sollten. Für einen so subjektiven Dichter wie Lenau war es naheliegend, alles, was ihm tief ging, in einer Gestalt, in Persönlichstem zu verkörpern, und so wurden denn die Albigenser auch zu einer Art Kriegserklärung an Sophie und ihre Liebe. Schon im ersten Gesang der Albigenser, in dem Lenau daran anknüpfte, daß in China der Tiger als Schutzgeist von Haus und Heim gilt, wünscht er sich solchen Tiger zum Genossen, ruft er ihm zu:

...bewache meine Schranken,
Und kommen Störer, schlag in ihre Seelen
Als scharfe Schauer deine luft'gen Pranken,
Daß sie sich scheu verzagt von dannen stehlen! –

Wenn Erdenwünsche kommen, mich zu locken,
So spring sie an, daß sie entfliehn erschrocken!
Und kommen klagende Erinnerungen,
Ermorde sie, bevor sie eingedrungen!
Auf *eine* aber stürze dich vor allen,
Zerreiße schnell mit deinen scharfen Krallen,

Verschling auf immer du in deinen Rachen
Ein *Frauenbild,* das mich will weinen machen! –

Der Gedanke an Sophie wird zur Stimme, die leise versucht, ihn von seinem neuen Wege wegzulocken:

Horch! da rief so liebevoll, so traut,
Wie noch nie mir klang ein Erdenlaut,
Tröstend rief mir eine Stimme leise:
»Guten Abend, Freund, und gute Reise!
Wolle nicht den wilden Geist beschwören,
Dem die Wüstentiere angehören!...

Weltbefreien kann die Liebe nur,
Nicht der Haß, der Sklave der Natur,
Dem Dämonen in den finstern Stätten
Mit den Waffen schmieden seine Ketten.
Dort! sieh Golgatha! – Jehovas Stunden,
Heil'gen Königstigers, sind verwunden.«
– Also sprach der Unsichtbare leise –
»Guten Abend, Freund, und gute Reise!«

Lenau hat lang und tief auf diese Stimme gehört. Er glaubte an die Allmacht der Liebe, nun aber fühlte er, daß Liebe allein zu wenig ist, daß sie zum Eiapopeia werden kann, das die Welt in den Schlaf wiegt und die großen Aufgaben des Zeitalters weich hinwegschwemmt, und so gab er der Stimme, gab er sich selbst die Antwort:

Wieder stille war es in der Wüste,
Bis mich eine zweite Stimme grüßte,
Stark und voll und dringend klang die zweite:
»Hasse herzhaft! rüste dich zum Streite!...
Waffen braucht die Welt; kein Liebeslächeln
Kann das Elend ihr von dannen fächeln,
Wär's ein Lächeln auch wie das vordem
Auf dem Kreuze zu Jerusalem.
Jener Tod hat nicht verfangen wollen,
Gott soll wieder in Gewittern grollen...

Elend gibt's, wovon die Welt zu reinen,
Mehr als Tränen, um es zu beweinen.
Schiebe nicht den Trost ins Nebelweite!
Hasse herzhaft! rüste dich zum Streite!
Eh die Kräfte dir im Tode schlaffen;
Guten Morgen, Freund, und gute Waffen!«

In der Gestalt des Troubadours, des Minnesängers Fulco, hat Lenau sich selbst erbarmungslos kritisiert, gegen sich selbst die Warnungstafel aufgestellt, er möge nicht aus verzweifelter Liebe zum Knecht der Reaktion werden. In seinen Notizen sagt er: »Wer das Glück der Liebe nie gekannt und kein Kind hat, kann an eine ewige Verdammnis glauben und in verirrter Liebesbrunst das Ungeheuer, die römische Kirche, umarmen.« Diese Entwicklung, vor deren Möglichkeit er zurückschaudert, hat er in der Gestalt Fulcos dargestellt:

Wie kam es, daß der frohe Troubadour
Fulco sich hat gesellt dem Priesterorden,
Der Kirche Spür- und Hetzhund ist geworden,
Nachwitternd ohne Rast der Ketzerspur?
Ein Zauber mußte schlagen seinen Mund,
Die Nachtigall verwandeln in den Hund.

Fulco liebt wie Lenau die Frau eines anderen, aus den Händen der toten Geliebten nimmt er das Kruzifix:

Aus ihren Händen löst er sacht
Das Kruzifix, *das* küßt er wild,
Und preßt ans Herz das Christusbild
Und atmet tief, wie traumerwacht...

Er hält am Wahn der frommen Toren,
Daß uns die Toten unverloren,
Und grollt der Wahrheit kühnen Freiern,
Die sich das Menschenlos entschleiern

Und keck den Blick durch heilige Nebel tauchen,
Die hüllend überm Abgrund rauchen.
Ein heimlich vor der Wahrheit Zittern
Mag gegen uns sein Herz so wild erbittern.

Lenau lehnt es ab, künftig vor der Wahrheit zu zittern. Die Anklage seiner Albigenser-Dichtung richtet sich nicht nur gegen die Kirche, sondern gegen jeglichen Absolutismus, gegen jegliche Unterdrückung und soziale Ungerechtigkeit. Die Kreuzritter gegen die Ketzer werden gebrandmarkt:

Viel Ritterscharen und viel Pilgerhorden
Vereint der abenteuerliche Glauben:
Wenn sie durch vierzig Tage Ketzer morden,
Die Saaten tilgen, sengen rings und rauben,
Daß Gott auf sie die volle Gnadenflut
Ausströme...

Und andre hören goldne Glocken läuten:
Herbei! herbei! hier fallen gute Beuten!
Noch andre lassen ihre Banner wehen,
Für ihre Macht auf Erden einzustehen.

Wagt über seinen Gott der Mensch zu denken,
So wird er's auch an seinem Fürsten wagen,
Er wird nicht blind sich ihm zu Füßen senken:
Woher dein Recht? und gilt es? wird er fragen.

Das fühlen tief und bang die Krongeschmückten,
Das trieb, daß sie so rasch die Schwerter zückten...

Das Volk ist nicht nur unterdrückt, Tausende hungern, die Herren bieten ihnen nicht Brot, sondern strecken ihnen das Kruzifix entgegen, fordern von ihnen, das Elend als gottgewollt anzuerkennen.

In einer gewaltigen Vision hungernder Zigeuner, die sich vom Fleisch der Raben nähren, gestaltet Lenau die Erkenntnis, daß zuerst das Leben kommt, dann die Ideologie:

Ums Feuer jubeln jetzt die braunen Knaben,
Am Eisendrahte braten die drei Raben.

Der sammelt dürre Reiser für die Flamme,
Der bricht ein Stück vom morschen Kreuzesstamme...

»Die Juden haben dich ans Kreuz geschlagen,
Und die Zigeuner dich ins Feuer tragen.

Wir haben nichts von allen deinen Wunden,
Als daß dein Bild uns wärmet ein paar Stunden.«

Der Papst Innozenz aber küßt die Wunden des Gekreuzigten, »ein zahmer Leu, der seinen Herrn beleckt«, und trunken vom Blut des Herrn »hat er sein Bild schon halb zerrissen und meint es immer noch zu küssen«.

Vom Blute seines Herrn berauscht,
Durchtobt die Welt der grimme Leu;
Wohin das Ohr des Wandrers lauscht,
Hört er der Opfer Wehgeschrei.
Die Klage zieht mit allen Winden
In der Provence fern und nah;
Es ist im Land kein Kind zu finden,
Das nicht schon einen Toten sah.

Das schauerliche Ergebnis der Konterrevolution, die im Namen Gottes, der Ordnung und des Abendlandes ihre Horden über die Erde ausspeit:

Ein weites Feld mit Leichen übersät,
Still – alles tot – verstummt das letzte Ächzen;
Verklungen auch der Priester Dankgebet,
Te Deum laudamus nur die Geier krächzen.

Das Blut der Ermordeten steigt bis an die Füße des Gekreuzigten. Ein einziges Mädchen nur hat das Gemetzel von Lavaure überlebt:

Sie springt ans Christusbild dort am Altar
Und ruft: »Du Armer! möchtest fort, nicht wahr?
Wie quälst du dich, hinaufzuziehn die Füße,
Daß sie das Blut, das steigende, nicht küsse!
Sie sind genagelt; – reut es dich? dich reut's,
Daß du gekommen bist ans Kreuz!
Das alles, alles ist um dich geschehen!...«

Und anders als einst der Faust, nicht in individualistischem Hochmut, sondern in tiefer, aus kollektivem Schicksal aufsteigender Erbitterung, wirft einer der überlebenden Albigenser die Bibel ins Feuer

> Und ruft: »Unselig Buch! du magst verbrennen!
> Aus dir die Menschen eine Bosheit holen,
> Wie nicht die Tiger in der Wüste kennen;
> Samt meinem Glauben magst du hier verkohlen!
> 's ist aus! nie ist ein Gott gewallt auf Erden,
> *Der Mensch im Zorn muß selbst Messias werden!*«

Aus all den infernalischen Bildern der entfesselten Konterrevolution, mit der Kraft eines Dante gemalt, steigt unbesiegbar der von Hegels Philosophie genährte Glaube an die künftige Freiheit, Macht und Fülle des Geistes, der, als »Weltgeist« vermummt, nichts anderes ist als der Geist des Menschengeschlechtes.

> Wie rasch doch Fürsten ihre Fahnen schwingen,
> Wenn es der Freiheit gilt, den Tod zu bringen!
>
> Es gilt den auferstehenden Gedanken,
> Von dessen Tritt die sieben Hügel schwanken,
> Den Starken gilt's, zum Tod zu ringen nieder,
> Den Riesen mit den rauschenden Gewändern,
> Der seines Leibes unermeßne Glieder
> Zugleich erhebt in weitentlegnen Ländern...
> Ihn wollt ihr hemmen, wenn er sichtbar werden
> In menschlicher Gestaltung will auf Erden?
> Haut alle grünen Sprossen ab zur Stunde,
> Reißt alle Wurzeln aus dem Muttergrunde
> Und schießt die Vögel aus den Lüften nieder,
> Wenn ihr das Grünen hasset und die Lieder,
> Ihr könnt den Drang nicht hemmen und nicht stillen,
> Den unaufhaltsam starken Frühlingswillen.
> O glaubet, Fürsten, minder noch zu zwingen
> Ist der Gedanke je mit euren Waffen,
> Wenn er der Menschheit will die Freiheit schaffen
> Und will durch die Geschichte blühn und singen.

Und weithin blickt ein Greis in die Zukunft:

Tiefer schmerzt als das Geroll
Zeit und Tod zu meinen Füßen,
Daß ich nicht erleben soll,
Wie sich Welt und Freiheit grüßen.

Doch der Geist, der bald den Riß
Enden wird durch diese Hülle,
Lebt in andern einst gewiß
Seine Freiheit, Macht und Fülle.

Machtvoll wird im Schlußgesang der Albigenser die Frage von Haß und Liebe wieder aufgenommen und dialektisch beantwortet: Der unversöhnliche Haß gegen Unterdrückung ist nichts anderes als unauslöschliche Liebe zur Freiheit, und ohne die Kraft dieses Hasses wäre die Liebe ein mattes Gefühl, ein bleicher Schatten:

Wofür sie mutig alle Waffen schwangen
Und singend in die Todesfeuer sprangen,
Was war es? trotzte hier ein klarer Blick
Ins Herz der Freiheit jedem Mißgeschick?
War's Liebe für die heilige, *erkannte,*
Die heißer als die Scheiterhaufen brannte?
War's von der Freiheit nur ein dunkles Ahnen,
Dem sie gefolgt auf allen Schreckensbahnen?
Mehr nicht! – doch soll die Edlen darum eben
Bewunderung und Wehmut überleben.
O ernste Lieb' zur Freiheit, schönes Werben,
Wenn ihre Spur genügt, dafür zu sterben! –

Und aus vergangenem Freiheitskampf springt das Gedicht klirrend und drohend in die Gegenwart, zum Kampf aufrufend gegen die ringsum aufgespreizten »Schrumpfgestalten der Despoten«:

Wozu begrabnes Leid lebendig singen,
Und gegen Tote Haß dem Herzen bringen?
Hat unsre Zeit nicht Leids genug für Klagen?
Hat Haß nicht manchen, der da lebt, zu schlagen?...

Nicht meint das Lied auf Tote abzulenken
Den Haß von solchen, die uns heute kränken;
Doch vor den schwächern, spätgezeugten Kindern
Des Nachtgeists wird die scheue Furcht sich mindern,
Wenn ihr die Schrumpfgestalten der Despoten
Vergleicht mit Innozenz, dem großen Toten,
Der doch der Menschheit Herz nicht still gezwungen
Und den Gedanken nicht hinabgerungen...

»Die Albigenser«, von ungleicher Intensität in einzelnen Gesängen, fragmentarisch in ihrer Gesamtheit und abermals den Mangel Lenaus an realistisch-psychologischer Gestaltungskraft aufdeckend, sind dennoch ein Werk von solcher Kühnheit des Gedankens, von solcher Großartigkeit der Sprachflamme, von solcher revolutionärer Leidenschaft, daß es Weltgeltung verdient und wert ist der Unsterblichkeit.

Don Juan

Hatte Lenau in den Albigensern dem katholischen Dogmatismus und Absolutismus, dem Christentum als politischer Macht den Krieg erklärt, so war sein letztes großes Werk »Don Juan« eine dichterische Polemik gegen die christliche Sexualmoral, gegen die Unterdrückung der Sinnlichkeit und damit neuerlich eine versteckte Kampfansage an Sophie. Der Don-Juan-Stoff wurde von Tirso da Molina, von Molière und von Mozart gegen den zügellosen Adel gemünzt, wobei freilich das ursprüngliche, in das Zeitalter der Troubadoure zurückreichende Vergnügen an dem glanzvoll erotischen Abenteuer immer wieder durchsickerte. Grabbe hat in einer merkwürdigen Dichtung Don Juan und Faust zusammengekoppelt, die Unersättlichkeit des Fleisches mit der Unersättlichkeit des Geistes. Auch Lenau hat in seinem »Don Juan« auf ein Motiv seines »Faust« zurückgegriffen, auf die ihn sehr bewegende Frage, worauf es vor allem ankomme, auf die Gattung Mensch oder auf die autonome Individualität. Sein individualistischer Faust hat gegen die Unsterblichkeit der Gattung, für die individuelle Unsterblichkeit Partei ergriffen, um sein unabhängiges Ich »aus Christus und Natur herauszuschälen«. Für Christus sei er nur »ein niederes Gefäß seiner Gnaden«, für die Natur ein Durchgang nur,

Den sie genommen fürs Gesamtgeschlecht,
Bin ohne Eigenzweck, Bestand und Recht,
Und bald bin ich verschwunden ohne Spur.

Ironisch antwortet Mephistopheles:

In beiden Fällen ist dein Los fatal:
Du magst von ihm, von ihr behandelt sein,
Ob en canaille oder en canal;
Drum schließe trotzend in dich selbst dich ein!

In seiner Beziehung zu Sophie hat Lenau wiederholt den Gedanken geäußert: »Die Liebe ist nicht bloß da zur Fortpflanzung der Gattung, sondern auch, und gewiß hauptsächlich, fürs ewige Leben der Individuen... Das höchste Mysterium der Liebe ist zugleich das der Individualität... Wir Individuen dürfen uns nicht als bloße Kanäle der Gattung betrachten, sondern als Wesen, die auch um ihrer selbst willen leben. Dann wären ja unsere Nachkommen auch nur solche Kanäle und bloße Mittel für fernere Mittel, und so in infinitum. Wer aber wäre der Zweck? Niemand Persönliches, die Gattung, ein Abstraktum. Unsinn! Und doch muß ich mir eingestehn, daß eine gewisse Kanalwirtschaft nicht nur in der Körperwelt, sondern auch in der geistigen sich nicht leugnen läßt.« Hinter der Frage: »Gattung oder Individualität?« stand die andere Frage: »Kollektiv oder Persönlichkeit?« – und diese mechanische Fragestellung, dieses absurde »Entweder-Oder« beherrscht auch die Diskussionen unseres Zeitalters. Unter dem Einfluß der Hegelschen Philosophie hatte Lenau gelernt, dialektisch zu denken, und sein »Don Juan« ist auf die Liebe angewandte Dialektik.

Schon früher hatte er, das Verhältnis Max und Sophie vor Augen und seine fatale Position als in Schranken gehaltener Liebhaber berücksichtigend, die Ehe als »ein unnatürliches und daher unmoralisches Institut« charakterisiert. Nach seinem Bruch mit der Religion schrieb er: »Die Heiligachtung der Naturgesetze, der Respekt vor ihnen, ist die wahre Religion. Je weniger ich auf ein Leben nach dem Tode halte, desto gewisser muß ich fordern, daß man in diesem Leben den höchstmöglichen Grad an Vollkommenheit erreicht.« Er sah nun das Problem der Erotik darin, daß in jeder Umarmung der tiefe Wunsch sich regt, die ganze

Welt zu umarmen, daß jede Vereinigung mit einer geliebten Frau einer allumfassenden Einheit entgegendrängt, daß jeder Augenblick der Liebe nach Unendlichkeit dürstet – und daß erotische Treue Resignation im Endlichen ist. Immer wieder die Persönlichkeit in der Gattung, in der Fülle der Natur auflösend, kehrt der Liebende stets in seine Persönlichkeit zurück, und was er als eins empfunden hat, zerfällt aufs neue in zwei Individualitäten, die einander entfremdet gegenüberstehn. Die Einzelliebe scheint ein Betrug, da der eine im andern das ganze Geschlecht umarmt, die Gattung, deren individuelles Antlitz nur entschwindender Traum, verwehende Wolke ist.

Don Juan, der Isabella in der Maske ihres Mannes verführte, antwortet der Betrogenen:

Was dir geschah, was dich betrübt,
Das wird an jedem Weib verübt,
Die einem Mann sich ganz vereint;
Sie liebt ein Bild der Traumeswelt,
Und *wen* sie auch im Arme hält,
Ein andrer ist's, als den sie meint.
Dies ist der Sinnenlüge Fluch:
Verwechseln, täuschen und berücken,
Und selbst gesetzliches Entzücken
Der Eh' ist doch ein Ehebruch.

Aus der fragmentarischen Don-Juan-Dichtung Lenaus schreit das ungestillte Verlangen nach Unendlichkeit der Leidenschaft, nach einem Dasein ohne Maß und Grenzen.

Zusammenwerfen möcht' ich Raum und Zeit,
Die Leidenschaft ist wild und überschwenglich;
Weil sie der Durst verzehrt nach Ewigkeit,
Drum seht ihr sie so flüchtig und vergänglich...

Es fühlt der Geist, der alles will umfassen,
Im einzlen sich verkerkert und verlassen; –
Er ist es, der mich ewig dürsten heißt
Und mich von Weib zu Weib verderblich reißt...

Du mußt an meine Weise dich gewöhnen,
Ich fliehe Überdruß und Lustermattung,

Erhalte frisch im Dienste mich des Schönen,
Die Einzle kränkend, schwärm' ich für die Gattung...

Wenn wechselnd ich mit meiner Liebe wandre
Im weiten Kreis der schönen Frauen,
Ist meine Lieb' an jeder eine andre;
Nicht aus Ruinen will ich Tempel bauen...

Wenn Anna sinnend mich betrachtet,
Daß rings um sie die Welt mir nachtet,
Wird mir in ihres Auges Grund
Noch eine tiefre Wonne kund,
Als sie erreichen kann ein Kuß
Und innigster Zusammenschluß,
Geahnte Lust, doch nie umfangen,
Ein ewig Jenseits dem Verlangen.
Und selig scheiternd hängt an Klippen
Der letzte Wunsch an ihren Lippen.
Wenn ich den holden Leib umranke,
Des Himmels Inbegriff und Schranke,
Möcht ich vergötternd ihn verderben,
Mit ihr in eins zusammensterben...

O, daß versiegen muß der reichste Bronnen!
O, könnten sterben wir in jeder Lust
Und, neugeboren, mit verjüngter Brust,
Entgegenstürzen immer neuen Wonnen!

Durch einen Wald reitend, antwortet Don Juan auf die Frage seines Begleiters Marcello nach dem Herz der Natur, die hier in der Fülle stiller Taten grünt, »ein rastlos Drängen, Schaffen, Schwellen, Trachten in allen Adern«:

Das Herz, in dem die Wesen alle gründen,
Der Born, worein sie sterbend alle münden,
Der Gott der Zeugung ist's, der Herr der Welt,
Die er, nie satt, in seinen Armen hält.

Es ist, in wildem Protest gegen die Liebe zu Sophie, gegen die langgeübte Resignation, ein geradezu hemmungsloses Untertauchen Lenaus in Heidentum, Sinnlichkeit, dampfende Naturgewalt, das wir in seinem »Don Juan« wahrnehmen. In lyrischem Subjektivismus projiziert er sich in seinen Helden, gestaltet er ihn fast ohne gesellschaftlich-moralisches Gegenspiel; immerhin läßt er ihm die verlassene Maria mit der tiefen menschlichen Anklage entgegentreten:

Du armer Mann, trag deine Blöße fort!
Als einen Bettler sieht mein Herz dich scheiden,
Das reicher ist in allen seinen Leiden,
Als du mit deinem schlechten, falschen Wort.
Dein Lieben hätte ewigen Gehalt,
Und kann verkümmern doch so schnöd, so bald?
O lüge nicht, in deiner Liebe war
Nichts *Ewiges,* nichts *Menschliches* sogar!...

Von Erlebnis zu Erlebnis forstürmend, fühlt Don Juan sich plötzlich von namenloser Langweile umschauert; es ist jene Langweile, die schon Byron kannte, die später Baudelaire mit höchster dichterischer Meisterschaft ausdrückte, das Ausgerauchtsein der Individualität in einer Welt, die keine großen gesellschaftlichen Aufgaben, sondern nur die Sensationen des »Privatlebens« kennt. »Schwermut!« meint Marcello, aber Don Juan-Lenau erwidert:

Von Schwermut weiß ich nichts, mein Freund, ich hasse
Am Mann das Klagendweiche, Tränennasse.
Es war ein schöner Sturm, der mich getrieben,
Er hat vertobt, und Stille ist geblieben...

Einst über einer Heid' in dunkler Nacht
Sah ich den Himmel glühn in roter Pracht,
Als flammt' in Lüften hoch ein Meteor,
Und als ich näher kam, war's brennend Rohr;
Und als die Binsenglut in Asche fiel,
War schwarz der Himmel, aus das Farbenspiel.
So ist vielleicht der Liebe Zauberei
Nur Himmelswiderschein vom Erdenbrand,
Und wenn der Stoff verzehrt in Asche schwand,
Ist auch das Rosenspiel der Nacht vorbei.

Don Juan stirbt ohne Reue; von Don Pedro zum Zweikampf herausgefordert, schlägt er ihm den Degen aus der Hand, wirft aber dann den eignen Degen weg und bietet, wehrlos, die Brust dem Gegner dar:

Mein Todfeind ist in meine Faust gegeben;
Doch dies auch langweilt, wie das ganze Leben.

Wahnsinn und Tod

Die Don-Juan-Dichtung Lenaus ist, nicht in der Leuchtkraft der Sprache und der Kühnheit des Wurfes, aber in der Bedeutung der Thematik, ein Rückschritt gegenüber den Albigensern; man muß jedoch verstehn, daß dieses Werk für ihn notwendig war, um aus seiner erotischen Problematik auszubrechen und sich den Weg zu größerer Leistung freizukämpfen. Am 20. Juni 1844 schrieb er an Sophie: »Fürs erste muß ich mir jetzt den Don Juan vom Halse schaffen, um dann mit ungeteiltem Eifer an einen solideren Helden zu gehen. Wer ist dieser? Nun, es ist der solideste von allen Helden, die je gelebt haben auf Erden, der größte wie der unglücklichste. Zudem ist mein Stoff unserer Zeit und allem ihrem gierigen Notgeschrei so ferne, daß mein Gedicht, wenn meine Kraft darunter nicht zusammenbricht, zwar der Vorteile momentaner Anklage entbehren wird, dafür aber doch durch ideale Abgeschiedenheit und absolute Selbstbegründung die höhere Ehre eines wahren Kunstwerks ansprechen soll. Viel versprochen ist hier allerdings; doch es sind Kräfte da, und meine Sohlen sind noch nicht auf den höchsten Stein getreten.«

Man weiß nicht, an welchen Helden Lenau dachte, ob er auf den alten Plan einer Luzifer-Dichtung zurückgriff, ob er (ähnlich wie Shelley, den er zutiefst bewunderte) dem Prometheus-Thema seine Aufmerksamkeit zuwandte, ob er den Ahasver meinte oder eine Gestalt der Weltgeschichte, man weiß es nicht, denn wenige Monate später, am 29. September, lähmte ein Schlaganfall, der erste Hammerschlag der Paralyse, seine rechte Gesichtshälfte, und Mitte Oktober brach der Wahnsinn aus dem zerrütteten Organismus. In mancher literarischen Untersuchung hat man den Wahnsinn Lenaus mehr bedacht als sein Werk, hat man mit größerer Anteilnahme in das Dunkel seiner Krankheit als in das Wesen seiner Dichtung hineingeblickt; wir teilen diese Neugier nicht, um so mehr, da wir wissen, daß die Krankheit nicht ein »Dämon« war, der im Nervensystem des Dichters hauste, sondern das Ergebnis einer zufälligen Ansteckung. Die Wahrheit des Dichters ist stets die Dichtung, und sein Leben geht uns nur so weit an, als es in seiner Dichtung sich konzentriert. Das Ende Lenaus läßt sich daher in knappen Worten berichten, wobei wir noch einmal hervorheben, daß der Dichter trotz gesteigerter Klagen über Depression und Schlaflosigkeit bis zu seinem Zusammenbruch mit neuen Arbeitsplänen umging, daß er als Schriftsteller schöpferische Kräfte in sich fühlte und selbstbewußt sagte, seine Sohlen seien »noch nicht auf den höchsten Stein getreten«.

In den Wochen vor dem Durchbruch des Wahnsinns hatte Lenau die Absicht, ein Mädchen aus Frankfurt, Maria Behrends, zu heiraten. Nach dem Schlaganfall schrieb er an Sophie: »Totaler Mangel an Appetit, schlaflose Nächte, Aufwachen und stundenlanges Weinen, Zittern der Glieder, dumpfes Hinterhaupt und eine maßlose Traurigkeit und Verzagtheit sind die übrigen Symptome meiner Krankheit. Mir ist vom Arzt die äußerste Ruhe des Gemüts vor allem anbefohlen. Die ist schwer zu finden. Schreiben Sie mir ruhigere Briefe, ich bitte Sie dringend, liebe Sophie! In meiner jetzigen Lage kann ich an Heiraten gar nicht denken... Matt bin ich, wie ich noch nie gewesen, müd' bin ich, als braucht' ich Jahrhunderte, um mich auszuschlafen...« In der Nacht des 13. Oktober ein erster Anfall von Paroxysmus, in der Nacht des 15. Oktober stundenlange Raserei, von der Lenau am nächsten Tag in einem erschütternden Brief berichtet: »Es ist ein Wunder geschehen heute früh um acht Uhr. Alle Mittel Schellings (des behandelnden Arztes) halfen nichts; da nahm ich meinen Guarnerius heraus, spielte einen steirischen Ländler, tanzte dazu selbst und stampfte wütend in den Boden, daß das Zimmer bebte. Sie werden das alles in den Zeitungen lesen. Ich wurde heiß und beweglich, und, o Wunder, ich war gesund. Als Schelling kam, tanzt' ich ihm einen Walzer vor. Nicht einmal schwach war ich geblieben. Adieu, Herzerl!...« Weitere Anfälle folgten. Wiederholt versuchte der Tobende, sich zu erdrosseln. In seinen verwüsteten Gedanken bebte das Bild der fernen Sophie, manchmal von Flüchen zerfetzt, immer wieder aus dem Chaos hervortretend. »Sie ist mein Glück und meine Wunde!« sagte der Kranke in weißen und stillen Stunden. Er sprach von sich selbst: »Ich werde dahin sein, vergessen... Ich werde nicht bleiben. Mein Leben ist ein Unsinn. Was hab' ich getan? Nur ein paar schöne Gedichte gemacht.« Am 20. Oktober um vier Uhr morgens brüllte es tief aus seiner Brust, hundertmal: »Auf, auf, Lenau!« Um sieben Uhr morgens sprang er zum Fenster hinaus und rannte im Nachthemd schreiend durch die Straßen, in wenigen Worten den Inhalt seines Lebens preisgebend: »Aufruhr! Freiheit! Hilfe! Feuer!« Man mußte ihn in die Heilanstalt Winnenthal überführen. Am 13. November brachte ihm sein Schwager Schurz einen Brief von Sophie. Als Lenau die Worte las:

Duck dich und laß vorübergan,
Das Wetter will sein' Willen han,

strich er sie hastig mit einem Bleistift durch und schrieb in flüchtigen, abstürzenden Buchstaben: »Ich ducke mich *nicht!!!*« Das »nicht« war dreimal unterstrichen und durch drei Ausrufungszeichen hervorgehoben. Es war ein letztes Aufbäumen des Rebellen. Im Jahre 1847 wurde er in das Irrenhaus in Oberdöbling gebracht. In fortschreitender Verblödung dahindämmernd, starb er am 22. August 1850 in Erstickungskrämpfen.

In einem rührend schönen Brief an den Kranken hat Sophie Löwenthal am 22. Juni 1845 ein symbolisches Bild des Dichters entworfen. Was sie neulich auf der Donau sah, so schrieb sie, habe sie heftig und schmerzlich an ihn gemahnt: »Ein armer Kroate oder Slowake oder Landsmann von Ihnen, ein Wallfahrer, wie deren neulich eine ganze Schiffsladung bei Maria Taferl ertrunken ist, trieb in einem kleinen Kahn auf der Donau. Im ärmlichen Zwilchkittel stand er in seinem Fahrzeug und ruderte lässig dahin und dorthin, planlos, und schaute mit seinen dunklen schwermütigen Blicken den bewegten Wellen nach, unbekümmert um die Leute am Ufer, die seinem wunderlichen Treiben zusahen. Seinen Hut mußte er weggeworfen haben, den bloßen Kopf setzte er der glühenden Sonne aus, kein Kleidungsstück, kein Brot, keine Flasche hatte er in seinem Kahne, nur einen großen vollen grünen Kranz, den er an seinem Pilgerstabe am Vorderteil des Schiffchens wie eine Flagge befestigt hatte. War das nicht das Bild eines echten Dichters? Ihr Bild, lieber Niembsch? Haben Sie nicht auch so im Leben herumgetrieben, im leichten Kahn auf dem wilden dunklen Strom, nach keinem Ufer ausblickend, mit weggeworfenem Hute, und nur den Kranz bewahrend statt allem irdischen Gute? Und wenn die anderen, besonnenen und klugen Leute sorgfältig die Schlafmützen und Hüte und alle Arten von Kopfbedeckungen auf ihre Schädel stülpten, haben Sie nicht Ihr edles, schönes Haupt der Sonne und den Blitzen, dem Schnee und den Stürmen preisgegeben, von dem schönen, grünen, ewig grünen Kranze umschlungen, aber nicht geschützt? Oh, die glatten schlanken Lorbeerblätter schmücken die Stirne nur, sie behüten sie nicht, sie halten die Unbill dieser harten Zeit nicht ab, und darum, darum sind Sie krank. Ich habe ihm lange nachgesehen, dem armen Landsmann, und an seinen Landsmann gedacht mit quälender Sehnsucht.«

Es ist ein schönes, aber allzu romantisches Bild, das Sophie von ihrem unsterblichen Liebhaber entwirft. Lenau litt an seiner Zeit, das ist wahr, denn jeder echte Dichter mußte an ihr leiden, er fühlte sich von einem dunklen, undurchsichtigen Strom fortgerissen, aber er war kein planlos dahinrudernder Wallfahrer, sondern einer der großen, um Wahrheit und Freiheit ringenden Rebellen des Jahrhunderts. Die beiden Themen seiner letzten und reifsten Dichtungen, Haß gegen Unterdrückung und das Verlangen nach Unendlichkeit der Leidenschaft, nach Einheit in einer Liebe, in der das Ich mit der Welt zusammenströmt, haben den Widerspruch und die dichterische Potenz seines Wesens ausgemacht. Der »Wanderer in österreichischer Felsenschlucht«, wie er in einem Gedicht sich nannte, grüßte mit voller Stimme das unaufhaltsam nahende Weltgewitter:

Durch einen schmalen Felsenritz
Siehst du am Himmel Nacht und Blitz.

Am Klippenrand der karge Strauch
Ist wildbewegt vom Wetterhauch.

Gebrochen zuckt herein der Strahl,
Ein Feuersplitter, dir ins Tal.

Wie weit Gewitter füllt die Luft,
Kannst du nicht schaun in deiner Kluft;

Doch wechseln hörst du Donnerstimmen,
Bald ferne dort, bald nah ergrimmen.

Nun folgt in langer Pause nach,
Spät eingedenk, dem Blitz der Krach,

Dem Wandrer in der Schlucht zu künden,
Wie weithin Wetter sich verbünden.

Die Bürgerwelt hat Lenau zum Dichter einer Melancholie umgefälscht, die das gesellschaftliche Bewußtsein einschläfert. Diesem Trugbild gilt es, Lenau als den größten revolutionären Dichter Österreichs entgegenzustellen.

Johann Nestroy

Das Theater an der Wien kündigte an: »Der böse Geist Lumpazivagabundus oder Das liederliche Kleeblatt. Zauberposse in drei Akten von Johann Nestroy.« Vor dem Theaterzettel stand kopfschüttelnd der melancholische Schauspieler und Poet Ferdinand Raimund: »So einen gemeinen Titel hätte ich nicht niederschreiben können.« Drei Jahre später erschoß er sich, in panischer Angst vor dem Biß eines Hundes, den er für toll hielt. Die Schauspieler des Leopoldstädter Theaters sagten, nicht am Biß dieses Hundes, sondern an Nestroy sei Raimund gestorben. Das böse Gerücht war zu widerlegen; doch unwiderlegbar war der Sieg eines großen Satirikers über das alte romantische Zauberstück.

Der Erfolg war enorm. Das Publikum jubelte Nestroy zu. Der laute Beifall übertönte ein leises Unbehagen. Diese drei wandernden Gesellen Knieriem, Zwirn und Leim waren nicht mehr romantische Gestalten, nicht mehr die liebenswürdigen Landstreicher Eichendorffs, welche da gingen

Vorüber am Bergeshang,
Ich hörte im Wandern sie singen
Die stille Gegend entlang.

Der abergläubische, versoffene, brutale Knieriem, der eitle, arbeitsscheue, zum Parasiten prädestinierte Zwirn gehörten einem neuen Zeitalter an, einer Gesellschaft der Herunter- und Emporgekommenen. Leim, der dritte Kumpan, sorgte durch seine Bravheit für Kontrast; doch selbst in dieser guten Haut steckte schon, als übler Kern, der künftige Parvenu. Durch das verfallende Mittelalter fegte ein kalter Wind. Die Mauern von Zoll und Zensur rings um Österreich vermochten ihn nicht aufzuhalten. Sie hatten nur zum Ergebnis, daß Sterbendes langsamer starb, Entstehendes stockender entstand; die Krise in Permanenz. Über dem liederlichen Kleeblatt leuchteten nicht mehr wunderbare Gestirne. Das fahle Licht des Kometen fiel auf sie, des Weltuntergangs, den der wüste Knieriem voraussagte.

Nestroy spielte den Knieriem, »mit der kolossalsten Komik, mit einer alle Schranken durchbrechenden Energie«, wie Bernhard Gutt später in der Prager »Bohemia« schrieb. »...Die Maske, bis über die Grenze der Charge, bis zur Fratze getrieben, hat kaum mehr ein menschliches Ansehen...« Das Elend nahm überhand. Arbeiter wurden entlassen. Das Land war von »ausweislosem Gesindel«, von Bettlern und Vagabunden überschwemmt. Teuerung gab's und Tumult. Die Vorstadt drohte. Knieriem sang mit greller Stimme:

Es is kein' Ordnung mehr jetzt in die Stern';
D' Kometen müßten sonst verboten wer'n;
Ein Komet reist ohne Unterlaß
Um am Firmament und hat kein' Paß;
Und jetzt richt't a so a Vagabund
Uns die Welt bei Butz und Stingel z'grund;
Aber lass'n ma das, wie's oben steht,
Auch unt' sieht man, daß's auf 'n Ruin zugeht...

Das Publikum klatschte, lachte, schrie. »Herrn Nestroys Lied über den Untergang der Welt«, meldete die »Theaterzeitung« am 13. April 1833, »ein Scherz voll der witzigsten und zeitgemäßesten Pointen, machte Furore.« Während dies im Theater vor sich ging, forderten die Kreishauptleute einschneidende Maßnahmen gegen die Landstreicherei. Der Adel versank in Schulden, Unternehmer wurden zu Bankrotteuren. Die hohe Bürokratie berichtete dem Minister Kolowrat, im Mittelstand sei »die Tendenz zur Verdrängung alles Höheren und Stabilen« wahrzunehmen. Es ging auf den Ruin zu. Das Lied vom Untergang der Welt machte Furore.

Im Komischen richtete sich das Drohende auf. Das Gelächter klang wie Revolte. Der kultivierte Fürst Friedrich Schwarzenberg sagte von Nestroy, es lebe in ihm »ein wirklich Shakespearischer Geist, Humor und Witz.« Während dieser Fürst Nestroy herausstrich, ließ ein Graf, der Polizeiminister Sedlnitzky ihn zusammenstreichen. Ihm galt der spöttische Rat, Kometen zu verbieten. Was er in Akten verbarg, der Zustand dieses Landes, trat nun frech vors Publikum:

Abends traut man ins zehnte G'wölb' sich nicht hinein
Vor Glanz, denn sie richten s' wie d' Feentempel ein;

Der Zauberer Luxus schaut blendend hervur,
Die böse Fee Crida sperrt nacher 's G'wölb' zua.
Da wird einem halt angst und bang,
Die Welt steht auf kein' Fall mehr lang.

Lange Zeit war die Bühne Schauplatz von Zauberstücken jenseits der Wirklichkeit. Plötzlich, aus magischem Spiegel, schnitt diese verdrängte Wirklichkeit dem Publikum Grimassen. Auf einer Zeichnung Goyas blickt ein gelangweilter Dandy in solchen Spiegel und tritt sich als Gorilla entgegen, der ihm den Knüppel in die Hand drückt. Ähnlich geht's bei Nestroy, bei diesem Plebejer sans phrase, der sein Zeitalter samt Elend, Bankrott und Zensur mit solcher Verwegenheit herausfordert, daß manchem »angst und bang« wird. In seinem Bericht »Die Poesie und die Poeten in Österreich im Jahre 1836« schrieb J. Seidlitz, der »Lumpazivagabundus« sei »ein Drama für betrunkene Hetären« und Nestroy ein »Napoleon der Gemeinheit«. Karl Gutzkow nannte Nestroy den Hauptschuldigen an einer »tiefen und giftigen Demoralisierung«. Er vor allem sei es, der den Wienern »zwei der kostbarsten Kleinode des Volkscharakters raubt: sittliche Grundanschauung aller Dinge und gläubiges Vertrauen gegen Menschen.«

In der Tat war Nestroy dem sogenannten Volkscharakter nicht auf den Leim, sondern auf den Grund gegangen. Er hielt gesellschaftlicher Niedertracht den Spiegel vor, worauf der Spiegel bezichtigt wurde, er habe die Wirklichkeit hervorgebracht. Im Zeitalter zwischen Feudalordnung und Kapitalismus roch er nicht nur den Moder der Vergangenheit, sondern witterte auch, wie Karl Kraus gesagt hat, »die Morgenluft der Verwesung«. Er widersprach allem, was Österreich zu sein vorgab. Er war nicht gemütlich, sondern zerriß die fadenscheinige Gemütlichkeit. Er hielt weder den Verfall der ständischen noch den Aufstieg der kapitalistischen Welt für schön und rühmenswert. Er stach das »Geschwollene« auf und ließ es zur leeren Hülse zusammenschrumpfen. Gutzkow schmähte ihn als »bestialischen Dichter«, weil er das Bestialische zu idealisieren ablehnte. Das Tier ist nicht komisch; der als Tier dargestellte Mensch ist es, weil in ihm das verratene Menschenbild unsichtbar gegenwärtig ist. Antihuman ist stets die Vortäuschung einer nicht vorhandenen Humanität, eines goldenen in Ermangelung eines sonstigen Herzens. In der Aggression gegen die Heuchelei besteht *die unerbittliche Humanität des Satirikers.*

Es war die Aggressivität des Hanswurst, auf die Nestroy zurückgriff. Das nur Komische des Hanswurst erhob er zur Potenz des Witzes. Sein Werk war die Revolte plebejischer Intelligenz, er selbst ein Jakobiner der österreichischen Vorstadtbühne.

Der Hanswurst und das Komische

Als der wandernde Komödiant Josef Anton Stranitzky im Jahre 1705 den *Hanswurst* in Salzburger Bauerntracht nach Wien brachte, war der große Aufstand der Bauern ferne Vergangenheit. Die Gegenreformation hatte längst das Rückgrat des Protests gebrochen, und Ketzerrichter, die nicht nur rücksichtslos zuzuschlagen, sondern auch liebenswürdig zu lächeln verstanden, hatten mit sanfter Beschwichtigung zahllose Seelen gewonnen. Die Jesuiten, unerbittlich im Wesentlichen, konziliant in der Form, kleideten düstre Dogmen in heitre Weltlichkeit. Meister des Theaters, zeigten sie im Hintergrund Golgatha, Martyrium, Inquisition, doch im Vordergrund gab's Gelächter und Burleske, Tanz und Spaß, augenzwinkernde Sinnlichkeit. Es war ein schwarzer Katafalk mit üppigen Girlanden, bunten Wachskerzen, Kardinal und Harlekin, Weihrauch und Musik am Ufer der Finsternis.

Aus diesem großen Welttheater war die komische Figur hervorgetreten. Sie wurde zur Zentralgestalt des österreichischen Volkstheaters. Der Hanswurst war nicht mehr ein *aufständischer,* doch immer noch ein *aufsässiger* Bauer. Er kommentierte die Haupt- und Staatsaktionen mit plebejischer Unverschämtheit. Pomp und Pathos brachten ihn zum Lachen. Alles Geschwollene war ihm zuwider. Herren und Damen wandte er den Hintern zu. Dennoch war er ein Gebrochener. Er glaubte nicht an gesellschaftliche Ideen, soziale Umwälzungen. Sein Glaubensbekenntnis galt dem greifbaren Augenblick: Essen und Trinken, Weiber und Wein. Die Philosophie der Jesuiten, daß das Leben ein kurzer Traum sei, war auch seine Philosophie. Diesen kurzen Traum in derber Fleischlichkeit zu genießen, war sein Lebenszweck. Er nahm den Mund voll, mit Würsten, nicht mit Phrasen. Neben der Kirche stand das Wirtshaus. Es roch nach Küche bis zum Altar.

Hanswurst bekreuzigte sich und dachte an Geselchtes. Er war ein Materialist.

Auf die manierierte Melancholie der feinen Leute erwiderte er: »Ich hofire auf die Traurigkeit; wann ich zu fressen und zu sauffen hab', kann meinethalb die gantze Welt traurig sein.« Der Aufsässige stellte sich dumm und führte so Gelegenheiten herbei, den Herren die Ohrfeigen und Fußtritte heimzuzahlen. Mit dem Schmähbrief der Prinzessin Philistone überbrachte er seinem Herrn Osiride auch ihre Ohrfeigen: »Ich will euch nur eine davon zeigen, denn sie sind von einem Schlag.« Er sucht seinen Herrn und dessen Prinzessin nicht nur im Prunkgemach, sondern auch im »Gackheusl«. Der Königin Adelheid stellt er sich mit den Worten vor: »Betrachtet mich von vorn und riechet mich von hinten.« Der Prinzessin Stellandra bietet er sich als Ersatz für ihren Prinzen an: »Ey, zürnet Euch nicht, Jungfer Prinzessin, ich hab' es nur gutt vertraulich gemeint, destwegen hat es nichts zu sagen, ich habe ja so wohl Fleisch, Bein und Bluth, als mein Herr, der König.«

Mit großer Entrüstung berichtet Lady Montagu in einem ihrer Briefe aus Wien, wie der Hanswurst als Sosias im »Amphytrion« vor einem Publikum von Aristokraten und ihren Damen die Hosen herunterzog und der erlauchten Gesellschaft den Hintern zuwandte. Nicht nur diese Obszönität, sondern mehr noch das jubelnde Gelächter empörte die Lady. Die *Aggressivität* solcher Komik ist offenkundig. Hanswurst gibt stets zu verstehn, daß alle Menschen gleich sind, daß er, der Plebejer, sich im Bett von Prinzen und Grafen nicht unterscheidet. Der Bauer, der keine Burgen mehr stürzt, rächt sich durch Prügel und Fürze an der siegreichen Adelswelt. Zwei Methoden plebejischer Aggression werden angewandt: Hanswurst stellt sich dumm, zur Verdunkelung seiner Unverschämtheit, und greift zum Knüppel, wann immer die Situation es gestattet. Im explosiven Gelächter vollzieht sich die momentane Vernichtung des Klassenunterschieds, Triumph des aufsässigen Plebejers und zugleich Befreiung der feinen Leute vom Zwang der Wohlerzogenheit.

Das *Komische* ist, wie Mephistopheles, des Chaos wunderlicher Sohn, Lust am Zerbrechen der Ordnung, an der Rückkehr ins Chaotische. Solcher Rückkehr ins »goldene Zeitalter« der Gleichheit, des Urzustands dienen auch die Saturnalien und Faschingsfeste. In ihnen wird die gesellschaftliche Rangordnung und das sexuelle Tabu aufgehoben. Die Klugheit der Jesuiten in Österreich duldete und begünstigte eine solche zeitweilige und geregelte Wiederkehr chaotischer Zustände. Nur die albernsten jungen Aristokraten im Zeitalter Metternichs zogen bei einem Faschingsfest einen Kordon von Seilen um sich, worauf Grillparzer erwiderte:

Ja, schließt euch ab, doch nur recht eng und fest,
Ihr habt nicht bloß, ihr seid die Pest!

Im allgemeinen jedoch verstanden Hof und Adel die Nützlichkeit symbolischer Vermischung mit dem Volk, Narrenfreiheit und -gleichheit als Ersatz für gesellschaftliche Umwälzung.

Das Komische wirkt schockartig: als jäher Sturz vom Höheren ins Niedere, vom Erhabenen ins Lächerliche, vom Geordneten ins Chaotische.

Der Zufall allein schon kann komisch sein: wenn zum Beispiel in turbulenter Situation eine Ohrfeige einen andern trifft, als den, dem sie zugedacht war; vor allem aber, wenn dieser andre ein Höhergestellter ist, der sonst gegen derlei Attacken gefeit. Im Komischen greifen die Lust am Chaos, am Unsinn, am Bruch der Ordnung, und die Tendenz, dem andren überlegen zu sein, Macht über ihn zu gewinnen, ineinander. In der primitiven Komik etwa des Kasperltheaters dominiert daher das Prügeln und Geprügelt-werden. Hobbes, Stendhal, Baudelaire haben im Komischen diese Tendenz hervorgehoben, Freud hat sie bestritten. Indirekt aber hat auch er es zugegeben: »Die Entdeckung, daß man es in der Macht hat, einen andern komisch zu machen, eröffnet den Zugang zu ungeahntem Gewinn an komischer Lust...« (»Der Witz«). Um komisch zu sein, darf der überraschende Machtgewinn in der Regel die Grenze des Schrecklichen nicht überschreiten: Der Sturz in den Dreck ist komisch, wenn der Stürzende sich dabei nicht das Genick bricht, vor allem aber, wenn er einer höheren Klasse angehört, wenn Insignien der Macht und des Reichtums, Orden, ein Galakleid, beschmutzt in Fransen gehen.

Ein besonderer Machtgewinn, jähe gesellschaftliche Überlegenheit, ergibt sich aus der *Nachahmung*. Es war eine urwüchsige (und nicht unberechtigte) Vorstellung des aus dem Tierreich sich herausarbeitenden Menschen, durch Nachahmung Macht über andre Wesen zu gewinnen. In einer sozial differenzierten Gesellschaft bringt die *degradierende* Nachahmung ein Gefühl der Überlegenheit hervor. Dr Untergebene ahmt die Herrschaft nach, vernichtet durch die plebejische Nachahmung den Anschein des Höherstehens, die soziale Rangordnung. Nicht selten aber trachtet auch der für den Höheren sich haltende (durch Klasse, Rasse usw.) den für niedriger Angesehenen durch Nachahmung noch mehr zu erniedrigen, zu demütigen. Wenn Freud also die komische Lust »aus der Vergleichung der andern Person mit dem eigenen Ich« ableitet, »aus der Differenz zwischen dem Einfühlungsaufwand und dem eigenen«, ist das vergleichende Ich ein *gesellschaftliches,* das einer bestimmten Klasse und Rasse angehört, von bestimmten Wertbegriffen und Vorurteilen ausgeht.

Es gibt ein *Lachen von unten* und eines *von oben.* Ein maximal günstiges Objekt des Lustgewinns am Komischen ist daher der *Parvenu.* Er wird zum Gelächter der feinen Leute, die nachzuahmen er sich vergeblich bemüht, und zum Gelächter der Plebejer, die in der mißlungenen Nachahmung den Mann erkennen, der ihresgleichen ist, doch sich als über sie erhaben dünkt. Ihn bloßzustellen, zurückzuzerren ist darum so leicht, weil er selber es dauernd tut.

Eine Form der übertreibenden Nachahmung ist die *Karikatur.* In ihr wird das vom Objekt der Karikatur Geheimgehaltene, das Häßliche, Niedrige, ja Tierische herausgearbeitet, die Draperie des Charakters zerrüttet, durch Deformation das Charakteristische aufgedeckt. Die vollkommene Karikatur ist *Reduktion des Menschen zum Tier.* Aus dem Tierischen sind die Götter hervorgegangen; ins Tierische werden sie hier zurückgeschleudert.

Die *Travestie* transponiert Gefühle und Situationen aus einer höheren in eine niedere gesellschaftliche Sphäre, was an sich komisch, doch häufig witzlos ist. Der Diener und die Zofe ahmen die Herrschaften nach, das Pathos der Privilegierten gerät in Kontrast zum elementar Menschlichen. Die Herrschaften lachen über die »canaille«, die sie rüpelhaft nachzuahmen versucht, die Plebejer über das Getue der Herrschaften, die unter ihren Kleidern nicht anders sind als die misera plebs.

Die *Parodie* bedient sich zumeist der Travestie als Mittel, bleibt jedoch nicht an der Oberfläche, sondern trachtet das Wesentliche zu treffen. Durch Kontrastwirkung wird das Melodramatische, Deklamatorische, Sentimentale, das Unwahre, Pappige, »Geschwollene« entblößt. Um wirksam zu sein, bedarf die Parodie des *Witzes*, also des zu höchster Intelligenz gesteigerten Komischen.

Die Reduktion des *Ungewöhnlichen* zum Gewöhnlichen, die aggressive Herabsetzung, Entromantisierung ist auch in der *komischen Mehrzahl* erkennbar. Das Genie, der Nachtwandler, der Revenant repräsentieren in ihrer Einzahl das Erhabene; in der Mehrzahl werden sie lächerlich. Nestroy hat dieses Mittel des Komischen wiederholt angewandt: in den »Zwei Nachtwandlern« (denen eine törichte Kritik eben diese »Unwahrscheinlichkeit« vorwarf), im »Zerrissenen«, wenn der totgeglaubte Gluthammer dem Lips im Keller erscheint, immer wieder aus einer andren Falltür auftauchend. Lips: »Ich hab' ja nur einen umgebracht, zu was diese gräßliche Multiplikation! Der ganze Erdboden ist unterminiert, die Schlosser schießen wie d'Spargel in d'Höh'! Das halt aus, wer will!« Eben diese »gräßliche Multiplikation« hat das Komische zum Resultat, die Degradierung des Schauerlichen, des Gespensts zur Dutzendware.

Das *Erhabene* wirkt, wie Freud formuliert, als »friedlicher Zwang«, nötigt zu innerem Strammstehen, erfordert also gesteigerten Energieaufwand. Das Komische ist die Entspannung der aufgestauten Energie, Ersparung von Energieaufwand. Die jähe Erleichterung, das Verschwinden eines Gefälles, ist Rückkehr in den ungeordneten Zustand. Der wahrscheinlichste Zustand der Materie ist das Chaos. Der in Träumen herbeigesehnte gesellschaftliche Zustand ist die Zwang- und Ranglosigkeit, das »goldene Zeitalter«. Im Kampf der unterdrückten gegen die unterdrückende Klasse (oder Nation) ist das Komische vorweggenommene Aufhebung von Zwang und Rang. Es geht nicht einfach darum, sich vom Erhabenen und seinen Ansprüchen zu befreien, sondern vor allem ist es Funktion des Komischen, die Ordnung der Herrschenden für den Augenblick zu zerbrechen, einen herrschaftslosen Zustand herzustellen.

Kasperl, Thaddädl und Staberl

Der bäuerliche *Hanswurst* hat solche *aggressive Komik* nach Wien gebracht. In der parasitären, knochenlosen Kaiserstadt degenerierte er zum *Kasperl und zum Thaddädl.* Der geduckt widerspenstige Bauernrüpel wurde domestiziert, eine ihm unbekannte Weinerlichkeit, überquellendes Mitleid mit sich selbst nahmen überhand. Der Schauspieler La Roche, der Schöpfer des Kasperl, hatte in jedem Stück vor Angst zu schreien und zu weinen. Jegliche Renitenz war verlorengegangen. Der habsburgische Untertan jubelte, daß es auf der Bühne ein Geschöpf gab, das noch weitaus ärger getreten, erschreckt, gefoppt wurde als er selbst. Aus dem prügelnden war ein nur mehr verprügelter Plebejer geworden. Alles ist gegen ihn verschworen, von den Ungeheuern der Hölle bis zu Gewitter und Wolkenbruch. Sowohl in seiner Freßgier wie in seiner Sexualität wird er stets unterbrochen, übertölpelt, zum Narren gehalten. Das junge Weiberl, dem er in »verliebter Komplexion« nachstellt, verwandelt sich nicht selten in eine alte Vettel, die er heiraten muß. Seine Antwort ist stets das Weinen dessen, der sich selber leid tut.

Auch der Thaddädl, die Schöpfung des Schauspielers Anton Hasenhut, ist »verliebte Komplexion«, gefräßig und verängstigt, doch zimperlicher, infantiler, weinerlicher. Der Untertan sah sich in ihm zum hilflosen Kind zurückentwickelt, das bettelt und aufstampft, flennt und trotzt, eine dem bäuerlichen Hanswurst fremde, überstürzte Geschäftigkeit entfaltet. Hanswurst repräsentierte ein *gesellschaftliches*, Thaddädl ein *individuelles* Frühstadium. Was das Publikum an ihm entzückte, war die *infantile Hemmungslosigkeit*, die individuelle Befreiung von jeglichem Zwang, das passive jeder Regung, jedem Trieb Nachgeben, der Infantilismus des perfekten Untertanen. Thaddädl klammert sich an den Rock der Mutter, läßt sich streicheln und streichelt sich selbst, genießt seine kindische Verantwortungslosigkeit.

Der Versuch Joseph II., aus dem buntscheckigen Österreich einen Einheitsstaat mit deutscher Amtssprache zu machen, verhalf dem deutschsprachigen Untertanen zu einem neuartigen Gefühl nationaler Überlegenheit. In seiner verdienstvollen Nestroy-Ausgabe schildert Otto Rommel das Kunterbunt der Nationalitäten in Wien: »Der böhmische Schneider, der burgenländische Heubauer oder Viehhändler, der ungarische Zischmenmacher, der italienische Sänger, der griechische, der türkische, der armenische Händler, der schwäbische Auswanderer, der oberösterreichische Nadelkramer, der Tiroler Teppichhändler, der jüdische Hausierer ...« Der Wiener fühlte sich den »komischen« Nationen überlegen, bürgerliche Gediegenheit lachte über »komische« Berufe, wie Parapluimacher, Mausefallenhändler, Bandlkramer,

Lumpentandler, und dies um so mehr, da sie zumeist von Ausländern ausgeübt wurden. Das »Komische« daran war, daß es Menschen gab, die noch tiefer standen, noch niedriger waren als der durchschnittliche habsburgische Untertan. Die Possenschreiber stürzten sich auf solche brüchige, unsolide Typen. Parapluimacher, Waderlmacher, Flinserlmacher, Fiaker, Straßenmusikant, Hausmeister, auf diese Randschichten eines unfest werdenden Handwerkertums.

Der von Adolf Bäuerle erfundene und sowohl von ihm wie vom Schauspieler und Direktor Carl dutzendfach variierte Parapluimacher Chrysostomus *Staberl* wurde zum Inbegriff des feigen, devoten, verlogenen, habgierigen Wiener Spießbürgers. Zunächst, in Bäuerles Schauspiel »Die Bürger von Wien«, war er nur ein Gschaftlhuber, ein Wichtigtuer, der vor lauter Mundwerk nie zum Handwerk kommt.

Aus der hemmungslosen Neugier, mit der er Worte aufschnappt, der Selbstgefälligkeit, mit der er verborgenen Sinn in sie hineindeutet, sich politisch für allwissend hält, der Mischung von Habsucht und Mitleid mit sich selbst: »Ja, wenn ich nur was davon hätt'!«, aus all der aufgeblasenen Nichtsnutzigkeit ergeben sich Elemente des Komischen. Im Schauspiel »Die Bürger von Wien«, dessen Hintergrund der Krieg gegen Napoleon ist, berichtet Staberl weitschweifig, wie er die Bewunderung eines geheimnisvollen »galanten Herrn« hervorrief: »...er macht ein politisches Gesicht, ich ein diplomatisches; endlich schaut er auf die Uhr und sagt: ›Sie Philosoph, Sie Sterngucker, Sie Hexenmeister, oder wie ich Sie nennen soll, wo haben Sie das her? Wer sind Sie? Wie heißen Sie? In welchem Kabinett arbeiten Sie?‹ Ich sage alles gelassen, nenne meinen Tauf- und Zunamen, wer mein Vater und meine Mutter, und als ich darauf komm', daß ich in keinem Kabinett arbeit', sondern in einem Bodenzimmer im vierten Stock, da wollte er gar nicht mehr zu sich kommen. Gebogen, gebeutelt, und geschauert hat es ihn vor lauter Bewunderung...«

In der Fortsetzung »Staberls Hochzeit oder Der Kurier« werden die komischen Züge des in Selbstbewunderung schwelgenden Spießbürgers von der Gier nach Geld aufgezehrt. Der höchste Traum des Staberl ist, Hausherr zu werden; er heiratet eine Hexe, weil sie ein Haus besitzt. Diese Bereitschaft, für Geld auf jeden Rest menschlicher Würde zu verzichten, wird in der Parodie zu Kotzebues »Menschenhaß und Reue«, in der Posse »Der Leopolditag oder Kein Menschenhaß und keine Reue« bis zum Äußersten gesteigert. Die Frau des Strumpfwirkers Leopold Würfel ist mit einem Markör durchgegangen. Schließlich aber kehrt sie mit Geld zurück. Würfel will nichts von ihr wissen. Es folgt die Szene:

Madame Würfel: »Edler Strumpfwirker, wanke nicht! (Sie hält ihm Geld hin). Achthundert Gulden ist kein Spaß! Würfel, kannst du mir verzeihen? Meine Reue –«
Würfel: »Geld!«
Madame Würfel: »Meine Tränen –«
Würfel: »Geld!«
Madame Würfel: »Meine Besserung –«
Würfel: »Geld!«
Madame Würfel: »Meine achthundert Gulden!«
Würfel: »Ja – ich verzeihe dir!...«

In der zynischen Parodie kündigte sich ein neues Zeitalter an: Die Erschütterung der alten Gesellschaft durch die napoleonischen Kriege, jäher Aufstieg durch Spekulation, katastrophale Verelendung, das alles zersetzende, alles korrumpierende Geld. Was sich in Österreich vollzog, war keine industrielle Revolution wie in England. Der Kapitalismus schlich sich durch Hintertüren ein, gaunerte sich über Hintertreppen hoch, vom Schmutz seiner Herkunft bedeckt, tückisch, ängstlich, geduckt.

Das rückständige Österreich

Österreich war in seiner ökonomischen Entwicklung hinter den westeuropäischen Ländern weit zurückgeblieben. Es gab dafür *objektive* Ursachen (die Binnenlage, das Fehlen günstiger Wasserwege, nur wenige Städte im weiten Bereich mittelalterlicher Landwirtschaft, Abhängigkeit der Massenkaufkraft vom jeweiligen Ernteertrag); aber auch politische und ideologische Faktoren trugen dazu bei (Gegenreformation, der durch die Jesuiten geförderte Opportunismus, Tendenz der Habsburger, ihre Hausmacht gegen ausländische Einflüsse abzuschirmen, Mischung von Parasitentum und konservativer Bequemlichkeit in der Metropole). Im Zeitalter Maria Theresias und Joseph II. wurde die lähmende Macht der Zünfte eingeschränkt, das System der »Fabriksprivilegien« und vom Zunftzwang befreiten »Befugnisse«

wesentlich erweitert. Die meisten der mit Staatshilfe gegründeten Betriebe waren jedoch nicht leistungsfähig. Ihre Erzeugnisse waren zumeist von so jämmerlicher Qualität, daß sie mit ausländischen Waren nicht zu konkurrieren vermochten. Joseph trachtete, durch Hochschutzzölle den Absatz solcher Waren im Inland zu sichern, was jedoch kein Auftrieb war, bessere Waren zu produzieren, sondern nur der Indolenz und dem Schmuggel Vorschub leistete.

Der Schock der Französischen Revolution bewog Franz I. die durch Joseph II. geförderte industrielle Entwicklung auf jede Weise zu erschweren. Das Argument des Kaisers, daß die Industrie nicht nur Waren, sondern auch Revolutionen produziere, war unwiderlegbar. Als man dem Monarchen Pläne für den Bau einer Eisenbahn unterbreitete, erwiderte er: »Damit ist's nichts, da käm' mir höchstens die Revolution ins Land.« Seit 1801 wurden jahrelang neue Fabriken in Wien nicht zugelassen, viele der schon bestehenden dem Ruin preisgegeben. Die Sympathie des Habsburgers galt den Zünften, als dem Inbegriff des Stehenden, Ständischen, am Vergangenen Festhaltenden. Der Kadaver des Mittelalters wurde systematisch konserviert.

Die Kontinentalsperre (1806-1814) schützte zwar die Schafwoll- und Baumwollindustrie vor der englischen Konkurrenz; doch andre, auf den Export angewiesene Industrien, wie Leinen und Glas, gerieten in größte Schwierigkeiten. Die Finanzkrise von 1811, welche die an sich schwache Industrie zerrüttete, enorme Teuerung und Arbeitslosigkeit hervorrief, den Schmuggel aus England katastrophal steigerte, schleppte sich mit ihren Folgen bis 1820 hin. Unbeständige Erleichterungen wurden immer wieder von Krisen durchkreuzt. Der Widerwille des Kaisers gegen die Industrie, das Übermaß an Steuern, die jeden großzügigen Wagemut unterbindenden bürokratischen Schikanen, die Beseitigung jeder städtischen Selbstverwaltung vor allem in Wien, die Absperrung Österreichs gegen ausländische Waren und Gedanken, die allgemeine, durch die Zensur mit Stickstoff überfüllte Atmosphäre der Indolenz schreckten den Wiener Bürger ab, sich auf weitreichende Unternehmungen einzulassen. Es waren fast nur ausländische, zumeist süddeutsche Unternehmer, die in Österreich neue Industrien gründeten. Der Hochadel, der im josephinischen und im napoleonischen Zeitalter Wien gemieden hatte, kehrte nach dem Sturz Napoleons in seine Stadtpaläste zurück. Die Warenproduzenten von Wien orientierten sich vor allem auf diese Käuferschicht, erzeugten nicht Massen-, sondern Luxusgüter.

Die großen Gewinne stammten nicht aus der Industrie, sondern aus der Spekulation. In den dreißiger Jahren war besonders das Hinauftreiben der Holzpreise durch bürgerliche und adelige Spekulanten der Ursprung enormer Bereicherung. Die Geschäfte des Holzgroßhändlers Feldmüller erregten solches Ärgernis, daß Kaiser Ferdinand II. 1838 eine Untersuchung anordnete. Das Ergebnis war, daß die Kommission ein Jahr später nicht nur die vollkommene Unschuld des Spekulanten beteuerte, sondern sogar behauptete, er habe der Spekulation der andren Einhalt geboten. In Nestroys großartiger Posse »Frühere Verhältnisse« droht der Hausknecht Muffl seinem Prinzipal: »Ich erzähle der Residenz die Geschichte, wie man Holzhändler wird!« – worauf der Holzhändler sich dem Erpresser unterwirft. Der Emporkömmling mit dunkler Vergangenheit wurde zur typischen Gestalt. Bestenfalls hatte er »das große Los gewonnen«; doch als Regel galt, daß er durch Diebstahl, Unterschlagung, Erpressung, Niedertracht emporgekommen war. Die meisten dieser Parvenus zogen sich mit dem ergaunerten Geld ins Privatleben zurück. Ihr Wunschtraum war die träge Selbstzufriedenheit des »Particulier«.

Dem *Emporkömmling* stand als zweite typische Gestalt der *Deklassierte* gegenüber. In Wien sammelte sich, nach einem Bericht des Wiener Magistrats, ein »buntes, verworrenes und regelloses Durcheinander« von nichtzünftigen Gewerbetreibenden an, die der wirtschaftlichen und finanziellen Unsicherheit nicht standzuhalten vermochten. Die meisten von ihnen versanken in Elend und Hoffnungslosigkeit. 1845 gab es in Wien etwa 30000 Einkommensteuerpflichtige. Um die erste Rate hereinzubringen, mußte in 17469 Fällen die einfache Militärexekution, in 9554 Fällen die verschärfte Exekution, in 7009 Fällen die Pfändung verhängt werden. Aus entlaufenen Bauern, entlassenen Soldaten, in- und ausländischen Handwerksburschen, verelendeten Gewerbetreibenden entstand ein verlumptes, verzweifeltes Proletariat. Der immer wiederkehrende Zusammenbruch kleiner und mittlerer Betriebe hatte zunehmende Arbeitslosigkeit zum Ergebnis. Ein Heer von Vagabunden, Bettlern, Dirnen zog durchs Land. Die Polizei führte einen ebenso hartnäckigen wie aussichtslosen Krieg gegen das »ausweislose Gesindel«. Sie veranstaltete Razzien in Privathäusern, in Wohnungen mit »Bettgehern«. Massen von Ausweis-, Erwerbs- und Unterstandslosen wurden aufgegriffen. Dirnen, Bettler, Kinder. Die Zwangsarbeitshäuser nahmen sie nicht auf, weil ihre Erhaltung zu kostspielig war. Sie wurden fortgejagt, kehrten wieder zurück, suchten bei Anbruch des Winters Unterkunft im Gefängnis. Diebstähle, Einbrüche, Raubüberfälle aber auch Selbstmorde nahmen überhand. Die Syphilis drang bis in die entlegensten Täler.

Ernst Violand berichtet vom Wiener Proletariat in den dreißiger und vierziger Jahren:

»Die Folge der furchtbaren Zustände der abhängigen Arbeiterklasse war, wenigstens in Wien, grenzenlose Immoralität und sittliche Verkommenheit. Ganze Vorstädte, wie Thury, Liechtenthal, Alt-Lerchenfeld, Strozzischer Grund, Margarethen, Hundsturm, Neue Wieden, Fünf- und Sechshaus, wimmelten von ausgehungerten, zerlumpten Arbeitern, und abends erfüllten die unglücklichen Mädchen der Fabriken in dem jugendlichsten, selbst kindlichen Alter die Glacien und den Stadtgraben, um für einige Groschen jedem dienstbar zu sein... Das schaudervolle Elend dieser Fabriksklaven, namentlich im Winter, ging in das Unglaubliche, und doch waren sie überglücklich, wenn sie nur nicht ihren Verdienst verloren; denn dann blieb ihnen nichts übrig, als zu verhungern oder zu stehlen. Es gab viele brotlose Menschen, welche fast ohne Bekleidung sowohl im Sommer als im Winter sich des Tages hindurch in den Unratkanälen aufhielten und des Nachts, um frische Luft zu schöpfen und etwas zu erwerben und zu genießen, Einbrüche und Raubanfälle begingen und sich dann im Prater oder in elenden Kneipen herumtrieben.«

Der Wiener Polizei-Oberdirektor v. Waldstätten berichtet 1830 von Exzessen der »leider dem Trunk ergebenen« Gesellen und Fabrikarbeiter. Die Tumulte waren nicht so sehr ein Reflex der Revolution in Paris als Auflehnung gegen die Verzehrungssteuer, die im Mai auch auf Waren unter drei Kreuzer ausgedehnt wurde. Dem Österreicher sei, wird in demselben Bericht gesagt, »die Regierungsform eine höchst gleichgültige Sache«, wenn ihm nur »Sicherheit der Person, Eigentum, erworbenes Recht gewährleistet« sei. Im Winter dieses Jahres drohten die Proletarier, wie Kübeck von Kübau in seinen Tagebüchern berichtet, »ohne

Scheu mit Emeute, Barrikaden und Pflastersteinen«. Auch die Bauern in Niederösterreich waren aufrebellt. In den folgenden Jahren kam es immer wieder zu Hungerkrawallen, zu Kundgebungen gegen den Wucher mit Brot, Fleisch und Holz. In einem Bericht, den der Prager Stadthauptmann Muth 1839 dem Minister Kolowrat erstattete, wird mit vornehmer Zurückhaltung von dem »notdürftigen Auskommen der niederen Volksklassen« gesprochen, das seinen Ausdruck nicht nur in der Konjunktur der Versatzämter finde, sondern auch im rapid überhandnehmenden Zahlenlotto, diesem »letzten trügerischen Hoffnungsanker«. Der Maschinenfabrikant Thomas habe begonnen, nach englischem Muster Flachsmaschinen zu produzieren, wodurch den Handspinnern Arbeitslosigkeit, den Kleinunternehmern Ruin drohe. Muth meinte jedoch, »daß die gütige Vorsehung, welche ihre kosmopolitische Haushaltung so meisterhaft zu ordnen weiß, auch in diesem Falle wieder die entsprechende Abhilfe treffen werde. Nach dem Zeugnisse der Erfahrung aller Jahrhunderte habe sie dies noch immer zum Wohle der leidenden Menschheit getroffen«. Die Wiener Faschingsbälle waren nach wie vor überfüllt, woraus der Polizei-Oberdirektor Amberg schloß, daß es dem Mittelstand wohlergehe. Die Koalition von Fasching und Vorsehung waltete über Österreich.

Zunächst hatte der Wiener Kongreß die schwarzgelbe Verwesung überstrahlt. Der Sieg über Napoleon machte Wien für kurze Zeit zur Hauptstadt Europas. Da gab es märchenhafte Barockpaläste, überwältigende Musik, Feste ohne Ende, Prunk und Hetz, Rausch und Traum. Außerdem gab es, um die blendende Fassade vor der Finsternis der Vorstädte und Hinterhöfe und diese vor jeglicher Erleuchtung zu bewahren, die *Zensur*. Metternich nannte den Glauben des Volkes »an die Untrüglichkeit und Unverletzlichkeit der Regierung die conditio sine qua non ihres Fortbestehens... Die freie Presse gefährdet das Prinzip der Souveränität nicht nur, sondern hebt es geradezu auf...« Die Krankheit trug eine Maske. Der Tod war geschminkt. Die Wirklichkeit war abgeschafft. Es war daher nicht leicht, sie künstlerisch darzustellen.

Bäuerle und andere Possenreißer haben sie zynisch bejaht. Der Inbegriff dieser Bejahung war Karl Andreas Bernbrunn, der »Direktor Carl«, der ordinäre Staberl, der als Baron zu gelten wünschte. Dieser rücksichtslose Emporkömmling kam 1826 aus

München nach Wien, nach den aristokratischen Intendanten der kapitalistische Unternehmer, der einen Theatertrust errichtete und Possen fabrizieren ließ, nach dem Grundsatz: »Die Masse tut es«. Er war ein liebenswürdiger Halsabschneider, der jedem ein Lächeln schenkte und es dann von der Gage in Abzug brachte. Dem weiblichen Personal zog er das Hemd, dem männlichen die Haut über die Ohren. Bäuerle nannte ihn einen »erotischen Riesen«, der Komiker Wenzel Scholz sprach angewidert von seinem »höheren Schäbianismus«. Direktor Carl erwarb das Theater an der Wien, das Theater in der Josefstadt und schließlich das Theater in der Leopoldstadt. Der falsche Baron und echte Ausbeuter, der aus seinen Schauspielern und Autoren ein Maximum an Gewinn herauspreßte, veranstaltete von Zeit zu Zeit Ausstattungsstücke mit echten Bäumen, echten Felsen, echten Kavallerieattacken. An dieser Wirklichkeit fand die Zensur nichts auszusetzen.

Die romantische Resignation

Es gab eine andre Haltung: romantische Resignation. Grillparzer und Raimund nahmen diese Haltung ein. Die Romantik in Österreich war, wenn man Lenau ausnimmt, nicht Revolte, wie in England, Frankreich, Italien, sondern Resignation. Das nach der Finanzkrise 1817 wiederauferstandene *Zauberstück* forderte zur Flucht ins Wunderbare auf. Das Zauberstück stammte vom Schuldrama der Jesuiten her. Der Himmel war nicht mehr von Engeln und Heiligen, sondern von Geisterkönigen, Feen, Genien, Magiern bevölkert. In dieses Märchenreich konnten sich Possenreißer vor der Zensur zurückziehen. 1819 schuf Meisl das Genre der mythologischen Karikatur. Auf solche Weise war es möglich, sogar die Herrschenden behutsam zu verspotten, wenn man sie ins Jenseits des Zauberstücks transponierte.

Ferdinand Raimund, der melancholische Handwerkersohn, der Komiker mit dem Drang zum Tragischen, hat in seinen ersten Bühnenwerken »Der Barometermacher auf der Zauberinsel«, 1823, und »Der Diamant des Geisterkönigs«, 1824, diesen Weg eingeschlagen. Später jedoch verlieh er dem Zauberstück die Würde der Dichtung. Seine Komödien waren eine Mischung von rührender Poesie, skurrilen Charakteren, überraschenden Situationen und überanstrengtem Pathos. Sie predigten Entsagung, Bescheidenheit, Zufriedenheit. Dem Unheil des Reichtums wurde der Segen der Armut gegenübergestellt. Nur selten bricht, wie im Abschied vom »stillen Haus«, der mit der Kraft eines Shakespeare gestaltet ist, die grelle Wahrheit der Armut durch – wenn auch abseits des städtischen Proletariats, in der Familie eins versoffenen Köhlers. In dem »Romantischen Original-Zaubermärchen Das Mädchen aus der Feenwelt oder Der Bauer als Millionär« wird die Fee Lacrimosa bestraft, weil sie ihre Tochter in höchstem Reichtum erzog. Auf Befehl der Geisterkönigin muß sie das Kind auf Erden aussetzen: »Wird sie allen Reichtum hassen und vor ihrem achtzehnten Jahre mit einem *armen* Manne, der ihre erste Liebe sein muß, sich verbinden, so ist dein Bann gelöst.« Schließlich geschieht es so; die Fee Zufriedenheit läßt als Brautschmuck einen Wasserfall entstehn, »worüber sich die Worte befinden: Quelle der Vergessenheit des Üblen. Ein Genius sitzt an der Quelle und reicht allen Becher«. Das Zauberstück »Der Alpenkönig und der Menschenfeind« schließt mit den Worten des zur Vernunft gebrachten Rappelkopf: »Kinder, ich bin ein pensionierter Menschenfeind, bleibt bei mir, und ich werde meine Tage ruhig im Tempel der Erkenntnis verleben.« Im Meisterwerk »Der Verschwender« singt Valentin:

Die Küh' treib'n die Senn'rinnen just von der Alm,
Genügsamkeit bleibt doch die köstlichste Salm,
Der Reiche liegt schlaflos im goldenen Saal,
Doch kummerlos schlummert die Kuh in dem Stall...

Der Chor der Senner und Sennerinnen erwidert:

Zufrieden muß man sein!

In dieser moralischen Forderung stimmte Grillparzer mit Raimund überein. In dem Dramatischen Märchen »Der Traum, ein Leben« sprach Rustan es aus:

Eines nur ist Glück hienieden,
Eins: des Innern stiller Frieden
Und die schuldbefreite Brust!
Und die Größe ist gefährlich,

Und der Ruhm ein leeres Spiel;
Was er gibt, sind nicht'ge Schatten,
Was er nimmt, es ist so viel!

Nestroy war weder bereit, das neue Zeitalter zynisch zu bejahen, noch romantisch zu resignieren. Mit erstaunlicher Genauigkeit nahm er wahr, was hinter den Fassaden politischer Ereignisse und lärmender Faschingsfeste vor sich ging, den molekularen Prozeß einer großen gesellschaftlichen Umwälzung. Der Kapitalismus duldete nicht den »edlen Wilden« Rousseaus und seine heitre Genügsamkeit; er demoralisierte den Armen wie den Reichen. Die »Quelle der Vergessenheit des Übels« war eine Erfindung nach dem Wunsche von Polizeidirektoren, »des Innern stiller Frieden« eine Forderung, die dem Regime Metternichs gelegen kam. Was Byron im Canto IV des »Don Juan« gesagt hatte, entsprach dem Wesen Nestroys:

Die Wahrheit stößt mich derb vom hohen Rosse,
Und die Romantik wandelt sich zur Posse.
(And the sad truth which hovers o'er my desk
Turns what was once romantic to burlesque.)

Der Kammerarchivdirektor Grillparzer hatte den Adel, das Patriziat, die Bürokratie zum gesellschaftlichen Hintergrund, Raimund den gehobenen Mittelstand, Nestroy die fragwürdige Welt der Heruntergekommenen und Emporgekommenen. »Er hat«, wie Karl Kraus sagte, »die Welt nur in Kleingewerbetreibende und Hausherren eingeteilt, in Heraufgekommene und Heruntergekommene, in vazierende Hausknechte und Partikuliers.« Er sah die Verwesung einer alten, das Werden einer neuen Gesellschaft, die Polarität der Entwicklung am deutlichsten im Parvenu und im Deklassierten. Aus der überlieferten Maske des Hanswurst, der grellen, grotesken, tönte bösartig scharf die bisher nie vernommene Stimme des Outsiders, des Vagabunden, des Deklassierten. Hinter seinem Witz erhoben sich die »barfüßigen Gründ'«, sein Lachen kam aus dieser gärenden Finsternis, aus dieser Akkumulation des Elends, in der die Welt des Kapitalismus heranwuchs. Es war nicht die noch rudimentäre Arbeiterklasse, mit der er sich identifizierte; es waren die abbröckelnden Randschichten, mit desillusionierender Intelligenz aus dem

»Mob« hervortetende Gestalten, denen er Wort und Ausdruck verlieh. »Ich habe auch Stunden der Empörung«, heißt es in seinen nachgelassenen Aphorismen, »aber ich verstecke sie, weil ohnmächtige Empörung lächerlich ist.« (Dasselbe sagte Stendhal in seinem Pamphlet »Racine et Shakespeare«.) An Stelle ohnmächtiger Empörung erhob sich *die Macht des Witzes* gegen erbärmliche Zustände. In seiner Aufsässigkeit fühlte sich Nestroy als der »verlorene Sohn« der alten ständischen wie der neuen bürgerlichen Verhältnisse. In seiner »Reserve« von Aphorismen findet sich die Notiz: »Mir war der verlorene Sohn immer verächtlich, aber nicht deswegen, weil er ein Schweinehirt war, sondern weil er wieder nach Haus gekommen ist.« Dieses Nicht-wieder-nach-Hause-Kommen ist ein charakteristisches Merkmal all der Landstreicher und Taugenichtse in den Komödien Nestroys; ihnen gilt insgeheim, mitunter sogar betont, die Sympathie ihres Schöpfers. Die spontane plebejische Revolte des Hanswurst war wieder da, aus grober Komik zu tödlichem Witz gesteigert. Nicht mehr der Knüppel in der Hand, sondern der Geist schlug zu. Die Posse war zur großen Komödie geworden.

Es gibt die *aggressive* Komödie, deren Funktion es ist, gesellschaftliche Zustände und Einrichtungen, Inhaber von Macht und Ruhm, vernichtendem Gelächter preiszugeben;

die *reformistische* Komödie mit moralisierend-pädagogischer Tendenz;

die *magische* Komödie, deren Wesen traumhafte Verzauberung, schwebende Heiterkeit ist;

die schlechthin *unterhaltende* Komödie, die durch unwahrscheinliche Zufälle, Ähnlichkeiten, Verwechslungen, Mißverständnisse, einander überstürzende Situationen das Verlangen nach dem Chaos, dem Unsinn befriedigt.

Diese verschiedenen Typen der Komödie sind nicht durch starre Grenzen getrennt, sondern greifen oft ineinander. Nestroy vermischt sie mannigfaltig, doch sein Genie ist die Revolte, die *Aggression der Intelligenz* gegen Dummheit und Niedertracht. »Ich hasse nicht das Einzelne, ich hasse alles, wo sich Erbärmlichkeit auf Kosten des Verdienstes erheben will, es heiße Geldstolz, Adelsstolz, Gelehrten- oder Künsterstolz.«

Die Komödie Nestroys, sein großartiger Witz, sind aus ununterbrochenem *Kampf gegen doppelte Zensur*, die äußere und die innere, hervorgegangen. Im Zusammenstoß eines schüchternen

Menschen voll gehemmter Leidenschaft und mächtiger Intelligenz mit einem abscheulichen, durch einen Kordon von Polizei und Zensur behüteten Regime entstand der Witz, »der von der Hobelbank zu den Sternen schlug« (Karl Kraus).

Dasein und Maske

Die Masken waren sein Leben; jenseits der Bühne war sein Leben Maske, die konventionelle, nichtssagende des Kleinbürgers.

Sein Dasein ist arm an äußeren Ereignissen. Er stammte aus demselben fragwürdig gehobenen Mittelstand wie Grillparzer. Ihre Väter waren Advokaten und lebten auf großem Fuß, dem die Schulden folgten. Beide mußten das Studium aufgeben, um Geld zu verdienen. Der Weg Grillparzers führte vom Staatsbeamten ins Herrenhaus der Poesie. Nestroy wurde Komödiant.

Stranitzky, der Erfinder, und Nestroy, der Vollender des Hanswurst, waren tschechischer Herkunft. Nestroys Vater kam aus Komorau, einem tschechischen Dorf bei Troppau, nach Wien. Der Großvater hieß noch Nestruj.

Der am 7. Dezember 1801 geborene Johann Nestroy war schon im dreizehnten Jahr Konzertspieler. Als Siebzehnjähriger sang er in einer Akademie. »Nach bestandener Prüfung aus dem römischen Rechte« debütierte der einundzwanzigjährige Student auf dem k.k. Hoftheater nächst dem Kärntnertor. Seine erste Rolle war der Sarastro in Mozarts Oper »Die Zauberflöte«.

In England war es Shakespeare und den andern Elisabethanern, in Frankreich Molière gelungen, Volkstheater und hohen Stil zu vereinigen. In Österreich hatten sich aristrokratisches und plebejisches Theater getrennt. Der aus der Hofbühne verjagte Hanswurst war in die Hüttentheater und Wirtshaussäle der Vorstadt geflüchtet. Das unvergleichliche Genie Mozarts hatte in höchster Vollkommenheit das Getrennte zusammengefügt. Sein Werk fand keinen Fortsetzer. Nestroy sang den Sarastro. Er war der einzige, der ein Bruchteil vom Erbe Mozarts in eine neue, ungleich komplizierter gewordene Welt hineintrug.

Der Zweiundzwanzigjährige heiratete die illegitime Tochter eines Grafen, eine Schauspielerin, die es nach wenigen Ehejahren vorzog, die Geliebte eines Grafen zu werden. Nestroy spielte in Amsterdam, Brünn, Graz, Preßburg, Lemberg zahllose Rollen in

Opern, in Tragödien und mehr und mehr in Possen. Sein Kampf gegen die Zensur begann. Wiederholt wurde er wegen »zensurwidrigem Text« und frecher Improvisationen in Polizeihaft genommen. In Graz wurde er wegen der »Schärfe« seines Spiels angegriffen. Als er 1829 den Rappelkopf spielte, warf ein Kritiker ihm vor, er sei weit eher »ein *Menschenfresser* als ein Menschenhasser.«

Der Menschenfresser, der gelegentlich notierte: »Die Menschen muß man hassen, ehe man sie kennt, verachten, wenn man sie kennt« – verband sich in Graz mit der Sängerin Marie Weiler. Er konnte sie als katholisch Geschiedener nicht heiraten. Sie blieb jedoch »die Frau« bis zu seinem Lebensende, tüchtig, energisch, ökonomisch, eifersüchtig. Als er 1831 in das Ensemble des Theaters an der Wien eintrat, war es ihre Tüchtigkeit, die ihn vor zermürbender Ausbeutung durch den Direktor Carl bewahrte. Er war im Ensemble der einzige, der nicht in Schulden versank, sondern es zu Wohlstand brachte.

Viele, die den aggressiven Schauspieler kennenlernten, waren von der »Bürgerlichkeit« seines Gebarens betroffen. Er lehnte es ab, privat ein eignes Gesicht zu haben, denn hundert Masken waren seine Wirklichkeit. Sein Dasein war streng geregelt, von der Tarockpartie im Kaffeehaus bis zu den zahllosen Liebschaften. Er bewältigte ein enormes Arbeitspensum. Um Energie zu sparen, wählte er außerhalb des Theaters die bürgerliche Schablone. Der Kraftaufwand zur Überwindung von Schüchternheit und Menschenscheu war der Bühne vorbehalten. »Im Kaffeehaus«, erzählte L. Gottsleben, »saß er oft auf Nadeln, wenn es höchste Zeit war, in die Garderobe zu gehen und der Markör sein leises Rufen: Bitte, zahlen! nicht hörte. Laut zu rufen oder energisch ans Glas zu klopfen, wäre dem schüchternen Mann unmöglich gewesen...« Seine Freunde berichten, daß er aufatmete, wenn kein Fremder anwesend war. »Die große Welt ist intolerant«, heißt es in seinen nachgelassenen Aphorismen, »sie verlangt uniforme Sitten und duldet keinen Charakter. Selbständigkeit ist ihr ein Greuel der Anmaßung; so will man auch uniforme, entréefähige Gesichter, gleiche Bartform, ein Gesicht soll sich ja nicht unterfangen, einen Charakter zu zeichnen.« Nur in vertrautem Gespräch »begann das wunderschöne, geistreiche Auge Blitze zu schießen, da lächelte der feine Mund mit der spöttisch verzogenen Lippe, da arbeiteten Hand und Schultern, jeden Wortblitz plastisch erläuternd ...« Der Schauspieler Frankl erzählt: »Seine pessimistische Weltanschauung, seine scharfe Beobachtungsgabe, sein satirisch gestimmter Geist, die Originalität seiner oft frappanten Ausdrucksweise machten ihn zum interessantesten Gesellschafter seiner Freunde.«

All das in ihm Zurückgestaute brach auf der Bühne hervor, jegliche innere Zensur zertrümmernd. Zunächst war das Wiener Publikum von ihm befremdet. An Raimund gewöhnt, den »Charaktermaler» der Ifflandschen Schule, wie Willibald Alexis ihn nannte, schrak es vor dem »ordinären«, dem scharfen, harten, ungemütlichen Nestroy zurück. Costenoble schrieb, Nestroys Spiel erinnere ihn »immer an diejenige Hefe des Pöbels, die in Revolutionsfällen zum Plündern und Totschlagen bereit ist... Wie komisch Herr Nestroy auch zuweilen wird – er kann das *Unheimliche* nicht verdrängen, welches den Zuhörer beschleicht«. Bernhard Gutt hat 1844 in der Prager »Bohemia« die Komik Nestroys analysiert. Aus seinen früheren Leistungen, so schrieb er, »sprach uns die ungezügelte Kraft, der überschäumende Mutwille, den man bald aristophanisch, bald mephistophelisch nennen möchte, wie jegliche ungewöhnliche Begabung lebhaft, aber fast *befremdend* an«. Es ist dies ein Stil »der maßlosen Kraft« gewesen. »Alles ging ins Kolossale, alles war auf die unmittelbare, schlagende Wirkung berechnet... der moralische und ästhetische Boden fehlt mehrenteils; die Negation ist durchgängig vorschlagend und der Dialog eine Reihe glänzender, aber gemütloser, bitterer Sarkasmen...«

Nestroy *war* das *Befremdende,* das *Unheimliche* eines gehemmten Kleinbürgers, der sich explosiv der Hemmung entledigt und mit dem Tumult der Vorstadt verschmilzt. Karl Kraus spricht von den »Wortbarrikaden eines Achtundvierzigers gegen die Herrschaft der Banalität«. Es war nicht nur Revolte gegen die Herrschaft der Banalität, sondern, was Leute wie Costenoble ahnten, war die Guillotine, die Phrasen und Lügen köpft. Die Kritiker sprachen von Übertreibung, weil der Schauspieler und Stückeschreiber Nestroy, ein *Daumier* der Bühnenkunst, die schon in ihrer Entstehung nach Verwesung riechende Bürgerwelt zeichnete, wie sie wirklich war, nicht wie Heuchler sie zu sehen wünschten. Es war in der Tat die Satire, »zum Plündern und Totschlagen« bereit, die Satire, die immer Weltgericht ist, von Aristophanes bis Karl Kraus und James Joyce.

Nestroy mußte »übertreiben«, um sich selber aufzusprengen, seine maßlose Kraft zu befreien, und er mußte zugleich in blitzartigen Handstreichen, durch jähen Witz *die Zensur* überrumpeln.

Und was für eine Zensur!

Zeitungen, Zeitschriften, Bücher konnte man einfach verbieten, doch das Theater war ein schwieriger Feind; wenn man ihm selbst das Wort entzog, blieb ihm die Geste, das Mienenspiel. »Beinahe beredter noch als seine Dialektik«, schrieb Speidel über Nestroy, »war sein stummes Spiel, mit welchem er alle Voraussetzungen des Zensors durchkreuzte. Durch ein Aufzucken der Stirn und der Augenbrauen, verbunden mit einem Niederzucken der Oberlippe und des Kinns – ein Mienenspiel, das sich nicht schildern läßt –, gab er seiner Rolle einen Zusatz von Gedankenstrichen, aus welchen sich noch ganz anderes heraushören ließ als was wirklich gesprochen wurde, und da, wo die Darsteller der einstigen italienischen Kunstkomödie mit Worten improvisiert hatten, improvisierte er noch weit drastischer durch – Schweigen.«

Der ganze Haß der Zensur gegen das Theater als Institution grunzt aus dem Bericht eines Polizeikonfidenten über das Carl-Theater: »Die Mehrzahl der Besucher besteht aus reichen Müßiggängern, aus Israeliten, Börsenmännern und Reisenden oder hier domizilierten Fremden, die nach dem Dolce far niente oder nach der Spekulation oder sonstigen Geschäften des Tages lachen, nicht als lachen wollen. Solche blasierte Naturen können nur durch Erschütterung des Zwerchfells aus ihrer Abspannung aufgeweckt werden... In staatspolitischer Hinsicht wird zwar vom Personal des Carl-Theaters niemand beanständet; doch ist das Privatleben der Mehrzahl durch Schulden und Unzucht bemakelt...«

In der Erschütterung des Zwerchfells ahnten eifrige Zensoren die Fundamente von Staat und Kirche erschüttert. Der Oberkommissär Janota beanständete im März 1851 an der Posse »Mein Freund« unter andrem die Stelle: »Es kann unmöglich schwer sein, etwas Geringes in die Höh' zu heben« – weil dies als eine Anspielung auf Herrn Minister Bach genommen werden könnte. Beanständet wurde auch die Stelle: »Es ist Luxus vom Schicksal, daß es Pfeile schleudert; an seinen Fügungen sieht man ohnedem, daß es das Pulver nicht erfunden hat...«, weil diese Stelle der religiösen Ergebenheit widerspricht. Auf eine schriftliche Erwiderung Nestroys antwortete Janota: »Es handelt sich hier nicht um ein bloßes Hadern mit dem Schicksal, sondern um eine atheistische, das christlich-religiöse Gefühl beleidigende Ansicht, welche noch dazu mit scheinbarer humoristischer Ruhe vorgetragen wird und durch den Ausdruck ›deine Blitze leuchten nicht‹ eine direkte Beziehung auf das höchste Wesen nach biblischer Anschauung nimmt...«

Wie wenig Sinn Nestroy für ein loyales Streben hat, beweist der Umstand, daß er von seiner alten Gewohnheit, dem Extemporieren, nicht lassen kann, und erst in der letzten Zeit... »wegen Extemporierens radikaler Floskeln von dem betreffenden Bezirkskommissariate in die gesetzlichen Schranken gewiesen werden mußte...«

Durch die »aufwallende Kühnheit«, mit der er »gesetzliche Schranken« überschritt, durch die Überlegenheit, mit der er die Zensur herausforderte, durch die Riesenkraft des Komischen gewann Nestroy das anfangs befremdete und erschreckte Publikum. Freilich geschah es immer wieder, daß die Beifallklatschenden betroffen innehielten, in der unbehaglichen Ahnung, gelacht zu haben, statt empört zu sein.

Die demolierte Romantik

Die ersten Zauberstücke, die Nestroy schrieb, waren starr, marionettenhaft, konventionell moralisierend; nur dann und wann ein grelles Wetterleuchten. Doch immer deutlicher wurde das Zauberstück zur Parodie, zur Aggression gegen eine degenerierte Romantik.

Der Kapitalismus, in Wolken schwarzen Kohlenstaubs, die trübe Ernüchterung nach der industriellen und politischen Revolution hatte in Westeuropa den Protest, die Revolte der Romantik hervorgerufen. Gegen kapitalistische Häßlichkeit und Banalität, gegen die Kommerzialisierung des Daseins feierten Künstler und Schriftsteller die »Leidenschaft an sich« (Stendhal), die nutzlose Schönheit, das einsame Genie, den Titanen Prometheus, den Erzengel Luzifer. Der Spezialisierung, Zerstückelung, Entfremdung des Menschen in der kapitalistischen Welt wurde der

Traum eines vergangenen, die Utopie eines künftigen Zeitalters der Einheit und Fülle entgegengesetzt. In allem *extrem* zu sein, war der Ehrgeiz dieser Romantik.

Im rückständigen Österreich neigte die Romantik von Anfang an nicht zur Revolte, sondern zur *Resignation.* Dem heranschleichenden Kapitalismus fehlte die düstre Größe, die er in Westeuropa besaß. Er war kein Satan von Format, sondern ein Rudel kleiner Stinkteufel. Die österreichische Lust am Diminutiv, am Herzerl und Trutscherl, am Butzerl und Bisserl, zerkleinerte auch die Romantik zu süßen Gustostückerln. Die Leidenschaft wurde zur Gemütlichkeit, die Liebe zur Sentimentalität, der Weltschmerz zum Raunzen, der extreme zum behaglichen Individualismus.

Die zunehmende Tendenz, durch eine zur Dekoration, zum Ornament gewordene Romantik von Problemen und Forderungen des Tages abzulenken, die romantische Phrase war Nestroy zuwider. »Die Alltäglichkeit«, notierte er, »übt über alles ihr Recht aus.« Sein kritischer Verstand übersah nicht die unheilvolle gesellschaftliche Differenzierung in extremen Reichtum und extreme Armut. Sein Mißtrauen gegen jede Utopie, seine Konzentration auf die Gegenwart (dieser traditionelle österreichische Praktizismus) führte zur Bejahung des verachteten »Mittelwegs«. Es war eine Bejahung ohne Enthusiasmus, keineswegs die von Raimund und Grillparzer gepriesene Flucht in eine romantische Idylle.

In der Zauberposse »Müller, Kohlenbrenner und Sesseltrager« erwidern die nach Ungewöhnlichem Strebenden dem Berggeist Rübezahl: »Wir wollen nicht auf der Mittelstraßen sein. Sie müssen wissen, wir sind keine gewöhnlichen Leut', wir haben als Buben in der Schul' schon statt'n Namenbüchel ›Die Verirrungen des menschlichen Herzens‹ von Lafontaine gelesen, drum strebt unser Geist aufwärts...« Sie fordern unmäßigen Reichtum, romantische Liebe und Künstlerruhm. Rübezahl gewährt es. Der Reichtum endet in der Angst des Besitzenden vor totalem Verlust, die romantische Liebe im Haß der Eheleute, der Künstlerruhm im Hungertod. Die Geister der Verhungerten hören, wie der Nachruhm ans Totenbett tritt: »Das ist ja schrecklich! Nach mein' Tod gibt der zehn Dukaten für die Feder, die ich aus Hunger zerbissen hab'...« Am Ende war dies alles nur ein Traum, und die Erwachenden wählen den verachteten Mittelweg.

Der Zensor fühlte sehr wohl die Gefahr eines solchen antiromantischen Pessimismus. Er strich das Stück kreuz und quer zusammen, da es zu kraß der Scheinwelt widersprach, an die zu glauben optimistische Untertanen verpflichtet sind, dieser Fiktion behaglichen Wohlstands, korrekter Liebe, glücklicher Ehe, harmonischer Familie, wohlwollender Förderung von Kunst und Wissenschaft.

Auf die Parodie »Der gefühlvolle Kerkermeister«, die das dröhnende Opern-Pathos verspottete, ohne die Romantik ins Herz zu treffen, folgte 1832 »Nagerl und Handschuh«, das parodierte Märchen vom Aschenbrödel. Nestroy verklärt nicht romantisch das Aschenbrödel, sondern gestaltet es als einfältiges Küchenmädel. Ihr Vater wird im Personenverzeichnis vorgestellt als »Povernius Maxenpfutsch, Besitzer von Schuldenfeld, ein im Zugrundegehen begriffener Kapitalist und Vater.« Aschenbrödel eröffnet das Märchenspiel mit dem Lied:

Wenn 's Militär vorbeimarschiert,
Mir 's Herzerl alleweil klopfet wird.
Tschinatra! Tschinatra! Tschinatra! Bum!
Ein heimlich Sehnen macht mich völlig dumm!
D' Mannsbilder sein so übel nit,
Aber die Herrschaft leid's halt nit.
Tschinatra! Tschinatra! Tschinatra! Bum!
Erlöset mich einer, ich gebet was drum!

Es ist kein gefühlvolles Märchenwesen, sondern das unverfälschte Wiener Dienstmädel, das diese Strophen singt. Doch eben durch die unsentimentale Aufrichtigkeit gewinnt das Couplet den Charakter eines nicht nachgeahmten mittelalterlichen, sondern eines echten städtischen Volkslieds. In dem »Herzerl, das klopfet wird« und der heimlichen Sehnsucht: »Erlöset mich einer, ich gebet was drum!« ist mehr Poesie als in vielen von der Romantik imitierten Volksliedern. In der Parodie des romantischen Gefühls wird oft ein ursprüngliches, in seiner Einfalt bezauberndes heraufbeschworen – so im Entzücken des Aschenbrödels, wenn es plötzlich in kostbaren Kleidern dasteht.

Rosa (sich mit Wohlgefallen betrachtend): »Ja, schön – schön wär' das freilich –! Nein, nein, wie ich schön bin! So was ist noch gar nicht dagewesen. Aber sagen S' mir nur, bin ich's wirklich?«

Der Zauberer Semmelschmarrn: »Freilich bist du's.«
Rosa: »Haben S' mich nicht austauscht?«
Semmelschmarrn: »Das Kleid nur, du bist dieselbe.«
Rosa (herumspringend): »Nein, wie einen so ein Kleid verändert! – Ich kenn' mich gar nicht mehr.«

Und dann der Sprung aus dem Märchenhaften in die gesellschaftliche Wirklichkeit. Durch ein falsches Nagerl (Nelke), das der Zauberer der sich im Spiegel Bewundernden gibt, wird eine bisher verborgene, verdrängte, gierige Rosa geweckt. Aus der plötzlich Emporgekommenen sprudelt's hemmungslos: »Sehn Sie, der Mensch hat ein Herz, und dann auch wiederum eine Hand, der Unterschied zwischen diesen beiden Kleinigkeiten ist wirklich eine Großartigkeit. Die Hand, die vergibt man, wenn man glaubt, es schaut was heraus: so ist's hier der Fall... Was das Herz anbelangt, da wär' ein ganzes Buch darüber zu schreiben...« Rosa wird durch das richtige Nagerl wieder das liebenswürdige Wesen, das sie war: aber das andre in ihr hat die Krallen gezeigt. Die Tracht der höheren Klasse weckt die Niedertracht des Emporkömmlings.

Die Parodie »Robert der Teuxel« traf die Romantik ins Herz. In der Oper »Robert der Teufel« von Scribe und Meyerbeer war der romantische Held in seiner Mischung von Satanismus und Sentimentalität, von Erhabenem und Gräßlichem, zur inhaltlosen, doch effektvollen Maske geworden. Von der revoltierenden Leidenschaft der Helden, deren Urbild Byron war, blieb nichts übrig als die totale *Verantwortungslosigkeit.* In der deutschen und österreichischen Romantik war diese Macht des Schicksals und Ohnmacht des Menschen, diese Verantwortungslosigkeit des Handelnden (»Unsere Taten sind nur Würfe in des Zufalls blinder Nacht!«) ein zentrales Thema. Der Wiener Spießbürger schwelgte in der Ausrede auf das Schicksal, auf das »Malör«, das ihn, den Harm- und Schuldlosen, immer wieder zu Missetaten trieb. Bertram, der Teufel, verführt seinen Sohn Robert, um sich nie von ihm trennen zu müssen, in der Hölle ewig mit ihm vereint zu sein, ein edler Teufel also, ein goldenes Vaterherz. In den Ruinen eines Klosters, das einst von sündhaften Nonnen entweiht wurde, bedrängen deren Geister den jungen Robert, werfen die Hüllen ab, entfesseln unter Leitung ihrer Oberin Helene ein Bacchanal. Der ihnen verfallende Robert raubt einen wundertätigen Zypressenzweig vom Grabe der heiligen Rosalia. Schließlich, im

Dom von Palermo, streckt Bertram die Hand nach seinem Sohn aus, indes ein braves Mädchen, Alice, ihm das warnende Testament der Mutter überbringt. Robert schwankt zwischen Vater und Mutter, da schlägt es Mitternacht, Bertram versinkt in die Hölle, sein Sohn wird als Held der Tugend gefeiert: »Er ist doch treu geblieben!«

Nestroy transponiert die Handlung aus der Welt mittelalterlicher Feudalherren in die Wiener Kleinbürgerwelt seines Zeitalters. Bertram ist Roberts Freund, »Kommissionär eines bösen Zauberers«. Der Dämon tritt aus der Oper in den Alltag, das Böse hat den Glorienschein des Erhabenen eingebüßt und wird zur unromantischen Schäbigkeit. Die Parodie beginnt mit der Sauferei einer Schützengesellschaft. Robert hat die Kumpane eingeladen.

Robert (laut zu den Kellnern): »Alle Flaschen frisch ang'füllt! (Leise:) Jetzt bringt's noch ein' schlechtern, denn von denen kennt keiner mehr ein' Heurigen und ein' Champagner auseinand'.«

Die zwei Kellner: »Schon recht, Euer Gnaden!«

Bertram: »Brav, Robert, nur alles auf'n Betrug, das ist das Wahre.«

Bertram läßt ein Gewitter heraufziehn. Alles läuft aus dem Garten. Bertram bleibt allein zurück: »Gute Gelegenheit! Jetzt muß ich in der Geschwindigkeit was Böses tun. (Er eilt zu einem andren Tisch und stößt eine Flasche stark auf.) Brav, die hat schon einen Sprung. (Er nimmt einen Stuhl und stößt ihn gegen den Boden, daß er kracht.) Wie sich der Nagelberger niedersetzt, liegt er da – (Von einer Idee ergriffen.) Halt, noch was! (Er nimmt ein Messer und schneidet ein Loch in ein Tischtuch und sagt dann triumphierend:) Ein Loch ins Tischtuch g'schnitten, das is g'scheit. – Nur Böses – nur Böses!«

Die Wildheit, mit der Nestroy als Bertram die Worte: »Nur Böses!« ins Publikum zischte, provozierte einen Schauer des Unbehagens. Zwiefaches war gelungen: die Reduktion des romantischen Teufels ins alltäglich Banale, und zugleich die Entblößung des elementar Bösen in der scheinbar unbedeutenden, ja lächerlichen Niedertracht. Die kleine Lumperei genießt sich selbst im Pathos der großen Missetat, der Schubiak, der den Kreuzer der kleinen Leute stiehlt, gebärdet sich als ein von düstren Mächten Besessener:

Keine Gelegenheit zum Bösen mir entschlüpft.
Jetzt hab' ich dem Kegelbub'n seine Kreuzer geschnipt.

Der sentimentale Satanismus der Helden von Chateaubriand, Alfred de Vigny, Victor Hugo wird aufgestochen, das »Geschwollene« entleert sich ins Lächerliche.

Bertram: »... ich erröte, wenn ich es ausspreche – (naiv und verschämt vortretend) ich bin verliebt in die Lieserl, auf Ehr'. Sie hat mir ein paar Grobheiten gesagt, welche mich auf homöopathische Weise ergriffen und die konträre Wirkung in mir hervorgebracht haben. Seit diesen Sottisen glüht mein den Lasterpfuhl zähneklappernd durchheultes, von Pech durchschwefeltes, Flammenbosheit brütend tückisches Infernal-Herz für sie von heißer, inniger Liebe... Ich muß'n kriegen, den Robert, er ist mein Sohn, ich will ihn bei mir haben, daß er mir G'sellschaft leist't, denn wenn ich auch ein Teufel bin, so bin ich doch zugleich zärtlicher Vater das ist zwar gegen allen gesunden Menschenverstand, aber man tragt's jetzt so...«

In der Oper wird Raimbaud in einer öden Felsenschlucht, wo er Alice treffen soll, durch das Gold Bertrams verführt. Bertram deklamiert: »Wieder einer nun mein! Er ward glorreich erworben!« Aus der Tiefe antwortet der Chor der Dämonen:

Dämone, Phantome,
Den Himmel verlacht!
Im düsteren Dome
Durchschwelget die Nacht!

Bertram (in höchster Verzweiflung):

O, mein Sohn, o, für dich,
Der mir der Güter höchstes,
Trotzte ich, trotzte ich schon dem Himmel,
trotze ich noch, trotze der Hölle ich!

Auch in der Parodie wird das Geld als Teufelsmacht anerkannt. Bertram bietet dem Reimboderl tausend Dukaten, damit er seine Lieserl sitzen lasse.

Reimboderl: »Um tausend Dukaten tu ich alles.«
Bertram: »Und deine Lieserl sitzen laßt.«

Reimboderl: »Um tausend Dukaten lass' ich alles...
Ich hab' feste Grundsätz', fest bleib' ich dabei.
Nur wenn ich ein Geld seh', da änder' ich's glei.«

Abermals ist es Nestroy gelungen, durch Entromantisierung die entmenschlichende Macht des Geldes weitaus greller, erschrekkender darzustellen als in der »dämonischen« Maskerade. Dieses »Dämonische« wird als das *Infantile* demaskiert, als ein kindisches Versteckenspielen. Der Höllenchor ruft:

Dämonen, Phantomen,
Dämonen, gu, gu!
Dämonen, Phantomen,
Dömonen, da, da!
  Juchhe! Tschurimuri,
  's is an Remissuri!
Dämon', Phantomen und Gnomen sein da!

In der *Welt der Erwachsenen* gibt es keine Dämonen, kein Geworfensein in den Abgrund, wohl aber die Macht sich ändernder Verhältnisse. Nicht der Teufel selbst, sondern sein Rock ist von der Macht des Bösen vollgesogen. Der schwachsinnig-gutmütige Reimboderl findet diesen Rock und zieht ihn an. Plötzlich verzerrt er das Gesicht: »Ha! *Nur Böses!* Die Welt möcht' ich mit Arsenium anstreichen, daß die ganze Menschheit vergift't wär' in drei Viertelstund'. Wenn ich nur wenigstens wen ausrauben könnt' zum Pläsier (sich umsehend). Ist denn kein Mensch zum Ausrauben da?« Er sieht einen alten Bettler, wirft ihn zu Boden, tritt ihn mit Füßen. Das Possenhafte wird zum nicht Geheuren, zum Unheimlichen, weitaus bestürzender als die romantische Opern-Dämonie. In all diesen braven Leuten, diesen scheinbar so harmlosen Durchschnittsmenschen steckt das Unmenschliche, Macht- und Geldgier, Brutalität und Niedertracht. Laßt sie den Rock des Teufels anziehn und der Teufel erwacht in ihnen, das Aschenbrödel prostituiert sich, Reimboderl trampelt auf einem Bettler herum, Kleider machen Hexen und Mörder, mit der gesellschaftlichen Charaktermaske ändern sich unerwartet die Charaktere. In der Welt des Kapitals ist der romantische Satan antiquiert. Der Teufel Bertram singt das Couplet des hinter dem Fortschritt Zurückgebliebenen:

Als honettes Phantom soll man d' Menschheit verführ'n
Und man könnt' im Betrüg'n noch von d' Leut profitier'n...
Ich sag's, der Betrug is zu stark in der Mod',
A böser Geist sein, das ist irzt ein elendig's Brot...

Die »*dämonischen*« werden von Nestroy als *gesellschaftliche* Mächte erkannt, der Mensch ändert sich mit seiner gesellschaftlichen Situation, ohne darum individueller *Verantwortung* enthoben zu sein. So steht denn schließlich wie in der Oper Robert zwischen dem höllischen Papa und der braven Lieserl, die ihm das Testament der Mama überbringt.

Robert (liest): »Roberterl, mein liederlicher Sohn, das aufdringliche Wesen, was dir nicht von dem Hals geht, ist ein Höllenphantom, welches sich nur für deinen Vater ausgibt, und wär' er es auch wirklich, meide ihn wie das saure Bier. (Er läßt den Brief fallen.) Habe Dank, Mama, deine Warnung kommt grad noch vor der Torsperr'!«

Bertram: »Nutzt nix, du hast mir deine Hand gegeben (faßt seine linke Hand), ich ziehe dich zum Laster.«

Lieserl (Roberts rechte Hand ergreifend): »Nutzt nix, ich ziehe ihn zur Tugend.«

Bertram (grimmig): »Gut, wir wollen sehen, wer besser anziehen kann, wir wollen doch sehen.«

Beide zerren an ihm, bis er zu zerreißen droht. Schließlich kommt Reimboderl seiner Lieserl zur Hilfe, und die Tugend siegt.

Robert (ruft, indem er mit Lieserl und Reimboderl auf die rechte Seite flieht, unter fortwährender Musik): »Wohl mir! Die Reißerei ist zu meinen Gunsten ausgefallen!«

Es schlägt Viertel auf elf, die Wiener Sperrstunde, Bertram versinkt in die Hölle, der unsichtbare Chor jubelt:

Triumph! Die Tugend siegt,
Das Laster unterliegt!

Nach der *dämonischen* wird die *sentimentale* Romantik parodiert. Im November 1834 wurde im Josefstädter Theater Holteis »Lorbeerbaum und Bettelstab« aufgeführt. Heinrich von Kleist war »der Stern« dieses Stückes, wie Holtei schrieb; doch der Stern versank in Nebelfetzen, und auch diese waren nicht echt, sondern tränenfeuchte Jammerlappen. Die Wiener waren entzückt. Nestroy schlug zu. In seiner Posse »Weder Lorbeerbaum noch Bettelstab«, deren Erfolg hinter dem des Rührstücks weit zurückblieb, machte er aus dem romantisch-sentimentalen Heinrich den resolut-antiromantischen Leicht. Nicht der überschwengliche, sondern der aufsässige Kleinbürger tritt hier dem satten Bürgertum entgegen. Leicht macht der reichen Agnes Steinrötel, die mit dem reichen Blasius Grund verlobt ist, eine Liebeserklärung. Der Vater der Agnes und Blasius kommen vom Essen aus dem Nebenzimmer.

Blasius (ein Kapaunbiegel verzehrend, zu Agnes): »Sie wissen, ich kann keinen Bissen essen, wenn Sie nicht dabei sind...«

Leicht (laut und barsch): »Ich geh' gar nicht zur Tafel, ich geh' fort.«

Steinrötel: »Sie stoßen mir meine Gesellschaft vor'n Kopf.«

Leicht: »Das wird bei der G'sellschaft nicht möglich sein.«

Agnes schickt dem Leicht einen »Jokusstab mit dem Momuskopf und der Schellenkappe«. Auf den Einwand eines Herrn Überall: »Sie hätt' Ihnen aber doch lieber einen Lorbeerbaum schicken sollen!« erwidert Leicht: »Wollen Sie mich foppen? Oder halten Sie mich wirklich für so dumm? Bis zum Lorbeer versteig' ich mich nicht. G'fallen sollen meine Sachen, unterhalten, lachen sollen d' Leut, und mir soll die G'schicht a Geld tragen, daß ich auch lach', das is der ganze Zweck...«

Es ist Nestroy selbst, der im Tonfall des Zynismus den romantischen Geniekult verhöhnt und rücksichtslos ausspricht, das Kunstwerk sei zur *Ware* geworden, der moderne Schriftsteller produziere für den Markt, und ihm »soll die G'schicht a Geld tragen«. Zum Unterschied aber von dem romantischen Heinrich in Hölteis Stück kapituliert der unromantische Leicht nicht vor dem Angebot des Seifenfabrikanten Grundl, ihn als Buchhalter anzustellen: »Ich soll Kerzen und Seif' berechnen? Das wird nicht gehn. Geben Sie acht, ich schreib' Ihnen nix als Feenschlösser, Genien und Wassergeister ins Hauptbuch.« Auf die Zumutung, für Agnes und Blasius das Hochzeitsgedicht zu schreiben, erwidert er mit Empörung gegen das satte Bürgertum: »Wenn das Volk nur fressen kann! Wie s' den Speiseduft wittert, da erwacht die Eßlust, und wenn die erwacht, legen sich alle Leidenschaften schlafen; sie haben keinen Zorn, keine Rührung, keine Wut, keinen Gram, keine Lieb', keinen Haß, nicht einmal eine Seel' haben s'. Nix haben s' als ein' Appetit...« Agnes kommt, ihn zur Tafel zu bitten; er faucht sie an: »Nicht wahr, vor einer Hyäne laufeten S' davon? Und was ist eine Hyäne für ein sanftes, gutwilliges Wesen gegen eine grimmig gereizte Leidenschaft? Davon habt ihr freilich keinen Begriff, ihr ordinären Dutzendseelen, die der liebe Herrgott packelweise erschafft, die dann die Gegenwart zu Markt bringt, eingewickelt in das schofle Umschlagpapier der Alltäglichkeit...«

In dieser komischen Übertreibung – welch ein echter Haß gegen die fressende Bürgerwelt, welch eine aus unbewußter *Romantik* tauchende Anklage gegen die »ordinären Dutzendseelen«, in ihrer kräftigen Bildhaftigkeit durchschlagender als alle Tiraden romantischer Wehleidigkeit! Der Stückeschreiber Leicht, der von sich selber sagte, er wolle nichts als den Leuten »g'fallen«, bricht aus der Bürgerwelt aus, wird wandernder Harfenist, gilt als tot, erfährt zwanzig Jahre später durch einen Theaterzettel von der hundertsten Aufführung seiner Posse »Der Zauberschmarrn«: »Hundertmal! Der Schmarren g'fallt! Jetzt g'fallt's, weil s' mich schon zwanzig Jahr' für tot halten, weil's mir nix mehr nutzt – es is zum Rasendwerden!« Dann aber, nach all der Revolte, wird das Bekenntnis zum Mittelweg wiederholt: »Das einzige G'scheite an mir war, ich hab' nie zu hoch auswollen, drum bin ich auch nicht zu tief herunterg'fallen. Ich hab' nie nach dem Lorbeer getracht't, drum ist auch das, was ich jetzt in der Hand halt', kein Bettelstab...«

Der Widerspruch eines die Romantik demolierenden Verstands und eines romantischen Untergrunds im Wesen Nestroys wurde schon von einzelnen Zeitgenossen wahrgenommen. In der Besprechung des Schauspiels »Der Schützling« schrieb Raudnitz am 13. April 1847 in der Theaterzeitung: »Ich kenne keinen dramatischen Dichter wie ihn, bei dem der Verstand so allgewaltig, so vielvermögend ist, daß er selbst Gemüt, Phantasie und Romantik zu schaffen versteht... ein Doppelwesen, das romantisch ist und die eigene Romantik bespöttelt, von Empfindung überfließt und seine eigene Empfindung seziert und satirisiert... In diesem wundersamen Zwiespalt liegt gewiß ein ungewöhnlicher Reiz, aber ein *beunruhigendes Befremden* muß mit in den Kauf genommen werden...«

Nestroy, der Überwinder des romantischen Zauberstücks, bewahrt zugleich in desillusionierendem Witz das Wunderbare, das Märchenspiel.

Schon in der Parodie des Aschenbrödel-Themas »Nagerl und Handschuh« wurde Romantik nicht nur demoliert, sondern mit leiser Hand wieder aufgebaut. Die Alltäglichkeit übt zwar über alles ihre Rechte aus, zugleich aber wird sie, das »schofle Umschlagpapier« der packelweise zu Markte getragenen Dutzendseelen, immer wieder dichterich aufgehoben. Es ist die *Häufung des Unwahrscheinlichen*, wodurch Nestroy die Wirklichkeit ins Phantastische, ins Märchenhafte steigert. In der Posse »Zu ebener Erd' und erster Stock« wird die Armut der Tandlerfamilie zu ebener Erd', der Reichtum der Bourgeoisie im ersten Stock mit naturalistischer Unverhülltheit dargestellt. Dann aber setzt das Märchen ein, das soziale Märchen vom Reichwerden des braven Armen, vom Armwerden des aufgeblasenen Millionärs. Damit jedoch die Schicksalswendung – die Kinder, sie hören es gerne! – nicht als Spiegelbild der Wirklichkeit erscheine, sondern ein Märchen bleibe, vollzieht sich das Unwahrscheinliche, das jedem Glücksfall zu ebener Erd' ein Unglücksfall im ersten Stock entspricht, daß im Parallelismus der rasch aufeinander folgenden Schicksalsschläge, in diesem absurden Wirbelwind, der den Armen hinauf-, den Reichen hinunterweht, die traumhaft witzige *Scheinwelt*, sich als das Unwirkliche, das Märchenhafte zu erkennen gibt. Auf solche Weise kommt Nestroy dem Wunschtraum der Armen entgegen, ohne Sentimentalität oder die Illusion hervorzurufen, derlei könne sich wirklich zutragen. Das Aschenbrödel-Motiv kehrt wieder, wenn die Tandlerfamilie mit Sack und Pack in die Herrschaftswohnung einzieht, das mitgebrachte Bettgewand im Luxuszimmer auf einen Haufen wirft, aufgeplustert vor den Spiegel tritt. Salerl (sich wohlgefällig betrachtend): »Nein, wie ich schön bin, das ist einzig!« Der reichgewordene Adolf, der sich obendrein als Neffe des Hausherrn entpuppt, heiratet die armgewordene Emilie, die Bösewichter werden verprügelt und alles singt im Chor:

Lasset uns jubeln, es heirat't ein Paar,
Wir gratulieren, und was wir wünschen, wird wahr,

’s Glück treibt’s auf Erden gar bunt, ’s Glück bleibt halt stets
kugelrund.

Das ist frei von der Unaufrichtigkeit späterer Operetten, ist unwahrscheinliches Märchenspiel, heitrer Traum, der nicht vorgibt, gesellschaftlicher Realität zu entsprechen.

Dieselbe Häufung des Unwahrscheinlichen macht die Posse »Die beiden Nachtwandler oder Das Notwendige und das Überflüssige« zum Märchenspiel. Daß nicht nur der Seiler Sebastian Faden, sondern auch sein Geselle Fabian Strick ein Nachtwandler ist, diese Verdoppelung des Ungewöhnlichen ergibt sowohl das Komische, wie das Märchenhafte. Die Alltäglichkeit ist überwunden, jeglichem Aberglauben und Zauberwesen ist Raum gegeben. Faden, der nachtwandelnd einen englischen Lord vor Räubern gerettet hat, läßt sich von diesem Lord und seinem künftigen Schwiegersohn überzeugen, daß sie höhere Wesen seien – dies um so mehr, da sie ihm die Erfüllung jedes Wunsches nach *Notwendigem* versprechen. Sollte er je das *Überflüssige* verlangen, würde er auch das Notwendige verlieren und in Armut zurücksinken. Im alten Märchen wird Bescheidenheit gefordert; Nestroy setzt sich über moralisierende Tendenzen hinweg und das vom Publikum nicht Erwartete geschieht: daß nämlich jeder Wunsch einen neuen ergibt, daß das gestern noch Überflüssige heute schon das Notwendige ist, daß nur die Armut Grenzen zieht, der Reichtum sie nicht anerkennt. Strick, der dem Meister Faden erklärt hat: »Ich glaube von jedem Menschen das Schlechteste, selbst von mir, und ich hab’ mich noch selten getäuscht…, ermuntert nun seinen zögernden Herrn: »Wir wer’n denen Geistern schon zeigen, was all’s notwendig ist!« Faden verliebt sich in die Tochter des Herrn von Brauchengeld, der für seine Einwilligung zur Ehe zehntausend Gulden fordert. Strick: »… ’s Madel ist zu Ihrem Glück notwendig, ’s Madl kost’t zehntausend Gulden, also sind die zehntausend Gulden auch notwendig…« In seinem neuen Haus vis-à-vis dem Palast seiner zauberhaften Wohltäter erwägt Faden die neue Lage: »Nein, Arbeit verlang’ ich keine mehr, denn das wär’ überflüssig, und ich darf nur das Notwendige verlangen…« Er fordert mehr und mehr, eins ergibt das andre, seine Braut begehrt den Palast, Faden besteht auf dieser Notwendigkeit: »Der Wunsch ist nicht übertrieben, ihre Reize verdienen noch viel mehr als das. Es ist noch recht schön von ihr, daß sie sich mit dem Palast behelfen will...« Und, gegen die Widerstrebenden, die nicht einem dankbaren Armen, sondern einem unersättlichen Emporkömmling gegenüberstehn: »Sie haben mir versprochen, Sie werden mich glücklich machen, (halb weinerlich) und jetzt machen Sie mich erst recht unglücklich durch Ihre Schmutzigkeit...« Auch der Palast wird als notwendig anerkannt.

Bei der Hochzeitstafel betrachtet Faden mit wachsender Verärgerung den Zopf des Lords. Schließlich springt er auf: »Ich halt's nicht länger aus, es geniert mich zu stark!«

Alle: »Was ist geschehn?«

Faden: »Noch nichts, aber es muß etwas geschehn! (Auf Wathfield zeigend:) Der Haarzopfen muß herunter!«

Als Furien verkleidete Bediente jagen ihn und Strick aus dem Palast: er hat das Überflüssige gefordert.

Die Kritiker waren entrüstet. Die »Wiener Zeitschrift für Kunst, Literatur, Theater und Mode« schrieb, es möchte in unseren Tagen wohl kaum eine Ortschaft geben, »wo die Gespensterfurcht einen so gar zugänglichen Köhlerglauben fände...« Dem »schlichten Sinne« falle auf, schrieb die Wiener Theaterzeitung, »warum nicht schon bei dem ersten Wunsche nach dem Palaste die Strafe eintraf«. Die Idee des Stückes habe keine »*wirklich moralische* Grundlage«. Es fehle »jede leiseste *Ernstverwebung*«, man sehe nicht mehr einen Menschen vor sich, der durch Besitz immer habgieriger wird, »und einen besseren Menschen, der ihn bessern will, sondern er wird plötzlich zu einem *Narren,* mit dem ein anderer Narr sein Unwesen treibt...«

Die Kritiker forderten von Nestroy gemäßigten Realismus mit moralischer Nutzanwendung; aber er gab naturalistische Details ohne Illusion, und übermütige Lust am Märchenhaften, Absurden, Paradoxen, Koboldischen, nicht Iffland und Kotzebue, sondern in frecher Posse das Schweben des Sommernachtstraums. Sowohl das eine wie das andre rief Unbehagen hervor; das entfesselte Theater sprengte jede Kategorie. Die beabsichtigte Verhöhnung der konventionellen Moral war den nach »Wahrscheinlichkeit« schreienden Kritikern entgangen, störte sie aber unterhalb ihres Bewußtseins. Wer zieht die Grenze zwischen dem Notwendigen und dem Überflüssigen? Nestroy antwortete lachend: Offenkundig nicht ein objektives Gesetz, sondern der gnädige Herr, der erst in Wut gerät, wenn man ihm selber den Zopf abschneiden will.

Auch in der Posse »Das Haus der Temperamente« ist es die Häufung des Unwahrscheinlichen, diesmal mit mathematischer Präzision angeordnet, aus der das Komische, das Absurde und das Märchenhafte hervorgeht. Die vier Temperamente werden in vierfacher Ausfertigung präsentiert: der Choleriker Herr von Braus, der Phlegmatiker Herr von Fad, der Melancholiker Herr von Trüb und der Sanguiniker Herr von Froh haben nicht nur je einen Sohn und eine Tochter ihres Temperaments, sondern auch vier Jugendfreunde, die sie als Schwiegersöhne wünschen, die Herren von Sturm, von Schlaf, von Schmerz und von Glück. Sowohl die vier Jugendfreunde wie die vier Söhne kommen gleichzeitig an, und schließlich vereinigen sich die jungen Leute zu vier Paaren, in denen die entgegengesetzten Temperamente zusammengekoppelt sind. Der Kleiderputzer Hutziputz und der Friseur Schlankel bringen nicht nur als Gegenspieler die Fäden der Intrige durcheinander, sondern sind überdies gegensätzliche Temperamente und Charaktere, was durch die Gleichzeitigkeit ihres Couplets *ein Maximum des Unwahrscheinlichen* ergibt. In einem Zimmer singt der Kleiderputzer Hutziputz:

Durch dick und dünn rennen's den Madeln brav nach,
Uns'reins hat hernach mit die Stiefeln die Plag',
Drum denk'ich oft, wenn ich beim Ausklopfen bin,
Warum steckt der Herr in die Kleider nicht drin?

Im andren Zimmer singt der Friseur Schlankel:

Der Kopf is das G'wölb und die Auslag' sind d' Haar',
Drum geht's da auch oft wie bei die G'wölber, 's is wahr,
Die Auslag' is schön, sie bezaubert den Sinn,
Das is aber auch alles, im G'wölb is nix drin.
Welcher Stand mit dem meinig'n z' vergleichen wohl ist?
Ich leb' angenehmer als jeder Kapitalist!

Hutziputz (zugleich):

Es gibt keinen Stand, der so unangenehm ist!
Meiner Seel', ich wär' lieber ein Kapitalist!

Diese Posse des leidenschaftlichen Kartenspielers Nestroy gleicht einem turbulenten Kartenspiel mit vier Königen, vier Damen, vier Cavals und vier Buben, aus dem regelwidrige Mariagen von Pique und Coeur, Treff und Caro hervorgehn.

Ein Rest von romantischem Zauberstück ist auch im Schauspiel »Der Schützling« versteckt, in dem die liebenswürdige Frau des unliebenswürdigen Industriellen Baron Waldbrand einen jungen Erfinder protegiert: »Ach, ein Vergnügen eigener Art wird es mir gewähren, aus verborgener Ferne für einen Unglücklichen die waltende Vorsehung zu sein; welch ein Hochgefühl, wenn ich gleich den guten Feen der reizenden Märchenwelt den magischen Stab über das mir anvertraute Schicksal schwinge.« Das Märchen geht in Fransen, denn der Plebejer Gottlieb Herb will nicht durch Protektion, sondern durch eignes Verdienst emporkommen und desavouiert aufs gröbste die gute Fee. Schließlich aber stiehlt er dennoch vom Schreibtisch ihres Gatten einen für sie kompromittierenden Brief, um sie vor drohendem Skandal zu bewahren, wird ertappt und spielt den Nachtwandler. Waldbrand: »Was ist das? – der geisterhafte Schritt – die starren Züge – er ist somnambul –.« Und die Romantik wandelt sich zur Posse!

Im Grunde ein Märchenspiel ist auch die großartige Komödie »Der Talisman«. Da sind die beiden Rothaarigen mit den seltsamen Namen Titus Feuerfuchs und Salome, der »vazierende Barbiergeselle« und die Gänsehirtin, aus der Gesellschaft verjagt, weil die roten Haare »fast allgemein mißfallen«. Und warum? »Weil der Anblick so ungewöhnlich is«, erwidert Titus; »wann's recht viel« gäbet, käm' die Sach' in Schwung«. Es ist das *romantische* Motiv der Ungewöhnlichen, Abseitigen, Einsamen, auf die Äußerlichkeit der roten Haare reduziert.

Mit verhaltener Poesie wird Salome eingeführt, beim Bauerntanz von allen verspottet und zurückgestoßen: »Ich bleib' halt wieder allein z'ruck! Und warum? Weil ich die rotkopfete Salome bin. Rot is doch g'wiß a schöne Farb', die schönsten Blumen sein die Rosen, und die Rosen sind rot. Das Schönste in der Natur is der Morgen, und der kündigt sich an durch das prächtigste Rot. Die Wolken sind doch g'wiß keine schöne Erfindung, und sogar die Wolken sein schön, wann s' in der Abendsonn' brennrot dastehn auf 'm Himmel… Ich geh zu meine Gäns', die schnattern doch nicht aus Bosheit, wann s' mich sehn, und wann ich ihnen 's Futter bring', schaun s' mir auf d' Händ' und nit auf 'n Kopf.«

Das ist der Stil der zauberhaften Komödie: ein Schwebezustand zwischen Poesie und Posse.

Im Gegensatz zu der melancholisch ihre Gänse und Träume hütenden Salome tritt Titus mit einem aggressiven Couplet auf die Bühne:

Der hat weiter nit g'schaut,
Beinah' hätt' ich ihm g'haut;
Der Spitzbub, 's is wahr,
Lacht mich aus weg'n die Haar'!
Wen geht's denn was an,
Ich hoff' doch, ich kann
Haar hab'n, wie ich will,
Jetzt wird's mir schon z'viel!...

Er möchte aus der »inhumanen Menschheit« fliehen, erwidert jedoch der eignen Romantik: »Nein, Menschheit, du sollst mich nicht verlieren. Appetit is das zarte Band, welches mich mit dir verkettet, welches mich alle Tag' drei-, viermal mahnt, daß ich mich der Gesellschaft nicht entreißen darf.« Der hungrige Titus trifft Salome, die ihren Gänsen einen halben Laib Brot bringt; er findet ihr Brot, sie findet ihn wunderbar, sein Haar, seine Sprache, seinen Namen. Ihre Bewunderung genießend entfaltet er sein Talent: »Werfen wir einen Blick auf das liebe Tierreich, so werden wir finden, daß die Ochsen einen Abscheu vor der roten Farb' haben, und unter diesen wieder zeigen die totalen Büffeln die heftigste Antipathie – welch ungeheure Blöße also gibt sich der Mensch, wenn er rote Vorurteile gegen die rote Farb' zeigt...« Und schließlich die Revolte: »So ist mir ohne Geld, ohne Lieb', ohne Freundschaft meine Umgebung unerträglich 'worden; da hab' ich alle Verhältnisse abg'streift, wie man einen engen Kaput auszieht in der Hitz', und jetzt steh' ich *in den Hemdärmeln der Freiheit* da...« Welch ein plebejisch-kräftiges Bild! Und doch verblaßt es vor den Worten der Salome, die dem Fortschreitenden sehnsüchtig nachblickt: »Da geht er, und ich weiß nicht – ich hab' eh kein Glück g'habt, und mir kommt jetzt vor, als ob er noch was mitgenommen hätt' davon...« Ein solcher Satz wiegt hundert Bände Lyrik auf!

Titus rettet dem Friseur Monsieur Marquis das Leben, und dieser schenkt ihm zum Dank eine schwarze Perücke. Die durch den

»Talisman« bewirkte Verwandlung aller Umstände ist Posse und Märchen zugleich, doch über beides hinaus ins Bestürzende reicht die Verwandlung, die Titus an sich selbst erfährt. Der »Talisman«, der ihn der Gesellschaft zurückgibt, der alle Frauen fasziniert, macht aus ihm, dem hungrigen Landstreicher, einen rücksichtslosen Streber, der nichts als emporkommen will. Drei Witwen sind vorhanden (wieder die komische Mehrzahl), die Gärtnerin, die Kammerfrau, die Schloßherrin, und von Witwe zu Witwe steigt er aufwärts, jedesmal mit dem Gewand des Verstorbenen ausgestattet, seine moralische Unbekümmertheit durch Witz und Phantasie überstrahlend.

Die Kammerfrau Constantia hat ihn mitgenommen, die Gärtnerin Flora wartet am Tisch, den sie für ihn decken ließ.

Titus (erscheint im Schloß am Fenster, mit vorgebundener Serviette, ein Fasanbiegel in der Hand): »Ah, Frau Gärtnerin, gut, daß ich Ihnen seh' –«

Flora: »Wo bleibt Er denn? Ich wart' mit 'm Essen –«

Titus: »Ich nicht; ich hab' schon gegessen.«

Flora: »Auf'm Schloß?«

Titus: »Bei der Kammerfrau in der Kammer, sehr gut gespeist; es war der erste Fasan, dem ich die letzte Ehr' angetan hab'...«

Das Vergnügen des Hungerleiders am ersten Fasan seines Lebens, die hemdärmelige Freiheit dessen, der alle Verhältnisse abgestreift hat und sich keine Chance entgehn läßt, verleiht der Frechheit den Charme der Unbefangenheit. Das durch possenhafte Situationen provozierte Gelächter gibt erst später der Ahnung Raum, das Lachen sei nicht statthaft gewesen, habe die vorgeschriebene moralische Entrüstung überrumpelt – doch eh das Publikum so weit ist, muß es schon wieder lachen. Und mittendrin die rührende Liebe der Salome, die Titus auch in der Perücke erkennt, von ihm verleugnet wird und ihm mit der Klugheit des Herzens zu Hilfe kommt: »Sei'n S' nit bös', und wenn S' vielleicht den sehen mit die roten Haar', so sagen S' ihm, ich hab's gut g'meint, ich hab' ihn nur warnen wollen, ich werd' ihn g'wiß nit verraten an die Leut', die um ihn fragen, und sagen S' ihm, ich werd' auch g'wiß sein' Glück nicht mehr in Weg treten. – (Die Tränen unterdrückend:) Sagen S' ihm das, wann S' den sehen mit die roten Haar'...« Nur ein großer Dichter vermag auf so leise Art zu rühren, so frei von jeder Sentimentalität.

Der eifersüchtige Friseur Monsieur Marquis stiehlt dem schlafenden Titus die schwarze Perücke; aus dessen Zorn erhebt sich shakespearisch die Metapher: »Jetzt, in dem entscheidendsten, hoffnungsvollsten Moment stehe ich da als Windlicht an der Totenbahr' meiner jungen Karriere!...« Der jugendhafte Appetit, mit dem er dieser Karriere hingegeben ist, sein energischer Witz sichern ihm stets aufs neue Sympahtie in seinem fragwürdigen Kampf um gesellschaftliche Position. Er entwendet dem Friseur eine blonde Perücke und stellt sich der Schloßherrin Frau von Cypressenburg vor. Sie ist von seinem Talent entzückt: »Charmant! Er hat sehr viel, aber nichts gründlich gelernt, darin besteht die Genialität.«

Titus (für sich): »Das is 's erste, was ich hör'; jetzt kann ich mir's erklären, warum's so viele Genies gibt...«

Der blonde Titus wird von den andren Witwen als der schwarze wiedererkannt: »Meine Stellung hier im Hause gleicht dem Brett des Schiffbrüchigen; ich muß die andern hinunterstoßen oder selbst untergehn...« Um der blonde Jüngling bleiben zu dürfen, muß er zu schwarzen Taten schreiten und die Entlassung der kompromittierenden Witwen herbeiführen. Niedertracht, sagt Nestroy, ist die Voraussetzung des Emporkommens; dennoch ergreift er für Titus Partei, indem er ihn sich selber wie einem Fremden gegenüberstellt und über die Zeit, die alles ändert, philosophieren läßt:

A Schönheit hat dreizehn Partien ausg'schlagen,
Darunter waren achte mit Haus, Ross' und Wagen,
Zwa Anbeter hab'n sich an ihr'm Fenster aufg'henkt,
Und drei hab'n sich draußen beim Schanzel dertränkt.
Vier hab'n sich beim Dritten Kaffeehaus erschossen,
Seitdem sein a sieb'nzehn Jahrln verflossen,
Jetzt schaut s' keiner mehr an, sie kann sich auf 'n
Kopf stell'n, wenn s' will –
Ja, die Zeit ändert viel.

In der extremen Unwahrscheinlichkeit wird alles aufgehoben, die frechste Intrige, der niederträchtigste Augenblick, denn die Zeit ändert viel und ist nichts als der »Schneiderg'sell, der in der Werkstatt der Ewigkeit alles zu ändern kriegt«, und also in jedem Kleid das Totenhemd, in jeder Maske den Totenkopf vorbereitet.

Dem Emporkömmling für ein paar Stunden werden die

schwarze, die blonde, die graue Perücke heruntergerissen, bis schließlich ein mächtigerer Talisman alles zu seinen Gunsten wendet: das Geld. Ein Verwandter des Titus Feuerfuchs, der Bierversilberer Spund, taucht mit Geld für den Vetter auf, die Witwen wittern eine Erbschaft, das rote Haar ist vom Glorienschein des Reichtums umgeben. Zunächst tritt Titus seinem Vetter mit grauer Perücke entgegen.

Spund: »Was is denn das? Graue Haare?... Du bist ja rotkopfet?«

Titus (sich schnell fassend): »Ich war es.«

Spund: »Und jetzt?«

Titus: »Jetzt bin ich grau.«

Spund: »Das is ja nicht möglich –«

Titus: »Wirklichkeit ist immer das schönste Zeugnis für die Möglichkeit...«

Im entscheidenden Augenblick, da Spund den nicht mehr durch rotes Haar ihn Anwidernden zu seinem Erben machen will, kommt schüchtern Salome, im Auftrag der Gärtnerin die graue Perücke ihres Verstorbenen zurückzufordern. Plötzlich ist Titus der Posse müde. Er reißt die Perücke herunter, verzichtet auf die Erbschaft, auf die Witwen, und nimmt dafür die erstaunte, entzückte Salome, die ahnungslos seine Karriere durchkreuzte. Das Märchen siegt, Revolte und Liebe schließen einen Bund der Rothaarigen gegen die Welt der schwarzen, blonden und grauen Perücken. Das ungewöhnliche Rot soll nicht mehr verschämt und versteckt sein, sondern hervortreten, überhandnehmen, der Herr Vetter möge sich drauf verlassen, »daß wir zu dieser Vervielfältigung das unsrige betragen werden«. Das Märchen deutet in die Zukunft.

Die alten und die neuen Herren

Der Titus Feuerfuchs, eine der vielseitigsten Gestalten Nestroys, vereinigt in sich auf sonderbare Art den Landstreicher, den Emporkömmling und den plebejischen Rebellen. Der Rebell bricht durch; in vielen andren Possen jedoch ist der Emporkömmling das Objekt unerbittlicher Aggression. Es ist vor allem *das Lachen von unten,* das Nestroy gegen ihn »aufrebellt«. Immer wieder wird deutlich gemacht, daß er nicht mit dem Adel gegen den Parvenu, nicht mit den alten gegen die neuen Herren sympathisiert.

Wenn in der Posse »Liebesgeschichten und Heiratssachen« der alte Marchese Vincelli dem reichgewordenen Fleischselcher Florian Fett entgegentritt, wird der Hochgeborne genau so dem Gelächter preisgegeben wie der Emporgekommene.

Marchese Vincelli tritt bei Fett ein und grüßt ihn mit stolzem Kopfnicken: »Herr Fett vermutlich?«

Fett: »Habe die Ehre! (Vincellis Gruß und Kopfnicken imitierend) Herr Vincelli vermutlich?«

Vincelli: »Marchese Vincelli, so ist es.«

Fett: »Herr von Fett, so ist es! (Für sich:) Auf die Art kann's nicht g'fehlt sein – und jetzt will ich zeigen, daß ich ein gebietender Herr bin. (Zum Diener Georg:) Na, du Dalk, siehst nicht, daß wir Sessel brauchen, laß uns dastehen als wie a paar Maulaffen – ah, es is schrecklich –«

Vincelli, dessen Sohn in die Tochter des Fett verliebt ist, will diese Mesalliance verhüten und zwingt sich, freundlich zu sein: »Hören Sie, mein Lieber –«

Fett (für sich): »Ah, jetzt zieht er schon andere Saiten auf! (Zu Vincelli, indem er ihn derb vertraulich aufs Knie schlägt:) So is recht, nur zu in der Dicken, den Ton lass' ich mir g'fallen –«

Vincelli (für sich): »Geister meiner Vorfahren –! (Sich wieder fassend, zu Fett:) Sagen Sie mir aufrichtig, suchen Sie vielleicht pekuniären Gewinn bei der Sache?«

Fett: »Sie – jetzt hätt' ich fast g'sagt, Sie Dappschädl Sie, ich bin eh ein reicher Kampl...«

Allein zurückbleibend, keucht Vincelli: »... ich bin dem Erstikken nahe, ich muß Blut lassen, in Dampfbädern schwitzen, Brunnen trinken und mich durch langanhaltende Etikette wieder purifizieren...« Nach dem Gespräch mit Lucia Distel, der Schwägerin des Fett, bricht er zusammen. Lucia erzählt ihm, sie habe mit seinem Sohn einen »G'strampften« getanzt.

Vincelli: »Geister meiner Väter! Ein Vincelli tanzt einen G'strampften!« (Verhüllt sich mit den Händen das Gesicht.)

Lucia: »Na, mein Gott, warum soll ein junger Mensch nicht fidel sein – der Heurige macht lustig!«

Vincelli: »Der Heurige! (Die Hände ringend:) Der Sproß eines uralten Hauses trinkt einen Heurigen! Zu viel – zu viel!...«

Wieder allein, stöhnt der Marchese: »Ah Gott, warum muß ich jetzt ins Wirtshaus?! Ich möchte mich lieber ein Stündchen in die

Gruft meiner Ahnen setzen, um, von edlem Moder umgeben, die pöbelhafte Luft zu verschmerzen, die ich hier geatmet...«

Ebenso attackiert der Plebejer Nestroy den Adel in andren Stücken.(»Das Geheimnis des grauen Hauses«, »Die Anverwandten«, »Der alte Mann mit der jungen Frau«, »Kampl«.) Im dramatisierten Roman »Martin Chuzzlewit« von Charles Dikkens, »Die Anverwandten«, sagt der Adelige Kamberg stolz: »Mein Name bürgt für meine mittelalterliche Abkunft.«

Lampl: »Abkunft? Das is, glaub' ich, das, was jetzt abkommen is...«

Kamberg: »Weiß Er, Plebejer, daß ich von Rittern stamme?«

Lampl: »Meine Voreltern waren Bandlkramer. Die Ritter haben vom Stegreif gelebt, den Krämern Zoll abgenommen, auf deutsch, sie ausg'raubt – jetzt frag' ich also, warum is das edler, wenn man von die Rauber als wenn man von die Beraubten abstammt?«

Es gibt bei Nestroy keinerlei romantische Parteinahme für das Mittelalter; doch der Haß des Satirikers gilt vor allem der herrschenden Klasse von morgen. Der Reichtum der meisten seiner Parvenus stammt aus Unrat, Lumperei, Niedertracht. Der Hausknecht Muffl hält dem Holzgroßhändler Scheitermann (»Frühere Verhältnisse«) verächtlich vor: »Du hast nie etwas Anständig's g'stohlen, aber du hast alle Augenblick' vergessen, a Guldenzettel z'ruckbringen, dann hast wieder a paar Sechserln verloren, dann haben s' dir nicht richtig g'wechselt, oder du hast 's kleine Geld verstreut – mit einem Wort, du warst ein sanfter Dieb, aber mit der Zeit macht es auch was aus.« Andre waren nicht »sanfte Diebe«, sondern, wie der Herr von Kauz (»Das Mädel aus der Vorstadt«) kriminelle Verbrecher. Und wenn schon ein Reicher, wie der Industrielle Waldbrand (»Der Schützling«), seinen Reichtum nicht unsauberen Machinationen verdankt, ist er zum Ausgleich dafür ein kalter, widerwärtiger Tyrann. Oder der Tischler Leim, der durch den Zufall, durch die Lotterie, hochgekommen ist; der Reichtum macht aus ihm und seiner einst liebenswürdigen Frau, aus gutartigen Handwerkern bösartige Kapitalisten. (»Die Familien Zwirn, Knieriem und Leim.«) Die Tochter des verschollenen Zwirn wird bei ihnen als Dienstbote ausgebeutet. »Ich wüßt' nicht«, sagt die aufgeblasene, tratschsüchtige, abergläubische Madame Leim, »warum ich viel' Umständ' machen sollt' mit einer Person, die das Gnadenbrot in meinem Haus ißt.« In den nachgelassenen Aphorismen Nestroys findet sich die endgültige Formulierung: »*Es gibt Leute, deren Herzen gerade in dem Grad einschrumpfen, als ihre Geldbörsen sich erweitern.*«

Das Negativ des Titus Feuerfuchs, des geistreich sein Karriere genießenden, intelligent auf sie verzichtenden Emporkömmlings, ist der dumme, durch unerwarteten Reichtum aus dem Gleichgewicht gebrachte Blasius Rohr in der Posse »Das Geheimnis des grauen Hauses«. In einer Komödien-Exposition ersten Ranges wird der arme Schreiber von seinem reichen Schulkollegen Theodor von Sonnenstern zu einem Ball eingeladen. Mit hintergründigem Hohn entfesselt Nestroy das Gelächter gegen den linkischen Ballgast, wobei er jedoch in ihm, der Karikatur der guten Gesellschaft, diese selbst verhöhnt.

Blasius verneigt sich vor dem alten Herrn von Sonnenstern: »Hab' ich die Ehre, den Herrn vom Haus zu sehen die Ehre zu haben?«

Herr von Sonnenstern: »Ich bin es.«

Blasius: »Ich hab' die Ehre, ein Freund des Herrn Sohnes zu sein, und bin von ihm eingeladen, die Ehre zu haben...«

Diese doppelte Aggression, das Lachen von unten und von oben, wiederholt sich, wenn der reichgewordene Blasius sich zu der auf dem Lande aufgewachsenen, doch wohlerzogenen und gebildeten Friederike herabläßt: »Nutzt Ihnen nix, vor uns in der Stadt sind Sie doch eine ewige Landpomeranschen. Sie finden sich nicht in diese Lebensweise, diese Diners, diese Dejeuners, diese Soupers languisant, diese Reunion ennuyant, die Agréments bizarres, die Piknik schofle, das können Sie alles nicht mit Anstand mitmachen, denn Ihnen fehlt es an Ton. Sie haben teils gar keinen, teils einen schlechten Ton... Mit einem Wort: Sie taugen nicht zu uns in die Stadt!«

Das Bauernmädel Brigitte hingegen entzückt den Blasius: »Ganz was andres ist es wieder mit solchen Geschöpfen.«

Brigitte: »Mit was für Geschöpfen?«

Blasius: »So wie Sie eins sind. Diese Gattung Mädl, ins Städtische übersetzt, wird als Dienstbot' gern gesucht...«

Immer wieder wird durch die Selbstentlarvung des Parvenus zugleich die Gesellschaft bloßgestellt, deren Wesen gerade durch die schlechte Nachahmung unverhüllt zutage tritt.

Blasius wird durch das unerwartete Geschenk eines reichen Onkels zur allseitigen Entfaltung nicht nur seiner Dummheit, sondern auch seiner bisher unentwickelten Gemeinheit angeregt. Er sagt sich sofort von seiner Geliebten Babette los: »Du kannst auf meine Protektion rechnen. Was aber das andere betrifft, nämlich ferners dein Geliebter zu sein, so wirst du selbst einsehen, daß mich der Standpunkt meiner künftigen gesellschaftlichen Stellung zu sehr erhebt, als daß ich...«

Titus Feuerfuchs hat freiwillig auf Karriere verzichtet, Blasius verarmt durch Stupidität und Hemmungslosigkeit. Er wird zum Geiger, der zur Hochzeit der Friederike mit Theodor aufspielt, vom Orchester herabsteigt und im falschen Pathos des Mitleids mit sich selbst ausruft: »Hier ist er, der herabgekommene Schloßinhaber, der jetzt musizieren muß, um nicht zu verhungern, oder direkte sagen zu müssen: Ein verarmter Gutsherr tut gar schön bitten um ein bissel was.«

Der jähe Wechsel von unverdientem Aufstieg und tragikomischem Absturz ins Lumpenproletariat entsprach nicht nur dem Zeitalter, sondern vor allem auch der Lust Nestroys, aus seinen Gestalten das Innerste herauszuschütteln. Nicht durch behutsame Psychologie, sondern durch den Schock trieb er Menschen aus Masken hervor. Nicht in allmählich zunehmender Beleuchtung, sondern im Blitzlicht des Witzes stehn sie vor uns. Nur selten sind es gediegene Bürger, fast immer brüchige Charaktere an der Peripherie der Gesellschaft, aus denen die Satire spricht. Und auch in edelmütigen Räsoneuren wie dem Winkelagenten Schnoferl oder dem Vorstadtarzt Dr. Kampl ist manches nicht Geheure, aus einem Abgrund der Widersprüche Stammende. »Je tiefer ich in meinen Ideen das Senkblei auswerfe«, schrieb Nestroy, »desto mehr finde ich in mir den *Abgrund der Widersprüche.*«

Der edelmütige und der nihilistische Räsoneur

Der Winkelagent Schnoferl in der Posse »Das Mädl aus der Vorstadt« ist mehr als jede andre Gestalt Nestroy selbst. Weder schlicht noch bieder, ist dieser schüchterne Liebhaber und unverschämte Rechthaber, dieser gute Kerl mit dem bösen Maul, dieser durch Aggression seine Verwundbarkeit schützende Unglücksmensch ein hilfreicher Engel, der Lehrjahre in der Hölle absolviert hat. Er tritt mit dem Couplet auf die Bühne.

Mein G'schäft is nicht öffentlich, 's is nur privat,
Mein G'schäft könnt stark gehn, wann's wollt, 's geht aber stad;
Ich g'hör' durchaus nicht zu die Kinder des Glücks,
Plag' hab' ich a Menge, aber trag'n tut's mir nix.
Leih' ich wem was, so stirbt 'r oder kommt auf 'n Hund,
Hingeg'n meine Gläubiger bleib'n frisch und g'sund.
Mit der Lieb' ginget's prächtig bei mir, 's wär' schon recht,
Aber nur mit der Gegenlieb' steht's allweil schlecht.
Neunundvierzig Jahr' wart' i und 's will anders nit wer'n.
Na, der Mensch muß nit alles auf einmal begehr'n...

Mit diesen Antithesen stellt sich Schnoferl nicht nur vor, sondern auch dar; in Prosa fügt er hinzu:

»...für mich war die Liebe kein buntes Gemälde in heitrer Farbenpracht, sondern eine in der Druckerei des Schicksals verpatzte Lithographie, grau in grau, schwarz in schwarz, dunkel in schmutzig verwischt...«

Schnoferl ist hoffnungslos verliebt, in die Frau von Erbsenstein, die Nichte des geldgierigen, niederträchtigen, hinter Liebschaften herkeuchenden Spekulanten von Kauz. Sie ist mit seinem Freund verlobt, dem schüchternen Gigl, der sich hinwiederum in Thekla, die Haubenputzerin, das Mädel aus der Vorstadt, verliebt. Gigl klagt dem Schnoferl: »Ich hab' einst geglaubt, in der Frau von Erbsenstein mein Ideal zu erblicken, aber es war eine optische Täuschung...« Schnoferl, zwischen Freundschaft und Liebe hin- und hergerissen, berichtet der Frau von Erbsenstein den Seitensprung des Gigl; indem er ihn bewußt verteidigt und unbewußt verurteilt, in seinem Bewußtsein die beiden zu versöhnen trachtet und aus dem Unbewußten her die eigne Absicht durchkreuzt, entspringt der Witz dem Widerspruch.

Ein Vergleich der Szene mit dem französischen Original »La Jolie Fille du Faubourg« von Paul de Kock und Varin gibt die Genialität Nestroys zu erkennen, der den grauen Rohstoff durch Dialog, Sprache, Wort zum Kunstwerk macht, durch Knappheit hier, Bereicherung dort an einer Bagatelle das Wunder des Mangobaums vollzieht. Im französischen Dialog ist alles glatt, wohlgeordnet, überraschungslos:

Helene: »Ihre Ausflüchte überzeugen mich, daß die Gefahr größer ist als ich dachte.«

Durozel: »Oh, glauben Sie das nicht! Es handelt sich im Gegenteil um ein Nichts, es lohnt sich nicht –«

Helene: »Sprechen Sie es immerhin aus!«

Durozel: »Mein Gott, eine Kinderei, eine Kleinigkeit! Und wenn Sie mir versprechen, ihm zu verzeihen –«

Helene: »Wenn es nur eine Kleinigkeit ist –«

Durozel: »Ohne Zweifel! Aber es gibt eben Kleinigkeiten, die auf den ersten Blick aussehen wie Verbrechen.«

Helene (lebhaft): »Es handelt sich um eine Frau!«

Durozel: »Nein, nein, sicher nicht!«

Helene: »Was ist es also?«

Durozel: »Ein Geschöpf, welches der Zufall auf seinen Weg geworfen hat, eine Unbekannte ohne Familie, ohne Namen – Marguérite und weiter nichts...«

Bei Nestroy wird der Dialog knapp, drängend, an Tempo zunehmend, plötzlich durch einen Witz aufgehalten wie durch ein Hindernis, das sprunghafte Assoziationen provoziert. Schnoferl will die mißtrauische Frau von Erbsenstein ablenken, doch der verdrängte Wunsch, das Gegenteil zu erreichen, bekundet sich im gewagten Bild: »...Welche Ahnung können Sie haben? Seit der Erfindung der elastischen Strumpfbänder hat das aufg'hört, jetzt kann einem Frauenzimmer nicht einmal 's Strumpfbandl mehr aufgehn.«

Die erotische Assoziation ist damit provoziert, der Frau von Erbsenstein geht mehr auf als ein Stumpfbandl: »Also ist er mir untreu gewesen?«

Schnoferl: »Wer sagt denn das? Die ganze Sache ist eigentlich nicht der Mühe wert.«

Frau von Erbsenstein: »Keine Ausflüchte! Wenn Sie mein Freund sind, reden Sie!«

Schnoferl: »Das will ich auch; Sie sind eine zu gescheite Frau, als daß man Ihnen Ixe für Ue vormachen könnt' – drum –«

Frau von Erbsenstein: »Heraus mit der Sprach'! Was war es?«

Schnoferl: »Kinderei, Dummheit, Irrtum! Er hat in der Zerstreuunq sein Herz für a Haub'n ang'schaut, und hat's im Vorbeigehen zu einer Haubenputzerin 'geben.«

Frau von Erbsenstein: »Also ein Liebesverhältnis? Wart, du undankbarer Duckmauser – jetzt is es aus für ewig!«

Schnoferl: »Aber gnädige Frau, das is ja gar nicht so, wie Sie meinen; Sie legen viel zuviel Wert auf die Sache. Es is nur so eine

Mamsell Thekla, sonst hat s', glaub' ich, gar kein' Namen. Wenn es sich um so Mädln, Haubenputzerinnen, Nähterinnnen, Seidenwinderinnen etc. handelt, da heißt dieser chemische Herzensprozeß nicht einmal Liebe, da wird das Ding nur Bekanntschaft genannt und mit dem veränderten Namen entsteht auch in der Sache ein himmelweiter Unterschied.« Es folgt nun eine farbenreiche, sozialpsychologische Betrachtung über das Wesen der »Bekanntschaft«, die Frau von Erbsenstein scheinbar beruhigen soll, in der Tat jedoch nicht nur in ihr, sondern im Hochmut gesellschaftlicher Vorurteile den Stachel zurückläßt. Schnoferl fühlt die Zweideutigkeit seiner Haltung und Argumentation und sagt nicht ohne Grund, es gehe hier um »die psychologischen Quadrallierungen, die *das Unterfutter unseres Charakters* bilden.«

Er hat den Freund verteidigt, zugleich aber, unterhalb des Bewußtseins, die eigene Sache gefördert, und stellt sich selbst das Zeugnis aus: »Ich habe mit Selbstaufopferung zugunsten des Freundes gehandelt. Tröste dich, Schnoferl, mit dem Bewußtsein und denke, die edelste Nation unter allen Nationen is die Resignation.«

Das Unterfutter seines Charakters kommt abermals zum Vorschein, wenn er das Verbrechen des Herrn von Kauz entdeckt. Der Spekulant hat einen Kasseneinbruch fingiert und ihn dem Vater der Thekla aufgehalst. Ein Brief, der alles beweist, gerät in die Hände Schnoferls, und damit doppelte Macht: einerseits den Lumpen zu züchtigen, andererseits ihn als Onkel der Frau von Erbsenstein zu schonen und dadurch seine Liebe zu beweisen. Also hält er ihm vor Zeugen den Brief, dessen Inhalt die andern nicht kennen, vor Augen und erpreßt mit freundlichem Gebaren finanzielle Entschädigungen für alle, eine Brautaussteuer für Thekla, zehntausend Gulden für die Armen.

Kauz (desperat, leise zu Schnoferl): »Mensch, Hyäne, du ruinierst mich –!«

Schnoferl (Kauz umarmend): »Edler Mann, du rührst mich! (Zu den Anwesenden:) Das is großartig; er sagt, zehntausend Gulden sind zu wenig, er will durchaus zwölftausend Gulden an die Armen zahlen.«

Kauz (für sich): »Ich fahr' aus der Haut! (Leise zu Schnoferl:) Satansschnoferl, ausgezeichneter Folterknecht von der Seelentortur –«

Schnoferl (zu Kauz, leise): »Wie S' ein Wort reden, sag' ich: fünfzehntausend Gulden...«

In diesem Zwielicht von Edelmut und Teufelei ist das zweideutige Happy-End unvermeidlich.

Frau von Erbsenstein: »Lieber Schnoferl, wie soll ich Sie für Ihr schonendes Benehmen lohnen?«

Schnoferl: »Durch einen gnädigen Blick, wenn 'S einen bei der Hand haben.«

Frau von Erbsenstein: »Ich hab' einen, wie ich glaub', Ihnen angenehmern Lohn bei der Hand – die Hand selbst, wenn Sie s' wollen! –«

Schnoferl (aufs höchste überrascht): »Is – is das Ihr Ernst?«

Frau von Erbsenstein: »Mein völliger Ernst!«

Schnoferl (in Ekstase): »Ha, so zerschmettert, ihr Kniescheiben. Stürz nieder, Winkelagent! So eine Seligkeit kann der Mensch nicht als so stehender ertragen!«

Dadurch, daß das Pathos sich selber parodiert, durch diese seine Fälschung gewinnt es seine Echtheit zurück; als Karikatur der Leidenschaft bürgt es für diese selbst. Am Rande der Ehrbarkeit liebenswürdig balancierend, ist Schnoferl der Räsoneur, in dessen Witz ein Herz schläqt.

Andre Räsoneure Nestroys haben die Grenze der Gesellschaft überschritten. Sie sind ins Chaos zurückgekehrt. Ihr Witz ist Aggression des Deklassierten. Er springt aus dem Nichts, stellt alles in Frage. Sein Wesen ist Intelligenz ohne jegliche Illusion. Der konsequenteste dieser Räsoneure, in der Posse »Liebesgeschichten und Heiratssachen«, heißt nicht ohne Grund Nebel. Er tritt mit dem Couplet auf die Bühne:

Man soll allweil angeb'n, von was als man lebt,
Und das is doch a Sach', die im Dunkeln oft schwebt;
Wenn man sieht, was d' Leut ausgeb'n, und wenn man dann waß,
was s' einz'nehmen hab'n, ja, da fallt man in d' Fras!
's is mit Händen zu greifen, daß Schulden g'macht wer'n
Aber all's laßt sich nicht durch Schulden erklär'n;
's is völlig, als ob Zauberei im Spiel wär',
Soviel Leut' leb'n prächti – und man weiß nicht, woher...

Es ist eine Welt der kapitalistischen Emporkömmlinge, der Abenteurer und Schuldenmacher, aus der Nebel hervortritt, sie ist sein Hintergrund und seine Rechtfertigung. Seine Aufrichtigkeit ist überwältigend: »Wenn man aber nix g'lernt und nirgends gut getan hat, wenn man dabei eine spezielle Abneigung gegen die Arbeit und einen Universalhang zur Gaudée in sich tragt und dennoch die Idee nicht aufgibt, ein vermöglicher Kerl zu wer'n, darin liegt was Grandioses...«

In vielen Komödien parodiert ein Dienerpaar die Herrschaften. Der heruntergekommene Hochstapler Nebel ist eine ungleich radikalere Parodie der Herrenschicht. Er tut ohne Phrase, ohne die Rückendeckung von Herkunft, Geld und Macht, doch mit überlegener Intelligenz dasselbe, was die dort oben tun: greift zu, wenn Geld in Sicht ist, schwindelt, betrügt, trägt seine Haut als Ware auf den Heiratsmarkt Sein Gewissen ist unerschütterlich. Er gibt sich als Baron aus, lebt auf Schulden in einem Wirtshaus. Schließlich gesteht er dem Wirt, daß er nichts hat und nichts ist.

Wirt: »Am End' sind Sie gar kein Baron?«

Nebel: »Ich war von all'n Anfang an keiner!«

Wirt (böse): »Erlauben Sie mir –«

Nebel: » Sind Sie ein Baron? Nein; also wie können Sie von einem andern Menschen etwas prätendieren, was Sie selbst nicht zu leisten imstande sind?«

Wirt: »Sie hab'n aber g'sagt –«

Nebel: »Was g'sagt! Wenn sich zu ein' Baron nix andres g'höret als daß man's sagt – 's is lächerlich!«

Für Nebel ist die Welt der Werte eine Welt der Worte. Das richtige Wort am falschen Platz verdrängt die Wirklichkeit. Vorurteile sind die Stützen gesellschaftlicher Ordnung. Nebel zerbricht die Vorurteile, die Ordnung droht einzustürzen. Dennoch weiß er nicht nur das Geld, sondern auch die Fiktion zu schätzen, denn: »Es glaubt's kein Mensch, was der Mensch alles braucht, bis er halbwegs ein' Menschen gleichsieht...« Er ist bereit, solang er kein Geld hat, den treuen Hund zu spielen:

Der Hund, na das is was Bekannt's, der is treu,
Und is doch zugleich kriechende Bestie dabei...
Es ist übrigens bei keinem Hund noch entdeckt,
Was er denkt, wenn er d' Hand seines Schläggebers schleckt.

Der Schläggeber nennt sich Brotgeber. Nebel ist mit der Relativität der Standpunkte einverstanden. Er will vom hündischen zum menschlichen Standpunkt aufsteigen. Auf die Klage, wie impertinent der Fleischselcher Fett geworden sei, antwortet er: »Natürliche Folge des Reichtums! Eine ähnliche Veränderung werden Sie heut schon an mir bemerken...« Er hat sich an Lucia Distel, die Schwägerin des Fett, herangemacht. Mißverständnisse lassen ihn hoffen, Fett sei bereit, ihm seine Tochter zu geben. Er schüttelt Lucia ab.

Fett: »Gut, daß sich bei Ihnen die Lieb' so g'schwind gibt.«

Nebel: »Ach ja, ich bin da nicht gar so –«

Fett: »Gehn S', Sie sind ein Schwärmer, Sie haben ja völlig mit der Person sterben wollen.«

Nebel: »Sterben is kein' Kunst, das is in ein' Augenblick vorbei, aber ich hab' jahr'lang mit ihr leben wollen, das is ein anderes Numero!«

Fett: »Wie hab'n Sie s' denn fort'bracht?«

Nebel: »Frauenzimmer beseelt der Geist des Widerspruchs, ich hab' ihr g'sagt, daß ich s' sitzen lass', gleich is sie gegangen...«

Der Witz springt aus der Sprache. Im Zusammenstoß der Worte blitzt die Wirklichkeit auf. Es ist die Wirklichkeit des Widerspruchs, ihr gehört Nebel an. Er muß die Antwort auf jede Situation aus dem Ärmel schütteln, und schüttelt sie als Witz aus der Sprache. Sein ganzes Dasein ist die witzige Antithese zur Welt der Gesättigten. Er vereinigt, wie in der Posse gesagt wird, »einen passablen Kopf mit einem schlechten Herzen«. Der Oberschicht, in die er aufsteigen möchte, fehlt nur der passable Kopf. Wenn ihm schließlich alles mißlingt, scheitert er ohne Groll, denn die Welt ist eben so:

Schwör' mir, daß du nur mein allein bist,
Schwöre mir, daß dich noch keiner geküßt,
Schwöre mir Treu', bis der Grabesruf hallt,
Schwöre, daß jenseits auch keiner dir g'fallt,
Schwöre! – »Ich schwöre!« – Heilig sei dir die Pflicht!
  Und so macht sich die G'schicht'
  Und so macht sich die G'schicht'!

Bald drauf lehnt er so an ihr'm Fenster – »Ha, seht,
Was will denn der G'schwuf, der dort vis-à-vis steht?«

»Laß'n stehn, wann's ihn g'freut«, sagt s' im Unschuldsgefühl.
»Der steht weg'n dir, du falsch's Krokodil!
Wo krieg' ich denn billig nur g'schwind a Hyäne,
Die, dich zu zerfleischen, mir leiht ihre Zähne?
Ha, Fluch dir, du Schlange, Fluch für immerdar.«
Er zerreißt sich 's Krawattl, zerzaust sich die Haar,
Indem er mit 'm Kopf a paar Glastüren einrennt –
  Und die G'schicht hat ein End'.
  Und die G'schicht hat ein End'!

Der deklassiert Räsoneur, der gesellschaftliche Gesetze nicht anerkennt und ohne jegliche Illusion der Menschheit gegenübersteht, erregte schon in der Gestalt des Nebel Unbehagen. Sein Witz überwältigte jeden Widerstand. Der nicht so witzige Rochus in der Posse »Nur Ruhe!« empörte das Publikum, wenn er darlegte: »Wir sollen's lieber verheimlichen, daß wir zu die Säugetiere gehören; wir haben ohnedem so wenig Unterscheidungszeichen; na ja, was denn? Die Vernunft? Die is nicht allgemein genug und wie viele gibt's, die mit ein' bissel ein' g'scheiten Pintsch sich gar nicht messen dürfen. Die Sprach' soll uns auszeichnen vor die Tier', und mancher zeigt grad durch das, wann er red't, was er für ein Viech is... Ich find' nur ein Hauptmerkmal der Menschheit, und das is der Wadl. In der ganzen Naturgeschichte gibt es kein Vieh, was ein Wadl hat; und wie is dieser Artikel gegenwärtig namentlich bei unserm Geschlecht, herabgekommen. Drum sag' ich: ehret die Frauen! Denn da spricht sich noch die Menschheit in großartigen Formen aus.« Zu Wutausbrüchen kam es gegen den verluderten Vinzenz in der Posse »Die beiden Herren Söhne«, der von der Ironie des Schicksals entzückt ist, »daß es die am tiefsten Herabgekommenen in die höchsten Bodenkammerln hinauf verweist...«, und der den Grundsatz aufstellt: »Ich rechne nie! Auf die Art kann 's Schicksal mir auch nie einen Strich durch die Rechnung machen, währenddem man als schlauer Berechner und Planmacher alle Augenblick' den Verdruß erlebt, daß ei'm 's Schicksal das Tintenfaß über die Kalkulation schüttet.« Sein Couplet endet mit dem Refrain: »Man is rein nur dem Schicksal sein Narr.«

Der unberechenbare Witz des Zufalls, das Chaos hinter den Masken der Ordnung, das grelle Gelächter der Welt jenseits der Linie – beunruhigt empfand das Publikum die totale Aggression.

»*Die fadenscheinige Gemütlichkeit*«

Nach dem Wiener Kongreß, als fortwirkende Apotheose all der Fürsten und Feste, Backhendel und Trinkgelder, war die Hymne des Wiener Spießertums entstanden:

Es gibt nur a Kaiserstadt,
Es gibt nur a Wien,
Dort muß es lustig sein,
Dort möcht' ich hin...

Der Wiener Spießbürger beglaubigte sich selbst sein »goldenes Herz«, durch das er jede Schuld für gedeckt hielt, und verbreitete unentwegt den Ruf seiner Gemütlichkeit als einer sogar das Schlagobers übertreffenden Spezialität.

Die Folie des »goldenen Herzens« war der »Brillantengrund«. So hieß das Stadtviertel am Neubau und am Schottenfeld. Dort gab es im Vordertrakt der Häuser üppige Patrizier-Wohnungen, vor denen Karossen auf die von Fleisch und Brillanten strotzenden Fabrikanten-Gattinnen warteten. Im Hinterhof waren die Fabriksräume, in denen der Harm elend bezahlter Textilarbeiterinnen vegetierte.

In der Posse »Unverhofft« erwidert der Maler Arnold dem »Partikulier« Ledig: »Es geht doch nichts über den Witz, besonders wenn er so harmlos ist.«

Ledig: »Sie haben jetzt wollen sagen ›geistlos‹. Genieren Sie sich nicht!«

Arnold: »Ah, wäre denn harmlos und geistlos dasselbe?«

Ledig: »Wenigstens kein großer Unterschied, denn nur der geistlose Mensch kann den Harm übersehn, der überall durch *die fadenscheinige Gemütlichkeit* durchblickt...«

Das abgegriffene Wort »harmlos« wird überraschend zum Ursprung zurückgeführt, mit dem ungebräuchlichen »Harm«, von dem ein dunkles Leuchten ausgeht, konfrontiert. Wer in der Umgangssprache »harmlos« sagt, weiß nichts von Harm, sondern meint das Gemütliche, die selbstgefällige Banalität. Plötzlich blickt durch die fadenscheinige Gemütlichkeit der verborgene Harm durch. Das scheinbare Wortspiel führt in einen Bereich, wo das Wort nicht mehr spielt, sondern die Sprache sich ernst nimmt. Der Satz ist große Dichtung.

Kurz darauf charakterisiert der Partikulier sich selbst: »...Ich brauch' keine Gattin zum Pflegen, ich pflege mich selbst und sehr gut pfleg' ich mich. Ich bin *mein eigener geliebter Gegenstand,* ich kajolier' mich unendlich und spendier auch viel auf diese Leidenschaft... Ich bin *vollkommen einverstanden mit mir selbst,* ich bin mein dankbarstes Publikum, mir g'fallt alles an mir, ich applaudier' mich nach jeder Szene meines Lebens...«

Das Publikum hat nun freilich solchen Szenen nicht applaudiert. Der sich unendlich kajolierende Wiener, von sich selbst entzückt und gerührt, niemals eigne Verantwortung anerkennend, immer nur ein Opfer der Verhältnisse, wurde von Nestroy schon früh herausgefordert. In der Posse »Der Feenball«, der unaufgeführten Studie zum »Lumpazivagabundus«, war der Schuster Bum noch schärfer gezeichnet als der Schuster Knieriem.

Bum: »...ich hab' auch nichts als unverschuldete Unglücksfälle gehabt. In Budweis hab' ich mein Meistern g'haut, weil er ein Böhm' war.«

Leim: »Ist denn das ein Grund?«

Bum: »Ich hab' ja ein' Rausch g'habt, also kann ich nix davor... In Altbrünn hätt' ich bald ein' Lehrbub'n z'rissen, da hab' ich mich flüchten müssen.«

Leim: »So was ist aber auch abscheulich.«

Bum: »Brüderl, ich hab' damals einen unsinnigen Haarzopfen g'habt, also kann ich nichts davor. Ich sag' euch, ich hab' schon so viel Malör g'habt, nur allzeit durch meine Räusch'. Wenn ich mir mein' Verdruß nicht versaufet, ich müßt' mich grad aus Verzweiflung dem Trunk ergeben...«

Der Bum nimmt eine Zukunft vorweg, in der man in Österreich Hitler-Leute, die hunderte Juden und Fremdarbeiter ermordeten, wegen »Volltrunkenheit« von jeder Verantwortung freispricht. Sie haben ja nur Malör g'habt, allzeit durch ihre Räusch', und unverschuldete Unglücksfälle haben ihnen den Verdruß gebracht, plötzlich als Massenmörder dazustehn; gerichtliche Sachverständige bekundeten Sachverständnis für Leute, die nie was davor konnten, wenn sie die Bluttat hinter sich brachten. Nestroy, sagte 1912, nicht 1962, Karl Kraus, »geht antizipierend seine kleine Umwelt mit einer Schärfe an, die einer späteren Sache würdig wäre. Er tritt bereits seine satirische Erbschaft an.«

In der Zauberposse »Genius, Schuster und Marquör« werden die gemütlichen Saufkumpane Pechberger und Kipfl durch einen

Genius zu den Amazonen verschleppt, wo sie das Spinnrad drehen und Kinder wiegen müssen. Sie klagen den Genius an.

Kipfl: »Reißt uns aus unsrem glücklichen häuslichen Verhältnis heraus!«

Pechberger: »Aus dem Zirkel unserer Familie!«

Kipfl: »Aus dem Kreis unserer stillen Freuden! Ich hab' der Meinigen oft d' Kleider versetzt, daß sie nicht ausgehn hat können, und hab' 's Geld verspielt; sie hat sich nicht g'muckst.«

Pechberger: »Wenn mir eine Speis' nicht recht war, hab' ich der Meinigen 's Häferl nachg'worfen, sie hat um Verzeihn gebeten und hat versprochen, daß sie ein anders Mal besser kocht.«

Kipfl: »Das waren Weiber! Oh, meine Ehe war so glücklich!...«

O gute alte Zeit, o goldenes Wienerherz!

Am 17. Jänner 1837 kam's zum großen Theaterskandal. Die Posse heißt: »Eine Wohnung ist zu vermieten in der Stadt«. Da sitzen die »Phäaken« vor der Bühne und lachen über den Herrn von Gundelhuber, den jovialen Wiener Spießbürger und Familienvater, der sich mit der ganzen Familie aufmacht, um eine neue Wohnung zu suchen. Sie lachen, wenn er, entzückt von seinen Kindern, immer wieder von ihnen sagt, sie seien »aufgewachsen unter den Flügeln der Mutter, unter der Obhut des Vaters, zu jeglichem Guten angeeifert durch das täglich vor Augen habende Beispiel der Eltern«. Sie lachen, wenn er vor dem Ausgehn mit penetranter Gutmütigkeit seine Frau malträtiert, denn so gehört sich's im Ehestand. Sie lachen, wenn der grobe, despotische Hausmeister Cajetan, der selber ein Haus besitzt, sich dem Stubenmädel Lisette anbietet. Lisette schläft keine Nacht, weil sie Romane liest.

Cajetan: »O du Seligkeit! Du bist die, die ich mir oft in meiner Phantasie vorg'stellt hab'! Ein Weib ohne Schlaf, das war mein höchster Wunsch. Wie schön wird das sein: ich leg' mich ins Bett und schnarch', du lest und sperrst auf, so oft g'läut't wird, lest wieder, und ich schnarch' in einem fort – o süßer Eh'stand!«

Lisette: »Hör der Herr auf, der Herr ist doch viel zu alt für mich.«

Cajetan: »Der Mensch ist nie zu alt, wenn er ein Haus auf'm Neubau hat.«

Lisette: »Und ein bissel zu wild ist der Herr auch!«

Cajetan: »Was ist flüchtige Schönheit gegen ein festes Haus auf 'm Neubau?«

Lisette: »Der Herr hat nicht ganz unrecht, wir wollen's überlegen.«

Cajetan: »Ich darf also hoffen?«

Lisette: »Hausherr'n haben noch selten hoffnungslos geliebt...«

Die Spießbürger im Publikum teilen diese Auffassung. Allmählich aber nimmt ein unbehagliches Gefühl überhand. Der Herr von Gundelhuber, der ihnen als ihr Ebenbild entgegentritt, mit dem Gebaren unwiderstehlicher Gemütlichkeit, ist durchaus kein gemütlicher Herr, sondern ein selbstgefälliges, geschwätziges, taktloses, ordinäres, Phrasen verschwendendes, doch sein Geld geizig hütendes Individuum. Er tritt mit gesamter Familie in die Wohnung der Madame Chaly, die sein Herz in Wallung bringt, wie die meisten Frauen, außer der eignen. Er schickt seine Gattin fort, nur zwei Kinder bleiben zurück.

Herr von Gundelhuber: »...Kinder, schaut's a bissel beim Fenster hinaus!«

Gabriel, Franzi: »Ja, Papa!« (Gehn ans Fenster.)

Herr von Gundelhuber (für sich): »Jetzt heißt's alle Poesie zusammennehmen und einen Diskurs aufschlagen à la Lafontaine. (Laut:) Was zahlen Sie Zins für das Quartier?«

Madame Chaly: »Siebenhundert Gulden.«

Herr von Gundelhuber: »Das ist ein Viechsgeld! Wie kann man eine so anmutstrahlende Frau so überhalten? Siebenhundert Gulden! Wenn ich der Hausherr wär', von mir hätten Sie's um sechshundertneunzig 'kriegt...«

Die Familie dringt hierauf in die Wohnung des Herrn von Heuschreck ein. Mit der Weitschweifigkeit dessen, der alles für wichtig hält, was ihn betrifft, stellt Herr von Gundelhuber seine Familie vor. Plötzlich unterbricht er sich: »Unter anderm aber, sagen S' mir, haben die Zimmer alle so einen Geruch? Mir scheint, Sie machen zuwenig die Fenster auf, überhaupt, in der Kuchel, hab' ich schon bemerkt, ist nicht alles reinlich genug gehalten. Na, das wird ganz anders werden, wenn wir einziehn...«

Die Kinder haben inzwischen Biskuit gestohlen und einen Teller zerbrochen.

Herr von Gundelhuber: »Aber Gabriel, wie benimmst du dich? Hab' ich nicht hundertmal gesagt, in einem fremden Haus nichts anzurühren? Wer hat dir erlaubt, eine Biskoten zu nehmen? (Zur

Gesellschaft:) Es ist ihm eigentlich zu verzeihen, die Kinder essen sonst immer um diese Zeit.«

Herr von Heuschreck (sich grimmig in die Lippen beißend): »Wir auch, mein Herr! Wir auch!«

Herr von Gundelhuber: »Das sag' ich dir, Gabriel, daß mir das nie mehr geschieht! (Zu Herrn von Heuschreck:) Sie erlauben schon! (Zu Gabriel:) Da hast du einen Apfel, wenn du's nicht erwarten kannst, bis wir nach Haus kommen, sonst wird nichts ang'rührt. (Gibt ihm von der Kredenz einen Apfel.) Und der Franzi bekommt auch einen. (Gibt ihm – zu Herrn von Heuschreck:) Sie erlauben schon – und der Heinrich, weil er der größte ist, bekommt zwei Äpfel. (Gibt ihm.) Und die Teli – auf die Teli hätt' ich bald vergessen! (Zu Herrn von Heuschreck:) Sie erlauben schon – die Teli kriegt ein' Biskoten...«

Zur Heimfahrt stopft Gundelhuber die ganze Familie, sich selber, Gattin, vier Kinder und ein Kindermädel, in einen Fiaker. Nach dem komplizierten Aussteigen zahlt er dem Kutscher für drei Personen.

Kutscher: »Ja, wie denn das?«

Herr von Gundelhuber: »Na, für mich, für die Frau und für die große Tochter; für'n Dienstboten werd' ich doch nicht zahlen dürfen?«

Kutscher: »Na, etwa nicht? So ein Dienstbot' wägt mehr als zwei gnädige Frauen.«

Herr von Gundelhuber: »Die ist nur wegen der Teli da, und die Teli ist ein Kind, die zahlt nichts, so wenig als die andern Kinder.«

Kutscher: »Was, für die Schar junge Herren krieget ich auch nix?«

Herr von Gundelhuber: »Wir haben sie abwechselnd auf der Schoß g'habt, da is nix zu zahlen dafür, auf der Schoß kann man haben, was man will...«

Schließlich brach es los. Die »Wiener Zeitschrift« berichtete, »daß die Novität mit einer Erbitterung ausgezischt wurde, wie sie seit langem nicht wahrgenommen worden ist, und daß sie dieses Schicksal vollkommen verdiente!« Saphir schrieb im »Humorist«, das Publikum habe durch »Stampfen, Pfeifen, Wiehern und andre Zartheiten des Benehmens« sich über alle Grenzen der »Schonung und Wohlanständigkeit« hinweggesetzt. Nestroy nahm den Kampf gegen das Publikum auf und steigerte durch seinen Widerstand den Skandal bis zum Äußersten. Während er seine Rolle sprach, zischte er zwischen den Zähnen: »Kanonen! Kanonen her, damit ich die Canaille niederkartätsche!«

Die fadenscheinige Gemütlichkeit war in Fransen gegangen. Nestroy und die Spießbürger standen einander in unverhülltem Haß gegenüber.

Abermals kam es zum Skandal, als Nestroy im November 1843 mit der Posse »Nur Ruhe!« hervortrat. Diese Posse ist grob gearbeitet, künstlerisch nicht auf der Höhe vieler andrer; doch nicht darum fiel sie durch. Schon in einem seiner ersten Zauberstücke, »Der Tod am Hochzeitstag«, hatte Nestroy die gemütliche Verlogenheit des sich selbst bemitleidenden Dappschädl, dessen Frau am Hochzeitstag nach einem Walzer zu gierig ein Eis verschlang und daran starb, aggressiv dargestellt. Am fünfundzwanzigsten Todestag seiner Frau ruft er vor deren schwarzumflortem Porträt seinem Diener zu: »Ich bitt' Ihn um alles in der Welt, schau er mich nicht so an, sein Gesicht mahnt mich ganz an meine Frau!«

Grund: »Mein Gesicht?«

Dappschädl (schmerzvoll): »O, sie hat auch ein G'sicht g'habt!«

Die sentimentale Selbstbefriedigung ertappt sich hier auf frischer Tat, in dieser leeren Verallgemeinerung, daß auch sie ein G'sicht g'habt habe und also jedes Gesicht als Vorwand dienen könne, einen nie gefühlten Schmerz wie eine Mehlspeis' aufgehn zu lassen. Unmittelbar darauf verspricht sich das falsche Gefühl, wenn Sepherl, die Tochter des ehemaligen Stubenmädels Pepi, den gierig nach ihr blickenden Dappschädl fragt: »Aber warum schauen mich denn Euer Gnaden so bockstarr an?« Und Dappschädl antwortet: »Weil du die Tochter bist jenes unvergeßlichen Stubenmädels meiner Frau, sprich ich, jenes Stubenmädels meiner unvergeßlichen Frau...«

Der Lederermeister Anton Schafgeist in »Nur Ruhe!« will am fünfundfünfzigsten Geburtstag sein Geschäft einem Nichtsnutz von Neffen übergeben. Er sei von Leid verfolgt gewesen, seit vor zwanzig Jahren seine Frau starb. »Damit war's aber auch aus«, stellt der Geschäftsführer Franz Walkauer fest, »von der Stund' an war dem Schicksal 's Maul g'stopft und 's Glück hat ihn völlig verfolgt. Selbst seinen Schmerz hat er leichter verschmerzt, als man hätt' glauben sollen, nur geheirat' hat er nicht mehr. Er is reich worden, er weiß nicht wie, hat immer vergnügt g'lebt, 's ganze G'schäft hat mein Vater g'führt, so wie ich jetzt, seitdem der Vater tot ist, er hat sich nie um was gekümmert, nie geplagt, und jetzt bild't er sich ein, er muß nach einem tatenreichen, müh- und sorgenvollen Leben endlich einmal in den Hafen der Ruhe einlaufen...« Und Schafgeist lamentiert: »Ich will kein' Verdruß mehr, ich will keine Plag' – ich will gar nix als meine Ruh'!«

Das goldene Herz, tief in Fett gebettet; aber auch der Neffe sei »im Grund ein guter Mensch«, meint Walkauer. Die Antwort beginnt das Publikum zu provozieren: »Das will nicht viel sagen, es gibt sehr wenig böse Menschen, und doch geschieht so viel Unheil in der Welt; der größte Teil dieses Unheils kommt auf die Rechnung der vielen, vielen guten Menschen, die weiter nichts als gute Menschen sind...«

Die unerträgliche Provokation jedoch ist der Altgeselle Rochus, ein solcher »guter Mensch«, die treuherzige Verlogenheit, die Niedertracht mit der Träne im Aug', die sich als Redlichkeit brüstende Brutalität, die rauhe Schale rings um den verfaulten Kern. »Und wenn ich auch ein gacher Mensch bin«, sagt Rochus fromm und bieder, »die gachen Menschen haben's beste Herz, das muß man berücksichtigen, und dann bin ich ein redlicher Kerl, Mussi Franz, ich sag' es selbst, redlicher Kerl, aber das wahre Verdienst wird nicht anerkannt...«

Von seiner Ziehtochter Leukadia, einer Kammerjungfer in der Stadt, sagt Rochus vorwurfsvoll, sie lebe wie eine Dame, aber »die Kinder können ei'm 's nie vergelten, was man ihnen tut«.

Sanfthuber: »Na, hörst, sie hat dir jeden Winter a paarmal Geld g'schickt, vergangenen Winter extra einen Parchent auf Nachtleibeln.«

Rochus: »Den hab' ich gleich verkaufen müssen.«

Franz: »Warum das?«

Rochus: »Weil der Wein is teurer wor'n...«

Der faule, rohe, heimtückische Rochus kriecht vor dem Chef: »...ich hab 's Herz auf der Zungen, denn ich bin ein redlicher Familienvater...«

Schafgeist: »Was red't Er denn immer von Familie? Wieviel hat Er denn?«

Rochus: »Ein verstorben's Weib und eine versorgte Ziehtochter, für mich is das genug, denn wer seine Pflichten gewissenhaft...«

Der Wiener Spießbürger, das Amalgam von Schafgeist und Rochus, war drauf und dran, den Spiegel zu zertrümmern, um das beleidigende Spiegelbild loszuwerden. Saphir ließ im »Humorist« sämtliche Phrasen aufmarschieren, gegen den »Eindringling«, gegen den es »das Palladium unserer Volksbühne aufrechtzuhalten« gelte, um das wahre Volksstück »wieder frisch und jung dem empfänglichen, heiteren, lebensfrohen, lachlustigen Wiener Publikum in die väterlichen Adoptivarme zu legen«. Der »positive« Bäuerle wurde dem »negativen« Nestroy gegenübergestellt. In diesem Bäuerle »pulsiert neben der sprudelnden Lebendigkeit die rosenrote oder frische Herzenswärme«. In seinen Stücken gibt es »Vordergrund, Hintergrund, Staffage, Licht usw. Bei Nestroy ist nichts Hintergrund, nichts Staffage, alles ist Vordergrund, alles ist greller Vordergrund...« Im Hange Nestroys »zu Trivialitäten und Gemeinheiten liegt seine Nemesis...« – und sie liegt noch immer, indes sie den pulsierenden Hintergrund, die sprudelnde Staffage, die rosenrote Lustigkeit, die stets parate Herzenswärme des Bäuerle und aller, die seinesgleichen sind, aufstehend ins Nichts geschüttet hat.

»Herr Nestroy, wo bleibt das Positive?«

Immer häufiger und heftiger wurde Nestroy angegriffen. Je weiter die Paralyse des Habsburgerstaats fortschritt, desto schroffer provozierte seine Satire die Zeitgenossen. Vom Fäulnisprozeß der Gesellschaft erschreckt, unabsehbare Folgen befürchtend, beschwor die Kritik den Satiriker, er möge doch zum »Volksstück« übergehn. »Volksstück«, das war für sie die Paraphrase zu den Versen der Kaiserhymne: »Fromm und bieder, wahr und offen laßt für Recht und Pflicht uns stehn...« Nicht verluderte Zustände, sondcr »kcrngesunde« Charaktere sollten dargestellt werden, der Sieg des braven Mannes über mächtige Niedertracht auf der Bühne eine gottgewollte, der Wirklichkeit widersprechende Ordnung vortäuschen. Doch Nestroy hätte sagen können, was Brecht später gesagt hat: »Ich bin gegen geordnete Verhältnisse in einem Schweinestall.« Um eine gesellschaftliche Umwälzung vorzubereiten, mußte man verlogenen Optimismus zurückweisen, die zu nichts verpflichtende Hypothese, daß der ehrenhafte Plebejer sich im Einzelfall durchzusetzen vermöge, wenn er nur tüchtig und tapfer sei. Der angesammelte Morast war nicht durch kleine, von Einzelnen angelegte Wassergräben zu bewältigen; eine Sintflut war nötig, ihn hinwegzuschwemmen. Fragte man den Satiriker: »Wo bleibt das Positive?«, so lautete die ihm gemäße Antwort: »Mein Geschäft ist die Negation. Fordert nicht von mir, was ihr zu leisten unterlaßt. Ich zeichne die Welt, wie sie ist. Ändert sie!«

Nestroy war besser imstande als irgendeiner seiner Zeitgenossen, ein soziales Milieu darzustellen, plebejische Charaktere zu gestalten, in Kellerwohnungen, Greislerläden, Wirtshäusern Gewitter des Schicksals heraufzubeschwören. Doch im scheinbar Durchschnittlichen das Absurde, Groteske, Ungewöhnliche aufzudecken, war sein Genie. Dieser Anti-Romantiker war den Romantikern darin verwandt, daß er *extrem* sein mußte, um zu sich selbst zu kommen. Seine »positiven« Helden sind meist konventionell. Farbe, Stimme, Gestalt entnahm er dem Unwahrscheinlichen. Tuvora warf ihm vor, im November 1838, er sei »vortrefflich in der Parodie, sehr verdienstlich in der dramatischen Karikaturenzeichnung, aber die Befähigung, das Leben selbst zu ergreifen und abzuspiegeln, will bei ihm...ebensowenig klar werden wie jemals...«

Was ist »das Leben selbst«? Die Komödie geht von der Charaktermaske aus und kann auf sie nicht verzichten. Auch der Falstaff, der Malvolio Shakespeares, der Harpagon, der Tartuffe Molières sind mit individuellen Zügen ausgestattete Charaktermasken. Der vollkommene Verzicht auf die Charaktermaske ist zumeist der Ruin der Komödie. Kein Mensch ist komisch in seiner Gesamtheit, sondern einzelne Eigenschaften müssen übertrieben, zur überraschenden Kollision mit der Umwelt gebracht werden. Ein Element des Marionettenhaften, des Unwahrscheinlichen ist unentbehrlich. »Das Leben selbst!« In jeder Parodie, jeder Karikatur Nestroys ist mehr von ihm konzentriert als in allen »Volksstücken« seiner Zeitgenossen. Doch diese Grimassen schneidende Wirklichkeit widersprach dem Wunsch, sie möge anders sein, und der Beschwichtigung, sie sei doch gar nicht so schlimm. Das »Volksstück« sollte idyllisch sein. Nestroy schrieb, was ihm und der Zeit gemäß war: Satire.

Saphir verglich ihn mit Dickens: »Bei Nestroy ist aber so wenig wie bei Boz (Dickens) irgend etwas Ideales; da ist kein Mondschein, keine Seufzerallee, keine Gefühlswelt, keine Herzensregung, keine Schwärmerei; bei Nestroy und bei Boz nichts als Leute von der Gasse, aus dem Wirtshaus, aus den Bagnos, aus den Gesindestuben, aus den Handwerkskneipen... In was aber Nestroy am meisten Ähnlichkeit mit Boz hat, ist seine Vorliebe für Karikatur, seine Herzhinziehung zum Gemeinen, seine Leidenschaft für das Niedrige und Triviale im Leben, seine Anhänglichkeit an den moralischen Trotteln und Kretins in den Spelunken des Volkslebens. Bei Nestroy und bei Boz sind *die Scheußlichkeit und die Greulichkeit der Figuren* nicht symbolische Behelfe, sondern sie sind um ihrer selbst willen da, sie wollen sich darstellen als absolut scheußlich, als die unausweichlichen lebendigen Wegweiser auf dem Wege der Gesamtmenschheit!«

Zwischen den Zeilen dieses Pamphlets war, dem Verfasser unbewußt, etwas von Nestroys Problematik angedeutet. In England hatte die bürgerlich-kapitalistische Gesellschaft sich durchgesetzt, in Österreich nicht. Dickens stellte die Scheußlichkeit und Greulichkeit der siegreichen Bürgerwelt dar, deren Sieg es in Österreich vorzubereiten galt. Nestroy sah vor sich den schmutzigen Parvenu und hielt ihn nicht für besser als die alte Herrenschicht. Er wünschte mehr Freiheit, Gerechtigkeit, Humanität, doch seine harte Intelligenz duldete keine Illusion. Er glaubte nur bedingt an den *Fortschritt*. In einer seiner frühen Possen, »Die Zauberreise in die Ritterzeit«, hatte er zwar die zinsentragende Gegenwart gegen die geharnischte Vergangenheit verteidigt, die Bürgerwelt gegen Ritterburgen, den Geldsack gegen den Schnappsack – doch schon damals sagte die elegante Fee Gegenwart ihren Gläubigern, sie müßten Geduld haben, auf ihr Kind warten.

Morosus: »Auf die Zukunft?«

Fee Gegenwart: »Ja«

Furiosus: »Bis der Fratz groß wird, das dauert mir z'lang. Ich führ' Prozeß.«

Im Schauspiel »Der Schützling« räsoniert Gottlieb Herb: »Eigentlich gibt's jetzt keine Sterne mehr, sie geben sich wenigstens nicht mehr mit uns ab. Wie die Welt noch im Finstern war, war der Himmel so hell, und seit die Welt so im Klaren is, hat sich der Himmel verfinstert...« Dieser Gottlieb Herb kämpft für den Fortschritt, für Technik und Industrie, doch plötzlich tritt er vor und singt:

Jetzt, nach neuer Erfindung,
Is Geistesverbindung

Durch Draht zu erzeugen,
Elektrisch ganz eigen,
Telegraphisch wird g'schrieben
Aus der Ferne an die Lieben,
Wenn m'r a bisserl nur fehlt was,
Der Telegraph meld't das,
Üb'r fünfzig Meilen lauft d' Kunde
In einer Sekunde.
   's is wirklich famos,
   Wie der Fortschritt so groß.

Doch's gibt Sach'n, die man nie spät genug erfahr'n kann,
Hundert Meilen weit wird g'meld't telegraphisch ei'm Mann:
»Grad betrügt Ihnen d' Frau, auf deren Treu Sie gebaut.«
Der kann jetzt elektrisch dort fahr'n aus der Haut.

Telegraphische Mitteilung nutzt allein nix,
Sie soll'n erst erfinden telegraphische Wix.
   Drum, ich schau mir den Fortschritt ruhig an
   Und find', 's is nicht gar so viel dran...

   Jetzt besiegt ohne Kämpfe
   Der Mensch all's durch Dämpfe...
Allein für die Geisteskraft klingt das fatal,
Daß man Pferdekraft wählt zum Symbol, zum Ideal,
Nur Roßkraft erzeug'n, auf das sind's jetzt versessen,
Daß uns Roßgeduld nötiger wär, tun s' vergessen.
Doch weil s' für die Roßgeduld hab'n ka Maschin',
Stell'n s' noch immer den Menschen als solch'n gern hin...

Neue Waffen werden erfunden, statt Pfeil und Bogen hat man Schießbaumwolle:

Doch wenn auf der Welt schon geschossen werd'n muß,
Was gewinnt denn der Mensch bei ein' baumwoll'nen Schuß?
Wird der Tod durch a Kugel vielleicht minder hart,
Wenn man bei der Ladung mit Baumwoll' verfahrt?
Wird 's Grab minder kalt dadurch, als g'wesen is,
Wenn i a Nachthaub'n in a Büchs'n lad' und mich erschieß'?
   Drum, i schau mir den Fortschritt ruhig an
   Und find', 's is nicht gar so viel dran.

In der Posse »Die bösen Buben in der Schule« antwortet Willibald auf die Frage, wie die Weltgeschichte eingeteilt werde: »Die Weltgeschichte teilt man ein in die alte und in die neue. Beide unterscheiden sich wesentlich voneinander. Wien, zum Beispiel, war vor zweitausend Jahren eine kleine römische Stadt, hatte wohl römische Kultur, aber noch keine Vorstädte. Spittelberg, Liechtental, Hundsturm und Lerchenfeld (die finsteren proletarischen Wohngebiete. D. V.) wurden erst in den Zeiten der Aufklärung hinzugebaut... Warum aber diese neue Zeit die Zeit des Fortschrittes genannt wird, das is die einzige Frag', wo ich keine Antwort drauf weiß...

Nestroy nahm vorweg, was erst später in all seiner Problematik hervortrat; die Diskrepanz von technischer und gesellschaftlicher Entwicklung, von fortschreitender Erfindung und zurückbleibendem Bewußtsein, von kolossalem Mittel und nichtigem oder tödlichem Zweck. Der Maßstab der Maschine war die Pferdekraft, nicht der Menschengeist, und während es mit Pferdekräften vorwärtsging, trottete mit Roßgeduld der Mensch hinterher. Und nicht nur die Roßgeduld – im rückständigen Österreich besonders überanstrengt – beunruhigte Nestroy, sondern er nahm auch wahr, daß ein verrottetes System sowohl die Herrenschicht wie die kleinen Leute korrumpierte. Die romantische Verherrlichung des Volkes, der Mythos »Volk«, war ihm zuwider; er nahm Partei für die kleinen Leute, doch diese Parteinahme hinderte ihn nicht, rücksichtslos darzustellen, wie die herrschende Klasse auf sie abfärbte. In seiner großartigen Parodie »Die verhängnisvolle Faschingsnacht« hat er im Holzhacker Lorenz den die Herrenschicht Nachahmenden, sein Zwischen-den-Klassen-Stehn, den einen Fuß auf der höheren Stufe, den andern auf dem Nacken einer Erniedrigten, unerbittlich gestaltet. Die Parodie wurde durch das idiotische Stück von Karl von Holtei, »Ein Trauerspiel in Berlin«, angeregt.

Holtei schrieb dazu: »Her Nestroy hat das Trauerspiel in Berlin zu einer – Parodie kann ich's nicht nennen – zu einer Nachahmung, Umarbeitung benützt... Während ich mich bestrebt habe, in meinem Original Leute aus niedern Ständen, ihrem trüben Geschicke zum Trotze, von innen heraus als edle Naturen darzustellen, hat Herr Nestroy, in der ihm eigenen Weise, sich die Aufgabe gestellt, in seiner Umgestaltung dieses Bestreben als ein sentimental-lächerliches zu bezeichnen, und namentlich das Ehrgefühl des Franz zu persiflieren... Dawider gibt es keinen Schutz. Seltsam jedoch bleibt es, und mir unerklärlich, wie die Herren, welche von den Brettern den Fortschritt besingen und Volkssouveränität verkündigen, dieses ihr fortschreitendes Volk so niedrig gesinnt als möglich schildern; auch in Nachbildungen von Stükken, deren als Reaktionär verhöhnter Verfasser sich redlich bemühte, eben diese aus untergeordneten Ständen hervorgehobenen Persönlichkeiten veredelt und hochherzig auftreten zu lassen? Ist das nicht ein Widerspruch, der zum Nachdenken auffordert?«

Er fordert dazu auf: Der vornehme, eine zum Untergang reife Gesellschaft idealisierende Dichter läßt sich zum Volk herab, nicht um die »untergeordneten Stände« zum Widerstand zu ermutigen, sondern um aus ihnen »Persönlichkeiten veredelt und hochherzig« hervorzuheben, damit es sich herumspreche: »Es gibt auch anständige Proletarier! Wo immer er stehn mag, der Brave bleibt brav!« Der plebejische Dichter verschmäht es, das Volk in einzelnen »veredelten und hochherzigen Persönlichkeiten« zu idealisieren (denn derlei Idealisierung ist nichts als huldvolle Geringschätzung!). Er stellt es dar, wie es ist, mit allen Gebrechen der Unterdrückten. Und weil er es nicht von oben, sondern als seinesgleichen sieht, gilt sein Hohn dem Plebejer, der »von innen heraus« ein Parvenu ist. Das »Ehrgefühl«, das Holtei dem Franz verleiht, ist ein in die »niederen Stände« eingeschleppter Standesdünkel, gegen den Nestroy für den »Pöbel« Partei ergreift.

Der Franz ist bei Holtei ein ehemaliger Soldat. »Da hat er Feldzüge mitgemacht«, erzählt die brave Dörthe von ihm, » und ist immer brav gewesen, hat die Zuviel-Medaille und hält was auf sich, wenn er schon nur ein Tagelöhner ist... Ich bin ihm schrecklich gut, und er ist ganz solide, ein stiller Mensch, sehr stolz...« Und so, »von innen heraus«, sagt dieser brave Franz der braven Dörthe: »Ich bin ein armer Tagelöhner, du bist eine arme Magd, wir haben nichts als unsre Ehre und unsre Liebe, und wenn du etwas tust, was diese befleckt, so stirbst du von meinen Händen...« Der brave Franz sagt es nicht nur, sondern tut es auch, wobei er des Nachts die brave Dörthe mit ihrer Dienstgeberin verwechselt, und also die falsche totsticht. »Nun ist's gut!« sagt er still, aber sehr stolz. »Und nun bin ich frei! Nun ist meine Ehre gerettet!« Schließlich stellt sich heraus, daß alles ein Irrtum war, doch die brave Dörthe tröstet den braven Franz: »Du kannst man ruhig in den Tod gehn, und ohne Eifersucht, ich bleib' dir treu, ich nehm' keinen andern...«

Nestroys Sepherl schildert den Lorenz ähnlich wie Dörthe den Franz: »Er ist ein braver Mensch, hat 's Herz am rechten Fleck, und hat ein ungeheures Ehrgefühl; er ist zwar barsch, aber doch gut dabei, und aus seinem Aug' blitzt ein Feuer, welches deutlich spricht: Ich bin zu etwas Höherem geboren!«

Der erste Monolog des Lorenz rückt alles ins richtige Licht: »...Für einen Menschen wie ich bin, ist es was Schreckliches, unter solcher Bagage zu existieren. Mein ganzes Leben war Ehre, durchaus Ehre. Mein Vater hat die Ehre gehabt, herrschaftlicher Portier zu sein; ich habe die Ehre gehabt, als herrschaftlicher Portierssohn erzogen zu weren...« Und so geht es fort, wobei der Wiener Gruß, das breite »Habe-die-Ehre!«, der Sache den Tonfall gibt. »...So war mein ganzes Leben Ehre und soll es auch bleiben; selbst in meinem jetzigen Stand halt' ich darauf und trachte so viel als möglich, bei Familien Holz zu hacken, wo es mir zur Ehre gereicht, wenn ich sagen kann: Die und die haben heut Holz g'habt (mit Selbstgefühl), und ich war dabei.«

Marktweiber reizen ihn zur Eifersucht gegen den alten Tatelhuber. Er fällt über Sepherl her, sie bittet ihn: »Nimm doch Vernunft an!«

Lorenz: »In meinem Kopf ist ein Fleckel, wohin das Wort Vernunft noch nie gedrungen ist, auf diesem Fleckel ist ein Radel, und wenn das einmal laufet wird –«

Sepherl: »Du bist verrückt! Schau, Lorenz, du hast mich lieb, sagt dir denn dein Herz nicht –?«

Lorenz: »In meinem Herzen ist ein Fleckel, wohin das Wort Liebe nie gedrungen ist; auf diesem Fleckel sitzt die Ehr', und das ist gar a heiklige Person, wie die nur a bissel tuschiert wird, so kriegt s' die Krämpf und schlagt aus nach allen Seiten...«

Sepherl gibt ihm Kaffee: »Vielleicht ist in deinem Magen ein Fleckel, wohin heut' noch kein Kaffee gedrungen ist?«

Lorenz: »Du hast es erraten!«

Sepherl: »Es ist mein Frühstückskaffee, den ich für dich aufgehoben hab'.«

Lorenz: »Das ist edel. Aber s' Kipferl wirst 'gessen haben?«

Sepherl: »Nein, ich hab's für dich aufg'spart.«

Lorenz: »Gib's her! (Nimmt es.) Wenn man nix eintunkt, so ist so ein Kaffee ein wahrer Kletzen... (Er ißt tüchtig.) Darfst mir's glauben, Sepherl, ich könnt' Hunger leiden für dich, wenn du nur g'nug hast...«

Da steht er vor uns, der schauerliche Spießbürger im Arbeiterrock, der sein Mädel ausbeutende Ausgebeutete, der Lakai, der die Herrschaft imitiert. Er fängt eine neue Liebschaft an und spricht in maskuliner Herrenmoral vom »Hauptfehler« seiner betrogenen Sepherl: »Sie glaubt, was dem Weibe verboten ist, das darf der Mann auch nicht tun. Wie arrogant! Und es ist doch das konträre Verhältnis. Erlaubt sich das Weib das geringste, so leidet die Ehre des Mannes dabei: je mehr sich aber der Mann erlaubt, je niederträchtiger als er sie behandelt, und sie erträgt das Ding als stille Dulderin, desto mehr Ehre macht es ihr...«

Lorenz verprügelt in der Dunkelheit die Dame Helene, die er für Sepherl hält: »Es ist geschehen! Liebe, Ehre, Rache, alles ist mir in die fünf Finger gefahren... Es ist aus! (Aufs Herz zeigend.) Hier regt sich nichts mehr, aber die Ehre steht triumphierend da auf den Trümmern der Liebe...«

Ein weiteres Mißverständnis hat zur Folge, daß Lorenz als Retter eines Kindes gilt, daß er zum Helden wird, ohne zu wissen wie. »Das hat mich ausg'söhnt mit ihm!« sagt der alte Tatelhuber. »Er soll 's Mädel haben!« Worauf er dem Träger unverdienter Ehre gratuliert: »Er hätte als Holzhacker gar keine bessere Wahl treffen können, denn das Madel ist so brav, so gut und geduldig, daß Er auf ihr Holz hacken kann.« Was Lorenz tun wird...

Nestroy hat das falsche Pathos der »Ehre« zerfetzt. Zehn Jahre später, in der vorrevolutionären Atmosphäre, gibt Nestroy nicht nur – ausnahmsweise! – der Forderung nach dem »Volksstück« nach, sondern bekennt sich unzweideutig zu echtem plebejischem Ehrgefühl. »Der Unbedeutende«, am 2. Mai 1846 aufgeführt, wurde zum Riesenerfolg. In der Wiener Theaterzeitung nannte Adami den »Unbedeutenden« »Nestroys bestes, tüchtigstes Stück«. Nestroy habe darin »eine ganz neue Bahn gebrochen... Er hat das schwierige Problem gelöst, ein Stück zu schreiben, bei dem die *Komik* und die *Moral* Hand in Hand gehen... Schon die *Idee,* welche dem Werke zur Folie dient: ›Die Ehre steht höher als Macht und Reichtum‹, ist eine große mutige...« Am 13. Mai schrieb Raudnitz: »Er hat plötzlich die sonst gewöhnliche, schmutzige Jacke abgelegt, hat einen reinlichen Bürgerrock angezogen, ist als ein Ehrenmann aufgetreten...« Der »Humorist«, der Nestroy seit Jahren auf das heftigste angegriffen hatte, feierte ihn nun als einen »Volksdichter« und fügte hinzu: »Dieser Anflug von Ernst, der sich nun in unser Phäakenleben eingeschmuggelt, ist nun fast schon eine Angewöhnung des Volkes geworden.«

So viel Lob macht stutzig. In der Tat hatte der Satiriker nicht angezogen, was die ihn Lobenden einen »reinlichen Bürgerrock« nannten, war er nicht zu dem geworden, was sie als einen »Volksdichter« feierten, als einen, der die Bravheit idealisiert, den Sieg des braven Mannes für Gottes Willen hält. Nestroy war auch in diesem Stück ein aufsässiger, aufbegehrender Plebejer. Drohend blitzte das Wort von der *»angeborenen Feindschaft zwischen arm und reich«* auf. Der Zimmermann Peter Span war mit der Welt, in der er lebte, durchaus nicht zufrieden: »Standeswahl bei einem Sprößling unterer Stände heißt wohl nichts andres als: Jetzt entschließ' dich, ob du als Lehrjung' von dieser oder jener Zunft gebeutelt und malträtiert werden willst.« Wenn er die Ehre seiner Schwester gegen die Verleumdungen des Sekretärs Puffmann schützt, ist er plötzlich von Einsamkeit umgeben; die Nachbarn halten's mit dem Tratsch, nicht mit der Solidarität. Obwohl Nestroy also das Edelmütige sparsam verwendet, obwohl das Komödie-Motiv, daß Puffmann sich von einem Ahnungslosen immer wieder erpressen läßt, das Pathos zurückdämmt, ist dennoch dieses Pathos, wenn es vortritt, nicht Dichtung, sondern Papier: »Der gerechte Zorn hat Flügel, die einen hoch über jeden Beleidiger erheben... Was den Punkt der Familienehre betrifft, da steht der Unbedeutende dem Größten gleich und hat ebensogut das Recht, das Makelloseste zu begehren... Vergessen Sie ja die Lektion nicht, daß auch am Unbedeutendsten die Ehre etwas sehr Bedeutendes ist!«

Die von Nestroy das »Positive« forderten, fanden es in solchen Tiraden. Doch eben darum ging es *nicht* vor 1848, nicht um die Familienehre eines Unbedeutenden, nicht um die Privataktion eines rechtschaffenen Handwerkers, sondern um den Beweis, daß es ein System zu stürzen galt. Nicht als einzelner, nur zur Masse geworden konnte der Unbedeutende sich zu der ihm gebührenden Bedeutung erheben.

Nestroys Satire war ein Maximum kleinbürgerlich-intellektueller Revolte gegen die geordneten Zustände eines gesellschaftlichen Schweinestalls. Über die äußersten Grenzen einer solchen Revolte ging sie nicht hinaus. Es waren in ihr die »gärenden Märze« künftiger Revolution, nicht aber die düstre Röte des Oktober. Die bürgerlich-demokratische Revolution in Österreich trug in ihrem Schoß schon die proletarische. Der Aufstieg der Völker kündigte den Verfall des Staates an, des weiträumigen, buntscheckigen. Nestroy schrak vor dem Klassenkampf der Arbeiter und dem Kampf der Nationen um Unabhängigkeit zurück. So anders er war, in dieser Problematik wandte er sich Grillparzer zu.

Zunächst war Nestroy ohne Rückhalt für die Revolution. Doch sie politisch zu bejahen war leichter als sie mit den Mitteln des Satirikers künstlerisch darzustellen.

Die Posse »Freiheit in Krähwinkel«, die am 1. Juli 1848 und in allen späteren Aufführungen das Publikum entzückte, hatte den Schwung, die Frische, den Optimismus der jungen Revolution. Es gab in ihr die Reflexionen, die Ultra über Einzahl und Mehrzahl von Recht und Freiheit anstellt: »Recht und Freiheit sind ein paar bedeutungsvolle Worte, aber nur in der einfachen Zahl unendlich groß, drum hat man sie uns auch immer in der wertlosen vielfachen Zahl gegeben... Mit einem Wort, wir haben eine Menge Freiheiten gehabt, aber von Freiheit keine Spur...« Oder die Antwort des Ultra, wenn der Bürgermeister ihn wütend anfaucht: »Mensch –!« – »Hätten Sie mir einen andern Namen gegeben, so hätt' ich g'sagt: Selber einer! – aber so.« Oder die dichterische Formulierung: »In dem klaren Gefühl, so kann's nicht bleiben, liegt eine *Ahnungsgarantie,* da steht immer schon *die Zukunft als verschleierte Schönheit* vor uns...« Und schließlich das Couplet mit dem großartigen Refrain: »Justament nicht!«, diese herausfordernde Erwiderung einer von allen Seiten bedrohten Revolution.

Unsere Stellung war schwierig
Und viele hab'n schon gierig
G'wart't auf unsre Auflösung,
(Ultra niest.) Atzi! Zur Genesung!
Sie hab'n schon 'glaubt, daß alles feindlich in Teile zerbricht –
Aber d' Weltgeschicht' sagt: Justament nicht!

Dennoch: von keiner Zensur mehr bedrängt, ging der *Witz* auf Urlaub und ließ den *Spaß* zurück, in Zeiten der Freiheit ihn zu vertreten. Es war natürlich ein großer Spaß, wenn Ultra sich als Ligorianer, als russischer Großfürst und schließlich als Metternich verkleidete, um zu wichtigen Dokumenten zu gelangen – doch die Satire braucht das Widerwärtige als Gegenwart, nicht als Vergangenheit. Für den Augenblick waren die Herren von Gestern verjagt; das unehrerbietige Gelächter, das ihnen folgte, war nicht mehr befreiend, sondern Ausdruck der Befreiung. Doch dem Satiriker obliegt es nicht, den Sieg zu feiern, sondern Bedenkliches auszusprechen, Unzulänglichkeiten der Revolution zu kritisieren, verborgene Gefahren aufzudecken. Nestroy hatte den Mut zu dieser Aufgabe.

Er karikierte zunächst das Deklamatorische der Revolution, ihre Tendenz, konkrete Probleme durch allgemeines Pathos zu übertönen. Er ließ den Ultra in Krähwinkel einreiten, hinter Trompetern und Paukern, als »europäischen Freiheits- und Gleichheitskommissär. Er ist phantastisch mit siebenfarbigen Bändern geschmückt und trägt phantastische Fahnen statt Federn auf dem Hut, in der Linken eine große siebenfarbige Fahne, in der Rechten eine Pergamentrolle«. Unter Musikgedröhn entfaltet er die Rolle und liest: »Ich verkünde für Krähwinkel Rede-, Preß- und sonstige Freiheit; Gleichgültigkeit aller Stände; offene Mündlichkeit; freie Wahlen nach vorhergegangener Stimmung; eine unendlich breite Basis, welche sich erst nach und nach in die Länge ziehen wird; und zur Vermeidung aller diesfälligen Streitigkeiten *gar kein System.*«

Schon vorher, in der mißglückten Posse »Die Anverwandten«, die sich nur vom 21. bis 23. Mai auf der Bühne hielt, hatte sich Nestroy mit einem Couplet an die »g'spassigen Leut'« gewandt, die als Mitläufer einer neuen Zeit die alten Spießbürger geblieben waren:

Die Freiheit is Licht, und durchs Licht wird dann Tag,
Doch, wie beim Naturprozeß, nur nach und nach;
Wahrer Freiheitssinn tut noch gar viele nicht beseel'n,
Man sieht's, wann's a Charge gibt, wie gern s' noch befehl'n,
Was da nach'r all's tentiert, ja, das muß man nur hör'n,
Die unglaublichen Umtrieb, um Feldwebel z' werdn'n! –
Bei die Wahlen durch Stimme is der Fehler auch das,

Es gibt mancher sein' Stimm, und er weiß nicht für was;
Gar mancher is als Wähler für Frankfurt 'nein g'rennt,
Der auß'r d' Frankfurterwürsteln von Frankfurt nix kennt –
Drum auf Ehr', für die ernsthafte Zeit
Gibt's noch immer viel g'spassige Leut.

Und schließlich das Dilemma: einerseits die Verschwommenheit, »zur Vermeidung aller diesfälligen Streitigkeiten gar kein System«, andrerseits, in der Stellungnahme zu konkreten gesellschaftlichen Problemen, die fortschreitende Differenzierung der Klassen, das Abbröckeln einer Schicht nach der andern, bis nur die Arbeiter und die Studenten zurückblieben. Nestroys Intelligenz verneinte das pathetische Fortwursteln, hielt ein klares Programm für nötig, doch sein Gefühl forderte die Einheit des Volks und fürchtete die proletarische Konsequenz. Der Amtsdiener Klaus schreibt an die Tür: »Heilig sei das Eigentum!« Ultra erwidert: »Wenn diese Worte den Arbeitern nicht ins Herz geschrieben wären, was nutzet denn auf allen Türen das Geschmier?« Daß sie das Eigentum anerkennen würden, hoffte der radikale Kleinbürger Nestroy. Daß es keine Reaktion geben werde, versuchte er sich und seinem Publikum einzureden. Mit unbedachtem Optimismus ließ er den Ultra sagen: »Die Reaktion ist ein Gespenst, aber G'spenster gibt es bekanntlich nur für die Furchtsamen; drum sich nicht fürchten davor, dann gibt's gar keine Reaktion.«

Das »Gespenst« wurde zur Armee, die gegen Wien marschierte, zum Verrat, der die Revolution untergrub. Die Soldateska des Prinzen Windischgrätz brach den Widerstand der Arbeiter und Studenten. Am 2. Dezember 1848 wehte vom Stephansdom die schwarzgelbe Fahne. Die Arbeit der Henker begann. Das Gespenst hatte gesiegt.

Nestroy verstand, daß es ein Sieg auf lange Sicht war. Mitgerissen von den »gärenden Märzen«, erschreckt vom revolutionären Terror des Oktober, verwirrt vom Sieg der Konterrevolution – was sollte er tun? Die Revolution hatte seiner Satire den ihr gemäßen Stoff entzogen. Sie brachte neuen hervor, doch nicht die Zeit, ihn zu bewältigen. Hätte sie gesiegt, welch ein Thema satirischer Aggression wäre die siegreiche Klasse gewesen! Anders war's nach verlorener Revolution. »Wenn eine Menschenmasse an Wunden leidet«, heißt's in der Posse »Sie sollen ihn nicht haben!« – »da is es schwer, durch Pflaster zu heilen, denn die Menschheit is ein widerspenstiger Patient, reißt gern 's Pflaster auf...« Der Witz rührt an Wunden. Nestroy fand sich schwer zurecht. Er hätte schweigen können. Doch nicht zu schweigen, gebot ihm sein Talent, sein Ehrgeiz, sein Metier. Am 6. Februar 1849 trat er mit der Posse »Lady und Schneider« vor sein Publikum – das nicht mehr das einheitliche von einst, sondern ein gespaltenes war.

Bosheiten gegen die Aristokratie: »Wenn er sich 's Brot verdienen müßt'! – Für manchen Menschen is es ein wahres Glück, wenn er a Graf is!« Konzentration der Widersprüche in Worten solcher Art: »Das Volk is ein Ries' in der Wiegen, der erwacht, aufsteht, herumtorkelt, alles zusamm'tritt und am End' wo hineinfallt, wo er noch viel schlechter liegt als in der Wiegen...« Parodie des optimistischen Ultra, wenn der Schneider Heugeig'n sagt: »Es is merkwürdig, wie auf einmal *die Zukunft als Lichtgestalt* vor mir steht!« – worauf er mit einem Mann in schwarzer Maske zusammenprallt. Attacken vor allem gegen die »Umsattler«, gegen die flinke Gesinnungslosigkeit, gegen die Amazonen, die Würstel auf die Barrikaden schleppten.

Trotzdem is ihr G'sinnung g'nau anz'geben sehr schwer,
Erst hab'n s' g'schwärmt für d' Studenten, nacher fürs Militär.

Der alte Haß gegen den Emporkömmling, vermehrt um die neue Angst vor dem Kommunismus:

Und grad, wenn wir in Rang und Stand alle sind gleich,
Wird noch bittrer der Abstand werd'n zwisch'n arm und reich;
Mit zehn Fürsten und Grafen red't man leichter ganz g'wiß,
Als mit ein' Flecksieder, der Millionär worden is...
So glaub'n s', Freiheit heißt unscheniert schimpf'n über'n
  Staat,
Und das, was man braucht, dem wegnehmen, der's hat.
»Wir sind arm«, sagen s', – »der is reich, der muß uns sein Geld
  geb'n,
Zu was braucht er's? A Reich'r hat a so 's beste Leb'n!« –
Und für reich halten s' jeden, der ein' schönen Rock tragt.
O Verblendete! Geht doch zu d' Schneider und fragt! –
  Ah, wenn d' Freiheit Kommunismus wird, nein,
  Da hört es auf, ein Vergnügen zu sein.

Der konservative »Österreichische Courier« schrieb entzückt, Nestroy habe gefühlt, »daß der radikale Schwindel allgemach vorübergeht; er hat auf die allgemeine Neigung für das konservative Prinzip spekuliert...« Die »Ostdeutsche Post« hingegen warf ihm vor, daß er allen Parteien schmeichle. Er verteile nach rechts und links Rutenhiebe und Zuckerwerk. »Freilich sind die Rutenhiebe, die die besiegte Partei erhält, gewichtiger, und das Zukkerwerk weniger und schlechter! Wir hätten dagegen eigentlich nichts einzuwenden, wenn die Möglichkeit vorhanden wäre, daß es umgekehrt sei. Diese Möglichkeit aber ist nicht vorhanden, und da will es uns ein klägliches Handwerk bedünken, auf den Gebundenen zu schlagen...«

Auch der Bewunderer Nestroys kann diese Angriffe nicht als unberechtigt zurückweisen. In Österreich waren stets die *Stimmungen* wirksamer als die *Grundsätze*. Die *Spontaneität* des Augenblicks hat zumeist, im Guten wie im Schlimmen, das unsichere geschichtliche Konzept hinweggefegt. Die Grenzen kleinbürgerlicher Revolte waren enger gezogen als anderswo. Unmittelbar nach dem Zusammenbruch der Revolution von der herrschenden Stimmung ergriffen, hat Nestroy später seine Haltung modifiziert. Schon in der Posse »Höllenangst« (November 1849) heißt es in dem hintergründigen Couplet über den Aberglauben:

Auch d' Wahrsagerei is veracht't,
Wird statt unterstützt nur verlacht;
D' Leut zahl'n lieber für d' Abendblätter ihr Bares,
Das schon zeigt, sie hab'n kein' Sinn für was Wahres.
Auch auf Träum', daß s' ausgehn, glaub' i fest,
Unser Freiheitstraum is so ein Traum g'west,
Und ich frag', ob's nicht wahr is und g'wiß,
Ob d' Freiheit uns nicht ausgangen is?
Ich lass' mir mein' Aberglaub'n
Durch ka Aufklärung raub'n,
's is jetzt schön überhaupt,
Wenn m'r an etwas noch glaubt.

Und schließlich sagte in dem damals nicht aufführbaren Schauspiel »Der alte Mann mit der jungen Frau« der alte Kern zu dem jungen, aus der Festungshaft ausgebrochenen Achtundvierziger: »Was Sie getan haben, das haben Hunderttausende, das hat –

sei's durch Tat oder Wort oder Gesinnung – fast jeder getan. Wer kann bei der jetzigen Krisis in Europa sagen: Ich war nicht dabei –? Die Revolution war in der Luft, jeder hat sie eingeatmet und folglich, was er ausg'haucht hat, war wieder Revolution...«

Für den *Satiriker* Nestroy war das Problem komplizierter. Der plebejische Standpunkt, den er vorher einnahm, war durch die Revolution und ihre Folgen überholt, die allgemein plebejische Opposition zum Anachronismus geworden. Das Plebejertum hatte sich in Klassen und politische Richtungen differenziert. Aus der strukturlosen Masse der Vorstädte, mit der Nestroys Kunst sympathisierte, begann sich eine Klasse herauszubilden, die ihn beunruhigte: das moderne Proletariat. So sehr er die »angeborene Feindschaft von arm und reich« verstand oder der Schöpfung vorwarf, daß sie nicht Menschen und Häuser, sondern Parteien und Hausherren erschuf, sosehr er im Entwurf zu einem Schauspiel, »Drei starke Geister«, die Haltung zu den Arbeitern als Symptom des guten oder bösen Charakters auffaßte (andrerseits im Schauspiel »Der Schützling« dem fortschrittlichen Erfinder die »stützigen Gemüter« konservativer Arbeiter entgegenstellte) – der *Klassenkampf des Proletariats* gegen die Bourgoisie schien ihm auf ähnliche Weise destruktiv zu sein wie der *Kampf der Nationen* um Unabhängigkeit. Die kapitalistischen Emporkömmlinge waren ihm widerlich wie eh und je. Das Kleinbürgertum teilte sich in österreichische Patrioten und in Deutschnationale; diese waren zunächst liberal, jene wandten sich dem Klerikalismus zu. Nestroy stimmte mit keiner Richtung, keiner Partei überein. Er wünschte jedoch, daß Österreich nicht zerfalle, sondern weiter bestehe. In diesem Sinne war er konservativ. Zugleich aber wünschte er, daß dieses Österreich modern, vernünftig, intelligent sei. Im Kampfe gegen die wiedererstandene Zensur kämpfte er, so weit es möglich war, gegen die Macht der Bajonette und der Beichtstühle, gegen Willkürherrschaft und Klerikalismus.

In den Notizen zu »Höllenangst« heißt es: »Revolutionäre stürmen in der Regel gegen die irdischen Regierungen an. Das is mir zu geringfügig, ich suche das Übel tiefer, oder eigentlich höher, ich revoltiere gegen die Weltregierung, das heißt, gegen das, was man eigentlich Schicksal nennt, ich trage einen unsichtbaren Calabreser mit einer imaginären roten Feder, die mich zum Giganten macht: Giganten waren antediluvianische Studenten, sie haben den Chimborasso und Leopoldiberg aufeinandergestellt...

's Schicksal hat alles, was die von ihm beherrschten Menschen empören muß. Es gibt wohl viele, die's mit Geduld ertragen, das sind eigentlich recht die G'scheiten, die einsehen, daß es umsonst, und daß ohnmächtige Empörung immer lächerlich ist; aber deshalb sind sie doch immerhin sanfte Aufrührer, servile Revolutionäre, zarte Proletarier...

Der Ewigkeit ist eine enorme Staatsschuld aufgebürdet, und sie hilft sich mit Assignaten auf den Himmel, so gut sie kann...

Ich lass' mir's nicht nehmen, der Himmel hat seine Herrengassen, für die aber nie ein März anbrechen wird. (Die Revolution 1848 begann in der Herrengasse vor dem Niederösterreichischen Landhaus. D. V.) Da droben is kein Fortschritt zu hoffen...

Nur eins hat das Schicksal vor den irdischen Tyrannen voraus, nämlich das, daß man ungeniert darüber schimpfen kann, es nutzt ei'm zwar gar nix, aber man wird doch wenigstens zu keiner Verantwortung gezogen, und es is das schon eine schöne Sach...«

Wieviel Trauer über die verlorene Revolution, wieviel Aufruhr und Verzicht, und welch ein unverdunkeltes Wissen, daß die gegen den Himmel aufgerichteten Barrikaden die auf Erden abgerissenen nicht zu ersetzen vermögen, daß die gegen den Himmel geballten Fäuste eigentlich nur die Gebärde sanfter Aufrührer, serviler Revolutionäre, zarter Proletarier sind. Nestroy machte sich selbst nichts vor; doch die ahnungsvolle Zensur witterte in jedem seiner Witze gegen das Schicksal die tiefere Bedeutung, sah den unsichtbaren Calabreserhut mit einer imaginären roten Feder.

Die Folgen der verlorenen Revolution waren für Nestroy nicht nur Verlust des allgemein plebejischen Standpunkts, Unsicherheit in der Wahl des Objekts, das anzugreifen es galt, sondern zunehmend auch ein Ausweichen ins Unwesentliche, verzweifelte Rückkehr zur grellen, undurchsichtigen Maske, aus der in Meisterwerken, wie »Der Talisman«, »Das Mädl aus der Vorstadt«, »Einen Jux will er sich machen«, ein Menschenantlitz geworden war. Der »Kampl« war unter mittelmäßigen Stücken die große Ausnahme, und erst in seinen letzten Einaktern, »Frühere Verhältnisse« und »Häuptling Abendwind«, hat Nestroy die Kraft und Fülle satirischer Aggression zurückgewonnen.

Am 13. März 1849, also am Jahrestag der niedergeworfenen Revolution, trat Nestroy mit der Parodie »Judith und Holofernes« vor das Publikum. Die »Ostdeutsche Post« nannte dieses Stück an diesem Tag »die kolossalste Gemeinheit, die noch je eine Bühne entehrt hat... Leider war das Publikum zu nachsichtig; es schien die Beleidigung nicht zu fühlen, die darin lag, daß man es wagte, am 13. März 1849 den Mann, der am 13. März 1848 zuerst das Wort für die Freiheit ergriffen hatte, in einem erbärmlichen Couplet zu verhöhnen, während er wehrlos, unglücklich und gefangen ist... Die Volksbühne des Carl-Theaters will also hinter unserem politischen Fortschritt zurückbleiben, sie will den Judenhaß und die Judenverachtung verewigen...«

Es wäre verfehlt, sich über diese Kritik hinwegzusetzen. Dennoch hat, so scheint es mir, der Kritiker die Parodie wesentlich mißverstanden. Das Couplet wendet sich vor allem gegen den Renegaten Alexander Bach, der zum Innenminister der Konterrevolution geworden war, und die Verhöhnung des Dr. Adolf Fischhof, der als erster zum Volk in der Herrengasse sprach, ist ebensogut als Mißbilligung all der konterrevolutionären Racheakte aufzufassen:

> So was nennt man kein Wunder jetzt mehr heutzutag',
> Man find's ganz natürlich und kein Hahn kräht danach...

Die Zensur, so wachsam sie war, ließ sich täuschen. Sie sah nur ein Trauerspiel Friedrich Hebbels parodiert, die Karikatur des romantischen »Übermenschen« Holofernes. Doch Holofernes war »Übermensch« in seiner Eigenschaft als kommandierender General, als Inbegriff militärischer Macht. Kaum ein halbes Jahr war's her, daß eine solche Armee vor Wien stand. Ihr Befehlshaber war der hochmütige und grausame Windischgrätz. Er hatte wie Holofernes gedroht, die Stadt in Flammen aufgehn zu lassen, wenn sie nicht kapituliere. Und »*Kopf bei Fuß!*«, der Befehl des Holofernes in Nestroys Parodie, war von gräßlicher Aktualität. Es ging also nicht nur darum, wie einst in »Robert der Teuxel«, geschwollene Romantik aufzustechen, die parodistische Exekution, damals an einem flinken Stückeschreiber vollzogen, nun an einem Autor ersten Ranges zu wiederholen, sondern was nun symbolisch geköpft wurde, waren Willkür und Größenwahn in der Uniform des Militärs. Wenn die Bürgerwehr von »Betteltuttien«, wie die Kritiker annahmen, als Zerrbild der Wiener Bürgerwehr zu gelten hatte – wer war dann Holofernes?

»Hätt' ich doch nur einen Feind«, deklamiert in Hebbels Drama der Holofernes, »nur Einen, der mir gegenüberzutreten wagte! Ich wollt' ihn küssen, ich wollte, wenn ich ihn nach heißem Kampf in den Staub geworfen hätte, mich auf ihn stürzen und mit ihm sterben.«

Die Parodie übertrumpft den Schwulst: »Ich bin der Glanzpunkt der Natur, noch hab' ich keine Schlacht verloren, ich bin die Jungfrau unter den Feldherren. Ich möcht' mich einmal mit mir selbst zusammenhetzen, nur um zu sehen, wer der Stärkere is, ich oder ich.«

Aus der demolierten Romantik tritt der österreichische Feschak, der »Glanzpunkt der Natur«. Noch deutlicher wird die Übersetzung aus der Sprache gewaltsamer Überhitzung in den Jargon des österreichischen Offizierskasinos. Bei Hebbel dröhnt der Holofernes, es sei der große Zweck des Gottmenschen, »daß er all die törichten Regungen des Mitleids, des Schauderns vor sich selbst, des Zurückschwindelns vor seiner ungeheuren Aufgabe unterdrückt, daß er sie (die Menschheit) zu Staub zermalmt und ihr noch in der Todesstunde den Jubelruf abzwingt«. Bei Nestroy heißt's dann so: »Ich möcht', daß die ganze Menschheit aufg'hängt wär', um dann der einzige zu sein, der die Welt als wie einen Hund mit Füßen tritt. Ich bin ein großartiger Kerl!« Das ist der Jargon der schlampigen Massenmörder, die zwischen Mulatschak und Standgericht die letzten Tage der Menschheit zwar nicht verantworten, aber inszenieren, ein Holofernes, von Nestroy an Karl Kraus weitergereicht.

Dem bewaffneten Größenwahn, der militärischen Disziplin, die im Nu zusammenbricht, wenn der Führer den Kopf verliert – »Ha, auch der falsche Kopf hat die rechte Wirkung getan!« –, werden die unsoldatischen Juden von Betteltuttien gegenübergestellt. Leider gibt es in dieser Gegenüberstellung antisemitische Akzente, doch nicht sie sind das Entscheidende. Schon in früheren Possen hat Nestroy seine Antipathie gegen alles Militärische kundgetan, so zum Beispiel in »Der Färber und sein Zwillingsbruder«, wenn die Marketenderin Gertrud auftrumpft: »Ich möchte gar kein' andern, nur Militär!«, und Kilian ihr erwidert:

»Da werd' ich nicht in der Gnad' stehn, denn an mir is jeder Zoll Zivil. Ich sag', man brauchet gar kein' Krieg...« Jeder Zoll Zivil sind auch die Juden von Betteltuttien. Assad kommandiert als Korporal drei andre Juden.

Hosea: »Das Herumkommandieren fangt mich an zu verdrießen.«

Nabal: »Is er mehr als wir?«

Ammon: »Is nicht ein Jüd als wie der andere?«

Assad (kommandiert): »Marsch!«

Hosea: »Wohin?...«

Das Genie Nestroys hat den vollendeten Witz, den *jüdischen,* in seiner ganzen Tiefe erkannt – dieses Durchbohren des eigenen Herzens, um eine feindliche Welt zu treffen. Im ersten Augenblick scheint die Frage des Hosea absurd, denn sie widerspricht der militärischen Welt des Befehlens und Gehorchens. Im Gelächter der Verblüffung identifiziert sich das Publikum mit herrschenden Zuständen, hält es für selbstverständlich, daß man zu marschieren habe, wenn der Vorgesetzte es befiehlt, ohne zu fragen, ohne zu denken. »Wer hat was zu fragen, wenn ich kommandier'?« sagt Assad. Wer hat in meiner Gegenwart zu denken? sagt Holofernes.

Idun: »Fühlt mein Feldherr Appetit?«

Holofernes: »Hauptmann, für diese Frage degradier' ich dich zum Vizeg'freiten.«

Idun: »Ich dachte nur –«

Holofernes: »Das ist dein Verbrechen; ich allein denk', und wer sich Gedanken anmaßt, der begeht einen Einbruch in meinen Kopf...«

Es ist die Entsprechung zur Frage des Hosea und zur Antwort des Assad. Und plötzlich leuchtet auf, daß der Witz, der den Juden Hosea zu treffen schien, gegen die Welt des Holofernes zurückschlägt, gegen die absurde Welt des Militarismus, des Führerprinzips. Auf den Befehl: »Marsch!« ist die Frage »Wohin?« das Intelligente, Vernünftige, ja das Unerläßliche. Gegen eine *verkehrte* Welt revoltiert im Witz die *richtige.* Hätten, wann immer ein Führer »Marsch!« befahl, die Völker gefragt: »Wohin?« – das Übermaß von Katastrophen wäre der Menschheit erspart geblieben.

Der Witz ist Revolte der Intelligenz gegen ein Verbot.

In der Frühzeit der Völker führt der Weg zum Erwachsensein durch Dunkelheit und Geheimnis. Erwachsensein heißt, gesellschaftliche Tabus kennen und anerkennen, heißt, sich unterwerfen. Mysterien werden veranstaltet, um die Jungen in die Gemeinschaft aufzunehmen, in kollektive Erfahrungen einzuweihn, ihnen gesellschaftliches Sein als Verantwortung aufzuerlegen. Tod und Wiedergeburt, Angst und Erlösung sind der Inhalt dieser Mysterien. Der ungebundene Einzelne stirbt, wird vom Kollektiv aufgezehrt, durch die Gesamtheit unsterblich.

Götter und Göttinnen der Fruchtbarkeit werden ekstatisch angebetet. Plötzlich jedoch, wenn die Nerven bis zum Äußersten angespannt sind, kann es geschehn, daß Priester und Priesterinnen in Schmähungen gegen die Gottheiten ausbrechen, sie mit obszönen Worten und Gesten an sexuelle Ausschweifungen erinnern, und in jähem Gelächter entlädt sich die hochgestaute Hysterie. Erwachsensein ist eine anstrengende Haltung und Würde und wird den Wunsch nicht los, in verantwortungslose Kindheit, in seligen Unsinn zurückzukehren. Sigmund Freud spricht von der Tendenz, »Hemmungs- und Unterdrückungsaufwand« zu ersparen. »Vom Erhabenen zum Lächerlichen ist nur ein Schritt!« (Napoleon.) Der Schritt, nein, der Sprung ist getan, wenn die eben noch Ehrfurcht gebietenden Götter und Göttinnen geschmäht werden. Das »Sacrum« wird zum Zweideutigen, zum Geheiligten und Verfluchten. Das Gelächter ist Erschütterung des gesellschaftlichen Zwangs, Befriedigung des Einzelnen, Ausbruch des Kindes aus dem Erwachsensein.

Die Aufnahme in die Gemeinschaft, die Einweihung, erfolgt nach mancherlei Prüfungen: nicht nur im Ertragen von Leid, sondern auch in der Kunst, gesellschaftliche Gebote dem Gedächtnis einzuprägen. Befremdende Fragen werden gestellt, aufklärende Antworten gegeben. Jede Frage ist ein Schock, jede Antwort Erleichterung. Es ist der Ursprung des *Rätsels,* die Keimform des *Witzes.* Den Eingeweihten ist Schweigen zur Pflicht gemacht, doch im Frage-und-Antwort-Spiel des Rätsels vermag man das Schweigen zu umgehn, die Lust an der Enthüllung des Verborgenen aus den Mysterien in den Alltag zu übertragen. Das Wagnis des Rätsels, seine Anrüchigkeit wird insgeheim empfunden. Das Rätsel der Sphinx ist der Mensch. Ödipus löst das Rätsel, wütend stürzt sich das Scheusal in den Abgrund. Doch Ödipus ist verflucht. Intelligenz galt stets als verdächtig, von Ödipus zu Faust, bis in die Gegenwart.

Die Zweideutigkeit der Rätselfrage, das Überraschende der Antwort ist auch das Wesen delphischer und anderer *Orakel.* Hier ist die Antwort rätselhaft, zweideutig. Das Überraschende besteht darin, daß scheinbar das Gegenteil des Prophezeiten geschieht, doch blitzhaft erkannt wird, daß eben diese Möglichkeit im Wortlaut verborgen war. Die Katastrophe enthält auf solche Art ein Element des schauerlich Witzigen. Das Schicksal hat einen Mächtigen überlistet. In der Entwicklung von Rätsel und Orakel zum eigentlichen Witz wird der Mächtige oder die Macht gesellschaftlichen Zwangs nicht durch das Schicksal, sondern durch den Schwächeren, den Unscheinbaren, den Unterdrückten überlistet. Der Witz ist stets der kleine David, der den riesigen Goliath überwindet.

Der *Spaß* kann harmlos sein, der *Witz* ist aggressiv. Er wächst aus der Schmähung der Götter. »Die Verhinderung der Schmähung oder beleidigenden Entgegnung durch äußere Umstände ist ein so häufiger Fall«, schreibt Sigmund Freud, »daß der tendenziöse Witz mit ganz besonderer Vorliebe zur Ermöglichung der Aggression oder Kritik gegen Höhergestellte, die Autorität in Anspruch nehmen, verwendet wird. Der Witz stellt dann eine Auflehnung gegen solche Autorität, eine Befreiung von dem Drucke derselben dar.«

In einem Regime, das dem Untertanen zu sprechen nicht gestattet, kann sich die angestaute Energie in *Musik* entladen, denn Noten sind nicht leicht zu zensurieren. Wenn aber die Intelligenz des sozial Unterlegenen der Intelligenz ihn unterdrückender Machthaber weit überlegen ist, entlädt sich die Spannung im Witz. Die unüberbietbare Vollkommenheit des jüdischen Witzes erklärt sich aus der enormen Diskrepanz zwischen rückständigen Unterdrückern und der seit tausenden Jahren geschulten Intelligenz von Menschen, deren Heimat nicht ein Land, sondern ein *Buch* war.

Die Technik des Witzes verfeinert sich durch solche Diskrepanz. Der Witz muß zunächst irreführen, einen Weg wählen, den zu betreten gestattet ist, vor einem Hindernis zurückprallen, seitwärts springen, ins Unerwartete, scheinbar Sinnlose, in verblüffender Assoziation nicht zusammen Passendes verknüpfen – bis plötzlich im Unsinn dieser Verknüpfung verborgener aggressiver Sinn sich offenbart. Es ist das Moment der »Verblüffung und Erleuchtung«, das Heymans als für den Witz wesentlich erkannt hat. Ähnlich wie der *Traum* arbeitet der Witz nicht nur mit überraschenden Assoziationen, sondern auch mit maximaler Verkürzung, mit dem plötzlichen Zusammenprall des Gegensätzlichen oder unvereinbar Scheinenden. Nur dadurch ist die äußere und zugleich die innere Zensur zu überrumpeln.

Das Regime Metternich–Sedlnitzky forderte den Witz als Revolte der Intelligenz heraus. In seiner Kombination von hoher Intelligenz und individueller Gehemmtheit, Schüchternheit, Todesangst war Nestroy zu solchem Witz prädestiniert. Speidel erkannte in seinen oft obszönen Improvisationen ein »witziges Befreiungsmittel«. Das Hindernis, das Nestroy zu überwinden hatte, war ungewöhnlich groß; denn sein Witz huschte nicht leise von Ohr zu Ohr, sondern trat auf die Bühne, mußte in voller Öffentlichkeit die Behörden überlisten. Manchmal gelang es nur durch den Gegensatz von Wort und Situation, oder durch Miene und Gebärde als »Merkmal einer zur Stummheit verurteilten Zeit« (Speidel), als Taubstummensprache einer unbesiegbaren Intelligenz. Wie dem Traum liefert auch dem Witz das *Unbewußte* die überraschende Assoziation, doch entscheidend für den Witz (zum Unterschied vom Traum) ist das *Bewußtsein*. Das Denken wird zwar »für einen Moment auf die kindliche Stufe zurückversetzt« (Freud), doch niemals ist im Witz »der Unsinn Selbstzweck«. Dadurch eben erhebt sich der Witz über den Scherz, über den Spaß.

Nestroy war sich dessen bewußt. »Ein G'spaß soll niemals witzig sein...«, sagt der »biedersinnige, gemütliche« Spießbürger Blasius in der Posse »Weder Lorbeerbaum noch Bettelstab«. Er möchte »mit'n halbetem G'sicht lachen, und mit der andern Hälfte weinen«. Er fordert »überall Rührung, was fürs Herz«. Nestroys Witz hat nichts mit solchem G'spaß zu tun.

Sein Witz, der stets aus der Sprache schöpft, sprachliche *Selbstbesinnung* ist, konfrontiert auf mannigfaltige Art die gesellschaftliche Phrase mit der verdrängten Wirklichkeit. Er ist die *umgestülpte Phrase*. Eine verkehrte Welt wird auf den Kopf und dadurch auf die Füße gestellt. Im Paradoxen spiegelt sich die

Welt, wie sie ist. Der Witz ist der Schock, der sie zu sich selber bringt.

Zwirn hat sich siebzehn Jahre um seine Tochter Therese nicht gekümmert. Als Madame Leim die von ihr Ausgebeutete zur Verlobung mit einem wohlhabenden Idioten nötigt, taucht Zwirn plötzlich auf, ohne erkannt zu werden. Er tobt zunächst gegen die Heirat, weil der zum Schwiegersohn Ausersehene ihn beschimpft hat; als er jedoch erfährt, daß der Herr Geld hat, schreit er die Tochter, die ihn ablehnt, an: »Ungehorsame, Undankbare! Siebzehn Jahre habe ich mich nicht umg'schaut um dich, und im Augenblick des Wiedersehens lohnst du mir so meine väterliche Liebe?«

Das Klischee der väterlichen Liebe und Autorität, die Berufung auf die Dankesschuld der Tochter, wenn es um materiellen Vorteil für den Vater geht, wird im grellen Widerspruch von Wort und Situation als Klischee sichtbar gemacht. In der grotesken enthüllt sich die alltägliche Heuchelei.

Herr von Brauchengeld sagt zu Faden, der um die Hand seiner Tochter bittet: »Wissen Sie, wie hoch dieses Mädel kommt? Die väterliche Einwilligung zur Heirat kostet zehntausend Gulden.« Faden bringt das Geld: »Erzeuger meiner Angebeteten, nimm hier den pflichtschuldigen Tribut des Bräutigams und erhöre seine Bitte um schleunige Verabfolgung der Liebreizenden.«

Im Zusammenstoß von pathetischer Phrase und kommerziellem Jargon wird der Heiratsmarkt auf die konzentrierte Formel des Witzes gebracht. Schwulst und Geschäft stolpern einer über den Fuß des andern, und aus ihrem Sturz ist es die Wahrheit, die aufsteht.

Wenn der Sekretär Puffmann, von Peter Span zur Rede gestellt, nicht mehr aus noch ein weiß, erwidert er verlegen: »Es scheint bei der ganzen Sache die Obwaltung eines Irrtums stattzufinden.« Indem er sich hinter bürokratischer Phraseologie versteckt, demaskiert er sein Schuldgefühl, durch das Amtsdeutsch wird der Gauner, durch den Gauner das Amtsdeutsch als einander bedingend dem Gelächter preisgegeben.

Die edelmütige Phrase wird dadurch umgestülpt, daß ihr Pathos nicht mehr dem Erhabenen, sondern dem Ordinären dient, daß die Tragkraft des Kothurn sich plötzlich als Trugkraft erweist. Strick hat seinen Meister Faden verlassen, als es ihm schlecht ging; er kehrt zurück, wenn's ihm wieder gut geht: »Ich hab' die

Not mit Ihnen geteilt, es ist jetzt meine heiligste Pflicht, auch in die guten Tag' Sie nicht zu verlassen!« Im »Kampl« entpuppt sich Pauline überraschend als Millionenerbin. Der Handwerkerssohn Wilhelm schreckt nun davor zurück, sie zu heiraten. Sein Vater Bernhard donnert ihm Moral ins Gesicht: »Du zögerst, dein Wort zu erfüllen? Fluch dem Manne, dem ein Eheversprechen nicht heilig und der sich durch Millionen zurückschrecken laßt von der Erfüllung seiner Pflicht!« Die Phrase wird vom Kopf auf die Füße gestellt. Aus ihrer Brauchbarkeit in jeder Situation ergibt sich ihre Nichtigkeit. In der erhobenen Stimme und dem erhabenen Tonfall wird Energie aufgewandt, um ein Hindernis zu brechen, einen inneren Widerspruch zu übertönen. Das *ursprünglich* Gute kommt auf leisen Füßen, ohne Pathos und phrasenlos.

Die Auswechslung des Inhalts vollzieht sich auch in der Fehlleistung, in der das Verdrängte plötzlich den Platz einnimmt, der für die Phrase reserviert war. In der Posse: »Die Papiere des Teufels« sagt Federl: »Nehmen Sie auch von mir die Versicherung meiner wärmsten Antipathie, meiner unwandelbaren Verschmähung!« Auf das verlogene Adjektiv folgt das aufrichtige Substantiv.

Das Aufeinanderprallen von Phrase und Wirklichkeit ergibt in »Robert der Teuxel« und andren Parodien die Explosion des Witzes. Robert trifft seine Milchschwester Lieserl.

Robert: »Lieserl, wie lang haben wir uns nicht gesehen? Es war eine Zeit –«

Lieserl: »Schweigen wir von dieser Zeit. Seit Sie dem Beispiel Ihres saubern Herren Vaters gefolgt und, so wie er vor zwanzig Jahren durchging, vor drei Jahren Ihrer Frau Mama durchgegangen sind –«

Robert: »O, meiner Unschuld goldene Tage, wo seid ihr hin?!«

Lieserl: »Ja, das heißt's wohl: Such, verloren! Aber es find't sich nichts.«

»Such, verloren!« sagt man zu einem Hund, der schnüffelnd hin und her läuft. Die romantische Phrase von der verlorenen Unschuld wird durch die bewußte Banalität der Erwiderung demoliert. Auf einmal kriecht der Held auf allen vieren.

»Was ist der Mensch?« fragt der Lehrer Wampl in der Posse »Die bösen Buben in der Schule«. Willibald erwidert wie ein Katechismus, der Mensch sei das Wesen, »welches die oberste Stufe in der sichtbaren Schöpfung einnimmt...«

Wampl: »Grundfalsch! Der Mensch ist ein Säugetier!«

Willibald fügt sich sofort dem Lehrer; doch einmal auf die Tierwelt gebracht, beginnt er in Assoziationen fortzuschreiten: »Der Mensch ist ferner auch ein Wurm, denn er krümmt sich häufig im Staube und kommt auf diese Art vorwärts.«

Ähnlich dieser Aggression gegen den strebsamen Untertanen ist das Wort des Peter in der Posse »Der Färber und sein Zwillingsbruder«: »Ich will jetzt trinken, bis ich umfall' vor Rausch, das allein kann mich aufrecht halten.« Das Wortspiel ist teuflisch; es entblößt nicht nur den, der es sagt, sondern die an Phrasen sich berauschende Charakterlosigkeit. »Das allein kann mich aufrecht halten!« ist die stehende Redensart des kriechenden Spießbürgers, und meistens ist's ein konventionelles Ideal, von dem er behauptet, daß es ihn aufrecht halte, indes er vor Rausch schon umfiel. Der Umgefallene krümmt sich im Staube, kommt auf diese Art vorwärts und hält sich dadurch aufrecht in seiner Misere.

Emilie, die Tochter des Reichen, die den Sohn des Armen liebt, vertraut sich – in der Posse »Zu ebener Erd' und erster Stock« – dem nichtsnutzigen Bedienten Johann an. Dieser plündert, von Replik zu Replik, den Phrasenschatz der feinen Leute aus, erhebt sich aus höhnischer Devotion zur Frechheit des Überlegenen.

Emilie: »Ich hoffe nicht, daß Er mir Ursache geben wird, mein voreiliges Zutrauen zu Ihm zu bereuen.«

Johann: »Sie haben Gold gesät, Sie werden gold'ne Früchte ernten.«

Emilie: »Ich liebe –«

Johann: »Haben vollkommen recht! Liebe ist die schönste Blüte des Lebens...«

Emilie: »Ich weiß keine Rettung, als wenn Adolf mich entführt.«

Johann: »Haben vollkommen recht; Entführung ist die Poesie des Durchgehens.«

Emilie: »Ich will lieber Adolfs Gattin im Elend sein als an der Seite eines anderen im Überfluß leben.«

Johann: »Das hat zwar noch keine g'sagt, die schon im Elend war, aber Sie haben dennoch vollkommen recht, weil das romantische Elend, von dem zur Gewohnheit gewordenen Überfluß aus betrachtet, sehr eine reizende Aussicht gewährt...«

Mehr und mehr wird alles, was Johann von den feinen Leuten

gehört hat, zum Mittel seiner Rache an ihnen. Dem Erpresser antwortet Emilie, er sein ein Mensch ohne Grundsätze.

Johann: »Ach ja, Grundsätze hab' ich.«

Emilie: »Aber schlechte.«

Johann: »Mein Gott, ich denk' mir halt, für einen Bedienten ist bald was gut g'nug...«

Emilie: »Fort aus meinen Augen, Elender!«

Johann (sich verbeugend): »Oho, Sie scheinen mich beleidigen zu wollen, Sie vergessen, mein gnädiges Fräulein, daß Sie mir Ihr Geheimnis anvertraut haben. Auf so was muß man ja hübsch denken, wenn man sich einmal in die Hände der Dienstboten gibt – denn das is a Volk...!«

Hundertmal hat er gehört, für einen Bedienten sei bald was g'nug, die Dienstboten, das is a Volk! Nun wird die soziale Anmaßung der Höhergestellten zum Witz, der gegen sie zurückschlägt. Was ihr Dünkel gedacht hat, ist plötzlich Wirklichkeit. Die Intelligenz des Getretenen beruft sich auf das Wort derer, die ihn getreten haben. Die gesellschaftliche Funktion des aggressiven Witzes gibt sich zu erkennen.

Die Wirtstochter Suse Pumpfinger, das Mädchen, das immer nur lacht, ist aus dem Dorf in die Stadt durchgegangen und wird von ihrer anrüchigen Tante Theresia Stern zu einem Ball mitgenommen. Beide sind geschmacklos mit Putz überladen, doch Theresia spielt sich als Dame auf, die dem Dorftrampel Unterricht in gutem Benehmen erteilt. »Das Mädl hat doch mich zum Vorbild und is noch so schwach in der Nobless'. Steig nicht so auffallend herum. Einen Gang hat s' als wie eine Prozession, die aus einer einzigen Person besteht.« Der Witz ist kunstvoll aufgebaut; zunächst bereitet der Widerspruch von geforderter Noblesse und eigener Ordinärheit die Atmosphäre des Gelächters vor. Dann erst schlägt der Blitz ein: der scheinbare Widersinn, daß eine Prozession aus einer Person bestehen könne, die heraufbeschworene bildhafte Vorstellung, der blasphemische Kontrast des feierlichen Dahinschreitens in Weihrauch und Gebet zum Milieu der Tanzunterhaltung, des Sakralen zur Hetz, und plötzlich nicht nur die Verlorenheit des Landmädels inmitten städtischer Ansprüche, sondern weit mehr noch der bloßgelegte Charakter sowohl der Theresia wie der Prozession. Und schließlich, als Kadenz eines Witzes, der Entrüstung herausfordert, der Vorwurf der Theresia, daß sich Suse zu auffallend benehme, und deren Antwort:

»Ich fall' den Männern zu sehr auf, das is wahr; oh, sagen S' mir doch, liebe Gute, wie S' das anstellen, daß Sie den Männern gar nicht auffallen?« Durch diesen zweiten Witz mit geringerer Explosivkraft wird der erste gegen Entrüstung abgeschirmt, das gesamte Gelächter legitimiert.

In einem Witz des »Kampl«, der scheinbar nur Wortspiel ist, wird die Fragwürdigkeit einer bürokratisch geordneten Welt aufgedeckt: »Die Menschen haben schon den Unsinn, daß sie das für wahr halten, worüber sie ein'n Schein in den Händen haben.« Es geht um den amtlichen Totenschein für ein Kind, das gar nicht tot ist, und könnte genau so gut für jeden Trauschein oder Schatzschein gelten. Das Wort, in seinem Doppelsinn, wird zum Ursprung zurückgeführt. Die Scheinbarkeit einer Welt der Akten, Formeln, Dokumente drängt sich dem Bewußtsein auf. Es ist eine Welt, in der nur gilt, was schwarz auf weiß steht, in der man Schein für Sein nimmt, den Augenschein für Wirklichkeit. Es ist eine Welt, deren Unsinn der Witz entblößt.

Zerbrochenes Tabu

Jedes gesellschaftliche Tabu war für Nestroy unwiderstehlicher Zwang, es zu brechen.

In guter Gesellschaft spricht man nicht davon, wie man Kinder oder wie man Geld macht. Das Bankgeheimnis ist ein Sacrum wie das Bettgeheimnis. Im 19. Jahrhundert brachte der Storch den Nachwuchs, und der Reichtum stammte aus Fleiß und Sparsamkeit. Sexuelle Vergnügungen *galten* als Schweinerei, der Ursprung des Reichtums *war* es. Von jenen sprachen die Herren, wenn sie unter sich waren, von diesen schwiegen oder logen sie. Auf beidem lag ein Tabu. Nestroy hat weder das *Tabu des Geldes* noch das *Tabu der Ehe* anerkannt. Er flüsterte nicht hinter vorgehaltener Hand, sondern sagte laut, was verboten war. Der Witz war die Form, in der er es sagen konnte.

Die Haltung seiner Zeitgenossen zum Geld war einerseits Habgier und Ehrfurcht, andrerseits vorgetäuschte Verachtung. Nestroy gab nicht vor, das Geld romantisch zu verachten, noch weniger war er bereit, vor ihm niederzuknien. Er hielt die kapitalistische Entwicklung für unvermeidlich, ohne sie zu beschönigen. Geld zu haben, war gut; es heilig zu sprechen, dumm und unaufrichtig. Zum Unterschied etwa von John Dalton, der im Zeitalter der industriellen Revolution in England den »schöpferischen Handelsgeist« (»creative commerce«) pries, schauderte ein halbes Jahrhundert später Shelley vor dem Handel zurück,

...dessen fahler Schatten
Die Fäulnis nährt, an der die Tugend stirbt,
Und Reichtum nur und Not gedeihn, und schleudern
Den Fluch ins Land, den allzermalmenden... (Queen Mab)

Von solcher Verherrlichung oder Verfluchung war Nestroy weit entfernt; er konstatierte mit kalter Sachlichkeit: »Das Geld ist der Punkt, den Archimedes suchte, um die Welt zu bewegen.« Der Nachtwandler Strick verknüpft in *einer* Strophe Verstand und Geld:

Der Verstand is das Licht unseres Lebens, darum:
Wer keinen hat, wandelt im Finstern stets um.
Auch 's Geld is a wichtige Sach' heutzutag',
Und der Mensch, bei dem's allweil schwarz is im Sack,
Für den is das Leben dann, sei's wie es sei,
Auch nichts als a b'ständige Nachtwandlerei.

»Ach, Vetter«, klagt in der Posse »Die beiden Herrn Söhne« der von seiner Geliebten ausgeplünderte, ehrenhafte Moritz dem zynischen Verschwender Vinzenz, »ich bin so unglücklich.«

Vinzenz: »Du brauchst a Geld?«

Moritz: »Wer hat dir mein Geheimnis verraten?«

Die Präzision des Dialogs ist bestürzend: die Armut als Geheimnis des Unglücks.

In der Posse »Eisenbahnheiraten« singt der Maler Patzmann:

Darüber kommen fast alle Gelehrten überein:
Der Mensch kann mit wenigem glücklich auch sein!
Schad' nur, daß die Gelehrten nicht erfinden die Kunst,
Wie man dies wenige haben könnt' umsunst...
Laßt's mich aus mit der Welt,
Es is nix ohne Geld!

Das Thema wird in Dutzenden Varianten wiederholt. In der Posse »Einen Jux will er sich machen« ist es zu einem unheimlichen Witz konzentriert. Der Hausknecht Melchior versteckt sich in der Finsternis vor Einbrechern, die er für Gespenster hält; sobald er sie vom Geld reden hört, atmet er auf: »*Sie gehn aufs Geld, es sind Menschen!*«

Zwei Tabus, Geld und Ehre, mit einem Schlag zu treffen, ist zwiefach verlockende, doppelt wirksame Aggression. »Unter den Institutionen, die der zynische Witz anzugreifen pflegt«, schreibt Sigmund Freud, »ist keine wichtiger, eindringlicher durch Moralvorschriften geschützt, aber dennoch zum Angriff einladender als das Institut der Ehe.« Nestroy empfand – in solchem Empfinden mit vielen Romantikern übereinstimmend – die Legalisierung der Liebe als widerlich. »Die Nachtigall der Liebe schlägt am liebsten im dunklen Hain des Verbots, selten an der Heeresstraße der Pflicht.« – »Die an einen Liebesbund geknüpfte öffentliche Feier ist unstatthaft – Anschlagzettel und Grabschrift auf eine Blume – diese mit dem Namen Heirat bekleidete offizielle Orgie hat eine beschimpfende Unlauterkeit.« In solcher Aggression war Nestroy Romantiker, Verteidiger der romantischen Liebe gegen die bürgerliche Institution. Immer wieder hat er die Ehe als nicht im Himmel, sondern auf dem Heiratsmarkt geschlossen dargestellt. Wenn aus aufgedecktem Ehebett nicht das Geschlecht, sondern das Geld springt, ist die Kommerzialisierung der Sexualität offenkundig. In der Posse »Die Gleichheit der Jahre« begründet Eduard Stritzel brutal, warum er die fünfzigjährige Regina Geldkatz zu heiraten gedenke: »Mein Entschluß ist schon gefaßt – verliebt war ich in meinem Leben nicht, so sehr als mir alle saubern Madln g'fall'n; – ich werd' mich auch nie verlieben, ich geb' nur so hin und wieder Gastrollen beim schönen Geschlecht; ich brauch' also nichts als ein Geld – die Alte hat eins, ergo wird sie g'heirat't, ung'schauter.«

Vom Warenmarkt der Liebe singt Weinberl:

Es sind gewiß in unserer Zeit
Die meisten Menschen Handelsleut',
Und wer das Ding so observiert,
Muß sag'n, der Handelsstand floriert. –
's versetzt ein Vater sein' Kaput
Und führt drei Töchter auf d' Redout',
Damit er s' vorteilhaft bringt an,
Na, das is doch ein Handelsmann!

»Sie krieg'n mein' Tochter, wenn S' vor all'n
Den Vater seine Schulden zahl'n.« –
»Das kann ich nicht.« – »Dann sag' ich: nein«,
Das wird doch ferm gehandelt sein'
»Ich hab' dich g'wiß«, – sagt eine Braut,
Indem sie so auf'n Bräut'gam schaut –
»In zwanzig Jahr'n wie heut so gern.« –
Da wird wohl auch was g'handelt wer'n...

Daß auch die romantische Liebe der Ehe zumeist nicht standhält, davon ist Nestroy überzeugt. In der Posse »Müller, Kohlenbrenner und Sesseltrager« steigert sich im Ehezank das Komische zum Inferno.

Klärchen (beiseite):
In den war ich sterblich verliebt, nein, wie dumm!
Auf Ehre, das bringt eine Umurken um.
Herfort (beiseite):
Nein, wenn ich so nachdenk', wie dalket ich war –
Ich nimm mir ein' Wagen und fahr' mir in d' Haar.
Klärchen (beiseite):
's is einzig, der war einmal mein Ideal.
Jetzt is mir das G'sicht, wenn ich's anschau, fatal.
Herfort (beiseite):
Aus Sehnsucht nach ihr hab' ich g'seufzt ganze Tag',
Jetzt seufz' ich, weil s' mein g'hört und weil ich s' nit mag.

Dann fallen die beiden in beängstigendem Furioso übereinander her:

Du bist meine Antipathie dieses Leb'ns,
Nach Erlösung von dir seufz' ich lang schon vergeb'ns.
Jeder Laut von dir is mir so z'wider, auf Ehr',
Als wenn ich auf ein' Teller recht scharezen hör'.
Ich hab' einen Widerwill'n, den ich nicht dämpf',
Ich darf dich nur anschaun, so krieg' ich die Krämpf'.

In Possenversen, ohne Pathos, wird die Bitterkeit Strindbergs vorweggenommen, das finstre Wort Tolstois von der »Tragödie des Schlafzimmers«. Die Aggression Nestroys gegen das Tabu der Ehe unterscheidet sich grausam-gründlich von den üblichen Späßen der Possenschreiber. Das ist nicht Raunzerei und Augenzwinkern der »Männer unter sich«, das ist Frontalangriff gegen eine Institution, deren Firmenschild die Liebe, deren Wesen das Geschäft ist, das Zusammenlegen von Geld zum Zweck der Vermehrung. Der Angriff gegen die Heuchelei steigert sich zum Zweifel an der Möglichkeit dauerhafter Gemeinschaft zwischen Mann und Frau. Im »Haus der Temperamente« singt Schlankel:

> Doch's dauert nicht lang, man erwacht aus dem Rausch,
> Da halt't d' Überzeugung mit 'm Herzen ein' Plausch,
> Zeigt auf d' Wirklichkeit, wie s' absticht gegen d' Phantasie,
> Da kriegt man ein' Anfall von Melancholie...

Die Fortsetzung sei der cholerische Wutausbruch, das Ende phlegmatische Resignation. Das gesellschaftliche Tabu ist in Scherben gegangen; spöttisch lächelnd hebt Nestroy die Scherben auf und klebt sie wieder zusammen, denn: »*Täuschung* ist eine feine, aber starke Kette, die durch alle Glieder der Gesellschaft sich zieht; betrügen oder betrogen werden, das ist die Wahl, und wer glaubt, es gibt ein Drittes, betrügt sich selbst.« Das Leben ist eine Posse, sagt Nestroy, schreiben wir uns die Rolle auf den Leib, spielen sie mit Leidenschaft und Überzeugung, bis der Vorhang fällt.

In Nestroys Gegenwart durfte man nicht vom Tode sprechen. Er bebte, wenn ein Wort an dieses Tabu rührte. Beim Anblick des Bildes »Der Tod des Girondisten« fiel er in Ohnmacht. Sein Testament beginnt mit dem Satz: »Das Einzige, was ich beim Tode fürchte, ist das Lebendigbegrabenwerden...« Die schlampige Beziehung der Wiener zum Tod, die Lust an der schönen Leich', am Pomp der letzten, makabren Maskerade, war ihm fremd. Im Grunde seines Wesens war *Angst* – wunderliche Verwandtschaft mit dem so anders gearteten Grillparzer! – Angst vor jeder Entscheidung, vor allem, was endgültig war. Er hatte, um Erschütterungen seines labilen Gleichgewichts auszuweichen, mit Hilfe der »Frau« behutsam den Mittelstand, den Mittelweg gewählt. Doch dieser Weg war ein Pfad zwischen Abgründen, sein Witz der Schauder davor, das Spiel mit dem Schwindel, die Selbstüberwindung.

Andre durften ihn nicht an den Tod erinnern, für ihn aber war es unendliche Verlockung, auch dieses Tabu zu brechen, das eigne Entsetzen zu überrumpeln. Der Witz allein war zumeist nicht stark genug; doch manchmal gelang's auch ihm. August Sonders möchte das Mündel des Gewürzkrämers Zangler heiraten.

Sonders: »Was haben Sie gegen mich? Meine Tante in Brüssel ist reich.«

Zangler: »Gratulier'!«

Sonders: »Ich werde sie beerben.«

Zangler: »Aber wann?«

Sonders: »Sonderbare Frage; nach ihrem Tode.«

Zangler: »Und bis wann wird sie sterben? Aha, da stockt die Antwort...«

Die Posse öffnet plötzlich die Tür in Kälte und Finsternis. Der Schauspieler Pitzl soll auf den Wunsch des Fabrikanten Finster (in der Posse »Umsonst«) sofort abreisen, doch nicht nach Regensburg.

Pitzl: »O, da reiset ich um keinen Preis, denn da geht's zu den Toten.«

Finster: »Was sagen Sie?«

Pitzl: »Alle Wege führen zu den Toten...«

Dasselbe hat im »Haus der Temperamente« der Herr von Trüb gesagt. In solchen Worten weht der Tod nur vorbei. Um den Angriff zu wagen, taucht Nestroy den Witz tief in Dichtung, wie Thetis den Achilles in Unverwundbarkeit. Das Schreckliche wird in solch ein magisches Netz der Sprache gesponnen, so zart und zierlich dargestellt, wie später nur Kafka dergleichen vermochte.

Im Monolog des alten Kern über seine junge Frau schöpft die Metapher ihren Witz aus dem Kontrast von Kinderunschuld und Henkersgerät: »Und wegen dem Baron, wo ich mich schon so oft geärgert hab' – mein Gott, es ist ihre Spielerei, und nicht auf den Gegenstand, sondern auf den, der spielt, kommt's an, ob die Unterhaltung eine unschuldige is. Ich hab' in meiner Jugend Scharfrichterskinder g'sehn, die haben sich a Schafottbrettl über a Folterbank g'legt und haben sich darauf g'hutscht...«

In der Posse »Mein Freund« sagt der Buchdrucker Schlicht: »Was kann der Mensch, dessen Leben nix anders als ein an seinem Geburtstag gefälltes, auf unbestimmte Zeit sistiertes Todesurteil is, G'scheiteres tun, als er laßt sich in resignierter Delinquentenmanier nach Möglichkeit gut g'schehn mit seiner

Gustospeis...?« Der Schauder vor dem Nichtsein ist für Nestroy das mächtige Stimulans, die unzulängliche Welt dennoch zu bejahen, und Schlicht fügt hinzu: »Sei'n wir froh, daß wir unser Seelenfutteral noch haben, und legen wir keinen Spott auf das Irdische... Ich lass' nix kommen über die Welt, wenn auch dann und wann was über mich kommt – !«

In dunkle Dichtung schmilzt der Witz dahin, wenn Peter Span, der »Unbedeutende«, sagt: »Ich hab' einmal einen alten Isabellen-Schimmel an ein' Ziegelwag'n g'sehn, seitdem bring' ich die Zukunft gar nicht mehr aus'm Sinn.«

Der Schwebezustand von Witz und Dichtung, von parodiertem Pathos, das sich zu höchster Echtheit erhebt, von Schauder und von Anmut erreicht im Gespräch der Frau von Cypressenburg mit Titus Feuerfuchs ein Maximum der Vollkommenheit. »Ich stehe jetzt«, sagt Titus für sich, »einer Schriftstellerin gegenüber, da tun's die Alltagsworte nicht, da heißt's jeder Red' ein Feiertagsg'wandel anziehn...

Auf die Frage, wo er früher gedient habe, folgt eine Antwort, deren Geziertheit in Zierlichkeit übergeht: »Nirgends; es ist die erste Blüte meiner Jägerschaft, die ich zu Ihren Füßen niederlege, und die Livree, die ich jetzt bewohne, umschließt eine zwar dienstergebene, aber bis jetzt noch ungediente Individualität.«

Frau von Cypressenburg: »Ist Sein Vater auch Jäger?«

Titus: »Nein, er betreibt ein stilles, abgeschiedenes Geschäft, bei dem die Ruhe das einzige Geschäft ist; er liegt von höherer Macht gefesselt, und doch ist er frei und unabhängig, denn er ist Verweser seiner selbst – er ist tot.«

Frau von Cypressenburg (für sich): »Wie verschwenderisch er mit zwanzig erhabenen Worten das sagt, was man mit einer Silbe sagen kann! Der Mensch hat offenbar Anlage zum Literaten...«

Sie hält die Dichtung für Literatur, begreift nicht den Stil, der, so sagte Karl Kraus, »sich ins eigene Herz greift und in einem eigentümlichen Schwebeton, fast auf Jean Paulisch, den Scherz hält, der da mit Entsetzen getrieben wird... Und es ist die erhabenste und noch immer knappste Paraphrase für einen einsilbigen Zustand, wie hier das Wort um den Tod spielt...«

Frei und unabhängig, Verweser seiner selbst – es war der Sieg über diese Silbe, mit der das Leben abbricht wie ein unvollendeter Satz.

Im November 1854 übernahm Nestroy als Pächter das Carl-Theater. Die Posse alten Stils verfiel, Einakter im Rahmen eines Variétéprogramms nahmen überhand. Auf der Suche nach Neuem fand der Schauspieler und Direktor die *Operette Offenbachs,* in ihrer frechen Grazie und großstädtischen Aggressivität die faszinierende Nachfolgerin seiner eigenen Satire. Im Oktober 1858 begann er, Offenbach aufzuführen, im März 1860 überwältigte er das Wiener Publikum mit »Orpheus in der Unterwelt«. Die parodistische Operette, die dem Wesen Nestroys entsprach, vermochte sich in Österreich nicht einzubürgern. Die österreichische Operette wich ins »Gemütliche« aus, ins Sentimental-Psychologische. Die lustige Witwe trat an die Seite des Kaisers Franz Joseph, übertraf ihn an Popularität. Dem Unfug fehlte die Parodie.

Nestroy übergab im November 1860 sein Theater den Erben Carls und zog sich nach Graz zurück, in diese Stadt deutschnationaler Polterer, schwarzgelber Pensionisten und sonstiger Sonderlinge. 1920 sah ich dort im Stadtpark zwei alte Herren, die mit ihren Stöcken Figuren in den Schnee zeichneten. Im Vorbeigehen hörte ich einen sagen: »Siehst, hier sind *wir* g'standen, drüben die Preußen, und wenn der Benedek mit diesem Flügel da rechtzeitig eingeschwenkt wär', dann hätten wir die Preußen g'schlagen, und alles wär' uns erspart geblieben.« In dieser Stadt schrieb Nestroy die Posse »Frühere Verhältnisse«. Es war ein großer, origineller Komödieneinfall, wie der »Amphitryon«, »Der Zerbrochene Krug« oder »Der Revisor«. Der heruntergekommene Muffl sucht einen Posten als Hausknecht und findet ihn bei dem emporgekommenen Holzgroßhändler Scheitermann. Dieser erkennt in Muffl seinen ehemaligen Chef, jener in Scheitermann seinen ehemaligen Hausknecht. Nestroy hat den Umschwung der Verhältnisse, die Koinzidenz der Gegensätze von Deklassiertem und Parvenu, im Wechsel sozialer Trachten die unzerreißbare Niedertracht als psychologisches Unterfutter nie zuvor in solcher Konzentration gestaltet. Der Herr als Knecht, der Knecht als Herr, und durch die Angst des neuen vor seinem alten Herrn groteske Wiederkehr der früheren Verhältnisse, und überdies die ehemalige Geliebte des Muffl, die ihm als Schauspielerin mit reicheren Mäzenen durchbrannte, nun im Hause Scheitermann als Stubenmädchen sich vorstellt und vor Enthüllungen zittert, und plötzlich alle Macht in den Händen des Hausknechts – die Situationen selber tragen den Witz im Schoß und Nestroy kehrt zum Ursprung seiner Satire zurück.

Der Emporkömmling Scheitermann sagt von seiner Frau, der Professorentochter: »O, es ist etwas Unangenehmes, wenn man in der Niedrigkeit is und man muß immer emporblicken zu der Stufe, auf der die Frau steht. *Es tut ei'm moralisch das G'nack weh...«*

Muffl in seinem Auftrittsmonolog: »Schuldenarrest, Unterstandslosigkeit, gänzliches Verkommen waren die reizende Stufenleiter nach abwärts – o, es is ein bitteres Gefühl, *wenn man oft so hungrig is, daß man vor Durst nicht weiß, wo man die Nacht schlafen soll!«* In der Gehetztheit, Überstürztheit, mit der Hunger, Durst und Obdachlosigkeit einander überholen, jedes Wort vom nächsten umgeworfen, ehe es noch zu Atem kam, in dieser Verkürzung durch den Witz ist der Ingrimm des Elends greller zu fühlen als in jeder pathetischen oder naturalistischen Darstellung.

Muffl erkennt den alten Knecht: »Is der obenauf!« Von Scheitermann kommt der Widerhall: »Hat der abg'wirtschaft't!« Dann aber, da der Emporkömmling fürchtet, seine Frau könne erfahren, was er war (sie weiß es längst!), wendet sich alles zurück in frühere Verhältnisse. Scheitermann duckt sich in den alten Stand, Muffl schwelgt im Pathos des Gescheiterten, nimmt Rache für sein Elend: »Das Unglück hat mich so verstimmt, daß ich immer die Wahrheit sag'. Schmeichelei hast du von mir nicht zu befürchten...« Das Pathos der Posse wächst, wenn Peppi ihn beschwört: »Bedenken Sie die Schmach, wenn es herauskäme – ich und ein – damals waren freilich andere Verhältnisse; aber ich und ein Hausknecht –!« Und schließlich die Drohung, das Dröhnen der Tragödie im Milieu der Posse, alles Pathetische desavouierend und dennoch in seiner Komik bestürzend, beängstigend: *»O, ich will euch ein furchtbarer Hausknecht sein!«*

Die letzte Posse, die Nestroy schrieb, war der »Häuptling Abendwind«, Szene für Szene der Operette »Vent du Soir ou l'horrible Festin« nachgebildet, die Musik Offenbachs übernehmend. Was Nestroy ändert, ist der Dialog, was er entbindet, die Sprache, was er entfesselt, der Witz. Aus der Groteske von den kannibalischen Häuptlingen – jeder hat insgeheim die Frau des andern aufgefressen – und ihrem Versöhnungsmahl, bei dem ein Fremdling verspeist wird, der aus Paris heimgekehrte Sohn des Häuptlings Biberhahn, und schließlich war's nur ein heiliger Bär, den der bestochene Koch geschlachtet hat, wird eine wilde Satire gegen Gemütlichkeit und Nationalismus. Abendwind erwartet den Biberhahn, aber es fehlt an Fisch und Fleisch, um dem Staatsgast Reichtum und Größe vorzutäuschen.

Abendwind: »Ich bin zu sanft für das Volk; zu selten, daß ich einen friß. Aber heut – mein großer Alliierter, der Biberhahn, is auch Menschenfreund, das heißt – er verspeist sie gern. – Ho-Gu!«

Ho-Gu: »Herrlichkeit –«

Abendwind: »Wenn vielleicht ein Paßloser hier herumgeht von einer fremden Insel –«

Ho-Gu: »Meine Küchenjungen sollen nachforschen.«

Abendwind: »Überhaupt, was du halt aus'm Ausland find'st« ... (Er deutet pantomimisch das Abfangen.)

Mit diplomatischer Freundlichkeit sprechen die Monarchen vom Fortschritt, den die Weißen brachten.

Biberhahn: »Vor Jahren, wie die ersten gekommen sind, hab' ich anders gedacht; jetzt aber hab' ich einen Haß, einen Pick auf alles Gebildete, ich batze ihn aus, den Fortschritt, Kultur, Fortschritt, Zivilisation, alles batz' ich aus.«

Abendwind: »Ihre Sprach' soll nicht übel sein, und gelehrt und g'scheit.«

Biberhahn: »Aber für uns nicht national.«

Abendwind: »Nur fatal, daß sie auswärts kein Wort verstehn von uns.«

Biberhahn: »Wenn einen kein Mensch versteht, das ist national...«

Abendwind: »Mein Gott, man will ja eh' nix, als daß man seine paar Bananen und sein Stückerl G'fangenen in Ruh' verzehren kann.«

Biberhahn: »Freilich, wir sind ja gemütliche Leut'.«

Die Satire ist zweischneidig gegen jeglichen, also auch den Nationalismus aufsteigender Nationen gerichtet, in dieser Haltung mit Grillparzer übereinstimmend, zugleich aber gegen die heimische Gemütlichkeit, gegen die Menschenfreundschaft der Menschenfresser.

Biberhahn verschlingt einen harten Brocken; nach dem Festmahl hört man plötzlich in seinem Magen das Schlagen einer Uhr, hierauf das Schlachtlied der Papatatus. Eine solche Uhr hat Biberhahn seinem Sohn geschenkt, bevor er nach Paris ging: »Schauderhafte Gewißheit! – das Diner war mein Sohn!«

Abendwind: »Man kann wohl nie wissen, was aus die Kinder wird.«

Doch alles wendet sich zum Guten. Der Sohn Biberhahns ist nicht tot, heiratet die Tochter des Abendwind, die beiden Monarchen gestehn einander den gegenseitigen Frauenschmaus und reichen einander feierlich die Hand: »Die Erinnerung an die Affäre sei ausgelöscht.« Auf solche Weise schließt man einen Zweibund.

Nestroy war zur grellen Maske, zur bitt'ren Wildheit der früheren Verhältnisse, der Jahre vor 1848, zurückgekehrt. Er war nun wieder, so schrieb das »Fremdenblatt«, »das Urbild eingefleischter, schonungsloser Satire.« Die »Wiener Zeitung« charakterisierte ihn als den »größten Karikaturisten, den wir je gesehen haben.« In der »Österreichischen Zeitung« stellte Silberstein ihn bildhaft dar; plötzlich stehe er »als Sieger über allen und allem auf der Bühne, es liegen, nur dem geistigen Auge sichtbar, Menschen, Dinge, Verhältnisse, kunterbunt durcheinandergeworfen, ihm zu Füßen...«

Auf den Trümmern einer Welt, die sie in Stücke schlug, steht als Siegerin die Satire.

Nestroy starb am 25. Mai 1862.

Nach hundert Jahren sehen wir sein Werk noch immer im Wartesaal der Weltliteratur. Die Maskerade der Lokalposse hat den Wirkungskreis seiner enormen Komödien eingeengt. Die sprachgebornen scheinen sprachgebunden. Dramatiker, Regisseure, Schauspieler jenseits der Grenzen Österreichs seien aufgerufen, die Modernität dieses seit hundert Jahren toten Dichters zu entdecken, die Weltfülle seiner Lokalpossen.

In seiner Rede *»Nestroy und die Nachwelt«* sagte Karl Kraus vor fünfzig Jahren: »Blitze am engen Horizont, so daß sich der Himmel über einem Gewürzgewölbe öffnet, leuchten nicht ein...« Einer Welt jedoch, in die aus weitgewordenem Raum so viele Blitze einschlugen, mag auch der Blitz am engen Horizont als frühes Signal gewaltiger Gewitter einleuchten.

Riesenhaft torkelt durch unser Jahrhundert Knieriem und gröhlt: »Da wird einem halt angst und bang, die Welt steht auf kein' Fall mehr lang.« Holofernes übt sich im Kommando: »Kopf bei Fuß!« Nicht mehr im Magen des Häuptlings Abendwind schlägt die Uhr und spielt zum Stundenschlag die Nationalhymne; die Zivilisation hat sich den Bauch mit Bomben vollgestopft, horcht in sich hinein, wagt kaum zu hoffen, es werde nur Zeit, nicht die Welt vergehn.

Nestroys Possen sind mehr als Österreich, das sich selbst widerspricht. Sie wuchsen über den Grund, in dem sie wurzeln, hinaus. Aus dem Bereich des Lokalen schlägt ihr Witz in die Welt.

Karl Kraus

Niemand sage: Er war unser! Denn er war es nicht! Keine Partei kann ihn für sich in Anspruch nehmen, keine politische oder nationale Gemeinschaft. Konservativ und revoltierend, vorwärtsblickend und rückwärtsgewandt, den Kampf der Arbeiterklasse zumeist unterschätzend, zeitweilig unterstützend, mitunter verdammend, stand er in Wirklichkeit stets allein.

Sein Werk ist ein unabsehbares Reich der Finsternis. Das Auge versagt; um so gewaltiger wird das Ohr bedrängt in diesen unterirdischen Gängen und Stollen, Grotten und Felsenhallen. Alles ist *Stimme,* nah und fern, Jargon der Presse, Tonfall der Phrase, allgegenwärtige Banalität. Doch welch ein Echo, ungeheuer! Die Banalität wird zur Apokalypse, die Phrase zur Explosion, der Pressejargon zum Kanonengebrüll, das Geschwätz eines Feschaks oder Feuilletonisten zum Donner des Jüngsten Gerichts. Das Unaussprechliche wird zur Sprache gebracht. Rings im Widerhall erhebt sich der Widerspruch. Im ungeheuren Echo wird ein Zeitalter angeklagt und abgetan. Und fernher haucht der Traum vom Ursprung, verlorene Einheit von Mensch und Welt, von Wort und Wirklichkeit.

Der Stolz des großen Satirikers, des wehrhaften Dichters, verschloß sich in die Verse:

> Ich bin nur einer von den Epigonen,
> die in dem alten Haus der Sprache wohnen…

Sein Zorn brach aus und trieb die Schar zu Paaren, die kundigen Thebaner, die Sprach- und Weltverderber. In der Erinnerung an diesen ungewöhnlichen Epigonen werde keinerlei Intimität vorgetäuscht. Er ist weder in einen Freund des Marxismus noch in einen Liebhaber Österreichs umzufälschen. Er hat dieses Land, diese Stadt gehaßt. Der Nörgler in der inkommensurablen Dichtung »Die letzten Tage der Menschheit« sagt vor der Pestsäule: »Hier ist das Herz von Wien und in dem Herzen von Wien ist eine Pestsäule errichtet.« Karl Kraus lebte nicht mehr, als 1938 die neue Pest hereinbrach; heute wüßte der Nörgler nicht, ob die

Säule im Herzen von Wien ein Mahnmal *gegen* oder ein Denkmal *für* die Pest ist. Österreich sei zwar ein Opfer gewesen, heißt es offiziell, doch manche der Offiziellen fügen hinzu, Heldentum bleibe Heldentum, im Dienste sowohl der Pestbekämpfung wie der Pestverbreitung. Die einst die Pest verbreiten halfen, betätigen sich als Pädagogen, und wie die Alten sungen, kracht es bei den Jungen. Von den jugendlichen Bombenwerfern des Jahres 1933 schrieb Karl Kraus:

»Soweit man der Schüler habhaft werden konnte, äußert sich die Verantwortung in einem Gebilde aus angelernter Dementiersucht und bodenwüchsiger Verlogenheit, jargonmäßig gemischt aus diesem grauenhaft stereotypen ›Jawoll!‹ und ›I waß von nix‹, ›I hab nix tan‹; sie können sich an nichts erinnern und sie haben sich beim Rauchen einer Zündschnur nichts gedacht; erst aus den Zeitungen haben sie erfahren, daß es eine Höllenmaschine war.»

Wenn's schiefgeht, nimmt man's nicht krumm, sondern setzt die Altmeister und Jungmannen auf freien Fuß, um den in Stechschritt übergehenden Fortschritt nicht aufzuhalten – denn so fordert's die ungeschriebene Konstitution, die Karl Kraus mit den Worten charakterisierte: »Der Wiener wird nie untergehn, sondern im Gegenteil immer hinaufgehn und sich's richten.« Obwohl das Volk seine Ruh' haben will, empfinden doch Höherstrebende, teils im Hinblick auf den Fremdenverkehr, teils um endlich wieder zum Handkuß zu kommen, das Fehlen eines Führers oder eines angestammten Herrscherhauses. In den Hungerjahren der ersten Republik schrieb Karl Kraus:

Unbewegt vom Untergange,
fühllos, wo die Menschheit duldet,
wird dem Bürgersinn nur bange
nach den Mächten, die's verschuldet.

Kinder haben keine Windel.
Ganz und gar in Seidenwäsche
trauert dieses Erzgesindel
um die Majestät, die fesche...

Damals war's der fesche Papa; jetzt, in den Jahren der Konjunktur, die ganz und gar in Nylonwäsche einhergeht, und nicht nur die Eltern mit Rollern, sondern auch die Kinder mit Windeln versorgt, ist dem Bürgersinn nach dem feschen Sohn bange. So regt sich wiederum der Traum vom guten alten goldenen Herzen, wobei der Bürgersinn vergißt, daß er Gold für Eisen gab, und dann das Eisen für das Blech, das der Führer teils geredet, teils an die Brust geheftet hat.

Aus der guten alten Zeit vor 1914, aus dieser letzten Schonzeit selbstzufriedenen Bürgertums, sind unbequeme Widersacher wie Karl Kraus hervorgegangen.

In der buntscheckigen Habsburgermonarchie, deren Name ein bürokratisches Provisorium war (»Die im Reichsrat vertretenen Königreiche und Länder«) und deren Existenz den Staatsbürgern unglaubwürdig schien, ahnte man das nahende Ende früher als anderswo. In dieser gespenstischen Monarchie, in welcher die Operette zur Konstitution, die Verwesung zur Gewohnheit, der »Scherz zum Entsetzen« wurde, roch es nach Ruinen. Das Durcheinander der Nationen, die Vertracktheit der Verhältnisse schärften den Sinn für Tonfall, Nuance, Psychologie. Aus dem Fehlen geschichtlicher Perspektiven ergaben sich Skepsis, Ironie, ein schlampiger Praktizismus, der Grundsätzen mißtraute, Ziele nicht ernst nahm, den Fortschritt als Fortschreiten in den Zusammenbruch sah. In der Atmosphäre einer im Walzer innehaltenden Beklommenheit, in dieser Stadt der kaiserlichen Vergreisung, der lustigen Witwe und der schönen Leich wuchsen Geisterseher heran, für die das Dahinsiechen Österreichs nicht ein regionales, sondern ein europäisches Ereignis war. Durch ein aus den Fugen gehendes Reich wehte das tödliche Unbehagen, und dieses nicht mehr Geheure, der Aufbrauch ins große Sterben, kündigte sich an, in österreichischer Kunst, Literatur und Psychologie.

Sigmund Freud zwang das Unbewußte ans Tageslicht. Während er die Kellerräume der Sexualität bloßlegte, die Fassade der Heuchelei demolierte, wurde die Heuchelei der Fassade, die Lüge des Ornaments von Adolf Loos demoliert. Er nannte das Ornament ein Verbrechen, sah in der prunkenden Stukkatur, der prahlerischen Außenseite düsterer Wohnungen und Büros die architektonische Phrase, die bürgerliche Betrügerei. Arnold Schönberg sprach in seiner Musik das Entsetzen aus, ohne es harmonisch zu beschönigen; er schickte seine Harmonielehre Karl Kraus mit einer Widmung, in der es heißt: »Ich habe von Ihnen vielleicht mehr gelernt, als man lernen darf, wenn man noch selbständig bleiben will...« Oskar Kokoschka malte Porträts der Einsamkeit und Verzweiflung. Im ersten Roman von Robert Musil wurde der Zusammenbruch der alten Welt vorweggenommen. Franz Kafka begann, das Erlebnis der Entfremdung, der Hilflosigkeit des Menschen in einem undurchsichtigen, grauenhaften und überdies schlecht funktionierenden Apparat zu gestalten. Dies alles war der Reflex spätkapitalistischer Zustände im trüben, zerbrechenden Spiegel der Habsburgermonarchie. Die von klugen, taktisch geschulten Sozialdemokraten geleitete Arbeiterbewegung vermochte keinen der bedeutenden Künstler und Schriftsteller wesentlich zu beeinflussen, da sie national gespalten und nicht imstande war, den auseinanderstrebenden Nationen ein gemeinsames österreichisches Ziel zu setzen. Ohne überzeugende revolutionäre Zielsetzung war es nicht möglich, in einem zerfallenden Staat, einer überlebten Gesellschaft, die literarische und künstlerische Avantgarde für die Arbeiterbewegung zu gewinnen. Wenn nicht eine Revolution sie mitreißt, ist *romantische* Revolte die Haltung einer solchen Avantgarde.

Karl Kraus war zeit seines Lebens ein romantisch Revoltierender. 1874 in Jičin als Sohn wohlhabender jüdischer Eltern geboren, kam er, da die Familie übersiedelte, als Dreijähriger nach Wien. Seine französische Interpretin Germaine Goblot berichtet: »Sein erster Kontakt mit der großen Stadt hatte ihm den Eindruck eines Schocks hinterlassen. Wien hatte ihm Furcht gemacht, und seine fernste Erinnerung war die von Heimatlosigkeit...« Dieser Schock der Entfremdung, der Einsamkeit, der Heimatlosigkeit in der Großstadtmasse ist ein romantisches Grunderlebnis; man denke an Kleist, an Poe, an Baudelaire.

Karl Kraus wollte zunächst Schauspieler werden. Er spielte in einer Wiener Schmiere den Franz Moor und fiel durch. Auf die Bühne verzichtend, schuf er sich später das magische Theater der Phantasie, in mehr als 700 Vorlesungen aus Werken von Shakespeare, Goethe, Raimund, Nestroy, Offenbach, Liliencron, Hauptmann, Wedekind, Brecht, vor allem aber aus eigenen Werken. Er war kein Schauspieler, sondern ein Ensemble. »Wenn ich vortrage«, schrieb er einst, »so ist es nicht gespielte Literatur. Aber was ich schreibe, ist geschriebene Schauspielkunst.« 1899 trug der Herausgeber der Neuen Freien Presse, der mächtigsten Zeitung Österreichs, ihm an, den Feuilletonteil als Leiter zu übernehmen. Karl Kraus lehnte ab und gab wenige Monate später die erste Nummer der »Fackel« heraus. Der leidenschaftliche Kampf gegen die Presse begann. Die roten Hefte, die immer wieder Wien überschwemmten, waren permanente Provokation. In den ersten Jahren duldete der Herausgeber Mitarbeiter, später war die »Fackel« nichts als er selbst, Dokument einer von sich selbst besessenen, das Zeitalter verabscheuenden Persönlichkeit. »Als das Zeitalter Hand an sich legte«, sagte Bertolt Brecht, »war er diese Hand.« Der Haß gegen die Presse, die das Leben zum Klischee, das Wort zur Phrase macht, der Haß gegen die Stadt, die ihn umgab, gegen die Welt, in der er hauste, gegen das Zeitalter, das ihn bedrängte, wurde zum schöpferischen Beweggrund. Er lebte, so schrieb er an Germaine Goblot, »zu Hause in Feindesland«, »einer unvorstellbaren Arbeit in Haß und Hitze« hingegeben. In einem Gedicht, »Der Grund«, sagte er aus:

Warum mich das Leben nicht freut,
wenngleich ich es nie genossen?
Würgende Stimmen der Zeit
wohnen in mir verschlossen.

Warum ich vom Leben nicht lasse,
wenngleich es mich nie gefreut?
Wurzelnd dort, wo ich hasse,
wachse ich über die Zeit.

Gegen die freundliche Deutung, der Haß, aus dem Karl Kraus schöpfte, sei nur das Negativ seiner Menschenliebe gewesen, hat Walter Benjamin eingewendet: »Nein! diese unbestechliche, eingreifende, wehrhafte Sicherheit kommt nicht aus jener edlen, dichterischen oder menschenfreundlichen Gesinnung, der die Anhänger sie gern zuschreiben... Das ist viel weniger der Philantrop, der aufgeklärte Menschenfreund, der diesen unerbittlichen Kampf entfesselt hat, als der geschulte Literat, Artist, ja Dandy, der seinen Ahnen in Baudelaire hat...« Das ist eine wohlerwogene Analyse; dennoch soll man nicht übersehn, daß der gewaltige Haß schützend vor dem stand, was Karl Kraus *liebte*. Er schrieb: »Haß muß produktiv machen. Sonst ist es gleich gescheiter, zu lieben.« Seine Liebe galt dem Traum vom Naturzustand, Kindheitswiese, Ursprung, Lust ohne Last und List, von einer sagenhaften Welt vor dem gesellschaftlichen Sündenfall, aus dem die Herrschaft des Mannes über die Frau, des Eroberers über den Unterworfenen, des Besitzenden über den Besitzlosen hervorging. Es ist der große romantische Traum vom Goldenen Zeitalter.

Weit mehr als individuelle Trauer wird in den Worten vernehmbar: »Seit vielen Jahren schon versäume ich den Frühling. Aber dafür habe ich ihn zu jeder Jahreszeit, sobald ich die Stimmung eines Tags der Kindheit mir hervorhole, mit dem jähen Übergang vom Einmaleins zu einem Gartenduft von Rittersporn und Raupen. Da ich vermute, daß es dergleichen nicht mehr gibt, halte ich persönliche Erfahrungen in diesem Punkte geflissentlich von mir fern.«

In zauberhaften Versen, im Gedicht »Jugend«, leuchtet es auf, das Rückwärtsträumen, die Sehnsucht, aus dem Erwachsensein in Kindheitstiefe hinabzutauchen:

Eh mich umfaßt die Qual
dunkler Gewalten –
o holdes Dazumal,
lasse dich halten...

Rückwärts mein Zeitvertreib!
Jugend erst werde!
Länger als ihr verbleib'
ich auf der Erde!...

Verlorenes Kindheitsglück steigert sich zur Ahnung des Verlusts von Sinnlichkeit und Phantasie, den verschuldet zu haben Karl Kraus die Bürgerwelt anklagt. Immer wieder hat er die Frau als Bewahrerin von Natur, Sinnlichkeit und Phantasie gegen den Mann, gegen Unterdrückung und Heuchelei verteidigt. »Die bürgerliche Gesellschaft«, schrieb er 1908, »besteht aus zwei Arten von Männern, aus solchen, die sagen, irgendwo sei eine Lasterhöhle ausgehoben worden, und solchen, die bedauern, die Adresse zu spät erfahren zu haben. Die Einteilung hat den Vorzug, daß sie sich auch in ein und derselben Person vollzieht, weil nicht Gegensätze der Weltanschauung, sondern nur Umstände und Rücksichten für die Wahl des Standpunkts maßgebend sind.« In »Sittlichkeit und Kriminalität« wird gesagt: »Die Frau darf nur, was der Mann will, aber nur, wenn sie es selbst nicht will...«

In der polemischen Explosion »Die chinesiche Mauer« trifft ein Sprengstück das Christentum: »Als die christliche Nacht hereinbrach und die Menschheit auf Zehen zu der Liebe schleichen mußte, da begann sie sich dessen zu schämen, was sie tat...« Die Forderung nach dem *sexuellen* Wahlrecht der Frau hielt Karl Kraus für wichtiger als die nach dem *politischen.*

Die Parteinahme für die Frau gegen die Männerwelt war von Anbeginn ein Wesenszug der romantischen Bewegung. Ebenso romantisch war das erotische Erlebnis, das immer wieder aus dem polemischen Riesenwerk hervortritt, aus Aphorismen und Gedichten uns anhaucht. »Du wesenlose Luft, die ich umfasse!«: das Bekenntnis jeglicher erotischer Verfeinerung. – Oder: »Nicht die Geliebte, die entfernt ist, sondern Entfernung ist die Geliebte.« Oder die faszinierenden Strophen:

Du bist sie, die ich nie gekannt,
Die ich nicht nahm, die ich nicht hatte.
Du keine Gattin, ich dein Gatte
in einem andern Eheband.

Du bist ein Wahn und bist ein Wille,
ein himmlisch Wesen, Erdenwurm.
Du rufst, und rings um dich ist Stille.
Du schweigst, und rings um dich ist Sturm.

Wie sehr erinnert dies an die Liebe des Faust zum Zauberbild der Helena, wie sehr an das Gedicht »Epipsychidion« von Shelley, diesem Inbegriff romantischer Liebesvision!

O Seraph du! zu zart, um Leib zu werden,
in strahlender Gestalt zum Weib zu werden,
zu tragen das zu schwere Erdenkleid,
du Licht und Liebe und Unsterblichkeit...

In goldener Wolke löst sich das Traumbild auf, Gestalt wird zum Gestirn, der Schatten der Schönheit, nicht sie selbst, Ahnung des Fernen als des wahrhaft Nahen, Princesse lointaine, unsterbliche Geliebte – all diese mächtige Gaukelei romantischer Liebe ist im Werk von Karl Kraus gegenwärtig.

Im Wandel von Antlitz und Stimme warb er um *eine* Geliebte

sein Leben lang, verlor sie an den Tag, gewann sie nachts: *die deutsche Sprache*. Er *diente* ihr, zum Unterschied von den Tagesschreibern, die sie zu *beherrschen* wähnten, wenn sie ihr Gewalt antaten. Er unterhalte mit der Sprache, erwiderte diesen Tagesschreibern Karl Kraus, »nur eine unerlaubte Beziehung«; sie diene ihm nicht als »Mädchen für alles«. Er schrieb: »Ich beherrsche die Sprache nicht; aber die Sprache beherrscht mich vollkommen. Sie ist mir nicht die Dienerin meiner Gedanken. Ich lebe in einer Verbindung mit ihr, aus der ich Gedanken empfange, und sie kann mit mir machen, was sie will. Ich pariere ihr aufs Wort. Denn aus dem Wort springt mir der junge Gedanke entgegen und formt rückwirkend die Sprache, die ihn schuf.« Und später: »Die Sprache ist die einzige Chimäre, deren Trugkraft ohne Ende ist, die Unerschöpflichkeit, an der das Leben nicht verarmt. Der Mensch lerne, ihr zu dienen!« Dieser Hymnus an die *Sprache* ist jenem verwandt, den Goethe der *Natur* gewidmet hat: »Sie hat mich hereingestellt, sie wird mich herausführen. Ich vertraue mich ihr. Sie mag mit mir schalten. Sie wird ihr Werk nicht hassen. Ich sprach nicht von ihr. Nein, was wahr ist und falsch ist, alles hat sie gesprochen. Alles ist ihre Schuld, alles ist ihr Verdienst.« Karl Kraus hat die Sprache als Natur verteidigt, gegen die rings um ihn lärmende Unnatur. »In mir«, so schrieb er 1910, »empört sich die Sprache selbst, Trägerin des empörendsten Lebensinhalts, wider diesen selbst. Sie höhnt von selbst, kreischt und schüttelt sich vor Ekel. Leben und Sprache liegen einander in den Haaren, bis sie in Fransen gehen, und das Ende ist ein unartikuliertes Ineinander, der wahre Stil dieser Zeit.«

Karl Kraus hat die Sprache durchaus romantisch aufgefaßt, als Schöpfung Gottes oder der Natur, als den Ursprung, der weiterwirkt, als die verlorene Einheit, deren Ruf wir fernher vernehmen. »Je näher man ein Wort ansieht«, schrieb er, »desto ferner blickt es zurück.« Oder: »Die Sprache tastet wie die Liebe im Dunkel der Welt einem verlorenen Urbild nach. Man macht nicht, man ahnt ein Gedicht.« Nicht *wir* sprechen, *es* spricht aus uns. Doch dieses »Es« ist nicht die Natur, sondern eine ursprüngliche, kollektive Gesellschaft, deren gemeinsames Werk die Sprache war. Die gesellschaftliche Wirklichkeit verändert sich schneller als das Wort. Daraus, daß Wort und Wirklichkeit oft nicht mehr übereinstimmen, ergeben sich komplizierte Widersprüche. Die Sprache des Dichters ist Rückkehr zum Ursprung,

Beschwörung einer magischen Einheit von Wort und Wirklichkeit. Die Sprache der Zeitung bemächtigt sich des nicht mehr mit der Wirklichkeit übereinstimmenden Worts als *Phrase.* Und diese Phrase verdunkelt als Schatten einer alten die neue Wirklichkeit. Wer also die neue Wirklichkeit anzuerkennen sich weigert, weil sie seinen Interessen, vielleicht auch nur seiner Trägheit widerspricht, fühlt sich durch die Phrase geschützt. Durch die Phrase wird gleichsam die Wirklichkeit abgeschafft.

In einem seiner schönsten Gedichte, den melancholischen Strophen »An einen alten Lehrer«, vereinigt sich das »holde Dazumal« des Jungseins mit der Pflicht des Erwachsenen, unverlierbare Sprache gegen verlorene Gegenwart zu verteidigen:

Ich sehe dich, wie du mit der feinen Hand
Die Stirn dir streichst, die sorgende, als ob du
Ein krankes Wort betreuen müßtest –
Heilige Pflicht vor profanen Zeugen.

Schneeweiß wie damals, neigend den Kopf, doch hoch
Den Sinn wie damals, traf ich dich auf dem Weg
Zur Schule neulich, und es war mir,
Daß ich mit dir in die Schule ginge.

Wohin verlor sich, sag mir, dein Altersblick,
Mir unverloren? Lehrest du immer noch
Verlorner Gegenwart die Sprache?
Folg mir, und laß die Klasse fallen.

Als der Romantiker Ludwig Tieck die Werke Heinrich von Kleists herausgab, sprach er im Vorwort von einem »Verlust der Wirklichkeit«. Dieses Wort hat, als die Presse zur Großmacht wurde, einen neuen unheimlichen Sinn gewonnen. Im Wust von Meldungen, Berichten und Kommentaren, im Rauch der Aktualität verschwand die Wirklichkeit. Der Leser glaubte, informiert zu werden, ohne wahrzunehmen, daß der Redakteur ihm die Welt so darstellte, wie der Herausgeber wünschte, daß sie dem Leser sich darstelle. Es war, durch Fakten und Akten glaubhaft gemacht, eine *Scheinwelt*, die im Bewußtsein des Lesers die Wirklichkeit überwältigte. Das Unwesen dieser Scheinwelt aufzudecken, war die Aufgabe, der Karl Kraus sich unterzog. Er nahm die Phrase beim Wort, enthüllte die gespenstische Wechselwirkung, durch welche die von der Wirklichkeit abgezogene Phrase als Sieger in sie einzieht, durch welche das Urbild sich dem Zerrbild fügen muß. »Die Welt ist taub vom Tonfall«, schrieb Karl Kraus in »Pro domo et mundo«. »Ich habe die Überzeugung, daß die Ereignisse sich gar nicht mehr ereignen, sondern daß die Klischees selbsttätig fortarbeiten. Oder wenn die Ereignisse, ohne durch die Klischees abgeschreckt zu werden, sich doch ereignen sollten, so werden die Ereignisse aufhören, wenn die Klischees zertrümmert sein werden. Die Sache ist von der Phrase angefault. Die Zeit stinkt schon von der Phrase.« Indem er gegen die Verluderung der Sprache kämpfte, hoffte Karl Kraus, eine verluderte Wirklichkeit zu reformieren. Er war ein Herakles, festgehalten von einem einzigen, niemals vollendeten Werk: Reinigung des Augiasstalls. Doch ohne den *Sturz des Augias* war dieser Stall nicht mehr zu reinigen. Dies aber hat der romantisch revoltierende Karl Kraus nicht verstanden.

Er witterte die Verwesung, ohne zu wissen, woher sie kam. Daß der verfaulende Kapitalismus es war, dessen Fäulnis auf alle Sphären übergriff, kam ihm nicht zu Bewußtsein. Nur dann und wann ahnte er solchen Zusammenhang; so schrieb er: »Mochte immerhin bei der Monopolisierung der Lebensgüter die bildende Kunst noch da und dort die Freiheit behaupten, selbst Ware zu *sein,* anstatt der Ware zu *dienen* – daß das Wort des Schriftstellers seine Berechtigung außerhalb der industriellen Reklame verlieren müsse, schien gewiß.« Gegen die Kommerzialisierung, die Monopolisierung der Lebensgüter, der Kunst, des Worts wehrte er sich ähnlich wie Baudelaire – durch eine antipolitische, ästhetische Weltanschauung. »Ästhetischer Sinn«, so schrieb er, »hat vor der sittlichen Entrüstung Recht und Anteil an der Ergründung von Übelständen. Er blickt tiefer und gibt auch der flüchtigen Erscheinung die Perspektive auf Ewiges.« Karl Kraus nahm diese Haltung ein, als nach der russischen Revolution 1905 die österreichischen Arbeiter um das allgemeine Wahlrecht kämpften. Ein Mitarbeiter der »Fackel«, der Sozialist Robert Scheu, schrieb 1906 an Karl Kraus: »Sie sehen in dem Allen nur die Demokratie, die geringzuschätzen Sie sich ästhetisch verpflichtet fühlen. Aber täuschen Sie sich nicht! Sie haben nur akademisch, nicht politisch-praktisch eine andere Wahl als die Bejahung alles Bestehenden oder den beherzten Anschluß an die neuen treibenden Kräfte, also zwischen dem Spießer, der Sie verabscheut, und dem Volk, das Sie gar nicht kennen, weil es erst entsteht...«

Karl Kraus erwiderte: »Wozu Wahl? Wozu Anschluß? Wenn ich von zwei Übeln das geringere wählen soll, wähle ich keines. Ich warte die Erneuerung Österreichs ab und hoffe, daß ich dann noch immer genug zu tun bekommen werde. Der freundliche Verfasser ahnt gar nicht, wie schön das Leben ohne organisierte Ideale ist.« Es war betont die Haltung des Einzelgängers – der nun freilich, auch dies muß gesagt sein, in der entscheidenden Situation des Kriegsausbruchs als *einzelner* die Sache der Menschheit würdiger vertrat als etwa der Parteivorstand der österreichischen Sozialdemokratie. Auch in der organisierten Arbeiterbewegung außerhalb Rußlands waren es nur *einzelne*, wie Karl Liebknecht und Rosa Luxemburg, die dem ungeheuren Verbrechen entgegentraten. Derselbe Karl Kraus, der als Ästhet die Politik geringschätzte, hielt am 9. November 1914 die unvergeßliche Rede, die mit den Worten begann: »In dieser großen Zeit, die ich gekannt habe, wie sie noch *so* klein war; die wieder klein werden wird, wenn ihr dazu noch Zeit bleibt; und die wir, weil im Bereich organischen Wachstums derlei Verwandlung nicht möglich ist, lieber als eine dicke Zeit und wahrlich auch schwere Zeit ansprechen wollen; in dieser Zeit in der eben das geschieht, was man sich nicht vorstellen konnte, und in der *geschehen* mußte, was man sich nicht mehr *vorstellen* kann, und könnte man es, es geschähe nicht... in dieser lauten Zeit, die da dröhnt von der schauerlichen Symphonie der Taten, die Berichte hervorbringen, und der Berichte, welche Taten verschulden: in dieser da mögen Sie von mir kein eigenes Wort erwarten...«

Es war nicht gesellschaftliches Bewußtsein, sondern ein tiefes Gefühl von Mitschuld und Mitverantwortung, aus dem in mancher entscheidenden Situation die rechte Tat hervorging, in mancher andren der Fehlentscheid. In Versen wird's gesagt:

Es engt mir allen Lebenstag,
es drängt mir zu bis in den Schlaf,
und ob ich auch entrinnen mag;
es denkt in mir ohn' Aufenthalt,
und alles, was mir einfiel, traf
mich mit vernichtender Gewalt...

Und was da wird, ob schlecht, ob gut:
ich tat es nicht, ich litt daran,
und weiß nicht, wer es für mich tut.
Er wird es immer weiter tun
und läßt mich, der es nicht getan,
dafür bei Tag und Nacht nicht ruhn.

Der große Satiriker ist das schlechte Gewissen seines Zeitalters. Die Macbeths dieses Jahrhunderts, die jeden Angsttraum Shakespeares überbieten, finden stets ein Ruhekissen; sie morden nur den Schlaf der andren. Karl Kraus nahm die Qual auf sich, für das, was *andre* getan, bei Tag und Nacht nicht zu ruhn. Sein gemordeter Schlaf störte bisweilen den gesunden der Machthaber. Doch sein Unvermögen, in der Politik mehr zu sehn als die abscheulichen *Formen,* seine Weigerung, ihren geschichtlichen *Inhalt* zu ergründen, bewog ihn allzu häufig, rückwärts zu träumen, wenn es vorwärts zu planen galt. Melancholisch schrieb er: »Der satirische Künstler steht am Ende einer Entwicklung, die sich der Kunst versagt. Er ist ihr Produkt und ihr hoffnungsloses Gegenteil. Er organisiert die Flucht des Geistes vor der Menschheit, er ist die Rückwärtskonzentrierung. Nach ihm die Sintflut...«

Robert Scheu hat 1909 von Karl Kraus gesagt: »Die Politik als gleichberechtigte Welt mit ihren wunderbaren zwingenden Gesetzen, dieses große Fatum ist für ihn nichts als ein Monstrum. Dieser Welt nahe zu treten, scheint ihm versagt zu sein. Aber liegt die Schuld an ihm? Unser Staat ist so atomisiert, daß sich tatsächlich Individuen in der Luft bilden. Schwebende Geister, kolossal anziehende Erscheinungen, wie sie vielleicht nirgends sonst auf der Welt vorkommen; hohe Kulturen ohne reale Unterlage. Aber die Frage ist, ob es das geben darf; ob es außer denjenigen, welche aus ihrer Isoliertheit ein Programm machen, irgendeine Fruchtbarkeit geben kann, losgelöst von Boden, Nation, Territorium, Staat. Hier beginnt das Problematische an Karl Kraus, freilich auch das Einzigartige einer Erscheinung, die in England, Frankreich, selbst Deutschland nicht möglich wäre...«

Das wahrhaft Problematische an Karl Kraus ist die, ihrem Wesen nach kleinbürgerliche, Verneinung der Politik, der gesellschaftlichen, der geschichtlichen Entwicklungsprozesse. Dennoch: so richtig es ist, den kleinbürgerlichen Charakter eines

Kampfes hervorzuheben, der nicht so sehr dem Krankheits-*Erreger* gilt als dem Krankheits-*Symptom*, nicht so sehr dem *Fundament* als der *Fassade* einer katastrophalen Welt – so falsch wäre es, diesen Kampf als unwesentlich abzutun. Es geht in jeder gesellschaftlichen Umwälzung zunächst und vor allem um das neue Fundament, aber auch um die Entschlossenheit, nichts von dem Unfug der alten Fassade zu übernehmen. Aus der ökonomischen und politischen Umwälzung ergibt sich nicht *automatisch* die moralische, ästhetische, geistige Erneuerung. Wir sollen daher das *scheinbar* Formale nicht übersehn, denn es kann ins Inhaltliche übergreifen. So wenig der Zweck die Mittel heiligt, vielmehr auch durch sie bedingt wird, so wenig kann sich der Inhalt den Formen entziehn, in denen er sich darstellt. Auch die besten Gedanken verlieren durch schlechte Sprache an Qualität, und auch die linke Phrase fördert nicht das Bewußtsein und den Charakter. Wenn wir also das Problematische, das Unzulängliche an Karl Kraus feststellen, haben wir zugleich von ihm zu lernen, von ihm und von allen, die in der spätkapitalistischen Welt den Kampf gegen die Phrase, die Lüge, die moralische und sprachliche Verluderung führten und führen, auch wenn sie es auf eigene Faust, als Einzelgänger tun.

Das große Gedicht »Nach dreißig Jahren« ist in seinem Glanz und seiner Problematik das Manifest individueller Revolte: Einer gegen Alle, der Einsame, der Friedenstörer, der Eigenbrötler, der Mißvergnügte, Enttäuschte, Verfemte, die Bürgerwelt Hassende:

> Noch hält der Glaube, daß ein *Beispiel* frommt
> dem Rest der Menschheit, der den Glauben rettet
> aus dicser Schmach. Nur mein *Vollbringen* sei
> das Vorbild, nicht mein *Werk*; daß ich's *gewagt*
> und daß ich Heerschau halte über Heere
> von solchen, die einander Todfeind sind,
> doch gegen mich verbündet, alle, alle;
> und nichts als Zweikampf: Würger gegen Würger!
> Ein Menschenalter lang und nicht entschieden.
> Noch fernere Jahre stör' ich diesen Frieden.
> Hier Kämpfer, Künstler, Narr, und dort der Bürger.

Diese romantische, anarchische Revolte des Einzelnen vermag den Bürger und seine Welt nicht zu überwinden; dennoch ist sie unentbehrlich. Die romantische Revolte, die mit Rousseau begann, hatte in ihrer Entwicklung die rückwärtsgewandte Utopie vom paradiesischen Naturzustand, durch die vorwärtsweisende, die kommunistische Vision von Saint-Simon und Fourier ergänzt. Das Wesen der Romantik war das Entsetzen vor einer den Menschen zerstückelnden und spezialisierenden Zivilisation, die Sehnsucht nach einer verlorenen Einheit, die Notwehr gegen die Häßlichkeit des Kapitalismus. Jedes gesellschaftliche System fand große Dichter und Künstler, die es bejahten; nur der Kapitalismus nicht. Von Anbeginn bis heute waren nur mittelmäßige Dichter und Künstler sein Apologeten; für die bedeutenden war er stets das Unbehagen, die Antithese zum Traum eines goldenen Zeitalters, das für viele Romantiker das unwiderruflich Vergangene, für andre das Künftige war. Im Aufstieg der Arbeiterklasse wappnete sich prophetische Phantasie mit gesellschaftlicher Wissenschaft. Das Werk von Marx und Engels hob die Romantik auf. Doch im spätkapitalistischen Zeitalter kehrte mancher romantisch Revoltierende zu konservativen Illusionen zurück und sah die Reform der Bürgerwelt als einzige Alternative zum Weltuntergang. Dieser *romantische* Reformismus war dem sozialdemokratischen an Kraft und Schwung überlegen: er war nicht korpulenter Opportunismus, sondern trug in sich die schmale, die heiße Revolte. Doch diese Revolte, so oft sie auch ins Schwarze traf, verfehlte das wesentliche Ziel: den Lebensnerv einer zum Tode reifen Gesellschaft. Von diesem Kampf, den Karl Kraus führte, hat Walter Benjamin kurz und bündig das Beste gesagt: »Die bürgerlich-kapitalistischen Zustände zu einer Verfassung zurückzuentwickeln, in welcher sie sich nie befunden haben, ist sein Programm.«

In einer widerspruchsvollen gesellschaftlichen Entwicklung hatte der bürgerliche Liberalismus aus voller Kehle und Kasse den technischen Fortschritt gepriesen, die Produktion um der Produktion willen, den Bourgeois als den Menschen an sich. Der kleinbürgerliche Intellektuelle hingegen erlebte am eignen Leib die dem Kapitalismus innewohnenden Widersprüche, empfand die Entfremdung und Entleerung des Individuums, den Verlust einer ursprünglichen Fülle, woraus sich der romantische Protest ergab. »So lächerlich es ist«, schrieb Karl Marx, »sich nach jener ursprünglichen Fülle zurückzusehnen, so lächerlich ist der Glaube, bei jener vollen Entleerung stehenbleiben zu müssen

Über den Gegensatz gegen jene romantische Ansicht ist die bürgerliche nie herausgekommen, und darum wird jene als berechtigter Gegensatz sie bis an ihr seliges Ende begleiten.« Karl Marx hat also das romantische Prinzip innerhalb der Bürgerwelt als berechtigten Gegensatz zum bürgerlichen anerkannt, neben dem für die gesellschaftliche Entwicklung entscheidenden Klassenkampf des Proletariats die romantische Revolte nicht verworfen.

Die kleinbürgerliche Romantik hat manches *geahnt*, was erst der Marxismus zu *erkennen* imstande war. Es war vor allem das Hinauswachsen der Dinge über den Menschen, des Produkts über den Produzenten, was die Romantiker zutiefst beunruhigte. Es bleibt ein Verdienst der Romantik, daß sie sich nicht an der Sonnenseite des industriellen Fortschritts ansiedelte, sondern den Schattenhang des Kapitalismus aufsuchte. Sie protestierte gegen die Selbstzufriedenheit des Bürgers und schauderte vor dem Mißbrauch der Technik zurück.

Dieser heilsame Schauder steigert sich nicht selten zur panischen Befürchtung, daß es das Wesen der Technik sei, mißbraucht zu werden, daß der Mensch nicht die Fähigkeit habe, die von ihm erfundene Maschine zu bändigen. Die Romantiker waren den Maschinenstürmern verwandt; sie fühlten, daß das Bewußtsein mit der Technik nicht Schritt hielt, erschraken vor der zunehmenden Nicht-Übereinstimmung, ohne zu entdecken, daß es die Produktionsverhältnisse waren, die mit den Produktivkräften nicht übereinstimmten. Für Spätromantiker wie Karl Kraus wurde dieser Schauder vor der Maschine zum intensivsten Erlebnis. Gelegentlich gab er die ebenso einfache wie treffende Antwort: »Es gibt nur eine Möglichkeit, sich vor der Maschine zu retten. Das ist, sie zu benützen. Nur mit dem Auto kommt man zu sich.« Er gab diese Antwort für den einzelnen. Sie für die Gesamtheit zu geben, hinderte ihn sein extremer Individualismus. Der Untergang der Welt durch die technischen Erfindungen der Menschheit schien ihm unaufhaltsam. Wir leben, so formulierte er, »in einer Zeit, in der die Maschinen immer komplizierter und die Gehirne immer primitiver werden.« Der Rollentausch zwischen Ding und Mensch wurde in einem Aphorismus von bestürzender Komik sichtbar gemacht: »Ich hatte eine schreckliche Vision: Ich sah ein Konversationslexikon auf einen Polyhistor zugehen und ihn aufschlagen.« Auch die Presse wurde als Ergebnis eines solchen Rollentausches aufgefaßt: »Wieder ist uns das Instrument über den Kopf gewachsen. Wir haben den Menschen, der die Feuersbrunst zu melden hat, und der wohl die untergeordnetste Rolle im Staat spielen müßte, über die Welt gesetzt, über den Brand und über das Haus, über die Tatsache und über unsre Phantasie.« Karl Kraus zog aus all dem die Konsequenz: »Der moderne Weltuntergang wird sich so vollziehn, daß gelegentlich der Vervollkommnung der Maschinen, sich die Betriebsunfähigkeit der Menschen herausstellt...« Und schließlich die Erwägung: »Gewiß, die Entwicklung der Waffe konnte unmöglich hinter den technischen Errungenschaften der Neuzeit zurückbleiben. Führt man denn mit Phantasie Kriege? Nein, denn wenn man sie noch hätte, würde man es nicht tun. Denn dann hätte man die Maschine nicht. Denn dann wüßte man, daß der Mensch, der die Maschine erfand, von ihr überwältigt wird, und daß es Sünde ist, das Leben dem Zufall auszusetzen und den Tod zum Zufall zu erniedrigen.«

In solchen Aphorismen verschränken sich ein beängstigendes Ahnungsvermögen mit einem konservativen, auf eine verkehrte Welt verkehrt reagierenden Bewußtsein. Weil also Troglodyten mit ungeheuren technischen Machtmitteln ausgerüstet sind und dadurch ungeheure Gefahren heraufbeschwören, sollte die gesamte Menschheit, so meinte Karl Kraus, zum gesellschaftlichen Zustand des Troglodytentums zurückkehren, auf die *Technik* verzichten, anstatt die *Troglodyten* davonzujagen. Gewiß: die Technik hat der Menschheit den kollektiven Selbstmord ermöglicht, aber auch das Gegenteil. Es ist also nicht die Technik das Übel, sondern die ihrer Entwicklung nicht mehr entsprechende gesellschaftliche Rückständigkeit. Die Betriebsunfähigkeit des Menschen, der die moderne Technik bedient, ergibt sich aus einer zwar äußerst betriebsamen, in den entscheidenden Fragen jedoch betriebsunfähigen gesellschaftlichen Organisation. Karl Kraus verabscheute die bürgerliche Gesellschaft, wandte sich jedoch gegen die gesellschaftliche Umwälzung. In seiner paradoxen Situation verneinte er den Kommunismus, fügte aber sofort hinzu: »Gott erhalte ihn uns, damit dieses Gesindel, das schon nicht mehr ein und aus weiß vor Frechheit, nicht noch frecher werde, damit die Gesellschaft der ausschließlich Genußberechtigten, die da glaubt, daß die ihr botmäßige Menschheit genug der Liebe habe, wenn sie von ihnen die Syphilis bekommt, wenigstens doch auch mit einem Alpdruck zu Bett gehe!« Natürlich ist es gut, wenn satte Machthaber mit einem Alpdruck zu Bett gehen, und kann sogar zur Folge haben, daß sie den Nicht-Privilegierten allerlei zugestehn – doch der Alpdruck allein genügt nicht. Die Negation allein ist zu wenig, um eine Katastrophe abzuwenden.

Karl Kraus hat die erste der großen Katastrophen, den Weltkrieg 1914-18, überwältigend dargestellt – und zwar von seinem Grunderlebnis her, vom Sieg der Phrase über die Wirklichkeit, vom Hinauswachsen des Apparats über die mit ihm Schaltenden, von der Diskrepanz enormer Machtmittel und jämmerlicher Machthaber. Er hat sein unvergleichliches Werk »Die letzten Tage der Menschheit«, diese zur Tragödie gesteigerte Satire, mit den Worten eingeleitet: »Die Aufführung des Dramas, dessen Umfang nach irdischem Zeitmaß etwa zehn Abende umfassen würde, ist einem Marstheater zugedacht. Theatergänger dieser Welt vermöchten ihm nicht standzuhalten. Denn es ist Blut von ihrem Blute, und der Inhalt ist von dem Inhalt der unwirklichen, undenkbaren, keinem wachen Sinn erreichbaren, keiner Erinnerung zugänglichen und nur in blutigem Traum verwahrten Jahre, da Operettenfiguren die Tragödie der Menschheit spielten...« Es ist nicht Spiegelbild, sondern Widerhall einer Weltkatastrophe; nicht Gestalten, sondern Stimmen werden beschworen; die Akteure sind Lemuren, und Sprachgespenster stellen eine gespenstische Wirklichkeit dar. Zeitungsphrase und Börsenjargon, Amtsverlautbarung und Offiziersgeblödel, Gejodel und Gejüdel, Festedruff und Habedieehre, Kasinowitz und Donnerhall, Höllengelächter und Menschenwort prallen aneinander, im Zusammenstoß von Sprache und Ereignis wird der Zusammenbruch einer längst schon brüchigen Welt vernehmbar.

Die Sprache verrät das Geheimnis des Krieges, wird zum Hochverrat an Idealen, welche Firmenschilder in Schilde des Vaterlands, den Verdienst der Industriellen und Kaufleute in das Verdienst der Frontsoldaten umfälschen. Der Optimist, die fleischgewordene Phrase, und der Nörgler, das sie vernichtende Wort, treten als Kommentatoren auf. In einem ihrer Dialoge sagt der Nörgler:

»In dieser gepanzerten Kommerzwelt, die täglich Blutbilanz macht, tauschen der Schild und das Schild so oft ihre Rollen wie das Verdienst und der Verdienst.«

Der Optimist: »Es ist ja ein Kreuz mit der Sprache.«

Der Nörgler: »Das man auf der Brust trägt. Ich trag's auf dem Rücken.«

Der Optimist: »Ob Sie das nicht überschätzen?«

Der Nörgler: »Zum Beispiel so: Ein Volk, sage ich, ist dann fertig, wenn es seine Phrasen noch in einem Lebensstand mitschleppt, wo es deren Inhalt wieder erlebt. Das ist dann der Beweis dafür, daß es diesen Inhalt nicht erlebt.«

Der Optimist: »Wie das?«

Der Nörgler: »Ein U-Boot-Kommandant hält die Fahne hoch, ein Flieger schlägt sein Leben in die Schanze. Leerer wird's noch, wenn die Metapher stofflich zuständig ist. Wenn statt einer anderen Truppenoperation einmal eine maritime Unternehmung Schiffbruch erleidet. Wenn der Erfolg in unseren jetzigen Stellungen bombensicher war und die Beschießung eines Platzes ein Bombenerfolg.«

Der Optimist: Ja, diese Redensarten entstammen samt und sonders der kriegerischen Sphäre, und jetzt leben wir in ihr.«

Der Nörgler: »Wir tun es nicht. Sonst wäre der Schorf der Sprache von selbst abgefallen...«

Die schauerliche Phantasielosigkeit bezieht den Inhalt noch von der alten Phrase, über die längst die neue Wirklichkeit hinauswuchs, und die Zeitungen sorgen dafür, daß die Sprachlosigkeit des Entsetzens als Sprache nur die Schablone des Berichterstatters und die Lüge des Leitartikels vorfindet. Die Phrase bringt den Unterschied zwischen einem vertrottelten General, einem verhurten Rittmeister und einem sterbenden Soldaten zum Verschwinden, indem sie alle zu Helden macht; Karl Kraus stellt den Unterschied wieder her, indem er die gleichmachende Phrase durch die differenzierende Sprache vernichtet.

An der Front stirbt eine Armee. Hinter der Front spricht man, vom Geschützlärm unterbrochen:

Der Artilleriereferent: »– Hört's m'r auf – da hab' ich schon ganz andere Mullatschaks mitgemacht, mei Lieber – in der siebenten und achten Isonzoschlacht!«

Der Rittmeister: »No, was is das für a Mullatschak, wo die Madeln fad sein!« (Ruft:) »Kapelle!«

Ein Oberleutnant: »In Rußland hab' ich euch mullatiert –!«

Ein zweiter: »Weißt, bei Rawaruska – wie noch der Fallota –«

Ein preußischer Leutnant: »Nanu – der Musikfritze schläft ja!«

Ein preußischer Hauptmann: »Spielt mal ›Auf dem Friedhof La Bassée‹!«

Der Major: »Nein – herstellt – spielt's ›Mizzerl, Mizzerl, sei doch netter‹!«

Der preußische Hauptmann: »Also – Mizzal! Ach, 's ist ja doll!« – –

Der Oberintendant: »...Spült's ›Ein Tampus vom Schampus‹!« (Rufe: »Ein Tampus vom Schampus! Bravo!«)

Der Rittmeister: »Spielt's ›Nobel geht die Welt zugrund‹!«

Der Oberauditor: »Spielt's ›Schön war der Tanz, aber spiel'n tan s' 'n net‹!« (Rufe: »Bravo!« Die Musik spielt. Die Offiziere singen mit.)

Der Oberintendant (wiederholend): »– aber spüln tan s' 'n net!«

(Der Telephonoffizier stürzt kreidebleich herein und direkt auf den General los, sagt ihm etwas ins Ohr.)

Der General: »Was –?! Meutern tan s'?! Dezimiern die Bagasch überanand!! Soll'n s' a paar frische Regimenter einsetzen!! Antreiben, antreiben! Geschwind!«

Der preußische Oberst: »Was is 'n los?«

(Der Telephonoffizier flüstert dem General abermals etwas zu.)

Der General: »Was?! Die Gasgranaten gehn auch nicht?! Sauwirtschaft überanand!!«

Der preußische Oberst: »Na hört mal, das sollte denn doch nich –! Das könnte bei uns denn doch –!«

Der General: »So ein – Pallawatsch! – So ein Pech! – Kann man halt nix machen –«

Der preußische Oberst: »Na, vorbeijelungen! Bißk'n schlapp, die lieben Östreicher, bißk'n schlapp!«

Die Prosa der apokalyptischen Operette wird zum infernalischen Couplet. Die prominenten Helden verraten sich durch den Tonfall als bösartige Idioten, von den Namenlosen fällt das Heldentum ab und die klagende Stimme des Opfers wird vernehmbar.

Der deutsche Herrenmensch, ein Fürchte-Gott-und-sonst-nichts-in-der-Welt, ein Sprachgeknatter wie von Auspuffgasen:

> Schon brennt die Erde lichterloh
> dank unsrem Fenriswolff-Büro.
> Solang es andre Völker gibt,
> ist leider unsres nicht beliebt.

Wo man nichts auf die Waffe setzt
wird unsre Leistung unterschätzt.
Die Welt will weniger Krawall
und unsrer braust wie Donnerhall.
So hört man überall den Deutschen!...

Schulter an Schulter mit ihm, durch die Bande der Herrscher- und Handelshäuser in aufrichtiger Antipathie vereinigt, der Bruder Schnürschuh als fideler Scharfrichter:

Aus Tod wird Tanz,
aus Haß wird G'spaß,
aus Not wird Pflanz,
was is denn das?
Is alles stier,
is 's einerlei,
denn mir san mir
und a dabei.
Ein guter Christ
sagt: »Kinder, bet's«,
und Henker ist
man nur aus Hetz.

Die klagende Stimme des Opfers, der sterbende Soldat:

Hauptmann, hol her das Standgericht!
Ich sterb', für keinen Kaiser nicht!
Hauptmann, du bist des Kaisers Wicht!
Bin tot ich, salutier' ich nicht!

Wenn ich bei meinem Herren wohn',
ist unter mir des Kaisers Thron,
und hab' für sein Geheiß nur Hohn!
Wo ist mein Dorf? Dort spielt mein Sohn.

Wenn ich in meinem Herrn entschlief,
kommt an mein letzter Feldpostbrief.
Es rief, es rief, es rief, es rief!
O, wie ist meine Liebe tief!

Hauptmann, du bist nicht bei Verstand,
daß du mich hast hieher gesandt.
Im Feuer ist mein Herz verbrannt.
Ich sterbe für kein Vaterland!

Ihr zwingt mich nicht, ihr zwingt mich nicht!
Seht, wie der Tod die Fessel bricht!
So stellt den Tod vors Standgericht!
Ich sterb' doch für den Kaiser nicht!

In solchen Strophen kehrt die Sprache zurück zum Ursprung, zum Volkslied: der Donnerhall der Phrase verstummt vor der Stimme eines Sterbenden. Durch solchen Gegensatz vermochte Karl Kraus den Ersten Weltkrieg zur Sprache zu bringen; doch vor dem Entsetzen der Hitler-Herrschaft verstummte das Wort. Denn hier war der Widerspruch von jüngster Wirklichkeit und ältester Redensart aufgehoben, hier wandelte das technische Zeitalter sich in kannibalischen Urstand zurück, und das verblaßte Bild fernster Vergangenheit wurde durch reichlich sprudelndes Blut aufgefrischt.

Als das Ereignis unsagbar wurde, erwiderte Karl Kraus den durch sein Schweigen Bestürzten:

Man frage nicht, was all die Zeit ich machte.
Ich bleibe stumm;
und sage nicht, warum
Und Stille gibt es, da die Erde krachte.
Kein Wort, das traf;
man spricht nur aus dem Schlaf.
Und träumt von einer Sonne, welche lachte.
Es geht vorbei;
nachher war's einerlei.
Das Wort entschlief, als jene Welt erwachte.

Von Bertolt Brecht kam Antwort auf dieses Gedicht:

Als das dritte Reich gegründet war,
kam von dem Beredten nur eine kleine Botschaft.
In einem zehnzeiligen Gedicht
erhob sich seine Stimme, einzig um zu klagen,
daß sie nicht ausreiche...

Als der Beredte sich entschuldigte,
daß seine Stimme versage,
trat das Schweigen vor den Richtertisch,
nahm das Tuch vom Antlitz und
gab sich zu erkennen als Zeuge.

Und als es das Tuch vom Antlitz nahm, fand das Schweigen die Sprache wieder, und was geschah, begann sie stammelnd nachzusprechen. »Denn es ist ein Moment im Völkerleben«, schrieb Karl Kraus, »der insofern der Größe nicht entbehrt, als bei elektrischem Licht, ja mit allen Behelfen der Radiotechnik an den Urstand angeknüpft wird und ein Umschwung von allen Lebensverhältnissen eintritt, nicht selten durch den Tod... Wie doch die Erneuerung deutschen Lebens der alten Redensart zu ihrem unseligen Ursprung half – bis sie ihrer Verwendbarkeit im übertragenen Wirkungskreis verlustig wurde!... ›Salz in offene Wunden streuen!‹ Einmal muß es geschehen sein, aber man hatte es vergessen bis zum Verzicht auf jede Vorstellung eines Tätlichen, bis zur völligen Unmöglichkeit des Bewußtwerdens. Man wandte es an, um die grausame Erinnerung an einen Verlust, die Berührung eines Seelenleids zu bezeichnen; das gibt's immer; die Handlung, von der's bezogen war, blieb ungedacht. Hier ist sie:

›Als sich der alte Genosse beim Kartoffelschälen einen tiefen Schnitt in die Hand zufügte, zwang ihn eine hohnlachende Gesellschaft von Nazi, die stark blutende Hand in einen Sack mit Salz hineinzuhalten. Das Jammergeschrei des alten Mannes machte ihnen großen Spaß.‹

Es bleibt unvorstellbar; doch da es geschah, ist das Wort nicht mehr brauchbar.«

Die Wirklichkeit in ihrer »Gleichzeitigkeit von Elektrotechnik und Mythos, Atomzertrümmerung und Scheiterhaufen, von allem, was es schon und nicht mehr gibt« war ins Unaussprechliche hinausgewachsen. Die apokalyptischen Visionen eines großen Satirikers wurden durch das Ereignis fürchterlich überboten. Die scheinbar phantastische Übertreibung war nur eine dünne Skizze dessen, was später die Realität in dicken Farben auftrug. Das Auseinanderklaffen von technischem Fortschritt und gesellschaftlichem Rückstand, von der Phantasie der Erfinder und der Phantasielosigkeit derer, die ihre Erfindungen handhaben, von einer ungestüm sich ändernden Welt und einem dahinter zurückbleibenden Bewußtsein hat uns dahin gebracht, stets am Rande der Katastrophe zu existieren.

Der Epilog zu den »Letzten Tagen der Menschheit«, »Die letzte Nacht«, endet mit dem Vernichtungskrieg des Mars gegen die Erde. Eine Stimme von oben spricht die Kriegserklärung:

> Wir haben alles reiflich erwogen
> und sind in die Defensive gezogen.
> Wir sind denn entschlossen, euern Planeten
> mit sämtlichen Fronten auszujäten...

Sie haben auf dem Mars alles so reiflich erwogen, wie 1914 der alte Kaiser Franz Joseph, und zertrümmern die Erde mit ihren Superbomben. Das Werk endet mit den Worten des deutschen Kaisers: »Ich habe es nicht gewollt!« – denn die Cäsaren haben nie gewollt, was sie tun, sondern nur gehofft, es werde gut ausgehn. Der Kosmos hat den Kaisern die Phrase abgelauscht; doch seine Machtmittel sind den irdischen so überlegen wie die von 1961 jenen von 1914, und zwischen zwei Phrasen geht unser Planet zugrund.

> *Stimme von unten:*
>
> Mal 'ran ins Feld!
> Noch einer mehr!
> Und wenn die Welt –
>
> *(Flammenlohe)*
>
> *Stimme von unten:*
>
> Nur feste druff!
> Auf Knall und Fall!
> Es braust ein Ruf –
>
> *(Weltendonner)*
>
> *Stimme von unten:*
>
> Das ist uns neu!
> Was soll das sein?
> Fest steht und treu –

(Untergang)

Stimme von unten:

Wir sind verbrannt!
Wer brach da ein?
Lieb' Vaterland –

(Ruhe)

Stimme von oben:

Der Sturm gelang. Die Nacht war wild.
Zerstört ist Gottes Ebenbild!

(Großes Schweigen)

Die Stimme Gottes:

Ich habe es nicht gewollt!

Die furchtbare Eindringlichkeit dieser Verse, die jedesmal vor dem letzten Reim abbrechen – denn aus der Phrase zur Tat macht ihn der Regisseur des Weltuntergangs –, bedarf keiner Erläuterung. Für uns das Erschreckendste ist, daß dieser Angsttraum heute, nach wenigen Jahrzehnten, kaum an die drohende Möglichkeit heranreicht, daß dieses nach totaler Vernichtung ins Weltall verhallende: »Ich habe es nicht gewollt!« gespenstisch einer Situation entspricht, die nur die Vernunft, der Wille der ganzen Menschheit zu meistern vermag. Gegen die smarten Lemuren, für die der Atomkrieg nur ein Bombengeschäft ist und deren Reklame den Zahlungskräftigen totsicheres Überleben verbürgt, gegen die Pokerspieler der Katastrophe, die sich den Atomkrieg als letztes Mittel vorstellen können, weil sie sich nichts vorzustellen vermögen, gilt es, die Phantasie, das Bewußtsein, die Entschlossenheit aller Menschen aufzurufen. Es nicht gewollt zu haben, wäre ein Treppenwitz im Höllensturz. Unser aller Haltung darf nur sein, es um keinen Preis zu wollen.

Robert Musil

In einem Brief an Robert Musil schrieb Thomas Mann: »Es gibt keinen anderen lebenden deutschen Schriftsteller, dessen Nachruhm mir so gewiß ist!« Leider ist Nachruhm kein Gut, auf das man Hypotheken gibt, und von der Unsterblichkeit kann man nicht leben. Der größte österreichische Romancier ist 1942 im Elend der Emigration zugrunde gegangen; in seinem Nachlaß fand man die Notiz: »Ich kann nicht weiter! Ich schreibe von mir selbst, und seit ich Schriftsteller bin, geschieht es zum ersten Mal. Was ich zu sagen habe, steht in der Überschrift. Es ist kältester Ernst... Ich besaß vor der Inflation ein Vermögen, das es mir in bescheidener Weise gestattete, meiner Nation als Dichter zu dienen. Denn die Nation gestattete mir das nicht in der Weise, daß sie meine Bücher gekauft hätte. Sie las sie nicht. Aber einige Tausende oder Zehntausende lasen allerdings meine Bücher, und unter ihnen befanden sich Kritiker und Laien, die mich in den Ruf brachten, den ich besitze. Dieser wunderliche Ruf! Er ist stark, aber nicht laut. Ich bin oft gezwungen worden, über ihn nachzudenken: er ist das paradoxeste Beispiel von Dasein und Nichtdasein einer Erscheinung...« Und eine zweite Notiz: »... mein Leben hängt an einem Faden, der jeden Tag abreißen kann..., und ich habe in den letzten Jahren während der Arbeit am ›Mann ohne Eigenschaften‹ mehr als einen Augenblick erlebt, wie man ihn seinem Todfeind nicht wünschen soll...« Und Jahre vor dem bittren Exil in der Schweiz, vor dem spinnwebdünnen Dasein des Heimatlosen, in einer Heimat, die von ihm nicht Kenntnis nahm: »Ich bin in Wahrheit, schon seit ich den ›Mann ohne Eigenschaften‹ zu schreiben begonnen habe, so arm, und durch meine Natur auch so aller Möglichkeiten des Gelderwerbs entblößt, daß ich nur von dem Ertrag meiner Bücher lebe, richtiger gesagt von den Vorschüssen, die mir mein Verleger in der Hoffnung gewährt, daß sich dieser Ertrag vielleicht doch noch heben könne...«

Robert Musil, geboren am 6. November 1880 in der österreichischen Provinzstadt Klagenfurt, starb am 15. April 1942 in Genf. Der junge österreichisch-ungarische Offizier hatte zunächst Maschinenbau und Philosophie studiert. Er wurde Ingenieur, erfand den »Musilschen Farbkreisel«, wurzelte nicht in der Literatur, sondern im tätigen Leben. Nach dem Zusammenbruch der Monarchie, von 1920 bis 1922, war er Fachbeirat im österreichischen Bundesministerium für Heereswesen. Später ging er nach Berlin, wurde, nicht ohne zu zögern, Schriftsteller. Den Einfall zu seinem ersten Roman wollte er einem Freund überlassen. Dieser griff nicht zu, und schließlich wagte der Ingenieur den Seitensprung in die Literatur.

»Die Verwirrungen des Zöglings Törleß«

Im Jahre 1906, als Sechsundzwanzigjähriger, brachte er seinen ersten Roman heraus: »Die Verwirrungen des Zöglings Törleß«. Es war die knapp und mit großer Zucht erzählte Geschichte eines jungen Menschen, der in einem Erziehungsheim von den Problemen der Sexualität und der Seele, der Einsamkeit und der Erniedrigung überwältigt wird. Solcher Berichte über die beunruhigende Atmosphäre in Erziehungsheimen und die Exzesse in einer Gemeinschaft von Halbwüchsigen hat es nicht wenige gegeben – aber Musils Roman ist von ungleich tieferer Hintergründigkeit. Hier wird das Unterirdische, Fragwürdige, Barbarische aufgedeckt, das von einer Kruste bürgerlicher Zivilisation notdürftig Niedergehaltene, die Wildnis, die aus den Fugen einer nicht mehr festen Ordnung dringt, die Vorbereitung eines Zeitalters, das die Humanität in Fetzen auseinanderfliegen läßt.

In dem vornehmen Institut gibt es eine verborgene Kammer, die niemand kennt außer den Zöglingen Törleß, Reiting und Beineberg. »Die Wände waren vollständig mit einem blutroten Fahnenstoff ausgekleidet, den Reiting und Beineberg aus einem der Bodenräume entwendet hatten, und der Fußboden war mit einer doppelten Lage dicker wolliger Kotzen bedeckt... An der Wand hing neben der Tür ein geladener Revolver...« In dieser Kammer geschieht Entsetzliches. Einer der Schüler, Basini, ein mädchenhaft hübscher Junge von haltlos unbestimmtem Charakter, bestiehlt Kameraden und wird von Reiting und Beineberg ertappt.

Reiting ist ein kalter Tyrann; er »kannte kein größeres Vergnügen, als Menschen gegeneinander zu hetzen, den einen mit Hilfe des anderen unterzukriegen und sich an abgezwungenen Gefälligkeiten und Schmeicheleien zu weiden, hinter deren Hülle er noch das Widerstreben des Hasses fühlen konnte ... Sein Anhang wechselte von Tag zu Tag, aber immer war die Majorität auf seiner Seite. Darin bestand sein Talent.« Sein Gegenspieler und späterer Bundesgenosse Beineberg ist komplizierter; seine Grausamkeit, seine Lust, Menschen bis zum Äußersten zu entwürdigen, finden ihren Rückhalt in einer Philosophie des Irrationalismus, in einem Vernunft und Humanität abtötenden Mystizismus. In beiden sind ahnungsvoll die Typen vorweggenommen, die Jahrzehnte später im Faschismus das ihnen gemäße System hervorbrachten. In seinen Nachkriegstagebüchern hat Musil rückblickend konstatiert: »Reiting, Beineberg: Die heutigen Diktatoren in nucleo.« Sie in der satten Bürgerwelt von 1906 als typisch zu erkennen, war eine ungewöhnliche literarische Leistung. Die beiden gehn nun daran, Basini zu ihrem Geschöpf zu machen, über ihn eine fürchterliche Macht auszuüben, ihn sexuell zu mißbrauchen, ihn zu mißhandeln, jegliche Menschenwürde aus ihm herauszupeitschen. Sie zwingen ihn, auf dem Boden zu kriechen und zu sagen: »Ich bin ein Tier, ein diebisches Tier, euer diebisches, schweinisches Tier!« In einer scheinbar noch ungebrochenen Zivilisation kündigt sich das Grauen der Konzentrationslager an, der perverse Genuß an einer Macht, die den Menschen total zerbricht.

Törleß wird in dieses finstre Geschehn hineingezogen. Er spürt, daß dieser bestürzende Einzelfall weit über sich hinausweist, daß hier der Untergang einer Welt seinen Schatten vorauswirft. Wenn diese Kammer möglich ist, dann ist auch alles andre möglich ... »Dann war es auch möglich, daß von der hellen, täglichen Welt, die er bisher allein gekannt hatte, ein Tor zu einer anderen, dumpfen, brandenden, leidenschaftlichen, nackten, vernichtenden führe. Daß zwischen jenen Menschen, deren Leben sich wie in einem durchsichtigen und festen Bau von Glas und Eisen geregelt zwischen Bureau und Familie bewegt, und anderen, Herabgestoßenen, Blutigen, ausschweifend Schmutzigen, in verwirrten Gängen voll brüllender Stimmen Irrenden, nicht nur ein Übergang besteht, sondern ihre Grenzen heimlich und nahe und jeden Augenblick überschreitbar aneinanderstoßen ...« Und später wird von Törleß gesagt: »Damals, als er so eigens wegen der Kammer erschrocken war, die wie ein vergessenes Mittelalter abseits von dem warmen und hellen Leben der Lehrsäle lag, über Beineberg und Reiting, weil sie aus den Menschen, die sie dort waren, plötzlich etwas anderes, Düsteres, Blutgieriges, Personen in einem ganz anderen Leben geworden zu sein schienen. Damals war dies eine Verwandlung, ein Sprung für Törleß, als ob das Bild seiner Umgebung plötzlich in andere, aus hundertjährigem Schlafe erwachte Augen fiele ...«

In der Gestalt des Zöglings Törleß wird ein zweites Zentralproblem der verfallenden, wenn auch nach außen hin noch wohlgeordneten Bürgerwelt deutlich gemacht: das Problem der zunehmenden individuellen Einsamkeit. Mitten in einem Gespräch blickt er zum Fenster ins Dunkel hinaus: »Dann war wieder jenes Gefühl des Allein- und Verlassenseins über ihn gekommen... Er fühlte: Hierin liegt etwas, das jetzt noch zu schwer für mich ist, und seine Gedanken flüchteten zu etwas anderem, das auch darin lag, aber gewissermaßen nur im Hintergrunde und auf der Lauer: Die Einsamkeit... Die Welt erschien ihm danach wie ein leeres, finsteres Haus und in seiner Brust war ein Schauer, als sollte er nun von Zimmer zu Zimmer suchen – dunkle Zimmer, von denen man nicht wußte, was ihre Ecken bargen...« In einer besonderen Art der sinnlichen Veranlagung, »welche verborgener, mächtiger und dunkler gefärbt war als die seiner Freunde«, empfindet er die Einsamkeit »als eine Frau, aber ihr Atem war nur ein Würgen in seiner Brust, ihr Gesicht ein wirbelndes Vergessen aller menschlichen Gesichter und die Bewegungen ihrer Hände Schauer, die ihm über den Leib jagten...« Es ist nicht nur das beklemmende Erlebnis der Pubertät, das Musil darstellt, sondern weit mehr: diese Welt mit ihren ehrbaren Fassaden und schmutzigen Geheimkammern, diese gesittete Verlogenheit, hinter der eine Hölle sich auftut, ist unheimlich geworden. Was als tägliche Wirklichkeit sich spreizt, ist gar nicht so wirklich, wie es vortäuscht, sondern birgt in sich eine andre, abgründige, tief verwirrende Wirklichkeit. Gefühl und Realität, Ich und Außenwelt stimmen nicht mehr überein, die echte Ordnung, die Einheit von Einzelwesen und Gesamtheit ist verlorengegangen.

Törleß erlebt die Entfremdung des Menschen, ohne zu wissen, was es ist: »Zwischen den Ereignissen und seinem Ich, ja zwischen seinen eigenen Gefühlen und irgendeinem innersten Ich, das nach ihrem Verständnis begehrte, blieb immer eine Scheidewand, die wie ein Horizont vor seinem Verlangen zurückwich, je näher er ihr kam.« ...»Er fühlte sich gewissermaßen zwischen zwei Welten zerrissen: Einer solid bürgerlichen, in der schließlich doch alles geregelt und vernünftig zuging, wie er es von zu Hause her gewohnt war, und einer abenteuerlichen, voll Dunkelheit, Geheimnis, Blut und ungeahnter Überraschungen.« Er meint nun, in der Mathematik, in den »imaginären Zahlen«, etwas Ähnliches zu entdecken, und sucht bei Beineberg Verständnis für das Problem: »In solch einer Rechnung sind am Anfang ganz solide Zahlen, die Meter oder Gewichte, oder irgend etwas anderes Greifbares darstellen können und wenigstens wirkliche Zahlen sind. Am Ende der Rechnung stehen ebensolche. Aber diese beiden hängen miteinander durch etwas zusammen, das es gar nicht gibt. Ist das nicht wie eine Brücke, von der nur Anfangs- und Endpfeiler vorhanden sind und die man dennoch so sicher überschreitet, als ob sie ganz dastünde...?« Beineberg spottet über ihn und seinen Wunsch, alles möge natürlich zugehn; man müsse das Übernatürliche, das Irrationale zur Kenntnis nehmen – womit er nur sagt, was wir seither hundertmal gehört haben, die moderne Wissenschaft habe das Naturgesetz, die Kausalität usw. widerlegt, und die Vernunft müsse vor dem Unbegreiflichen, vor dem Walten Gottes im Atom wie in der imaginären Zahl kapitulieren. Törleß ist nicht dazu bereit: »Wenn mich die Mathematik quält, so suche ich dahinter ganz etwas anderes als du, gar nichts Übernatürliches, gerade das Natürliche suche ich – verstehst du?...«

Die Ablehnung des Irrationalismus, obwohl er die Wirklichkeit als nicht geheuer und maskenhaft empfindet und hinter ihr eine Fülle des ungestaltet Möglichen ahnt, ist für Musil ungemein charakteristisch: ins Dunkle geneigt, verzichtet er nicht auf Vernunft, versucht er, die »imaginären Zahlen« in das Natürliche einzubeziehen. Der Zögling Törleß ist ernsthaft bemüht, den erlebten Widerspruch zwischen der unbestimmten, ungeformten Unendlichkeit des Möglichen, das sich in Ahnung und Gefühl, Sehnsucht und Vision, Erschütterung und Utopie reflektiert, und der enttäuschenden, weil immer fragmentarischen Tat und Wirklichkeit aufzulösen. Es ist ihm, »als ob eine unsichtbare Grenze um den Menschen gezogen wäre. Was sich außerhalb vorbereitet und von ferne herannaht, ist wie ein nebliges Meer voll riesenhafter, wechselnder Gestalten; was an ihn herantritt, Handlung wird, an seinem Leben sich stößt, ist klar und klein, von menschlichen Dimensionen und menschlichen Linien. Und zwischen dem Leben, das man lebt, und dem Leben, das man fühlt, ahnt, von ferne sieht, liegt wie ein enges Tor die unsichtbare Grenze, in dem sich die Bilder der Ereignisse zusammendrücken müssen, um in den Menschen einzugehen.« Es ist in dichterischer und ungenauer Sprache das Erlebnis der Vereinzelung und Zerstücktheit des Menschen in einer individualistisch gewordenen Welt, was hier ausgedrückt wird – aber auch die allgemeine Erkenntnis, daß die Werke der Menschheit stets nur ein Bruchteil ihrer Träume sind.

In dem ersten Roman Musils sind alle Leitmotive seines Gesamtwerks vernehmbar: der Niedergang, die Dekadenz der Bürgerwelt, die Ordnung, die keine mehr ist, und die aus ihr ausbrechende Grausamkeit und Barbarei, das Auseinanderklaffen von Gefühl und Tat, die Einsamkeit des Menschen, in einer verdorrenden Gesellschaft, die brüchig gewordene Wirklichkeit, die Sehnsucht nach einem anderen Zustand, nach einer neuen Einheit und Fülle des Lebens.

Experimente

Jahrelang hat Musil nach diesem ersten Roman an zwei Novellen gearbeitet und sie 1911 unter dem Titel »Die Vereinigungen« herausgegeben. Sie sind, trotz großer Schönheit im einzelnen, literarische Fehlexperimente. In einem trotzigen Pathos der Opposition gegen die moralische Verlogenheit der Bürgerwelt (dem Pathos Frank Wedekinds oder des jungen Karl Kraus verwandt) vergriff er sich in der Thematik, überspitzte er das skurril Absonderliche. (In der ersten Novelle die sexuelle Untreue nicht als Bruch einer großen Liebe, sondern als ihre eigentliche Bestätigung, der Abstieg in niederste Wirklichkeit, um an ihr die Höhe eines Gefühls zu ermessen. In der zweiten Novelle die Einsamkeit der Liebe, das übermächtige Gefühl, das keinen Partner erträgt, es sei denn ein Gott oder ein Tier.) Außerdem wurde in diese Erzählungen so viel hineingestopft, wurden sie so überladen, daß sie unter der Last nur mühsam vorwärtsschreiten. Musil hat das gewußt; zur ersten Novelle notiert er in sein Tagebuch: »Schöne Partien, aber zu sehr Essay, aneinandergefädelte Betrachtungen, intellektuelle Paraphrasen über den Vorwand eines Themas. War sehr niedergeschlagen. Am Nachhauseweg nahm ich mir vor, bei der letzten Durcharbeitung die sonderbaren intellektuellen Perspektiven, die den Kern jeder einzelnen Szene bilden, noch zu verschärfen, noch intellektueller zu sein, um keine Ermüdung durch die Schwere der Bilder aufkommen zu lassen.« Das Experiment ist trotzdem mißlungen, freilich im Format eines großen Schriftstellers.

Eine spätre Notiz: »Ich will zu viel auf einmal! Diesen großen Fehler hat mein Schreiben in den ersten Essays, in den ›Vereinigungen‹ usw. fast bis zum ›Mann ohne Eigenschaften‹. Es entstand daraus etwas Verkrampftes. Beim ›Törleß‹ habe ich noch gewußt, daß man auslassen können muß. Füge hinzu: Und ich weiß zu selten, was ich will...«

Nach einer Reihe ungewöhnlicher Essays erschien im Jahre 1920 das Schauspiel »Die Schwärmer«. Es war, wie der strengste Kritiker Musils, nämlich er selbst, später feststellte, »ein Nebel geistiger Materie, ohne dramatisches Skelett«.

Auch die 1924 herausgegebenen Erzählungen »Drei Frauen« sind zum Teil noch sehr anfechtbar. In der »Grigia« und der »Portugiesin« verschwimmt das Geschehen in Stimmung und Lyrik, und trotz der Kraft und Anmut, mit der vor allem die Grigia gestaltet ist, fühlt man sich unbefriedigt. Sehr schön ist die »Tonka«, knapp und blühend zugleich, streng und fest in der Kontur, aus tiefem Hintergrund hervortretend. Der junge Herr und das Mädchen aus dem Volk – ein in der österreichischen Literatur immer wiederkehrendes Thema, hier aber ohne den Lavendelduft der Sentimentalität, hart und schonungslos erzählt, vielleicht das Soziale allzu sparsam andeutend.

Nach all der Vorbereitung beginnt die Arbeit an dem großen Roman »Der Mann ohne Eigenschaften«.

Das Prinzip der Größe

Dieser Schriftsteller hat sich das Schreiben so schwer gemacht wie kaum ein andrer. Es war in ihm der leidenschaftliche Wille zur Größe – und, unauflöslich mit ihm gepaart, unerbittliche Selbstkritik. Er konnte dicht und gedrängt erzählen, aus dichterischer Fülle gestalten – und wollte mehr, das nahezu Unmögliche. Er, der wissenschaftlich und philosophisch umfassend Gebildete (»vielseitige Unwissenheit« nannte er diese), der Mathematik, Psychologie, Philosophie gründlich studiert hatte, strebte nach einer im zwanzigsten Jahrhundert unerreichbaren goetheschen

Totalität. Er stellte sich selbst die Frage: »Wie denkt er sich den Dichter?« und gab zur Antwort: »Jedenfalls nicht aus Intuition heraus schaffend... Sondern aus dem Wissen der Zeit heraus, und aus ihren Interessen. Bloß rascher als sie, im Tempo ihr so weit voraus, daß er sich im Gegensatz zu ihr fühlt. Ihr besseres Ich, der Anwalt der Zeit gegen die Zeit...« Während der Arbeit an seinem großen Roman notierte er: »Das Lehrmoment des Buchs ist zu verstärken, eine praktische Formel aufzustellen...!« Das war sein Traum und seine Qual, die Zeit nicht nur darzustellen, sondern ihr ein Richtbild zu geben, nicht nur zu sagen: *So ist es!*, sondern: *So soll es sein!* »Die Aufgabe ist: Immer neue Lösungen, Zusammenhänge, Konstellationen, Variable zu entdekken, Prototypen von Geschehensabläufen hinzustellen, lockende Vorbilder, wie man Mensch sein kann, den inneren Menschen *erfinden...*« Und in einem Gespräch mit Oskar Maurus Fontana: »Ich möchte Beiträge zur geistigen Bewältigung der Welt geben. Auch durch den Roman. Ich wäre darum dem Publikum sehr dankbar, wenn es weniger meine ästhetischen Qualitäten beachten würde und mehr meinen Willen. Stil ist für mich exakte Herausarbeitung eines Gedankens...« Und weiter: »Die Dichtung hat nicht die Aufgabe, das zu schildern, was ist, sondern das, was sein soll. Mit anderen Worten: Dichtung gibt Sinnbilder. Sie ist Sinngebung. Sie ist Ausdeutung des Lebens. Die Realität ist für sie Material. (Aber: sie gibt auch Vorbilder. Und sie macht Teilvorschläge.)« Er nannte das Prinzip, dem er zu folgen wünschte, »ein heroisches Prinzip. Ein prometheisches, eines, das die Kampfkräfte der Seele vom Unfug ablöst und dem Wesentlichen dienstbar macht. Ein – wie mir schien – weiterführend-klassisches. Es ist *das Prinzip der Größe.*«

Diesem Prinzip die Treue haltend (auf die Gefahr hin, in Armut zu leben), war Musil stets bemüht, Wesentliches auszusagen. Mann kan das Wesentliche, Charakteristische, Typische am *durchschnittlichen* und man kann es am *extremen* Fall gestalten. Balzac, Stendhal, Dostojewski haben den extremen, Dickens, Flaubert, Tolstoi den durchschnittlichen Fall bevorzugt. Aus beiden Methoden sind große Romane der Weltliteratur hervorgegangen. Keine dieser Methoden schließt die andere aus. Thomas Mann hat in den »Buddenbrooks« das Durchschnittliche, im »Dr. Faustus« das Extreme zum Thema gewählt. Musil war zumeist dem extremen Fall zugewandt. Das hat seine guten Gründe. Die

Welt, die er darzustellen sich vornahm, war die untergehende Welt des Bürgertums. Es war seine Unzulänglichkeit, daß er die Arbeiterklasse nicht kannte (so wenig, wie Thomas Mann sie gekannt hat), aber das Bürgertum und seine Problematik kannte er bis in die letzte verkapselte Kaverne. In dieser Welt war nichts mehr in Ordnung, sie war »verrückt«; um hinter dem nach außen hin noch Funktionierenden das innerlich Verrückte bewußt zu machen, war es durchaus zweckmäßig, am Pathologischen den allgemeinen Zustand zu demonstrieren. Schon der junge Musil notiert angesichts der scheinbar so honetten Bürger seiner Umwelt: »Ihr seid ja recht unschädliche Präparate, aber in eurem ganz Innersten sind die Nerven aus Schießbaumwolle. Wehe, wenn die Schale bricht! Das kann aber nur im Wahnsinn geschehn.« Und so griff er nach Gestalten mit »Nerven aus Schießbaumwolle«, überhitzte sie, bis sie »außer sich« waren, und in diesem »Außersichsein«, in dieser Explosion, ließ er das bürgerliche Zeitalter sein innerstes Wesen erkennen.

Musil hielt den *Individualismus,* die Entgesellschaftung des Menschen in einer nach Vergesellschaftung tendierenden Welt, für eine nicht mehr zeitgemäße Lebensform. In dieser individualistischen Reduktion des Menschen auf das Ich wird die Persönlichkeit deformiert. Die Notwendigkeit gebietet und eine dunkle Sehnsucht drängt danach, aus diesem Zustand auszubrechen. Um dies seinen Zeitgenossen, die noch an überlebten Vorstellungen festhielten, schockartig zum Bewußtsein zu bringen, brauchte Musil extreme Gestalten, in denen das Gestört-Sein des Zusammenhangs von Individuum und Gesellschaft als inneres Verstört-Sein wirkt, extreme Situationen, durch die der Mensch aus allen Schlupfwinkeln seiner Seele gejagt wird. In einer solchen Übersteigerung der Gestalten und Situationen ist die Gefahr sehr groß, daß sie zum verkrampften Pathos wird (und Musil ist in einigen seiner Werke dieser Gefahr nicht entgangen, der *Expressionismus* war ihr fast wehrlos preisgegeben). In seinem großen Roman »Der Mann ohne Eigenschaften« fand Musil das Gegengewicht – *die Ironie.* Während er die zehn Manuskripte zu den ersten zweihundert Seiten des Romans durcharbeitete, stellte Musil fest: »Die bedeutungsvolle Selbsterkenntnis, daß die mir gemäße Schreibweise die der Ironie sei. Gleichbedeutend mit dem Bruch mit dem Ideal der Schilderung überlebensgroßer Beispiele...« Diese Methode der Ironie ist nicht nur dem Schriftsteller gemäß, der an einer Gesellschaft Kritik übt, ja sie verwirft, ohne einen festen Standpunkt zu haben, ohne den »archimedischen Punkt« zu finden, von dem aus man sie aus den Angeln heben kann, sie hat sich ganz besonders auch aus der österreichischen Situation ergeben. Und Musil war ein eminent österreichischer Schriftsteller.

Der gespenstische Habsburgerstaat

Die verfallende, vom Tode angehauchte, jeder Entscheidung ausweichende Monarchie stellte sich ihm als das Sinnbild einer Welt dar, in deren Monumenten das Röntgenauge des Dichters schon die Ruinen wahrnimmt. »Dieses groteske Österreich«, notiert er, »ist nichts andres als *ein besonders deutlicher Fall der modernen Welt.*« Gleichzeitig aber war dieses groteske Österreich auch ein *Sonderfall*, in seiner eleganten Verwesung, seiner schlampigen Haltung zwischen Todesahnung und Lebenslust, seiner unaufhaltsamen Schwindsucht, die so heiter zu lächeln verstand. »Das österreichische Antlitz lächelte, weil es keine Muskeln mehr im Gesicht hatte. Es braucht nicht geleugnet zu werden, daß dadurch etwas Vornehmes, Leises, Maßvolles, Skeptisches usw. in die Wiener Sphäre kam. Aber es war zu teuer erkauft.« Es war ein Zustand, der zur Ironie herausforderte, und Musils ironischer Bericht von »Kakanien«, wie er die k. u. k. Monarchie nannte, ist von kaum zu überbietender Meisterschaft. Schon 1919 schrieb er in einem Essay: »Dieser schläfrige Staat, der mit zwei zugedrückten Augen über seinen Völkern wachte, hatte eben auch wirkliche Anfälle von Härte und Gewaltherrschaft; dies geschah immer dann, wenn er es zu weit hatte treiben lassen und kein anständiger Weg mehr aus noch ein führte. Dann fuhr er mit Polizeimaßnahmen, Staatsanwaltschaft und absolutistischen Verordnungen darein, um, wenige Augenblicke später, von dem erbitterten Widerstand erschreckt, den er vorfand, ängstlich zurückzufahren und seine eigenen Organe zu verleugnen... Man kann den Geist dieses Staates absolutistisch wider Willen nennen; er wäre gern demokratisch verfahren, wenn er es nur verstanden hätte. Aber wer war dieser Staat? Keine einige Nation und keine freie Vereinigung von Nationen trug ihn, die sich in ihm ihr Skelett geschaffen hätte, dessen Gewebe sie aus der Kraft ihres Blutes ständig auffrischt, kein Geist speiste ihn, der sich in der privaten Gesellschaft bildet und, wenn er in irgendeiner Frage eine gewisse Stärke errreicht hat, in den Staat eindringt; trotz des Talents seiner Beamtenschaft und mancher guten Arbeit im einzelnen hatte er eigentlich kein Gehirn, denn es fehlte die zentrale Willens- und Ideenbildung. Er war ein anonymer Verwaltungsorganismus; eigentlich ein Gespenst, eine Form ohne Materie, von illegitimen Einflüssen durchsetzt mangels der legitimen...«

Und im »Mann ohne Eigenschaften« – welch eine unbestimmt zwischen Verliebtheit und Verachtung, Zärtlichkeit und Zorn, Grazie und Groll dahinschwebende Ironie! »Gletscher und Meer, Karst und böhmische Kornfelder gab es dort, Nächte an der Adria, zirpend von Grillenunruhe, und slowakische Dörfer, wo der Rauch aus den Kaminen wie aus aufgestülpten Nasenlöchern stieg und das Dorf zwischen zwei kleinen Hügeln kauerte, als hätte die Erde ein wenig die Lippen geöffnet, um ihr Kind dazwischen zu wärmen. Natürlich rollten auf diesen Straßen auch Automobile; aber nicht zuviel Automobile! Man bereitete die Eroberung der Luft vor, auch hier; aber nicht zu intensiv. Man ließ hie und da ein Schiff nach Südamerika oder Ostasien fahren; aber nicht zu oft...«

Kakanien »war nach seiner Verfassung liberal, aber es wurde klerikal regiert. Es wurde klerikal regiert, aber man lebte freisinnig. Vor dem Gesetz waren alle Bürger gleich, aber nicht alle waren eben Bürger...

Man handelte in diesem Land – und mitunter bis zu den höchsten Graden der Leidenschaft und ihren Folgen – immer anders, als man dachte, oder dachte anders, als man handelte...

...es war der Staat, der sich selbst irgendwie nur noch mitmachte, man war negativ frei darin, ständig im Gefühl der unzureichenden Gründe der eigenen Existenz und von der großen Phantasie des Nichtgeschehenen oder doch nicht unwiderruflich Geschehenen wie von dem Hauch der Ozeane umspült, denen die Menschheit entstieg.

Es ist passiert, sagte man dort, wenn andre Leute anderswo glaubten, es sei wunder was geschehen; das war ein eigenartiges, nirgendwo sonst im Deutschen oder einer andern Sprache vorkommendes Wort, in dessen Hauch Tatsachen und Schicksalsschläge so leicht wurden wie Flaumfedern und Gedanken...

Kakanien war von einem in großen historischen Erfahrungen erworbenen Mißtrauen gegen alles Entweder-Oder beseelt und hatte immer eine Ahnung davon, daß es noch viel mehr Gegensätze in der Welt gebe, als an denen es schließlich zugrunde gegangen ist. Sein Regierungsgrundsatz war das Sowohl-Als-auch oder noch lieber mit weisester Mäßigung das Weder-Noch...«

Die melancholisch-ironische Analyse, der Musil die Habsburgermonarchie unterzieht, hat den charakteristischen Mangel, daß nur das Element der Passivität, des »Fortwurstelns«, des »Gewährenlassens«, die Rat- und Tatlosigkeit, herausgearbeitet wird, daß die aktiven gesellschaftlichen Kräfte, auf der einen Seite der Imperialismus in seiner vertrackten österreichischen Form (Aehrenthal, Conrad von Hötzendorf, Franz Ferdinand), auf der andern Seite die Arbeiterbewegung mit ihren inneren Widersprüchen kaum als Schatten sichtbar werden. Der in mancher Hinsicht mit Musil verwandte Marcel Proust hat in seinen großen Romanen die Situationen der décadence, der gesellschaftlichen Verwesung, um ein *konkretes* Ereignis, den Dreyfus-Prozeß, gruppiert, der österreichische Romancier hat eine *symbolische* Aktion, die »Parallel-Aktion«, erfunden und alles Geschehn in sie hineingeflochten. So geistreich und bedeutend diese Erfindung ist, hat sie doch nicht die Kraft gesteigerter Wirklichkeit, und Musil selber war sich dessen bewußt; es fehle ihm, stellte er gelegentlich fest, die genaue Kenntnis der politischen Realität. Obwohl also der Gesamtkomplex der Monarchie, der den Zusammenbruch produzierende Molekularprozeß, nicht voll zur Geltung kommt, war es durchaus richtig, in der österreichischen die allgemeine Problematik der zerbröckelnden Bürgerwelt darzustellen.

Manche Beobachter haben zu sehr nur das Besondre der österreichischen Entwicklung gesehn, das wunderlich ins zwanzigste Jahrhundert hineinwirkende Mittelalter, das Antiquierte und Vergilbte, aristokratisch Konservative und kleinbürgerlich Rückständige, das lässig und lächelnd in den »Pallawatsch« Hineinschlendernde, und dabei nicht wahrgenommen, daß gerade in diesem morbiden, brüchigen, dem eignen Bewußtsein so fragwürdigen Österreich manche Symptome des *allgemeinen* Verfalls deutlicher hervortraten als anderswo. Diese Monarchie, ein buntscheckiges, weiträumiges Zelt, mit schwarzgelben Stricken aus Stoffen aller Art zusammengeflickt, mit allerlei Winkelwerk und Maskerade, Heurigenhetz und Leichenprunk, Walzermusik und Radetzkymarsch, Makartbuketts und Mullatschak, Lustiger Witwe und Völkertumult – und plötzlich weht durch die undichte Hülle, durch Ritzen und Risse ein kalter Wind herein, Todesangst und Verlassenheit. In diesem Staat, der sich täglich wundert, daß er noch existiert, der seiner Wirklichkeit mißtraut und, ein Gespenst seiner selbst, ins Unwirkliche hineinhorcht, in diesem Staat also, dessen unfeste Grundlagen keine festen Grundsätze gestatten, in dem kein Prinzip von Bestand und nur das Provisorische dauerhaft ist, entsteht ein extremer und skeptischer *Individualismus*. Mangels eines gesellschaftlichen Zusammenhalts, eines Mittelpunkts, der die zentrifugalen Kräfte zu binden vermag, zieht sich der einzelne auf sich selbst zurück, wächst in dem scheinbar so geselligen, leichtsinnigen Österreich die individuelle Einsamkeit. Das Private, das auf sich selbst bezogene Ich, die psychologische Selbstbespiegelung, die an der Außenwelt zweifelnde, ihre Gesetzmäßigkeit verneinde, sich als Mittelpunkt erlebende Persönlichkeit wird zur österreichischen Spezialität.

Ich bin mir durchaus bewußt, welche Vorsicht, Genauigkeit und Behutsamkeit geboten ist, wenn man darangeht, das Besondre aus dem Allgemeinen abzuleiten, der Eigenart geistiger Leistungen in ihren gesellschaftlichen Bedingungen nachzuspüren – aber man kann es nicht für einen Zufall halten, daß in Österreich die Philosophie Ernst Machs entstanden ist, diese Verflüchtigung der objektiven Außenwelt in ein Bündel subjektiver Empfindungen, die ökonomische »Grenznutzentheorie« mit ihrer Tendenz, Gesetze der Wirtschaft ins Psychologische aufzulösen, die Psychoanalyse mit ihrer Entdeckung des Unterbewußten und ihrem Primat des Sexuellen, nicht des Sozialen, die Musik Arnold Schönbergs mit ihrem Aufschrei der Angst und Verzweiflung aus finstersten Tiefen der Einsamkeit und ihrer Suche nach einer neuen, strengen Ordnung, das Werk Franz Kafkas, Ausdruck unendlicher Verlassenheit des Menschen in einer Welt unmenschlicher, undurchschaubarer, anonymer Organisation, die individuelle und isolierte Revolte des im Kampf gegen das Nichtige sich verzehrenden Karl Kraus, der unverstandene und abseitige Versuch des keiner Gruppe, keiner Richtung, keiner Kampfgemeinschaft zugehörigen Robert Musil, eine aus den Fugen gegangene Welt darzustellen, in tiefstem Individualismus dessen Ausweglosigkeit aufzudecken und den Ausweg zu neuer

Ordnung, zu neuen Möglichkeiten menschlicher Gemeinschaft zu finden. Das alles, dieses Extreme, Beunruhigende, für die Situation des unterminierten bürgerlichen Menschen in einer nicht mehr geheuren, von Todesahnung durchschauerten Bürgerwelt so Charakteristische ist aus Österreich hervorgegangen, und so muß man Musil recht geben, wenn er diesen »grotesken« Staat als einen besonders deutlichen Fall der modernen Welt betrachtet hat.

Probleme der Dekadenz

Ein besonders deutlicher Fall daher auch dessen, was in seiner Gesamtheit als *das Problem der Dekadenz* gilt. Unbestreibar sind es wesentliche Elemente der Dekadenz, des Niedergangs, des Verfalls, die sich in Österreich geltend machten und seinen geistigen Habitus im zwanzigsten Jahrhundert vielfältig beeinflußten. Auch Musil wurde und wird nicht selten mit dem ihn in Bausch und Bogen verdammenden Urteil abgetan, er sei ein dekadenter Schriftsteller. Er selber hat einst spöttisch festgestellt: »In vielen dazwischenliegenden Jahren [seit dem ersten Roman bis zum »Man ohne Eigenschaften«, E. F.] hätte ich die deutsche Literatur dagegen höchstens mit dem Abgangszeugnis verlassen: Betragen ungewöhnlich; Begabung zart, wenn auch zu Ausschreitungen neigend (noch heute werde ich in einem vielbenützten österreichischen Lehrbuch als ›perverser‹ Schriftsteller angeführt); hat, nach überschätztem Anfang, mäßige Beachtung in einem Kreis von Liebhabern des Besonderlichen gefunden.« Und der Vorwurf, er sei ein dekadenter, ein perverser Schriftsteller, ist seither nicht verstummt. Musils Werk ist nun in der Tat *ein großer Spiegel der Dekadenz* – aber nicht ein unbewegt reflektierender und noch weniger ein beschönigender, verklärender, sondern ein leidenschaftlich bewegter Spiegel, den ein großer, wenn auch wunderlicher Moralist sich als Instrument der Erkenntnis und Belehrung konstruiert hat. Wir sollten lernen, mit dem Pauschalbegriff der »Dekadenz« und des »dekadenten« Schriftstellers behutsam umzugehn und jeden Einzelfall gewissenhaft zu untersuchen.

Der Schriftsteller in einer verfallenden Gesellschaft kann nicht umhin, diesen Verfall darzustellen. Das schlimmste ist, wenn er versucht, sich und den Leser über beunruhigende Phänomene hinwegzuschwindeln, wenn er den Dreck vergoldet und so tut, als sei die Welt in bester Ordnung, obwohl sie rings aus den Fugen geht; die Phrase, die Lüge, ist die Todsünde der Literatur. Der größte Glücksfall ist, wenn er, wie Maxim Gorki, sich mit der aufsteigenden, zukunftweisenden Klasse identifiziert, wenn er in einer sterbenden auch die werdende Welt wahrzunehmen, ihr Gestalt zu geben vermag. Musil war von Gorki tief beeindruckt. »Ich habe mir manchmal schon vorgenommen«, notiert er in seinem Tagebuch, »mein Leben aufzuschreiben, heute, nachdem ich den zweiten Band von Gorkis Selbstbiographie gelesen habe, beginne ich es. Ich müßte es eigentlich gerade danach unterlassen, denn mein Leben enthält im Vergleich mit diesem wunderbaren Leben fast nichts, was bemerkenswert wäre.« Zwischen dem literarischen Lügner und dem wunderbaren Leben, dem die Gesellschaft in ihrer Gesamtheit, in ihrem Vergehn und Werden widerspiegelnden Werk Gorkis gibt es eine Vielfalt von Farben und Nuancen, von Schriftstellern, die weder zu lügen bereit noch den Weg Gorkis zu gehn imstande sind.

Nach dem Zeitalter der bürgerlichen Aufklärung und der kurzen klassischen Periode eines labilen, in höchster Spannung bebenden Gleichgewichts von Idee und Wirklichkeit setzte der Zwiespalt ein. Auf der einen Seite standen die Epigonen aller Art, an den von der Klassik herausgearbeiteten Formen festhaltend und als gesund noch preisend, was schon der Pest verfiel (das schauerliche Symbol, das Heinrich von Kleist für diese Situation erfand: der sterbende Guiskard, und niemand vor dem Zelt darf wissen, daß sein Tod unaufhaltsam ist), auf der andren Seite riß die Revolte nicht ab, mit wechselndem Charakter, innerlich widerspruchsvoll. Schon die Romantik war eine solche Revolte, und es wäre verfehlt, neben durchaus reaktionären Zügen, die sie trug, ihr echtes Entsetzen vor der kapitalistischen Bürgerwelt und ihre Aufsässigkeit gegen sie zu übersehn. Man soll nicht vergessen, daß Stendhal, dieser wahrhaft revolutionäre Schriftsteller, in dem die große Tradition der französischen Aufklärung weiterwirkte, sich selber einen »Romantiker« nannte, weil er »Romantik« als Auflehnung gegen die nachrevolutionäre Jämmerlichkeit empfand. Ebenso hatte das »l'art pour l'art«, die Kunst um der Kunst, die Schönheit um der Schönheit willen, nicht nur das Element des wehleidigen Rückzugs aus der Gesellschaft, des aristokratischen Hochmuts in sich, sondern auch den Ekel vor dem kapitalistischen Literaturmarkt, den Abscheu vor der selbstgefälligen Banalität des liberalen Bürgertums. Es folgte die Revolte des Naturalismus, die kühne Aufdeckung des Häßlichen in der Welt des Kapitalismus, dessen, wovon man nicht sprechen durfte, weil es der satten, gesitteten Phrase den Schmutz der Slums ins Gesicht warf und den Geruch trostloser Hinterhöfe, ungelüfteter Betten und Ehen, düstrer Spelunken und Bordelle, den Dunst von Schweiß, Branntwein und bittrer Sexualität verbreitete. Und schließlich war auch der Expressionismus dem Wesen nach Revolte, Aufschrei gegen die Häßlichkeit der Bürgerwelt, Explosion der Angst, des Zorns der Verzweiflung, verschwommene Vision eines andren Zustands, Sehnsucht nach Umsturz und Erneuerung. Man hat darauf hingewiesen, daß manche der Expressionisten und Futuristen, Marinetti in Italien, Benn in Deutschland, Pound in Amerika, zu Parteigängern des Faschismus wurden, um dadurch den Expressionismus, den Futurismus als ein Reservoir der Reaktion zu charakterisieren; es ist daran zu erinnern, daß andre, wie Majakowski, Becher, Toller, Aragon, Eluard, sich mit der Arbeiterbewegung vereinigten, daß es also möglich war, gegensätzliche Konsequenzen zu ziehen.

In all diesen literarischen Richtungen war die Revolte gegen die Bürgerwelt von wesentlichen Elementen der Dekadenz durchsetzt, in allen aber wirkte zugleich eine vorwärtsdrängende, avantgardistische Unruhe. Und neben all diesen Richtungen, keiner von ihnen verschworen, gab es große Schriftsteller, wie Marcel Proust, Knut Hamsun, Frank Wedekind, Thomas Mann, Heinrich Mann, Bertolt Brecht, Robert Musil – um nur einige zu nennen –, und jeder von ihnen und jedes ihrer Werke bedarf einer eingehenden Analyse, wenn man feststellen will, in welcher Art, wie stark und wie tief die Dekadenz der Welt, aus der sie stammen und mit der sie sich auseinandersetzen, auf die eingewirkt hat und in welchem Ausmaß sie schöpferisch das Gegengift, den Aufbaustoff, produzierten. Man wird bei solchen sorgfältigen Untersuchungen allgemeine, den Begriff der Dekadenz konstituierende Merkmale entdecken (solche sind wahrscheinlich die extreme Entfremdung, die Abkehr von Vernunft und Humanität, die Kapitulation des Menschen vor der Macht der Dinge, die Wollust des Irrationalismus, das Verlorengehn der wesentlichen Zusammenhänge, der paradoxe Zustand zwischen Traum und

Wirklichkeit, in dem das Ticken einer Uhr den Donner einer Katastrophe übertönt, das Detail riesenhaft anschwillt, das Gesamte sich chaotisch auflöst, das Gefühl für Maß und Wert verdampft, die Notwendigkeit zum Scherbenhaufen des Zufalls eingestürzt ist), man wird sich aber auch in jedem einzelnen Fall der Kompliziertheit des Problems bewußt werden. Der Reporter stellt dar, was er von *außen* beobachtet, der Dichter, der Schriftsteller muß *in* den Dingen und den Menschen sein, um sie darzustellen; um sie zu begreifen, muß er von ihnen ergriffen sein, und was er nicht erlebt hat, vermag er nicht zu gestalten. »Indem die Dichtung Erlebnis vermittelt, vermittelt sie Erkenntnis!« – hat Musil gelegentlich notiert. Der Dichter also, der Schriftsteller, der in einer Welt des Niedergangs lebt, wird unvermeidlich von ihr infiziert, sei es auch nur, daß er das Gift in kleinen Dosen, als Impfstoff in sich aufnimmt. Baudelaire hat wie keiner vor ihm die schauerliche Einsamkeit der Großstadt erlebt. Dieses Erlebnis des in der Menge verlorenen einzelnen ist ein Symptom der Dekadenz; es gibt seine Überwindung durch das kämpfende Kollektiv. Dennoch mußte dieses Erlebnis ausgesprochen, bewußt gemacht werden; es ist durch Baudelaire für alle Dauer zur Dichtung geworden. Braucht man das? Ist es nicht, so könnte man erwidern, für die Arbeiterklasse belanglos, was in der verfallenden Bürgerwelt vor sich geht, gefühlt und gedacht wird, sofern es sie nicht unmittelbar betrifft? Erstens lebt die Arbeiterklasse in dieser Welt und alles betrifft sie, was in ihr vor sich geht, nicht nur jeder Sturm, sondern jeder Hauch. Zweitens ist es Funktion der Dichtung, der Literatur, die Wirklichkeit in allen ihren Aspekten, Schattierungen, Nuancen zu reflektieren, und nicht selten hat sich, was zunächst nur ein Schauer war, nur ein vorausgeworfener Schatten, in der Entwicklung als wesentlich erwiesen. Drittens verdanken wir auch der Dichtung und Literatur, die das scheinbar Abseitige, Absonderliche, Verworrene und Verworfene, ja das Pathologische zum Thema hat, wichtige Erkenntnisse und weiterwirkende Entdeckungen. Hätte Thomas Mann die Philosophie der Dekadenz, hätte er Nietzsche nicht bis in den verdunkeltsten Abgrund, bis in das feinste Zittern der Haut erlebt, wäre er niemals imstande gewesen, sein größtes Werk, den »Dr. Faustus«, die erregende Abrechnung mit dem Problem der Dekadenz, hervorzubringen.

Mit diesem Problem der Dekadenz hat Musil sich tief und ernst befaßt, und wenn man sein Werk überblickt, drängt es sich als *Zentralproblem* auf. Im Widerstreit mit sich selbst, in niemals endender Diskussion, in der es ihm darum geht, dem Zeitalter nicht nur die Diagnose zu stellen, sondern auch die Therapie vorzuschlagen, forscht er nach dem Wesen und den Wurzeln der Dekadenz. Es ist für ihn, der stets auch sein eigner advocatus diaboli war, charakteristisch, daß er jedes Ergebnis, zu dem er gelangt, sofort in neue Fragen auflöst, daß er jeder Erkenntnis, die sich aus seinen Gedanken herauskristallisiert, sofort widerspricht, daß er hinter jedes Rufzeichen ein Fragezeichen setzt und hinter jedes zögernd ausgesprochene Ja ein skeptisches Vielleicht oder verzweifeltes Nein. Er nennt seine Haltung »die eines Mannes, der auch mit sich nicht einverstanden ist«. Er konstatiert: »Allen meinen Arbeiten fehlt: Wenn ich fertig bin, noch einmal fragen: Wozu bringe ich das vor? Was *will* ich? Und von dieser Antwort her, wenn sie nicht allzu zufällig ist, das Ganze noch einmal überarbeiten.« Er wendet gegen sich ein: »Ich nehme nicht Stellung, ich weiß nicht, wo ich stehen werde, wohin wird mich der Geist führen? Ist das Daimon oder Objektivität?« Er sagt zu seiner Rechtfertigung, es müsse auch »Menschen ohne Bindung« geben, »ohne Bedürfnis nach Ja und Nein«, Forscher, Experimentatoren. Und schließlich: »Dichtung ist im Innersten der Kampf um eine höhere menschliche Artung; sie ist zu diesem Zweck Untersuchung des Bestehenden, und keine Untersuchung ist etwas wert, ohne die Tugend des kühnen Zweifels.« Mit dieser *Tugend des kühnen Zweifels* hat Musil verborgenste Kavernen der modernen Gesellschaft aufgesprengt, was sie zu verheimlichen wünscht, dem Licht des Tages preisgegeben, die Dekadenz einer schonungslosen Inventur unterzogen, alles in Frage gestellt, ohne sich anzumaßen, auf alles die Antwort zu wissen. Das Fortschreiten von Widerspruch zu Widerspruch führt ihn nicht selten im Kreis herum, als habe er sich im Wald verirrt und müsse immer wieder zum Ausgangspunkt zurückkehren, wobei er diesen Wald bis in das letzte Dickicht, in jede unerwartete Lichtung und fürchterliche Finsternis kennenlernt; tausenderlei weiß er von ihm, nur eines nicht: wie man hinauskommt. Er ahnt es zwar, doch überläßt er andren die Auskunft. Als Dichter meint er, das

Seine getan zu haben, wenn er, was ist, untersucht, Möglichkeiten andeutet, ohne sich als berufen zu fühlen, an der Gestaltung der Wirklichkeit teilzunehmen. Dennoch ist sein vieldeutiges Werk nicht nur Spiegel dessen, was zu Ende geht, sondern es birgt auch Richtbild, Hoffnung und Zukunft in sich.

Zunächst die Frage nach der Katastrophe, den Ursachen des Zusammenbruchs. »Vor allem war«, stellt Musil fest, »ein sehr bezeichnendes Symptom der Katastrophe zugleich Ausdruck einer bestimmten ideologischen Lage; das völlige Gewährenlassen gegenüber den an der Staatsmaschine stehenden Gruppen von Spezialisten, so daß man wie im Schlafwagen fuhr und erst durch den Zusammenstoß erwachte.« Nicht nur die Staatsmaschine, die gesamte, undurchschaubar gewordene und faktisch unkontrollierte Macht der ökonomischen und politischen Herrschaftsgruppen, der anonyme Apparat, ist den Menschen über den Kopf gewachsen; die Demokratie wird zur Illusion, der Einzelne vermag in Wahrheit nichts mehr mitzubestimmen. »Das gewöhnliche Verhältnis des Einzelnen zu einer so großen Organisation, wie sie der Staat darstellt, ist das Gewährenlassen; überhaupt repräsentiert dieses Wort eine der Formeln der Zeit. Das Zusammenleben der Menschen ist so breit und dick geworden und die Beziehungen sind so unübersehbar verflochten, daß kein Auge und kein Wille mehr größere Strecken zu durchdringen vermag, und jeder Mensch außerhalb seines engsten Funktionskreises unmündig auf andere angewiesen bleibt; noch nie war der Untertanenverstand so beschränkt wie jetzt, wo er alles schafft. Ob er möchte oder nicht, muß der Einzelne gewähren lassen und tut nicht.« Nicht das Volk hat die Macht, sondern in den Großbanken ist sie konzentriert: »Jedes Kind weiß, daß Gott heute nicht mehr bei den stärksten Bataillonen ist, wie dies noch Friedrich von Preußen glauben durfte, sondern bei den Großbanken; die Bataillone sind nur eine Anlage der Rüstungsindustrie...« Und weiter: »Die Ära des Bürgertums geht, von innen her, zugrunde...« – »Ich bin... von der Untauglichkeit des Kapitalismus oder des Bürgertums überzeugt, ohne daß ich mich je für seine politischen Gegner hätte entschieden...« – »Wahrscheinlich muß man statt ablaufende Zeit der Demokratie sagen: Ablaufzeit des Kaufmanns. Dieses Bürgerkaufmannszeitalter hat in der Politik keine Ehre, außer eben der Kaufmannsehre, die großenteils vom Preis abhängt...«

In dieser Gesellschaft ist, wie Musil immer wieder hervorhebt, *der Mittelpunkt verlorengegangen*, das Gefühl der Einheit, das Bewußtsein, gemeinsam an einer großen Sache teilzunehmen. In der extremen gesellschaftlichen Arbeitsteilung, die nicht durch eine große gesellschaftliche Idee Zusammenhang und Zusammenhalt gewinnt, nimmt die Vereinzelung, Zerstückelung und Isolierung überhand. »Das Leben, das uns umfängt«, stellt Musil fest, »ist ohne Ordnungsbegriffe. Die Tatsachen der Vergangenheit, die Tatsachen der Einzelwissenschaften, die Tatsachen des Lebens überdecken uns ungeordnet... Naturgemäß spiegelt sich das in einer unerhörten geistigen Einzelkrämerei. Unsere Zeit beherbergt nebeneinander auch völlig unausgeglichen die Gegensätze von Individualismus und Gemeinschaftssinn, von Aristokratismus und Sozialismus, von Pazifismus und Materialismus, von Kulturschwärmerei und Zivilisationsbetrieb, von Nationalismus und Internationalismus, von Religion und Naturwissenschaft, von Intuition und Rationalismus und ungezählt vielem mehr... Es ist ein babylonisches Narrenhaus; aus tausend Fenstern schreien tausend verschiedene Stimmen, Gedanken, Musiken gleichzeitig auf den Wanderer ein, und es ist klar, daß das Individuum dabei der Tummelplatz anarchischer Motive wird und die Moral mit dem Geist sich zersetzt...« In einer Notiz über Rousseau heißt es: »Die große ungeteilte Kraft des Lebens gilt es zu bewahren. Er nennt sie bald Instinkt, bald Gefühl, Genie Naivität, Natur, die schöne Seele. Die Kultur der sozialen und psychologischen Arbeitsteilung, die diese Einheit zersplittert, ist die große Lebensgefahr für die Seele.« Und in den Notizen zum »Mann ohne Eigenschaften«: »Heute ist die ganze Existenz in Unordnung geschleudert; Erörterungen, Beiträge, Abhandlungen und Abwandlungen frommen nicht...« Und Ulrich, der Hauptheld des Romans: »Man ist früher mit besserem Gewissen Person gewesen als heute. Die Menschen glichen den Halmen im Getreide... Heute dagegen hat die Veranwortung ihren Schwerpunkt nicht im Menschen, sondern in den Sachzusammenhängen...« Und an andrer Stelle: »Die innere Dürre, die ungeheuerliche Mischung von Schärfe im Einzelnen und Gleichgültigkeit im Ganzen, das ungeheure Verlassensein des Menschen in einer Wüste von Einzelheiten, seine Unruhe, Bosheit, Herzensgleichgültigkeit ohnegleichen, Geldsucht, Kälte und Gewalttätigkeit, wie sie unsere Zeit kennzeichnen...«

Das ungeheure Verlassensein, *die Einsamkeit in einer zur Fremde gewordenen Welt*, wird immer wieder zum Hauptmotiv und Grunderlebnis. Musil notiert zum Thema seines Romans: »Hauptproblem ist das Alleinsein – eventuell auch vor sich selbst – und alles was dazugehört. Das übrige ist gobelinhaft-hintergrundartig zu behandeln...« – »Der Einzelne inmitten. Seine Hilflosigkeit. Die ungeheuer aufwachsenden Tatsachen. Die unüberbrückbare Kluft zwischen Individuum und Allgemeinheit...» – »Der modernen Seele, die Ozeane und Kontinente spielend überbrückt, ist nichts so unmöglich wie die Verbindung zu den Seelen zu finden, die um die nächste Ecke wohnen...« Und damit im Zusammenhang: *Die Kälte, die Gleichgültigkeit, die Grausamkeit.* »Die Zeit: Alles was sich im Krieg und nach dem Krieg gezeigt hat, war schon vorher da. Es war da: absolute Grausamkeit: 1. Geschehenlassen. 2. Nur das Mittel erleben. Aus den gleichen Gründen Egoismus. Die Zeit ist nur zerfallen wie ein Geschwür. Alles muß man submarin auch schon in dem Vorkriegsroman zeigen.« – »Am tiefsten Punkt dieser Hölle liegt – dem Einzelnen gar nicht mehr bewußt – wie die Spitze eines Kegels die luziferische Mißachtung der Ohnmacht des Idealismus, die nicht nur den verkommenen, sondern oft auch den stärksten Menschen unserer Zeit eigentümlich ist...«

Gegen den Irrationalismus

All diese Elemente der Dekadenz herausarbeitend, ist *Musil* durchaus nicht bereit, sich mit ihnen abzufinden. Vor allem ist er nicht bereit, die um sich fressende Verachtung der Vernunft und Vergötterung des Irrationalen, des Weihrauchgewölks, der »Intuition« mitzumachen. In einer brillanten Polemik gegen Oswald Spengler erweist sich der mit allem Dunklen, Fragwürdigen, Unterirdischen wohlvertraute Dichter als ein später und unerschrockener *Erbe der Aufklärung*. Zunächst wird dem hochtrabenden Philosophen mit souveränem Spott anmaßende Unwissenheit nachgewiesen; einen rauschenden Satz Spenglers über Mathematik abdämmend, stellt der Mathematiker Musil fest: »Das klingt so gewiegt, daß ein Nichtmathematiker sofort durchschaut, so kann nur ein Mathematiker reden. Aber in Wahrheit ist, wie Spengler da Zahlengebilde höherer Ordnung aufzählt, nicht fachkundiger als ob ein Zoologe zu Vierfüßlern die Hunde, Tische, Stühle und Gleichungen vierten Grades zusammenfassen würde!« Spenglers in Analogien schwelgende »Kulturmorphologie« wird höchst amüsant persifliert: »Es gibt zitronengelbe Falter, es gibt zitronengelbe Chinesen; in gewissem Sinn kann man also sagen: Falter ist der mitteleuropäische geflügelte Zwergchinese... Daß der Falter Flügel hat und der Chinese keine, ist nur ein Oberflächenphänomen. Hätte ein Zoologe je auch nur das geringste von den letzten und tiefsten Gedanken der Technik verstanden, müßte nicht erst ich die Bedeutung der Tatsache erschließen, daß die Falter nicht das Schießpulver erfunden haben; eben weil das schon die Chinesen taten. Die selbstmörderische Vorliebe gewisser Nachtfalterarten für brennendes Licht ist ein dem Tagverstand schwer zugänglich zu machendes Relikt dieses morphologischen Zusammenhangs mit dem Chinesentum.« Und dann wird all den Propheten der »Wesensschau« und Verächtern der Ratio ernsthaft erwidert: »Es ist ein unheilvolles Mißverständnis, welches den Geist in Gegensatz zum Verstand setzt; die menschlich wesentlichen Fragen werden durch das Geschreibe von Rationalismus und Antirationalismus nur verwirrt... Eine Frage für sich ist die *Intuition.* Ich beantrage, alle deutschen Schriftsteller möchten sich durch zwei Jahre dieses Wortes enthalten. Denn heute steht es so damit, daß jeder, der etwas behaupten will, was er weder beweisen kann, noch zu Ende gedacht hat, sich auf die Intuition beruft.«

Schon vor dem Ersten Weltkrieg, in seiner Studie »Der mathematische Mensch«, hat Musil den modischen »Zerstörern der Vernunft« (mit denen sich später Georg Lukacs beispielhaft auseinandersetzte) geantwortet: »Wir anderen haben nach der Aufklärungszeit den Mut sinken lassen. Ein kleines Mißlingen genügte, uns vom Verstand abzubringen, und wir gestatten jedem öden Schwärmer, das Wollen eines d'Alembert oder Diderot eitlen Rationalismus zu schelten. Wir plärren für das Gefühl gegen den Intellekt und vergessen, daß Gefühl ohne diesen – abgesehen von Ausnahmefällen – eine Sache so dick wie ein Mops ist. Wir haben damit unsre Dichtkunst schon so weit ruiniert, daß man nach je zwei hintereinander gelesenen deutschen Romanen ein Integral auflösen muß, um abzumagern.«

Und schließlich: »Wir haben nicht zu viel Verstand und zu wenig Seele, sondern wir haben zu wenig Verstand in den Fragen der

Seele.« Es ist daher mehr als Ironie, wenn Ulrich im »Mann ohne Eigenschaften« vorschlägt, ein »Weltsekretariat der Genauigkeit und Seele« zu gründen; es ist die Sehnsucht nach einer Synthese von wissenschaftlicher Erkenntnis und tiefer Humanität.

Der Irrationalismus als ein Symptom der Dekadenz vermengt sich mit dem Hohn gegen den Begriff des Fortschritts. Auch in dieser Frage war Musil »unzeitgemäß«. So ekelhaft ihm das phrasenhaft banale Fortschrittsgeschwätz des Liberalismus war, der platte Gedanke, daß der Fortschritt ein Fließband sei, auf dem die Menschheit sanft in die Zukunft gleitet, sosehr ihn immer wieder die Problematik der Entwicklung beunruhigte, sosehr widersprach er jenen, die den Fortschritt für einen Blödsinn hielten. Den »christlich-germanischen« Sektierern, den ideologischen Vorläufern des Faschismus, erwidert Ulrich im »Mann ohne Eigenschaften«: »Wir machen in den einzelnen Zweigen des menschlichen Könnens unleugbar so viele Fortschritte, daß wir ordentlich das Gefühl haben, ihnen nicht nachkommen zu können; wäre es nicht möglich, daß daraus auch das Gefühl entsteht, wir erlebten keinen Fortschritt? Schließlich ist Fortschritt doch das, was sich aus allen Anstrengungen gemeinsam ergibt, und man kann eigentlich von vornherein sagen, der wirkliche Fortschritt wird immer gerade das sein, was keiner wollte...« Was schließlich herauskommt, sei, als Ergebnis zahlloser Molekularbewegungen, ein höherer Mittelwert. Man könne die kinetische Gastheorie zum Vergleich heranziehn. »Nehmen wir also auch an, eine bestimmte Menge von Ideen fliegt in der Gegenwart durcheinander; sie ergibt irgendeinen wahrscheinlichen Mittelwert; der verschiebt sich langsam und automatisch, und das ist der sogenannte Fortschritt oder der geschichtliche Zustand; das Wichtigste aber ist, daß es dabei auf unsere persönliche, einzelne Bewegung gar nicht ankommt...« Das klingt sehr skeptisch und überdies ungenau, denn auch im Gasdruck kommt es auf die Bewegung jedes einzelnen Moleküls an, da sie zum Gesamtergebnis beiträgt; die kühle, spöttische Art ergibt sich jedoch aus der Situation, aus dem inneren Widerspruch gegen die Überhitztheit der Gesprächspartner. In andrem Zusammenhang sagt Ulrich ungleich leidenschaftlicher: »Wir leben in einer Durchgangszeit. Vielleicht dauert sie, wenn wir unsere tiefsten Aufgaben nicht besser anpacken, bis zum Ende des Planeten...« Hier also wird gesagt, daß es eben doch auf uns ankommt, darauf, wie wir unsre tiefsten Aufgaben anpacken. Und Ulrich fährt fort: »Übrigens bin ich überzeugt: Wir galoppieren! Wir sind noch weit von den Zielen entfernt, sie rücken nicht näher, wir sehen sie überhaupt nicht, wir werden uns noch oft verreiten und die Pferde wechseln müssen; aber eines Tages – übermorgen oder in zweitausend Jahren – wird der Horizont zu fließen beginnen und uns brausend entgegenstürzen.« Es bleibt nicht bei dieser ekstatischen Verschwommenheit; in eben jenem Essay, in dem Musil unsre Zeit mit einem babylonischen Narrenhaus vergleicht, spricht er von der Diskrepanz zwischen dem technischen Fortschritt und dem Gefühl der Menschheit, dem Zustand ihres Bewußtseins: »Im Keller dieses Narrenhauses aber hämmert der hephaistische Schaffenswille, Urträume der Menschheit werden verwirklicht wie der Flug, der Siebenmeilenstiefel, das Hindurchblicken durch feste Körper und unerhört viele solche Phantasien, die in früheren Jahrhunderten seligste Traummagie waren; unsre Zeit schafft diese Wunder, aber sie fühlt sie nicht mehr. Sie ist eine Zeit der Erfüllung, und Erfüllungen sind immer Enttäuschungen; es fehlt ihr an etwas, das sie noch nicht kann, während es ihr am Herzen nagt...«

Übergang zum kollektivistischen Weltbild

Was aber ist es, das sie noch nicht kann, während es ihr am Herzen nagt? Musil versteht, daß *eine neue Ordnung* not tut, daß die gesellschaftliche Struktur mit dem Bedürfnis der Menschheit nicht mehr übereinstimmt. »Die Lösung liegt weder im Warten auf eine neue Ideologie noch im Kampf der einander heute bestreitenden, sondern in der Schaffung gesellschaftlicher Bedingungen, unter denen ideologische Bemühungen überhaupt Stabilität und Tiefgang haben. Es fehlt uns an der Funktion, nicht an den Inhalten!« Im Gespräch mit einem jungen Sozialdemokraten sagt Ulrich: »Daß über kurz oder lang die Menschheit in irgendeiner Form sozialistisch organisiert sein wird... das habe ich schon als Kavallerieleutnant gewußt; es ist sozusagen die letzte Chance, die ihr Gott gelassen hat. Denn der Zustand, daß Millionen Menschen auf das roheste hinabgedrückt werden, damit tausende mit der Macht, die ihnen daraus erwächst, doch nichts Hohes anzufangen wissen, dieser Zustand ist nicht bloß ungerecht und verbrecherisch, sondern auch dumm, unzweckmäßig und selbstmörderisch.« Musils großer Roman sollte mit dem »Übergang zum kollektivistischen Weltbild« enden. Es kam nicht dazu, sondern was kam, war der sinnlos frühe Tod. So gibt es nur Notizen: »Der Individualismus geht zu Ende. Ulrich liegt nichts daran. Aber das Richtige wäre hinüberzuretten... Also nächste Aufgabe: Grundnotizen einer Utopie der induktiven Gesinnung für die vielen: Es ist nicht das Wichtigste, Geist zu produzieren, sondern Nahrung, Kleidung, Schutz, Ordnung: das gilt heute noch immer von der Lage der Menschheit. Wir sind noch immer das gefährdete und sich selbst gefährdende Tier. Ebenso wichtig ist es, die für Nahrung, Kleidung und so weiter nötigen Grundsätze zu produzieren. Nennen wir es – den Geist der Notdurft.«

Aus all dem, was Musil von der Notwendigkeit gesellschaftlicher Umgestaltung sagt, soll nicht der Eindruck entstehn, er sei ein Sozialist gewesen; er war es nicht, sowenig er ein Apologet des Kapitalismus war. Was in seinem Denken und Dichten stärksten Ausdruck fand, war der Zwiespalt eines Menschen, der mit allen Fasern in eine Welt verstrickt ist, die sein Verstand und seine Moral nicht zu bejahen vermag, der, in seiner Art zu leben und zu fühlen, extrem individualistisch, den Individualismus für reif zum Untergang hält, der, von der Unvermeidlichkeit des Kollektivismus überzeugt, dennoch vor ihm zurückschreckt. So hat ihn das Phänomen des Bolschewismus zugleich angezogen und abgestoßen. »Man kann sagen«, schrieb er, »daß die konservative menschliche Konstitution eine Sturmflut von Schmach, Dummheit, Müdigkeit und Unglück über die Welt gebracht hat. Man kann aber ihrem extremen Gegenteil den gleichen Vorwurf nicht ersparen (vom Bolschewismus abgesehen, denn er wird zu viel verleumdet, und wir haben die Schuld, keine Aufklärung eingeholt zu haben).« In einer frühen Arbeitsnotiz zum »Mann ohne Eigenschaften« (als der Roman noch »Die Katakombe« heißen sollte und der Hauptheld Achilles) wird die Frage gestellt: »Bist du vom Kommen des Bolschewismus überzeugt, brich mit dir, werde jung und beschränkt unbeschränkt? Dazu sich nicht entschließen zu können, in einem persönlichen Nihilismus zu enden, wie man im kapitalistisch-monarchistischen Staat begonnen hatte, könnte das Ende der ›Katakombe‹ sein, das Ende der Geschichte von Achilles. Diese Person tritt ab. Neue kommen herauf.« Voll Sehnsucht nach dem »archimedischen Punkt«, von dem aus die Welt zu ändern ist, brach er nicht zu ihm durch, brach er nicht mit sich selbst. »Was ist von mir übriggeblieben?« dachte Ulrich bitter. »Vielleicht ein Mensch, der tapfer und unverkäuflich ist und sich einbildet, daß er um der Freiheit des Inneren willen nur wenige äußere Gesetze achtet. Aber diese Freiheit des Inneren besteht darin, daß man sich alles denken kann, daß man in jeder menschlichen Lage weiß, warum man sich nicht an sie zu binden braucht, und niemals weiß, wovon man sich binden lassen möchte.«

Das Bürgertum war für ihn abgetan. Die Arbeiterklasse blieb ihm fremd. In tiefer Opposition zur alten Welt und einer neuen ahnungsvoll zugewandt, doch mißtrauisch gegen alles Programmatische, gegen jedes ideologische System, hat er in seinem Wesen und Werk vorweggenommen, was heute für viele Menschen und besonders für viele Intellektuelle in der kapitalistischen Welt charakteristisch ist. Mit dieser Welt durchaus nicht einverstanden, schrecken sie vor der werdenden zurück, vor den Qualen des Übergangs, der Mühsal der Verwirklichung. In solcher Haltung birgt sich die Gefahr des Nihilismus. Jene, die Musil lesen und in seiner Problematik die eigene erkennen, mögen nicht sein kräftiges »Trotz alledem!« überhören. »Und diese Entwicklung seit dem Kriege, die sowohl eine neue Zusammengehörigkeit in sich schließt als auch die Zweifel der vergangenen, möchte ich die kollektivistische nennen, um das, was den ›freien Geist‹ am meisten angeht, hervorzuheben. Es ist allerdings Optimismus; und heute, wo es so viel politischen Optimismus gibt, mag es manchem schwer erscheinen, ein optimistisches Bekenntnis abzulegen: aber das Verstehenwollen gehört zu den wenigen unbestrittenen Funktionen, die dem Geist noch geblieben sind, und er wird meistens annehmen, daß die Menschheit irgendein Ziel, irgendeine Aufgabe, irgendein sinnvolles Vorsich besitzt, das wir weder sehen, noch aber auch gar nicht sehen: mit einem Wort: sein Optimismus ist, wenn er die Welt betrachtet, ungefähr in die Worte zu fassen: Wir irren vorwärts!«

»Der Mann ohne Eigenschaften«

Der »Mann ohne Eigenschaften«, das unvollendete Lebenswerk Musils, ist in seiner Uferlosigkeit, in seiner Tendenz nach Totalität, in seiner Begierde, die ganze Welt in sich hineinzuschlingen, in seinem Durcheinanderwogen von Gestalten und Gedanken, Ereignissen und Betrachtungen, Leidenschaften und Kommentaren ein literarisches Monstrum, ebenso großartig wie problematisch. Ob der Autor es wollte oder nicht, ist dieser Roman ein letztes Prunkstück des österreichischen Barocks, strotzend von barocker Überfülle, Fleisch und Kostüm, Vorhang und Hintergrund, Sinnlichkeit und Reflexion. Und wie die Gestalten des Barocktheaters sich als allegorisch zu erkennen geben, als Stellvertreter einer höheren Wirklichkeit oder deren bunte Hülle, die hochzuraffen der Sinn des Spiels ist, so haben die Gestalten dieses Romans die Funktion, Brennstoff des Denkens zu sein; aus jeder von ihnen dampft eine Wolke widerspruchsvoller Philosophie, jede von ihnen ist bemüht, sich selbst und die Welt vieldeutig zu kommentieren. Man könnte auch sagen, Musil gleiche einem Experimentator, dem es nicht so sehr um das konkrete Experiment als um die abstrakte Formel geht, die aus ihm abzuleiten ist. Das Verhalten von Menschen in einer konkreten Situation wird vorgeführt, mit größter dichterischer Intensität; dann aber geht ein Vorhang hoch und sichtbar wird ein schwarzer Hintergrund: die schwarze Tafel, auf die der Dichter schreibt, was sein Experiment zur Schau stellen sollte, eine oft sehr komplizierte Gleichung mit sehr viel Unbekannten. Musil selbst hat von seiner Art zu schreiben gesagt: »Worauf es mir ankommt, ist die leidenschaftliche Energie des Gedankens.« Und an andrer Stelle: »Die Kunst des Schreibens besteht darin, Situationen zu schaffen, die das zu Sagende den Personen gemäß machen, andrerseits das zu Sagende so auszuwählen, aus dem Fluß der Gedanken gewissermaßen die suggestiven Knotenpunkte auszuwählen – daß die Personen nicht viel zu sagen haben.« Auf das zu Sagende also kommt es ihm an, und zu dem, was er sagen will, wird die Situation erfunden. Nun aber ist es so, da Musil ein Gestalter ersten Ranges ist, daß seine Gestalten und Situationen sich dem Leser unauslöschlich einprägen, indes die ausschweifende Reflexion, trotz der ungewöhnlichen Intelligenz, die sie produziert, oft ins Unbestimmte verdunstet. Die Substanz des Romans gleicht einer opalisierend milchigen Flüssigkeit oder einem amorphen Nebel; aus dieser Substanz treten die Menschen hervor, kraftvoll und wesentlich, und plötzlich ist wieder alles schimmernde Dämmerung.

Das Geschehn in diesem Roman spielt sich gleichsam auf drei Bühnen ab: im Vordergrund, auf der ersten Bühne, der Verfallsprozeß der Habsburgermonarchie, auf der zweiten, in tiefere Hintergründe sich öffnenden, die Situation der Menschen in einer fragwürdig gewordenen Welt, das Nahen einer nicht nur österreichischen, sondern allgemeinen Katastrophe, auf der dritten, ins Grenzenlose verschwimmenden, das philosophische Problem der Wirklichkeit (das freilich im Erlebnis Musils aufs engste mit der gespenstischen Unwirklichkeit der Zustände in Kakanien zusammenhängt). In den vorbereitenden Notizen Musils heißt es: »Achilles [der später zum Ulrich des Romans wurde] aus seiner Zeit, der vor dem Kriege, herausentwickeln. Die Zeit, die den Tod nicht kannte... Er glaubte selbst schon, daß er ein pathologischer Mensch sei. Er hat alle menschlichen Unmöglichkeiten, die der Krieg zeigt, vorausgewußt. Das war seine Abnormität...« An andrer Stelle: »Nochmals oberstes Problem: ...Zusammenbruch der Kultur (und des Kulturgedankens). Das ist in der Tat das, was der Sommer 1914 eingeleitet hat...« Und: »Stimmung: Es ist die Tragödie des gescheiterten Menschen (Richtiger: des Menschen, der in Gefühls-Verstandesfragen immer um eine Möglichkeit mehr kennt. Denn schlechtweg gescheitert ist er ja nicht), der immer allein ist, zu allem im Widerspruch, und nichts ändern kann...« – »Ein Hauptthema fürs Ganze ist also: Auseinandersetzung des Möglichkeitsmenschen mit der Wirklichkeit...« Und schließlich: »Unter diesem Sein ist ein anderes. Ich ist Täuschung. Darunter ein Allgemeines, Beharrendes, Substanz.« In der Antwort auf die Frage, was dieses Allgemeine sei, bemüht sich Musil, die Mystifikation, der sein Gefühl zuneigt, durch die Erkenntnis zu überwinden: »Der Einzelne und das Ganze: Betrachten wir dieses ›Es‹... Es ist klar, daß dieses ›Es‹ die (politische, gesellschaftliche) Organisation ist.«

Probleme des modernen Romans

Durch die Erschütterung, im Verfall der kapitalistischen Bürgerwelt, wurden auch alte Formen der Kunst und Literatur problematisch. Die alte Form des bürgerlichen Romans, zumal des »Erziehungsromans«, entsprach immer weniger den neuen Wirklichkeiten. Es war unsäglich schwer geworden, diese verworrene, undurchsichtige, widerspruchsvolle Welt, in ihrer Verdinglichung und Entfremdung, mit ihren Massenbewegungen, Krisen und Katastrophen, zu überblicken. Alles Lokale war gesprengt, jedes

Einzelereignis in die Wechselwirkung des Weltgeschehns einbezogen, das Individuelle im Strom der Klassen- und Völkerkämpfe aufgelöst, vom Zusammenbruch alter Staaten, dem Aufstieg neuer Kontinente überwältigt. Der bürgerliche Schriftsteller hörte auf, der allwissende Gott zu sein, der die Gestalten und Begebenheiten seiner Romane zum vorbedachten Ende leitet; er war »mittendrin«. Und wenn der höchst bewußte Musil mitunter sagte: »Ich weiß nicht, was ich will!«, drückte er damit aus, daß der bürgerliche Schriftsteller seine Schöpfung nicht mehr meisterte, sondern von ihr übermannt wurde. In allem, was er darstellte, fühlte er das Fragmentarische und Chaotische, das Unfeste, Unfertige, Veränderliche, die Verdunkelung des Zusammenhangs. In der Regiebemerkung zu seinem Schauspiel *»Die Schwärmer«* hat Musil diese Empfindung einprägsam formuliert:

»Diese Szene muß in der Wiedergabe ebensosehr Einbildung wie Wirklichkeit sein. Die Wände ... sind nicht starr, sondern unruhig und in engen Grenzen beweglich ... Die Möbel gemahnen an Abstraktionen wie die Drahtmodelle von Kristallen; sie müssen zwar wirklich und benutzbar sein, aber wie durch jenen Kristallisationsvorgang entstanden, der zuweilen für einen Augenblick den Fluß der Eindrücke einhält und den einzelnen unvermittelt einsam ausschaltet. Oben übergeht der ganze Raum in den Sommerhimmel, in dem Wolken schwimmen ...« Dieses Geöffnetsein der Wände, diese Unruhe der Dinge, der Mensch inmitten eines Kristallisationsvorgangs, der plötzlich innehält, ist ein Erlebnis, das auch in Träumen Kafkas häufig wiederkehrt ...

Das *Epos* war, in begrenztem Raum, die geschlossene Form, in der eine siegreiche Klasse von aristokratischen Kriegern sich selber zum Ideal erhob, Götter und Heroen als Ahnen heraufbeschwörend. Das aufsteigende Bürgertum sprengte die geschlossene Form des Epos; an seine Stelle trat der *Roman,* in »offener« Form nicht mehr apologetische, sondern *kritische* Darstellung der gesellschaftlichen Wirklichkeit. In einer Welt des zunehmenden Widerspruchs zwischen vorwärtsstürmenden Produktivkräften und zurückbleibendem Bewußtsein hat, durch die Erschütterungen des Ersten Weltkriegs beschleunigt, die Suche nach neuen Formen eingesetzt. In mannigfaltigen Experimenten haben sich charakteristische Methoden herausgebildet: die *Konzentration auf das Detail,* auf das Dingliche des äußeren Vorgangs, den innerlich zu deuten der Autor ablehnt, im Gegensatz dazu der *in-*

nere Monolog, die Auflösung der Außenwelt in Sensationen des Nervensystems, die *Vereinfachung zur Parabel*, das für eine kompliziertere Wechselwirkung stellvertretende Thema. Musil hat solche neuen Methoden angewandt, wenn auch nicht mit dogmatischer Ausschließlichkeit wie spätere Autoren. Sein Roman steht in der Mitte zwischen traditionellem Erziehungsroman und alte Formen sprengendem Experiment. Auch Thomas Mann hat, vor allem im »Dr. Faustus«, mit solchen neuen Möglichkeiten experimentiert, behutsamer freilich und mit größerer artistischer Erfahrung.

Konzentration auf das Detail: »Der Mann ohne Eigenschaften« beginnt mit einer Episode, die scheinbar nichts mit dem Inhalt des Romans zu tun hat. Ein Lastwagen hat einen Fußgänger überfahren. Ein Herr und eine Dame treten hinzu. »Die Dame fühlte etwas Unangenehmes in der Herz-Magen-Grube, das sie berechtigt war für Mitleid zu halten; es war ein unentschlossenes, lähmendes Gefühl. Der Herr sagte nach einigem Schweigen zu ihr: ›Diese schweren Kraftwagen, wie sie hier verwendet werden, haben einen zu langen Bremsweg.‹ Die Dame fühlte sich dadurch erleichtert und dankte mit aufmerksamem Blick. Sie hatte dieses Wort wohl schon manchmal gehört, aber sie wußte nicht, was ein Bremsweg sei, und wollte es auch nicht wissen; es genügte ihr, daß damit dieser gräßliche Vorfall in irgendeine Ordnung zu bringen war und zu einem technischen Problem wurde, das sie nicht mehr unmittelbar anging.»

In dieser scheinbar belanglosen Episode taucht ein Leitmotiv auf: Die Menschen können nur in Ordnung leben. Die innere Ordnung ist verlorengegangen, aber der Bürger klammert sich an eine äußere, ihm längst entfremdete, unverständlich gewordene Ordnung. Er nimmt die neue Wirklichkeit nicht wahr, sondern lebt in einer *Scheinwelt*, deren Wesen die *Phrase* ist. Irgendeine Formel, deren Sinn er nicht versteht, die ihm jedoch bekannt vorkommt, beruhigt ihn. Das Unbehagen wird übertönt, er ist der Verantwortung enthoben. Das Gräßliche geht ihn nichts mehr an. Es wird zum technischen Problem, für das die Fachmänner zuständig sind, die Techniker, Politiker, Bürokraten, irgendwer, nur nicht der bürgerliche »Privatmensch«. Musil ist entschlossen, die Einzelheiten einer neuen beunruhigenden Wirklichkeit darzustellen, schonungslos und schockierend, ohne sie durch eine Formel, die dem Bürger bekannt vorkommt, scheinbar zu erklären. Er steigert das Detail bis zum Äußersten, denn der Bürger soll nicht beruhigt werden, sondern ihn zu *beunruhigen* ist Aufgabe des revoltierenden Schriftstellers.

Die Vereinfachung zur Parabel: In den vorbereitenden Notizen zu dem Roman heißt es: »Immanente Schilderung der Zeit, die zur Katastrophe geführt hat, muß den eigentlichen Körper der Erzählung bilden.« Es ging um den Widerspruch zwischen der heranreifenden Katastrophe und der absurden, vernunftlos von Augenblick zu Augenblick fortwurstelnden Geschäftigkeit der sie Herbeiführenden, um einen Zustand also, von dem Karl Kraus sagte, daß »Operettenfiguren die Tragödie der Menschheit spielten«. Musil hat diese »Haupt- und Staatsaktion« mit souveräner Ironie konstruiert.

Die Parallel-Aktion

Ulrich erfährt durch einen Brief seines Vaters, eines pedantisch-patriotischen Österreichers: »In Deutschland soll im Jahre 1918, u. zw. in den Tagen um den 15. VI. herum, eine große, der Welt die Größe und Macht Deutschlands ins Gedächtnis prägende Feier des dann eingetretenen 30jährigen Regierungsjubiläums Kaiser Wilhelms II. stattfinden... ich kann dir verraten, daß in Wien eine Aktion im Gange ist, um das Eintreffen dieser Befürchtungen zu verhindern und das volle Gewicht eines 70jährigen, segens- und sorgenreichen Jubiläums gegenüber einem bloß 30jährigen zur Geltung zu bringen. Da der 2. XII. (der Tag der Thronbesteigung Franz Josephs I.) natürlich durch nichts vor den 15. VI. gerückt werden könnte, ist man auf den glücklichen Gedanken verfallen, das ganze Jahr 1918 zu einem Jubiläumsjahr unseres Friedenskaisers auszugestalten...« Der gespenstische Witz, das Jahr des Zusammenbruchs der Monarchie in sorgenloser Phantasie als »österreichisches Jahr«, als Jahr eines großen Friedensjubiläums vorwegzunehmen, in ängstlich-boshafter Rivalität zum deutschen Bundesgenossen und in angekränkelter Selbstgefälligkeit, trifft nicht nur ins Schwarz-Gelbe der österreichischen Problematik, sondern entblößt auch den Widerspruch zwischen dem, was als wirklich gilt, und der den Handelnden unbewußten, ihre Pläne durchkreuzenden Wirklichkeit.

Die von dem Grafen Leinsdorf und der schönen Gattin des Sektionschefs Tuzzi, Diotima, geleitete »Parallel-Aktion« ist ohne

Inhalt; man ist zwar von dem österreichischen »Es muß was geschehn!« durchdrungen, aber was um Gottes willen geschehn müsse, weiß man nicht. Es wird sich schon finden, meint Graf Leinsdorf, vorderhand bleibt es bei den vier Punkten: »Friedenskaiser, europäischer Markstein, wahres Österreich und Besitz und Bildung.« Nur eines ist für ihn sicher: »Daß dieses Fest von den dankbaren Völkern Österreichs in einer Weise begangen werden wird, die der Welt nicht nur unsere tiefe Liebe zeigen soll, sondern auch, daß die Österreichisch-Ungarische Monarchie fest wie ein Felsen um ihren Herrscher geschart steht.« Und Diotima fügt hinzu, »die Welt werde nicht eher Beruhigung finden, als die Nationen in ihr so in höherer Einheit leben wie die österreichischen Stämme in ihrem Vaterland. Ein Größer-Österreich, ein Weltösterreich, darauf habe sie in diesem glücklichen Augenblick Se. Erlaucht gebracht, das sei die krönende Idee, die der Parallel-Aktion bisher gefehlt habe.« Leinsdorf ist davon nicht überzeugt und veranstaltet für alle Fälle eine Enquete, um die Wünsche aller Kreise der Bevölkerung kennenzulernen; das Ergebnis ist chaotisch, da von den Briefmarkensammlern bis zu den Großmolkereien jeder etwas andres für das Wichtigste hält. Macht nichts, denkt Leinsdorf, die Hauptsache ist: »Ein Apparat war da, und weil er da war, mußte er arbeiten, und weil er arbeitete, begann er zu laufen, und wenn ein Automobil in einem weiten Feld zu laufen beginnt, und es säße selbst niemand am Steuer, so wird es doch einen bestimmten, sogar sehr eindrucksvollen und besonderen Weg zurücklegen ...« Die einzigen, die von Anfang an wissen, was sie wollen, sind der deutsche Großindustrielle Arnheim, der sich in die Aktion einschaltet, und der österreichische General Stumm von Bordwehr, der an ihr teilnimmt; der eine will die galizischen Ölfelder aufkaufen, der andre Geld für die Armee herausholen (was schließlich sowohl dem einen wie dem andren gelingt.) Während das deutsche Kapital und das österreichische Kriegsministerium ihre Sonderziele verfolgen, wirbelt die Parallel-Aktion immer mehr Staub auf; die Deutschnationalen halten sie für ein antideutsches, die Slawen für ein antislawisches Unternehmen, es kommt sowohl zu deutschnationalen wie zu slawischen Demonstrationen, der alte Graf Leinsdorf gerät zu seiner Verwunderung immer mehr ins Gedränge und sieht schließlich die rettende Idee in einer »sozialdemokratischen Republik mit einem starken Herrscher an der Spitze«. In dieser sonderbaren

Parallel-Aktion manifestiert sich ein Grundgefühl Ulrichs (und Musils), das Gefühl, nicht selber zu leben, sondern gelebt zu werden, die Dinge nicht vorwärtszutreiben, sondern von ihnen vorwärtsgedrängt zu werden, die undurchsichtige Notwendigkeit nur im Stückwerk des Zufalls wahrzunehmen. Dies alles wirkt wie eine Illustration der Darlegungen von Friedrich Engels, daß in der Geschichte der Gesellschaft »die Handelnden lauter mit Bewußtsein begabte, mit Überlegung oder Leidenschaft handelnde, auf bestimmte Zwecke hinarbeitende Menschen« sind; dennoch herrscht »auf der Oberfläche« der Geschichte, »trotz der bewußt gewollten Ziele aller Einzelnen, im großen und ganzen scheinbar der Zufall. Nur selten geschieht das Gewollte, in den meisten Fällen durchkreuzen und widerstreiten sich die vielen gewollten Zwecke oder sind diese Zwecke selbst von vornherein undurchführbar oder die Mittel unzureichend. So führen die Zusammenstöße der zahllosen Einzelwillen und Einzelhandlungen auf geschichtlichem Gebiet einen Zustand herbei, der ganz dem in der bewußtlosen Natur herrschenden analog ist...«

Die Gestalten

Die in die Parallel-Aktion verflochtenen Menschen sind bis in die feinste Falte durchgestaltet. Da ist der alte Graf Leinsdorf, in seiner Mischung von Borniertheit und Konzilianz, von Vornehmheit und Naivität, von Welterfahrung und Ahnungslosigkeit der vollkommene österreichische Aristokrat. »Die ethische Verpflichtung, nicht ein gleichgültiger Zuschauer zu sein, sondern der Entwicklung ›von oben helfend die Hand zu bieten‹, durchdrang sein Leben. Er war vom ›Volk‹ überzeugt, daß es ›gut‹ sei; da nicht nur seine vielen Beamten, Angestellten und Diener von ihm abhingen, sondern in ihrem wirtschaftlichen Bestehen zahllose Menschen, hatte er es nie anders kennengelernt, ausgenommen die Sonn- und Feiertage, wo es als freundlich-buntes Gewimmel aus den Kulissen quillt wie ein Opernchor. Was nicht zu dieser Vorstellung stimmte, führte er deshalb auf ›hetzerische Elemente‹ zurück... Es ist ja klar, daß den Armen zu helfen eine ritterliche Aufgabe ist und daß für den wahren Hochadel eigentlich kein so großer Unterschied zwischen einem bürgerlichen Fabrikanten und seinem Arbeiter bestehen kann; ›wir alle sind ja im Innersten

Sozialisten‹ war ein Lieblingsausspruch von ihm und hieß ungefähr so viel und nicht mehr, wie daß es im Jenseits keine sozialen Unterschiede gibt... ›Jeder Mensch‹, pflegte er zu sagen, ›besitzt ein Amt im Staate, der Arbeiter, der Fürst, der Handwerker, der Beamte!‹...« Oder wenn er seine feudale Geschichtsphilosophie darlegt: »Wissen Sie, der Hochadel hat in den letzten hundert Jahren Pech mit seinen Hauslehrern gehabt! Früher sind das Menschen gewesen, von denen ein großer Teil nachher in das Konversationslexikon gekommen ist; und diese Hofmeister haben wieder Musik- und Zeichenlehrer mit sich gebracht, die zum Dank dafür Sachen gemacht haben, die man heute unsre alte Kultur nennt. Aber seit es die neue und allgemeine Schule gibt und Leute aus meinen Kreisen, entschuldigen Sie, den Doktortitel erwerben, sind irgendwie die Hauslehrer schlecht geworden...« Oder wenn er auseinandersetzt: »Daß heißt, es muß etwas geschehen, das verlangt unsere Zeit. Dieses Gefühl haben heute sozusagen alle Menschen, nicht nur die politischen. Die Zeit hat so was Interimistisches, was auf die Dauer niemand aushält...»

Und welch ein hintergründiger Kauz ist dieser General Stumm von Bordwehr, den das Kriegsministerium beauftragt, die Parallel-Aktion zu überwachen, und der seine Aufgabe so ernst nimmt, daß er gewissenhaft versucht, aus dem Chaos der Ideen, den Exzessen des »Zivilgeists« irgendeine Ordnung herauszuquälen. Verwirrt von dem Durcheinander der Ideologien, beginnt er, »Grundbuchblätter der Hauptideen« des zwanzigsten Jahrhunderts anzulegen und zeigt sie stolz seinem ehemaligen Leutnant Ulrich: »Man mag gegen uns sagen, was man will, aber auf Ordnung haben wir uns beim Militär immer verstanden. Hier das ist die Konsignation der Hauptideen, die ich aus den Teilnehmern an den Versammlungen bei deiner Kusine [Diotima] herausbekommen habe. Du siehst, wenn man ihn unter vier Augen fragt, hält eigentlich jeder etwas andres für das Wichtigste... Wir haben das dann erweitert und es enthält jetzt die Namen der Ideen und ihrer Urheber, von denen wir in den letzten fünfundzwanzig Jahren bewegt worden sind... Ich hab' einen Hauptmann, zwei Leutnants und fünf Unteroffiziere dazu gebraucht, um das in so kurzer Zeit fertigzustellen!« Der ordentliche General hat ferner einen Aufmarschplan der modernen Ideen aufzuzeichnen versucht und stellt voll Kummer fest: »Aber du bemerkst wohl... wenn du eine der heute im Gefecht stehenden Gedankengruppen betrachtest, daß sie ihren Nachschub an Kombattanten und Ideenmaterial nicht nur aus ihrem eigenen Depot, sondern auch aus dem ihres Gegners bezieht; du siehst, daß sie ihre Front fortwährend verändert und ganz unbegründet plötzlich mit verkehrter Front, gegen ihre eigene Etappe kämpft; du siehst andersherum, daß die Ideen ununterbrochen überlaufen, hin und zurück, so daß du sie bald in der einen, bald in der anderen Schlachtlinie findest: Mit einem Wort, man kann weder einen ordentlichen Etappenplan noch eine Demarkationslinie, noch sonst etwas aufstellen, und das Ganze ist, mit Respekt zu sagen – woran ich aber andrerseits doch wieder nicht glauben kann! – das, was bei uns jeder Vorgesetzte einen Sauhaufen nennen würde!« – »Du nimmst das Denken viel zu ernst!« erwidert der skeptische Ulrich, aber der General gibt nicht nach, beginnt die Bibliotheken zu durchforschen, um schließlich zu dem Ergebnis zu gelangen, daß sich in der ungeheuren Arbeitsteilung, Spezialisierung, Unübersichtlichkeit des »Zivilgeists«, in den einander überstürzenden Ismen des Jahrhunderts niemand mehr auskennt, daß er in einer Welt lebt, die zum »babylonischen Narrenhaus« geworden ist. Er resigniert: »Ordnung ist gewissermaßen ein paradoxer Begriff. Jeden anständigen Menschen verlangt es nach innerer und äußerer Ordnung, aber andrerseits verträgt man auch nicht zu viel von ihr, ja eine vollkommene Ordnung wäre sozusagen der Ruin allen Fortschritts und Vergnügens...« Worauf er es für um so wichtiger hält, Artillerie und Marine auf Kriegsstand zu bringen – denn da weiß man doch, was man hat.

Im Gegensatz zu dem General findet der Lloyd-Bankdirektor Fischel diese Welt als durchaus in Ordnung. »Er liebte es, das menschliche Dasein als vernünftig begründet zu erkennen, glaubte an seine geistige Rentabilität, die er sich gemäß der wohlgegliederten Ordnung einer Großbank vorstellte, und nahm täglich mit Gefallen zur Kenntnis, was er von neuen Fortschritten in der Zeitung las...« Die zunehmende Undurchsichtigkeit der Zusammenhänge beunruhigte ihn nicht: »Im Grunde kann sich ein Mensch bei der heutigen Kompliziertheit der Dinge doch nur auf *einem* Gebiet voll auskennen, und das waren bei ihm Lombarden und Effekten...« Er ist der Typus des liberalen, mit sich und der Welt zufriedenen Bürgers, der freilich nicht ohne Sorge sieht, daß seine Tochter Gerda einem Kreis von jungen Menschen angehört, die den Liberalismus verachten, Vernunft und Fortschritt verhöhnen und den penetranten Dunst einer »christlich-germanischen« Weltanschauung verbreiten.

Durchaus anders als der Repräsentant eines noch vom Liberalismus zehrenden Bürgertums ist Arnheim, der Exponent des modernen Monopolkapitals mit seiner Philosophie des Irrationalen, der »Intuition«, der mystischen Verdunklung aller Transaktionen. Das Vorbild dieser Gestalt war Walter Rathenau; ihn hat Musil, obwohl er sich als Dichter der deutschen Nation fühlte, mit der tiefen Abneigung des Österreichers gegen den deutschen Imperialismus und seinen Reflex im Geistigen gezeichnet. Er haßte diese »machtgeschützte Innerlichkeit«, dieses Von-Seele-Sprechen, wenn man Märkte meint, diese Berufung auf Goethe und Hölderlin, wenn es um Erdöl und Kohle geht. Ulrichs Haltung zu Arnheim ist jene Musils: »Er sah den von der Gunst der Verhältnisse gemästeten, vorbildlichen Einzelfall einer geistigen Entwicklung in ihm, die er haßte. Denn dieser berühmte Schriftsteller war klug genug, um die fragwürdige Lage zu begreifen, in die sich der Mensch gebracht hat, seit er sein Bild nicht mehr im Spiegel der Bäche sucht, sondern in den scharfen Bruchflächen seiner Intelligenz; aber dieser schreibende Eisenkönig gab die Schuld daran dem Auftreten der Intelligenz und nicht ihrer Unvollkommenheit. Es lag ein Schwindel in dieser Vereinigung von Kohlenpreis und Seele...« – »Fraglich und ungewiß war es, ob Arnheim, wenn er von Seele sprach, selbst an sie glaubte und dem Besitz einer Seele die gleiche Wirklichkeit zuschrieb wie einem Aktienbesitz...« – »Ein seiner Verantwortung bewußter Mann«, sagte sich Arnheim überzeugt, »darf schließlich auch, wenn er Seele schenkt, nur die Zinsen zum Opfer bringen und niemals das Kapital.« Einen »Händler mit goldenen Engelsflügeln« nennt Musil diesen Arnheim und spottet über »die Wirkung Maeterlinckscher und Bergsonscher Philosophie, angewendet auf die Fragen von Kohlenpreis und Kartellierungspolitik«. Dieser große Kapitalist kann sich den Luxus der Seele leisten, weil andre für ihn die Schmutzarbeit besorgen, und von dem Vorteil dieser »Indirektheit« spricht er zu Ulrich: »Durch diese zur Virtuosität ausgebildete Indirektheit wird heute das gute Gewissen jedes Einzelnen wie der ganzen Gesellschaft gesichert; der Knopf, auf den man drückt, ist immer weiß und schön, und was am anderen Ende der Leitung geschieht, geht andere Leute an, die für ihre Person wieder nicht drücken. Finden Sie es abscheulich? So lassen wir Tausende sterben oder vegetieren, bewegen Berge von Leid, richten damit aber auch etwas aus!« Und Ulrich denkt: »Die Teilung des moralischen Bewußtseins, von der Arnheim sprach, diese fürchterlichste Erscheinung des heutigen Lebens, hat es immer gegeben, aber sie ist zu ihrem grauenvollen guten Gewissen erst als eine Folge der allgemeinen Arbeitsteilung gelangt...«

Arnheim findet in Diotima die ideale Partnerin einer ins »Seelische« transponierten und daher zu nichts verpflichtenden Liebesbeziehung. Er wurde entzückt, »als er in Diotima eine Frau antraf, die nicht nur seine Bücher gelesen hatte, sondern als eine von leichter Korpulenz bekleidete Antike auch seinem Schönheitsideal entsprach, das hellenisch war, mit ein bißchen mehr Fleisch, damit das Klassische nicht so starr ist«. Diotima, aus kleinbürgerlichem Milieu in die große Welt aufgestiegen, ist der Inbegriff jenes vagen, wohlgerundeten, mit angenehmen Fettpolstern ausgestatteten Idealismus, der parfümiert und ahnungslos über eine verfaulende Gesellschaft hinweggleitet. »Es war«, sagt Musil, »ein vornehmer Idealismus, eine dezente Gehobenheit... Er war nicht sachlich, dieser Idealismus, weil Sachlichkeit handwerksmäßig und Handwerk immer unsauber ist; er hatte vielmehr etwas von der Blumenmalerei von Erzherzoginnen, denen andere Modelle als Blumen unangemessen waren, und ganz bezeichnend für diesen Idealismus war der Begriff der Kultur, er fühlte sich kulturvoll...« Unbefriedigt, nach einer halb nur geahnten Fülle des Lebens dürstend, hat Diotima »das Bedürfnis, eine menschliche Einheit vorzutäuschen, welche die so sehr verschiedenen menschlichen Betätigungen umfassen soll und niemals vorhanden ist. Diese Täuschung nannte Diotima Kultur und gewöhnlich mit einem besonderen Zusatz die alte österreichsische Kultur...« Es ist in ihr ein verschwommenes, unernstes, sich durch pompöse »Gschaftlhuberei« und seelische Ergüsse immer wieder beschwichtigendes Gefühl, daß dem Leben die großen Ziele und Aufgaben verlorengegangen sind.

Viel schärfer und ernster ist dieses Gefühl in der kleinen Clarisse, die den Jugendfreund Ulrichs geheiratet hat und ihr Unbefriedigtsein bis zum Wahnsinn übersteigert. Sie brennt von Ehrgeiz – »wenn man das Verlangen des unschöpferisch in ein Durchschnittsleben gebannten Geistes nach Flügeln so nennen darf«. Sie kommt aus einem Milieu von Makartbildern und trüber

Sinnlichkeit und »lehnte sich gegen die Überzeugungen und anderen Torheiten ihrer Eltern einfach mit der Frische eines harten Körpers auf, der alle Gefühle verachtet, die im entferntesten an üppige Ehebetten und türkische Prunkteppiche erinnern...« Diese frigide Frau möchte die Peitsche sein, die ihren Mann zu großer Leistung treibt, er aber verspielt sein Talent, versinkt in Passivität und Wagnermusik, wird ein gebildeter und unproduktiver Spießbürger. Ihr Leben wird inhaltslos: »Ich mache Musik oder male; das ist aber so, wie wenn ich eine spanische Wand vor ein Loch in der Mauer stellen würde...« Früher, wenn sie in der Umgebung herumstreifte, hat sie sich oft gedacht: »Gehe ich jetzt links, so kommt Gott, gehe ich rechts, so kommt der Teufel...« Nun aber klagt sie: »Es kommt weder Gott noch Teufel. So gehe ich schon jahrelang herum.« In ihr ist »der Krankheitsstoff der Zeit«, die Sehnsucht, aus der lauen Welt der Bürgerlichkeit auszubrechen, eine extreme Entscheidung heraufzubeschwören, Ja oder Nein, Gott oder Teufel. »Es ist doch entsetzlich«, sagt sie, »dieses Leben, das aus dem Ozean der Lebenslüste nur das bißchen Geschlechtslust holt... *Man muß zu einem Zweck auf der Welt sein.* Man muß zu etwas gut sein. Sonst bleibt alles schrecklich verworren...« So fühlt sie das *Parasitäre* ihres Daseins, das ohne Ziel und Form ist, findet nicht den Ausweg zu sinnvollem Tun und stellt daher die wilde Frage: »Verlangt die Ordnung nach Zerrissenwerden?« Was schließlich zerreißt, ist der Rest von Ordnung in ihr selbst, und ihr Geist, von Nietzsche genährt, von der antihumanen Philosophie ihres Freundes Meingast, von allen Giften der Dekadenz, geht in Irrsinn unter. Dieses immer tiefer in Verrücktheit Hineingeraten, dieser Zerfall eines Geistes in einer zerfallenden Welt, wird von Musil mit größter Präzision, in allen Stadien überzeugend dargestellt.

Hingegen ist ihr Gegenspieler, der sie faszinierende Frauenmörder Moosbrugger, in jeder Hinsicht verzerrt und ungestaltet. Stimmt in Clarisse das Symbolhafte mit der realen Persönlichkeit überein, so ist Moosbrugger, trotz meisterlich gezeichneter Einzelzüge, nur ein Symbol von peinlicher Monstrosität. Er hat die Funktion der blutroten Geheimkammer in den »Verwirrungen des Zöglings Törleß«, die hinter der bürgerlichen Zivilisation lauernde Barbarei, die Grausamkeit, die Aggression, das mörderisch Morbide darzustellen, gleichsam das Geschwür zu sein, in dem sich die allgemeine Krankheit ankündigt. Ulrich hat das Gefühl, Moosbrugger gehe ihn »durch etwas Unbekanntes näher an als sein eigenes Leben, das er führte; er ergriff ihn wie ein dunkles Gedicht, worin alles ein wenig verzerrt und verschoben ist und einen zerstückt in der Tiefe des Gemüts treibenden Sinn offenbart...« In einem Essay spricht Musil von dem »Zerbersten einer Ordnung an ihren ungewollten, vernachlässigten Spannungen« und weist darauf hin, daß in dieser explosiven Zeit die Menschen »den heute um sie gelegten ohnedies halb ohnmächtigen ethischen Klammern immer mehr entgleiten«. Schon vor dem Krieg roch es nach Blut und Verwilderung, und »zerstückt und durchdunkelt« nimmt dieser Zustand in dem Frauenmörder Gestalt an; Ulrich meint daher, »wenn die Menschheit als Ganzes träumen könnte, müßte Moosbrugger entstehen« – was eine absurde und auch von Musil nicht aufrechterhaltene Verallgemeinerung ist. In der Lulu-Tragödie Wedekinds tritt zum Schluß in eine verdunkelte und untergehende Welt der »Bauchaufschlitzer Jack«, ohne Psychologie, mit Messer und Mord, als unaufhaltsames Verhängnis. Musil hat leider versucht, den Frauenmörder Moosbrugger psychologisch zu analysieren, ihn als einen Menschen zu rechtfertigen, dem das Leben vorenthalten hat, was er unbestimmt und schattenhaft für »sein Recht« hält, und eben dadurch die Wirkung verfehlt, die Wedekind im letzten Akt der Lulu-Tragödie erzielt. Und schließlich soll Moosbrugger noch in greller Art das Nichtübereinstimmen von Ich und Außenwelt, das Problem einer fragwürdig gewordenen Wirklichkeit exemplifizieren, und da so viel in ihn hineingeheimnist wird, entsteht ein aufgeschwemmtes, in seiner Gesamtheit nicht überzeugendes Gebilde.

Im Grunde für mißlungen halte ich auch die Zentralgestalt des Romans, Ulrich, den »Mann ohne Eigenschaften«. In der Entwicklung des modernen Romans hat der junge Mann mit unausgeprägter Persönlichkeit, dessen Funktion es ist, in seiner Empfänglichkeit und Bildsamkeit das Plasma zu sein, das von der Außenwelt geformt wird, eine wichtige Rolle gespielt: Man denke an Walter Scotts »Waverley«, an Goethes »Wilhelm Meister«, an Flauberts »Erziehung der Gefühle«, an Thomas Manns »Zauberberg«. Auch Musil ist von der Idee des »Erziehungsromans« ausgegangen, wozu noch kam, daß er sich in einer Welt sah, in der die »Eigenschaften« gleichsam pragmatisiert sind, als »gesellschaftliche Charaktermasken«, als Konfektion und Konvention den Menschen auferlegt werden, und daß, im Gegensatz dazu, in diesen Menschen etwas Neues chaotisch-verworren sich vorbereitet. »In wundervoller Schärfe sah er«, heißt es von Ulrich, »mit Ausnahme des Geldverdienens, das er nicht nötig hatte, alle von seiner Zeit begünstigten Fähigkeiten und Eigenschaften in sich, aber die Möglichkeit ihrer Anwendung war ihm abhanden gekommen.« Man lebt in einer Ordnung, die wie ein Alpdruck vergangener Geschlechter ist: »Man braucht es sich ja bloß vorzustellen: wenn außen eine schwere Welt auf Zunge, Händen und Augen liegt, der erkaltete Mond aus Erde, Häusern, Sitten, Bildern und Büchern – und innen ist nichts wie ein haltlos beweglicher Nebel...« – »Es sind die fertigen Einteilungen und Formen des Lebens, was sich dem Mißtrauen so spürbar macht, das Seinesgleichen, dieses von Geschlechtern schon Vorgebildete, die fertige Sprache nicht nur der Zunge, sondern auch der Empfindungen und Gefühle...« Und daher, weil er auf eigne Faust zu leben wünscht, weil er diese Gesellschaft als Totenmaske empfindet, ist Ulrich der »Mann ohne Eigenschaften«. – »Er hält kein Ding für fest, kein Ich, keine Ordnung; weil unsere Kenntnisse sich mit jedem Tag ändern können, glaubt er an keine Bindung, und alles besitzt den Wert, den es hat, nur bis zum nächsten Akt der Schöpfung.« Als »Möglichkeitsmensch« streift er durch die Ruinen der Wirklichkeit; »der Mensch als Inbegriff seiner Möglichkeiten, der potentielle Mensch, das ungeschriebene Gedicht seines Daseins trat dem Menschen als Niederschrift, als Wirklichkeit und Charakter entgegen.«

Das alles ist ein großer dichterischer Plan; in der Gestaltung jedoch wird Ulrich mit zuviel fertigen und sich nicht wandelnden Eigenschaften ausgestattet. Es ist nicht nur die »gesellschaftliche Charaktermaske« des jungen Herrn aus gutem Haus, die er in allen Situationen trägt (»Auch Wilhelm Meister ist wohlhabend gewesen«, erwidert Musil), sondern auch individuelle Eigenschaften sind in ihm sehr ausgeprägt, Kälte, Hochmut, Rücksichtslosigkeit, Schärfe des Intellekts und impulsiver Egoismus. Der »Mann ohne Eigenschaften« hat also zuviel (und obendrein klassenbedingten) Charakter – und dies alles wird nicht in die Atmosphäre der Ironie einbezogen, sondern mit pathetischem Akzent dargestellt. Er, der sich selbst ein Jahr »Lehrzeit« gibt, um Inhalt und Form zu finden, bleibt als *Charakter* ohne Entwicklung; mannigfaltige Abenteuer des Fleisches und des Geistes durchlaufend, gewinnt er nicht neue menschliche Konsistenz, sondern nur neue intellektuelle *Erkenntnis*. Der skeptische und amoralische Individualist gelangt zur Erkenntnis, daß man ohne Moral nicht leben kann und daß individuelle Lösungen nur innerhalb gesellschaftlicher zu finden sind. »Es gibt kein tiefes Glück ohne tiefe Moral. Es gibt keine Moral, wenn sie sich nicht von etwas Festem ableiten läßt. Es gibt kein Glück, das nicht auf einer Überzeugung ruht.« Und schließlich das Bekenntnis zu gesellschaftlicher Bindung, die Wechselwirkung von Individuum und Kollektiv: »Außerhalb der Bindungen deformiert jeder Impuls augenblicklich den Menschen. Der Mensch, der erst durch den Ausdruck wird, formt sich in den Formen der Gesellschaft... Er wird geformt durch die Rückwirkungen dessen, was er geschaffen hat.«

Musil hat in den Ulrich alles hineingestopft, was ihn an geistiger Problematik bewegte, und dadurch aus ihm so etwas gemacht wie eine allegorische Barockfigur, der die Spruchbänder aus dem Mund quellen. Der Dichter hat einst notiert: »Es erscheint mir nicht ausgeschlossen, daß ein vollkommen adäquates Register der Gedanken eines ganzen Lebens, scheinbar einheitslos wie es ist, von erschütternder Kunstwirkung wäre. Aber es ist eine physische Unmöglichkeit, es ist eben etwas, das man nicht wirklich versuchen kann. Doch kann man an solche Möglichkeiten denken und Wirkungen suchen, die sich ihnen, so gut es uns gegeben ist, annähern...« Und später: »Hauptsache: Eine Art *Biographie meiner Ideen*.« Eine solche Biographie seiner Ideen zu geben, hat er mit der Gestalt Ulrichs versucht.

Musil identifiziert sich mit Ulrich, verleiht ihm seine Gedanken und manchen Zug seines Wesens – und übersieht dabei das Entscheidende. Ulrich ist zum Unterschied von seinem Schöpfer, der ein produktiver, an einem großen Werk arbeitender Mensch von strenger Haltung war, ein Nichtstuer, Unfugstifter und »Adabei« – und dadurch wird alles an ihm schief, verzerrt und unerquicklich. Ihm fehlt die dichte Struktur und unsichtbare Aura andrer Gestalten, vom aufsässigen Mohrenknaben Soliman bis zu seinem Gebieter Arnheim, dessen Kapital auch seelisch Zinsen abwirft, von der leicht verführbaren Bonadea, die »unter dem Griff der Leidenschaft an eine Taube erinnert, deren Federn sich in den Fängen eines Raubvogels sträuben«, bis zu der ungelenken, widerspenstigen Gerda, »die auf der Stelle Omnibusschaffner würde, wenn eine allgemeine Idee dies verlangte«, von der kleinen Kammerzofe Rachel, in deren Wesen »die Mozartische Musik zu einer Kammerzofe« wiederkehrt, bis zu der unsäglich blühenden Agathe. Musil, der sich der Problematik Ulrichs bewußt ist, will ihn dennoch in die Zukunft hineinretten, freilich in verwandelter Gestalt: »Der Mann ohne Eigenschaften, *aber ohne Dekadenz.*«

Die beiden ersten, hundertfach durchgearbeiteten Teile des Romans enden damit, daß Ulrich in einer leeren Wohnung voll überflüssigem Licht und ungeheurer Einsamkeit zurückbleibt. »Man hätte sagen können, und er fühlte es selbst, daß diese Einsamkeit immer dichter und immer größer wurde. Sie schritt durch die Wände, sie wuchs in die Stadt, ohne sich eigentlich auszudehnen, sie wuchs in die Welt. ›Welche Welt?‹ dachte er. ›Es gibt ja gar keine‹...«

Die Bruder-Schwester-Liebe

Der dritte Teil des Romans, »Ulrich und Agathe«, ist eine der erregendsten, wunderlichsten, schmerzlich-schönsten Liebesgeschichten der Weltliteratur. Auch hier greift Musil zum extremen Fall, zum gewagten Motiv der Bruder-Schwester-Liebe. Man hat ihn auch darum der »Perversität« bezichtigt und nicht nur die hohe dichterische Gestaltung, sondern schlechthin alles Wesentliche übersehn.

Der in der antiken Mythologie immer wiederkehrende Inzest war der Nachhall des versunkenen Matriarchats mit seinen mannigfaltigen Formen der Gruppenehe, Erinnerung an einen Urzustand und seine Verdammung durch die patriarchalische Gesellschaft. Im Zeitalter der *Romantik* gewann das Inzest-Motiv eine neue Bedeutung. Sein plötzliches und demonstratives Auftauchen (bei Goethe, Schiller, Byron, Shelley, Retif de la Bretonne, Chateaubriand, Lewis, Grillparzer, Tieck, Brentano und andren) war Revolte gegen bürgerliche Respektabilität, extremes Bekenntnis zur »Leidenschaft an sich«, wie Stendhal das romantische Prinzip charakterisierte. *Weil* es das Verbotene war, das schlechthin »Sündhafte«, wurde es heraufbeschworen wie Helena aus der Unterwelt, als Recht des romantischen Outsiders, des »genialen Einsamen« gegen die Heuchelei und Banalität der Bürgerwelt. Dieselbe Bedeutung hat das Inzest-Motiv bei Musil:

im Verbotenen die Seligkeit zu finden, die einer mechanisierten Zivilisation abhanden gekommen war.

Der eigenwillige, die konventionelle Moral verachtende Individualist Ulrich fordert durch sein gesamtes Leben die Gesellschaft heraus. Sein Individualismus ist nicht von jener sich bequemenden Art, die den »Seitensprung« in die Freiheit, doch nicht den Bruch mit der Welt riskiert, er ist zu keinem Kompromiß bereit, ist schrankenlos. Im Reich des Privaten herrscht der absolute Freiheitsbegriff, und dieses Reich des Privaten wird, da die gesellschaftliche Ordnung innerlich eingestürzt ist und nicht als verpflichtende Wirklichkeit gilt, ins Unbegrenzte ausgedehnt. Wirklich ist nur das Ich, und dieses Ich findet seinen tiefsten Inhalt in der Liebe, die das Privateste ist, das wahre Abseits und Jenseits der Gesellschaft. Wen ich liebe, was geht's euch an! Warum nicht die Schwester, wenn sie mir holder ist als jede andre Frau? Weil es verboten ist? Mit welcher Begründung, die das souveräne Ich anzuerkennen vermag? Weil es die Nachkommenschaft gefährdet? Und wenn wir auf sie verzichten? Weil ihr es »Blutschande« nennt? Sie war in vergangenen Zeiten legitim. Nichts kann die freie Persönlichkeit hindern, sich lachend über solches Geschwätz hinwegzusetzen. Im Gegenteil: die geächtete Liebe, die jedes Gesetz der Gesellschaft brechende, radikal von ihr sich abwendende, ist die dem totalen Individualismus gemäße. Sie, die keine Bindung kennt als die verwegen selbstgewählte, ist gleichsam die Zerreißprobe des totalen Individualismus: Wir brauchen nichts als uns, wird sind uns selbst genug, die Außenwelt wird abgeschafft. Und eben dieser wilde Versuch führt das Prinzip der Isolierung ad absurdum. *Man kann sich nicht der Gesellschaft entziehn;* das Experiment mißlingt, nicht, weil es »gegen die Natur«, sondern weil es gegen die Gesellschaft ist. »Wir sind einem Impuls gegen die Ordnung gefolgt«, sagt Ulrich. »Eine Liebe kann aus Trotz erwachen, aber sie kann nicht aus Trotz bestehn. Sondern sie kann nur eingefügt in eine Gesellschaft bestehn...«

Es sei daran erinnert, daß Goethe in *»Wilhelm Meisters Lehrjahre«* zum selben Ergebnis gelangte. Mignon, die Inkarnation der Romantik, ist aus dem Inzest von Bruder und Schwester, von Augustin und Sperata, hervorgegangen. Im Geiste Rousseaus erwidert Augustin dem Beichtvater, der ihm mit ewiger Verdammnis droht: »Fragt nicht den Widerhall eurer Kreuzgänge, nicht euer vermodertes Pergament, nicht eure verschränkten Grillen und Verordnungen! Fragt die Natur und euer Herz... Seht die Lilien an: entspringt nicht Gatte und Gattin auf einem Stengel? Verbindet beide nicht die Blume, die beide gebar, und ist die Lilie nicht das Bild der Unschuld, und ihre geschwisterliche Vereinigung nicht fruchtbar?... Wer gelitten hat wie ich, hat das Recht, frei zu sein. Sperata ist mein; nur der Tod soll sie mir nehmen...« Seine Verwandten entgegnen ihm, er solle überlegen, »daß er nicht in der freien Welt seiner Gedanken und Vorstellungen, sondern in einer Verfassung lebe, deren Gesetze und Verhältnisse *die Unbezwinglichkeit eines Naturgesetzes* angenommen haben...« Der Mensch ist aus der Natur herausgetreten, sein Verhältnis zu ihr ist gesellschaftlich vermittelt, das gesellschaftliche Gesetz hat die Macht einer Über-Natur.

Der Hintergrund von Goethes Roman ist die heranreifende, der von Musils Roman die dahinsterbende bürgerliche Gesellschaft. In ihr, deren Gesetze vielfach Widersinn, deren Gebote zumeist Heuchelei sind, ist die Flucht auf selige Inseln jenseits der Gesellschaft, die »Reise ins Paradies«, wie Musil es nennt, verlockender denn je. Doch die künstlichen Paradiese verdorren und verdunsten. Nicht der archaische Instinkt, nur das hochentwickelte Bewußtsein vermag den Umschwung herbeizuführen. Nicht in schrankenlosem Individualismus, nur in gesellschaftlicher Zielsetzung überwindet das Ich die Selbstentfremdung und Einsamkeit.

Den schrankenlosen Individualismus als das Unmögliche zu erweisen, ist nur einer der Gründe für die Wahl des Themas; es gibt deren andre, die noch tiefer hinabreichen. *Die Deformation der Liebe* in der kapitalistischen Bürgerwelt, in der von Macht und Geschäft, Ausbeutung und Konkurrenz erfüllten Männerwelt ist eines der Leitmotive des Romans. In dieser alles zu Markte tragenden Welt könnte man »alle Beziehungen von der Liebe bis zur reinen Logik in der Sprache von Angebot und Nachfrage, Dekkung und Eskompte ausdrücken, jedenfalls ebensogut, wie man sie psychologisch oder religiös ausdrücken kann...« In ihr ist die Frau nicht nur Ware, sondern in vieler Hinsicht auch Geschöpf des Mannes. Sie hat nach seinem Bedarf die Heilige zu sein, wenn er romantisch, die Hure, wenn er sexuell auszuschweifen wünscht, die Magd, die Gattin, das Muttertier, je der Situation und Stimmung angepaßt. Der Mann führt Regie, die Frau hat zu sein, was er von ihr begehrt, halb sein Traum, halb sein Ding, heut ihm die Seele, morgen die Suppe zu wärmen. In der Sexualität die Barbarei der Jagd und Aggression, der Mann als Jäger, Räuber, Eroberer, die Frau, die »genommen« wird, sich »hinzugeben« hat, ihn »befriedigend«, die Masken seiner Leidenschaft beobachtend und ihre Rolle spielend in dem von ihm inszenierten Theaterstück. Musil charakterisiert Agathe in ihrer ironischen Passivität: »Liebhaber kamen ihr, sobald sie sie erst kennengelernt hatte, nicht bezwingender vor als Gatten, und es dünkte sie bald, daß sie ebensogut die Tanzmasken eines Negerstammes ernstnehmen könnte wie die Liebeslarven, die der europäische Mann anlegt... Die Philosophie, die Agathe auf solche Weise erwarb, war einfach die des weiblichen Menschen, der sich nichts vormachen läßt und unwillkürlich beobachtet, was ihm der männliche Mensch vorzumachen trachtet...«

Aus einer Welt des Rittertums, des Marienkults und Minnesangs ist *die romantische Liebe* hervorgegangen. Sie hat zum Unterschied von der ursprünglichen Sinnlichkeit der Antike Zwiespalt in die Erotik hineingetragen, Seele und Sinne, Traum und Wirklichkeit gegeneinander aufgebracht, einen neuen Himmel und eine neue Hölle produziert. Im prosaischen Leben war dieser zarte Zauber nur selten anwendbar und hatte zumeist die Funktion, das Maskenfest zu sein, das mit der Demaskierung der Ehe endete. So sonderbar das Wesen der Ehe ist, diese Mischung von Sexualität, wirtschaftlicher Interessengemeinschaft und Anstalt zur Kinderaufzucht, so unentbehrlich ist sie und wird sie noch lange sein. In seltnen Fällen hält ihr jedoch die Liebe stand, häufiger wächst aus ihr Kameradschaft von Mann und Frau, am häufigsten wird sie zum wohl oder übel aufrechterhaltenen Kompromiß – wenn sie nicht auseinanderbricht. Keineswegs kann man behaupten, daß in der Männerwelt (die nach wie vor besteht trotz Demokratie, Frauenwahlrecht, durch die Verfassung anerkannter Gleichberechtigung der Frau) die Beziehung der Geschlechter den Zustand einer reglementierten Barbarei überwunden hat.

Damit sich nicht abzufinden, ist nicht nur ein Gebot der Humanität, sondern auch das Ergebnis beglückender Erfahrung, daß es anders sein kann. Es gibt ein Miteinander- und Ineinander-Sein von Mann und Frau, in dem das eigne Selbst im andren Selbst sich wiederfindet, in dem Gespanntheit und Gelöstheit, Verführtsein und Vertrautsein eins ins andre gefügt sind, in dem das Bewußtsein segnet, was die Natur vollstreckt, die Seele von dem erquickt ist, was das Fleisch ergötzt, in dem nichts krampfhaft ist, nichts Maske, nichts Grimasse und Prestige, in dem man einander wohltun will und Freundlichkeit, Zärtlichkeit, Heiterkeit entgegenbringt, in dem Gespräch, Verständnis und Begierde nicht getrennt sind, Erotik ein blühendes Spiel und hinter dem Spiel unendliche Vereinigung. Es ist in solcher Seligkeit ein Element von Bruder-Schwester-Liebe, des Sich-schon-immer-geahnt-, immer-gewußt-Habens, der Herkunft aus gleichem Schoß wie Isis und Osiris, des Verwandt-Seins im Anders-Sein, des eignen Bluts in fremden Adern, des eignen Ursprungs in fremder Gestalt. Es ist das geisterhafte Gefühl, das aus den Versen Goethes atmet:

Ach, du warst in abgelegten Zeiten
meine Schwester oder meine Frau

Die Bruder-Schwester-Liebe taucht aus dem stillen Himmel der »Iphigenie« und wird in den »Geschwistern« behutsam abgewandelt. Sie war das Thema eines frühen Werks von Thomas Mann und kehrt in seinem Spätwerk »Der Erwählte« wieder. Musils Schwester starb als Kind. Er kannte sie nicht. In seinem Tagebuch sagt er, er habe mit ihr einen »gewissen Kultus« getrieben, fügt jedoch hinzu: »Ich trieb in Wahrheit keinen Kultus, aber diese Schwester interessierte mich. Dachte ich manchmal: wie, wenn sie noch am Leben wäre; ihr stünde ich am nächsten?« Er träumt von einer tiefen geschwisterlichen Gemeinschaft: »Die Zwillingsschwester ist biologisch etwas sehr Seltenes, aber sie lebt in uns allen als geistige Utopie, als manifestierte Idee unserer selbst.« Eine Liebe, frei von Fremdheit und Aggression: »Diese ›Güte‹ der Liebe als Schwesterlichkeit, Verwischung der Ichpolarität und dergleichen. Und dazu stimmt auch, daß die Vorstellung Schwester für ihn trotz aller geschlechtlichen Erlebnisse einesn seltsamen Zauber bildet.« In den Notizen zum »Mann ohne Eigenschaften«: »Die Geschwisterliebe muß sehr verteidigt werden. Als etwas ganz Tiefes, mit seiner Ablehnung der Welt Zusammenhängendes empfindet sie Ulrich... Es ist eine der wenigen Möglichkeiten von Einheit, die ihm gegeben sind...« Und schließlich: »Sie hatten sich vorgenommen, so zu leben wie Geschwister, wenn man dieses Wort nicht im Sinne einer standesamtlichen Urkunde, sondern in dem eines Gedichts nimmt;

sie waren nicht Bruder und Schwester noch Mann und Frau, ihre Wünsche waren wie weißer Nebel, in dem ein Feuer brennt.« Dieses Gedicht der Geschwisterlichkeit, diesen Traum einer Einheit, einer Liebe voll unwahrscheinlicher Beseligung zu gestalten, war einer der wesentlichen Gründe für das Ulrich-Agathe-Motiv.

Es gab noch einen dritten, letzten Grund.

Der »andre Zustand«

In einem Essay zur Dramaturgie des Films spricht Musil von »zwei Geisteszuständen, die einander zwar mannigfach beeinflußt haben und Kompromisse eingegangen sind, sich jedoch nie recht gemischt haben. Den einen der beiden kennt man als den Normalzustand unserer Beziehungen zu Welt, Menschen und eigenem Ich. Wir haben uns... durch die Schärfe unseres Geistes zu dem entwickelt, was wir sind, Herren einer Erde, auf der wir ursprünglich ein Nichts zwischen Ungeheurem waren; Aktivität, Tapferkeit, List, Falschheit, Ruhelosigkeit, Böses, Jägerhaftigkeit, Kriegslust und dergleichen sind die moralischen Eigenschaften, denen wir diesen Aufstieg verdanken.

Diesem Geisteszustand steht jedoch ein andrer gegenüber, der historisch nicht minder nachweisbar ist, wenn er sich auch unserer Geschichte weniger stark aufgeprägt hat; er ist mit vielen Namen bezeichnet worden, die alle eine unklare Übereinstimmung tragen. Man hat ihn den Zustand der Liebe genannt, der Güte, der Weltabgekehrtheit, der Kontemplation, des Schauens, der Annäherung an Gott, der Entrückung, der Willenlosigkeit, der Einkehr und vieler andrer Seiten eines Grunderlebnisses, das in Religion, Mystik und Ethik aller historischen Völker ebenso wiederkehrt, wie es merkwürdig entwicklungslos geblieben ist...

Bekanntlich ist dieser Zustand, außer in krankhafter Form, niemals von Dauer; ein hypothetischer Grenzfall, dem man sich annähert, um immer wieder in den Normalzustand zurückzufallen, und eben dies unterscheidet die Kunst von der Mystik, daß sie den Anschluß an das gewöhnliche Verhalten nie ganz verliert; sie erscheint dann als ein unselbständiger Zustand, als eine Brücke, die vom festen Boden sich so wegwölbt, als besäße sie im Imaginären ein Widerlager.«

Dieser »andre Zustand« hatte für den skeptischen Rationalisten

Musil eine verführerische Anziehungskraft. Den großen Ketzerbewegungen und mystischen Strömungen des Mittelalters war der »andre Zustand« der Mänaden und Bacchantinnen, der Propheten und Sybillen wohlbekannt. In ihnen wirkte der Traum vom verlorenen Paradies, vom Adam-Kadmon, dessen Einheit zerbrach, sich in Mann und Weib und damit unabsehbar weiter spaltete, und die Hoffnung, den *einheitlichen Menschen* neu zu konstituieren, in einer Synthese der Geschlechter zum Ursprung, zur Fülle des guten Gottes zurückzukehren. Aus Zusammenkünften, in denen sie nach vorbereitender Askese zur Masse verschmolzen, in einen Zustand der Verzückung gerieten, von Visionen des Jüngsten Gerichts, des Tausendjährigen Reichs überwältigt wurden, schöpften sie die wilde Kraft, deren sie zum Aufruhr gegen die Herren der Welt bedurften. Wenn eine Ketzerbewegung zusammenbrach, wenn der Verfolgte und Verfemte auf sich selber zurückgeworfen war, wurde die kollektive zur individuellen Mystik. In der individuellen »Unio Mystica« wurde das zerbrochene Kollektiv reproduziert, das tiefersehnte Massenerlebnis, die Vereinigung des Einzelnen mit einer nicht mehr konkreten, sondern unbestimmten Gesamtheit. Die »Unio Mystica«, zunächst unmittelbare Rückkehr zum Kollektiv (als Gott oder Kosmos empfunden), bedurfte, je weiter die Massenbewegung zurücklag, desto mehr der Vermittlung des Sexuellen, wurde zur erotischen »Innerlichkeit«. So berichtet zum Beispiel Sophia von Klingenau von einem »minniglichen« Übermanntsein: »Ein Licht kam vom Himmel, das war über die Maßen schön und wonnesam; und es hüllte mich ein und durchleuchtete und durchglänzte mich völlig, und mein Herz wurde jählings verwandelt und erfüllt mit einer unsäglichen, ungewohnten Freude...«

Je mehr die Entfremdung des Menschen, die Undurchdringlichkeit der ihn umgebenden Dinge und Verhältnisse, überhandnimmt, desto mächtiger wird das Verlangen, zu neuer Einheit durchzubrechen, sei es in der Hingabe an ein Kollektiv, oder an eine individuelle »Unio Mystica«. Der Individualist, an der »Wirklichkeit« einer gespenstisch gewordenen Gesellschaft verzweifelnd, sucht hinter ihr eine andre, tiefere, wirklichere Wirklichkeit – den Sinn, die Einheit und Fülle des Lebens jenseits des ausgelaugten Normalzustands.

Zum Unterschied vom spießbürgerlichen Rückzug aus der Gesellschaft, dessen Leitwort heißt: »Mei Ruah will i ham!«, ist dies der pathetische, überschwengliche, ein leidenschaftlicher Welt-Durst – doch Welt nur als Gefühl, als dauerndes Erlebnis, ungestört von Tatsachen und Entscheidungen. In diesem Wunsch nach dem »andren Zustand«, nach dem ungestörten *All-Eins-Sein* steckt ein extremer Egoismus; was als Auflösung des Ich in die Welt verkündet wird, ist im Gegenteil Auflösung der Welt im Ich, wobei die Menschen wie die Dinge nicht als Eigenwesen anerkannt werden, sondern nur dazu bestimmt sind. Nährstoff meines Gefühls zu sein. Es schwindet daher auch der Unterschied von Mensch und Ding; in seiner Gedenkrede für Rainer Maria Rilke, in dessen Lyrik der »andre Zustand« vorherrscht, hat Musil auf dieses Merkmal hingewiesen: »Bei Rilke werden nicht die Steine oder Bäume zu Menschen – wie sie es immer getan haben, wo Gedichte gemacht wurden –, sondern auch die Menschen werden zu Dingen oder zu namenlosen Wesen und gewinnen damit erst ihre letzte, von einem ebenso namenlosen Hauch bewegte Menschlichkeit.« Voll Bewunderung für den Lyriker Rilke zweifle ich dennoch daran, daß durch diese Verdinglichung des Menschen ein neuer Hauch von Humanität durch die Welt geht; ich glaube vielmehr, daß auch in der zarten und leuchtenden Atmosphäre dieses bedeutenden Dichters eine den Menschen zum Ding erniedrigende Welt sich widerspiegelt. Der Entschluß, die Welt nur mehr als mein Gefühl gelten zu lassen (bestärkt durch die Philosophie Ernst Machs, daß mein Sinneseindruck einzige Wirklichkeit sei), hat zur Folge, daß es keine *wirkliche* Beziehung zu *wirklichen* Menschen gibt, keine Verantwortung für den andren, der ja nur die Funktion hat, stellvertretende Person meines Gefühls zu sein.

In einer Welt, in der so sehr die Tatsachen überwiegen, in der Gefühlsdürre, die sich daraus ergibt, ist der Rekurs aufs Gefühl ein sehr verständlicher Abwehrreflex; wenn alles von Tatkraft trieft, die Wirtschaft mehr gilt als der Mensch, die Werkbank mehr als der an ihr steht, sehnt man sich nach Seele, die wie feuchter Wind vom Meer in die Trockenheit hereinweht. Wenn man jedoch von einer Aufgabe sprechen will, kann sie nur darin bestehn, wohltuendes Gefühl in die Welt hineinzutragen, in diese Welt, wie sie ist, mit ihren den Menschen vergewaltigenden Tatsachen, ihrer Müh und Plag, ihren hundertfachen, das Herz verhärtenden Schwierigkeiten, nicht aber, sich aus ihrem Zustand in den »andren« zurückzuziehn und aus dem eignen Leben ein

Gedicht zu machen, herausgesprengt aus jeder belästigenden Wirklichkeit. Doch eben dies, das weltverneinende Untertauchen in den »andren Zustand«, in ein nicht spießbürgerlich eingeschrumpftes, sondern märchenhaft blühendes Privatleben des übersteigerten Gefühls, der Liebe, Zärtlichkeit und Seligkeit läßt Musil seinen problematischen Helden Ulrich versuchen. Als maximal günstige Voraussetzung wählt er das Motiv der Bruder-Schwester-Liebe: denn nicht nur ist durch das Verbotene dieser Beziehung das Ausscheiden aus der gesellschaftlichen Welt, das ihr entrückte Geheimnis als notwendig gegeben, sondern in der ihm traumhaft ähnlichen, seinem Wesen so tief verwandten »Zwillingsschwester«, erlebt er dauernd sich selbst, das eigne Ich im Spiegel der fremden Gestalt. Er ist der extreme Fall, »der nicht auf eine Unnatur oder Lebensschwäche hinweist, sondern auf eine Widerweltlichkeit und starke Widersetzlichkeit, auf ein übergroßes und überleidenschaftliches Verlangen nach Liebe«. In einem Schwebezustand zwischen Resignation und Hoffnung sagt Ulrich zu Agathe, »daß ein Mitten-inne-Sein, ein Zustand der unzerstörten Innigkeit des Lebens – wenn man das Wort nicht sentimental versteht, sondern in der Bedeutung, die wir ihm soeben gegeben haben –, wahrscheinlich mit vernünftigen Sinnen nicht zu fordern ist«. Dann beugt er sich vor, berührt ihren Arm, sieht ihr lange in die Augen. »Es ist vielleicht eine Menschenwidrigkeit«, sagt er leise. »Wirklich ist nur, daß wir sie schmerzlich entbehren! Denn damit hängt wohl das Verlangen nach Geschwisterlichkeit zusammen.« Und in all dem Verlangen, in all der Zartheit und Süße des Gefühls ist es ein wilder Egoismus, dem Ulrich gehorcht, und Musil stellt dies dar, ohne Beschönigung. Man darf sich nicht nur als Ich fühlen. Der »andre Zustand« ist keine mögliche Lebensform. Man muß die gesellschaftliche Wirklichkeit anerkennen.

In einem Gespräch mit Ulrich sagt Agathe plötzlich: »Es gelingt ja doch nicht… *Eigentlich sind wir schreckliche Nichtstuer!*« Die oberflächliche Antwort Ulrichs: »Du vergißt, daß auch das Streben nach Seligkeit eine Arbeit ist!«, kann sie nicht beruhigen. An andrer Stelle hat Musil festgestellt: »Der wahre Mensch ist nur der Handelnde – das übrige in uns ist nie als ›wahr‹ zu erkennen, man nimmt es niemals scharf genug wahr.« Agathe hat recht: es sind zum großen Teil Erlebnisse und Gefühlskomplexe von Nichtstuern, Untätigen, die Musil analysiert. Auch das ist zu rechtfertigen, wenn es bewußt gemacht wird: die Arbeit, und was mit ihr zusammenhängt, ist nicht der einzige Lebensinhalt, und vieles reift in der Muße des Menschen, im »Reich der Freiheit« jenseits des Produktionsprozesses. Auch Thomas Mann hat im »Zauberberg« die Methode angewandt, Menschen aus dem gesellschaftlichen Normalzustand herauszulösen, um dadurch manches, das sonst verdeckt und verdunkelt ist, aufzudecken und zu durchleuchten. Man muß jedoch stets im Auge behalten – und Musil tut es –, daß dadurch Verzerrungen und Verkrampfungen entstehn, daß das nicht an der alltäglichen Welt sich erprobende, an ihren Schranken sich bewährende Gefühl nur allzu leicht zu etwas Aufgeblähtem, pathologisch Wucherndem, in seiner Ungestalt sich selbst Vernichtendem wird. Ulrich und Agathe können den »andren Zustand« nicht aufrechterhalten, er bricht im höchsten Aufschwung zusammen – weil er keinen Halt an der Welt findet, weil er sich zu sehr vom festen Boden wegwölbt und das erhoffte »Widerlager im Imaginären« sich als Illusion erweist.

Mit größter dichterischer Kraft und unerbittlich der eignen Utopie, dem Traumbild eines die Welt überwindenden Individualismus das Urteil sprechend, hat Musil sich und allen, die Flucht aus der Gesellschaft, individuelle »Erlösung« und windgeschützte »Innerlichkeit« anstreben, erwidert: So geht es nicht! Schade, daß er nicht weiterging, daß er, der die gesellschaftliche, die kollektive Lösung für die unabweisbare Aufgabe hielt und zugleich wünschte, in sie hineinzuretten, was am Individualismus positiv war, nicht den Versuch unternahm, die *Synthese* dichterisch zu gestalten! *Nur* der »andre Zustand«, Liebe, Zärtlichkeit, Geschwisterlichkeit, das »Mitten-inne-Sein«, der Zustand der unzerstörten Innigkeit des Lebens, ist unerreichbare Utopie; aber diesen Zustand in ein tätiges Leben, in ein Dasein mitten in der Gesellschaft, in ein Dasein des Kampfes mit allen Schwierigkeiten, Bemühungen und Enttäuschungen hineinzuretten, ihn einzufügen in die widerspruchsvolle Wirklichkeit, festzuhalten und zu verteidigen, sollte es nicht das unablässige Wagnis und sollte es nicht möglich sein? *»Es ist nicht einfach, zu lieben!«* überschreibt Musil ein Kapitel. Nein, es ist nicht einfach in dieser Welt – aber Musil hat vom Wesen der Dichtung gesagt, sie sei da, um »Richtbilder aufzustellen«. Ein solches Richtbild wäre es, von einer nicht mißlingenden, sondern jeder Wirklichkeit standhaltenden Liebe in dieser Welt zu berichten. Es gibt Notizen zu dem unvollendeten Roman, die auf eine Synthese hindeuten, so zum Beispiel: »Da ›andrer Zustand‹ zu individualistisch, gleich die soziale Problematik hinzunehmen.« Oder: »Die Problematik des ›andren-Zustand‹-Kreises muß in stärkere Beziehung zu der Zeit gesetzt werden, damit man sie versteht und nicht bloß für eine Extravaganz hält.« Daß sie keine Extravaganz, sondern ein echtes Problem ist, wurde hier nachzuweisen versucht. Die Lösung liegt jenseits des weltabgewandten Individualismus. Sie liegt in einer Vereinigung des Gesellschaftlichen mit dem Individuellen.

Agathe

Wenn man sich mit Musil auseinandersetzt, kann man nicht umhin, immer wieder die Magie seiner Dichtung zu rühmen. Diese Agathe in ihrer auf das Leben wartenden Passivität, in ihrer stillen und weichen Kraft, im Aufbruch ihres Wesens aus einem »unbeleuchteten Zustand«, in ihrer leidenschaftlichen, jeden Einwand überwindenden Unbedingtheit ist eine der schönsten Frauengestalten der Weltliteratur – die einzige Frauengestalt des Romans, die Musil ohne die leiseste Ironie mit ungebrochener Liebe darstellt.

Seit ihrer Kindheit hat sie den Bruder nicht gesehn und wird nun, da sie im Haus des toten Vaters sich treffen, von seiner suggestiven Intelligenz ergriffen. Ulrich überstürzt sie mit Gedanken, die für ihn nur Fragezeichen des Geistes, für sie jedoch Rufzeichen des Lebens sind. Alles in ihr ist bildsame Möglichkeit, und was der Bruder sagt und was sie oft nicht intellektuell, sondern nur instinktiv versteht, wirkt in ihr fort, ungeordnet und verführerisch, und wenn er dann und wann vor den Folgen seines chaotischen Unterrichts erschrickt, antwortet sie unbefangen: »Aber du selber hast doch gesagt...!«

Was für ihn nur das *Mögliche* ist, wird für sie zum *Wirklichen*, was für ihn nur Schatten war, nimmt in ihr Gestalt an, was er *denkt*, versucht sie zu *leben*. Ulrich, der »Mann ohne Eigenschaften«, wird gelegentlich auf solche Art charakterisiert: »Immer wird für ihn erst ein möglicher Zusammenhang entscheiden, wofür er eine Sache hält. Nichts ist für ihn fest. Alles ist verwandlungsfähig, Teil in einem Ganzen, in unzähligen Ganzen, die vermutlich zu einem Überganzen gehören, das er aber nicht im geringsten kennt. So ist jede seiner Antworten eine Teilantwort, jedes seiner Gefühle nur eine Ansicht, und es kommt ihm bei nichts darauf an, was es ist, sondern nur auf irgendein danebenlaufendes ›wie es ist‹, irgendeine Zutat, kommt es ihm immer an.« Und an andrer Stelle: »Er ahnt: diese Ordnung ist nicht so fest, wie sie sich gibt, kein Ich, keine Form, kein Grundsatz sind sicher, alles ist in einer unsichtbaren, aber niemals ruhenden Wandlung begriffen, im Unfesten liegt mehr von der Zukunft als im Festen, und die Gegenwart ist nichts als eine Hypothese, über die man noch nicht hinausgekommen ist.« In dieser unruhigen, ahnungsvollen Dialektik ist ein Kern echter Welterkenntnis – aber was soll Agathe, die sich im Leben zurechtfinden will, damit anfangen? Für Ulrich ist diese Welt voll von unausgeschöpften Möglichkeiten; sie könnte, ja sie sollte anders sein, und was ihn lockt, ist das Potentielle, das Unverwirklichte, das Noch-nicht-Seiende; die Tat jedoch, der Actus, die Realisierung ist stets das Enttäuschende, der Paradiesvogel des Möglichen wird zur gerupften Wirklichkeit. Ein Jugendfreund hält Ulrich vor, seine Philosophie sei nichts andres als die österreichische Philosophie des »Fortwurstelns«, und das trifft zum Teil zu. Schon Grillparzer, den Musil hochschätzt, schreckt vor der Tat zurück und sieht in ihr immer die Untat, das zerstörende Prinzip; den Atem anzuhalten und nicht zum Täter zu werden, scheint ihm in der Labilität der Habsburgermonarchie das Gebotene. Und dieses Gefühl wird bestärkt durch die allgemeine Enttäuschung nach den bürgerlich-demokratischen Revolutionen, aus denen nicht das Reich der Freiheit, sondern die Macht des Kapitals hervorging und das, was Musil die »furchtbare Tatkraft« nennt, der rasende Wettkampf einander widerstreitender Interessen. Ulrich will eine Welt, die zu Ende geht, zu Ende denken: Agathe zieht praktische Konsequenzen. Wenn diese Ordnung, wie sie von Ulrich vernimmt, nicht mehr gültig ist, wenn ihre Moral absurd, ihr Gesetz Unsinn ist, kann der souverän gewordene Mensch tun, was er will.

Mit zarten Zügen wird erzählt, wie sie sich in den Bruder verliebt.

Musil war nicht die Zeit gegeben, diese leidenschaftlich-melancholische Liebesgeschichte zu Ende zu führen. Die aus dem Nachlaß veröffentlichten, zum Teil ausgearbeiteten, zum Teil fragmentarischen Partien sind von Reflexionen überladen; doch aus der weitschweifigen Ungeformtheit lösen sich immer wieder entscheidende Situationen, die meisterhaft durchgestaltet sind. Ulrich und Agathe kleiden sich zu einer Abendunterhaltung um. Ulrich ist plötzlich von ihrer »lieblichen Körperlichkeit« hingerissen, umschlingt sie mit sanfter Wildheit. Agathe »lag niedersinkend als eine Wolke von Glück in seinen Armen. Ulrich trug sie, ihren Körper sanft an sich drückend, durch das dunkelnde Zimmer ans Fenster und stellte sie neben sich in das milde Licht des Abends, das ihr Gesicht wie Tränen überströmte...« Und dann das unaussprechliche Gefühl, man dürfe nicht aus diesem Schwebezustand abstürzen, die Angst vor zuviel Wirklichkeit: »...die Gebärden des Fleisches waren ihnen unmöglich geworden, und sie fühlten eine unbeschreibliche Warnung, die mit den Geboten der Sitte nichts zu tun hatte. Es schien sie aus der Welt der vollkommeneren, wenn auch noch schattenhaften Vereinigung, von der sie zuvor wie in einem schwärmerischen Gleichnis genossen hatten, ein höheres Gebot getroffen, eine höhere Ahnung, Neugierde oder Voraussicht angehaucht zu haben...« Es ist *das Motiv der Entsagung,* des Verzichts, das seit dem Untergang der Antike, seit der Christianisierung der Seele mit schweren Schatten über die Landschaft der Liebe hinzieht.

Agathe ist nicht bereit zu resignieren. Sie will nicht, daß Traum und Leben auseinanderklaffen. In ihrer Auflehnung gegen diese Trennung von irdischer und himmlischer Liebe, die dem Verlangen des Mannes nach seelischem Komfort ohne Risiko entspricht, verdient sie unsre Sympathie. »›Wenn man dich hört‹, unterbrach Agathe ihren Bruder mit einem Vorwurf, der ihre innere Anteilnahme verriet, ›so sollte man meinen, daß man die wirkliche Person nicht wirklich liebt und eine unwirkliche wirklich –!‹

›Genau das hab' ich sagen wollen, und ähnliches habe ich auch schon von dir gehört.‹

›Aber in Wirklichkeit sind die beiden schließlich doch eins!... Vielleicht wird auch die wirkliche Person erst in der Liebe ganz wirklich? Vielleicht ist sie vorher nicht vollständig?‹«

Ulrich, der von Anfang an die Verantwortung trägt, der die Schwester zu seinem Geschöpf gemacht, sie zu einem Leben außer Rand und Band verführt hat, sagt ihr in einem Augenblick großer Erregung, daß es nicht möglich sei, jenseits gesellschaftlicher Ordnung zu existieren. Ulrich hat recht. Die Gleichung ist aufgegangen. Der schrankenlose Individualismus ist keine Lebensform. Der Mensch ist ein gesellschaftliches Wesen. Quod erat demonstrandum. Und doch ist seine kalte Erkenntnis, aus heißem Erlebnis destilliert, in solchem Zusammenhang widerwärtig und die warme, atmende, unerschrockene Sinnlichkeit der Frau hundertfach liebenswert. Ich glaube, daß Musil dies ebenso empfunden hat, denn alles Licht seiner Darstellung fällt auf Agathe und alle Kritik richtet sich gegen die Barbarei der Männerwelt.

Die Katastrophe

Als Zeit ohne Liebe wird die Zeit vor dem Krieg charakterisiert. Sie drängt, sie stürzt der Katastrophe entgegen. Kälte, Grausamkeit, barbarisches Unterbewußtsein durchbrechen die Kruste der Zivilisation. Der »Lebensphilosoph« Meingast, dessen Modell Klages ist, sagt mit kühler Stimme: »Nur systematisch geübte Grausamkeit bleibt als das Mittel, über das die vom Humanitarismus verblödeten europäischen Völker noch verfügen, um ihre Kraft wiederzufinden.« Die »Parallel-Aktion«, deren letzte Idee ein Weltfriedenskongreß war, bröckelt ins Leere; ihr praktisches Ergebnis war, daß der deutsche Großindustrielle Arnheim die galizischen Ölfelder aufkaufte und das Kriegsministerium endlich die Mittel bekommt, die Artillerie zu modernisieren. Die von Seele sprachen, sinken in Sümpfe von Fleisch und Blut hinab. Ein Totentanz der Sexualität hebt an, Sexualität als Aggression, als Schlachtfest der Geschlechter, aus dem die Liebe entweicht. »Letzte Zuflucht«, notiert Musil, »Sexualität und Krieg.«

In einer Szene von unheimlicher Einprägsamkeit findet Musil dic zusammenfassende Symbolik. Ein Gartenfest vor Kriegsausbruch: »Eine flackernde Feuersbrunst rötete die Rinde der Bäume, das lautlos über den Häuptern schwebende Blätterdach und die Gesichter unzähliger zusammengedrängter Menschen...« Die große Diotima, die üppige Friedensdame, ist im Kostüm eines napoleonischen Obersten gekommen. Der vage, verschwommen von Frieden und Kultur träumende, aus Fleischesfülle quellende Idealismus hat das Gewand des Krieges angelegt. Ulrich tritt zu ihr; sie hat Tränen in den Augen. »Dieser große weinende Offizier war sehr närrisch, aber auch sehr schön.« Der »Mann ohne Eigenschaften« entführt sie in seine Wohnung. Sie ist leicht betrunken, schlägt Bein über Bein, raucht

Zigaretten und weint zwischendurch. Und dann erzählt diese große Dame ihre Geschichte, die traurige Geschichte einer kleinbürgerlichen Vorkriegsfrau. Sie war die älteste von fünf Töchtern, mußte immer die Mutter spielen, alles besser wissen und sehnte sich aus diesem Milieu hinaus. Sie heiratete den Sektionschef Tuzzi, weil er um vieles älter war und schon die Haare zu verlieren begann. Zuerst ging alles gut, dann kam die Enttäuschung und dann der Triumph der Parallel-Aktion, der große Arnheim und das schale Ende. Arnheim hat sich nach dem Ankauf der Ölfelder der einstigen Geliebten Ulrichs zugewandt, der maßlos fressenden Leona, dem trägen Fleisch ohne Hauch von Seele und Kultur. Diotima sitzt auf dem Sofa, den Säbel über den Knien, und ist bereit, sich Ulrich hinzugeben. »Ihre Lippen waren groß und offen, ihr Körper feucht und atmend wie aufgeworfene Gartenerde und ihre Augen unter dem Schleier des Verlangens wie zwei in einen dunklen Gang geöffnete Tore.« Und plötzlich steigt in Ulrich die Wut auf, der Haß gegen diese in Sinnlichkeit aufgelöste Prophetin des Idealismus, und er möchte nichts als sie schlagen. Schließlich nimmt er ihr den Säbel weg, wirft ihn fort und gibt ihr zweimal einen derben Klaps. Sie hat es anders erwartet, dennoch zieht sie ihn an sich. Es ist der Zusammenbruch der Parallel-Aktion mit ihrer inhaltlosen Aufgedunsenheit, und übrig blieb die als Offizier vermummte Sexualität. Als Diotima erwacht, sind ihre Uniformstücke über das Zimmer verstreut. Ulrich ist fort. Und dann kommt der Krieg. Der Anfang vom Ende der Bürgerwelt. Der Aufbruch ins Unbekannte.

»Nur positiv leben!«

Robert Musil war einer der größten Schriftsteller im Zwielicht eines Zeitalters zwischen Sterbendem und Werdendem. Dieser ahnungsvoll Fragende vermochte nicht nur den Verfall der Habsburgermonarchie, sondern in ihm die Problematik einer verfallenden Welt suggestiv darzustellen. Er hat diese Problematik als ein von ihr Bedrängter und zugleich als unbeirrbar gescheiter Kritiker, als Erlebender und Erkennender, als faszinierender Satiriker dargestellt. Er hat die Wirklichkeit nicht als das Sicht- und Greifbare, als Oberfläche naturalistisch photographiert, sondern ihre verborgene Struktur, ihre molekularen Prozesse, ihre elektromagnetischen Kraftfelder werden aufgedeckt. Die Verwandtschaft dieser Romantechnik mit Röntgenaufnahmen ist unverkennbar, das Exakte und dennoch phantastisch Anmutende, das feste Gerüst von Sein und Bewußtsein in flüchtigen Wolken der Körperlichkeit, Existenz in gespenstischer Unheimlichkeit.

Von Technik und Wissenschaft herkommend, bekannte sich Musil zur »induktiven« Methode, zur möglichst unvoreingenommenen Untersuchung des konkreten Falls, um aus ihm konkrete Erkenntnisse abzuleiten – mochten sie noch so sehr herrschenden Auffassungen, Grundsätzen und Systemen widersprechen. Zugleich aber war dieser Analytiker ein *Dichter*, den immer wieder Erlebnis überwältigte, den immer wieder subjektive Ergriffenheit über die Haltung, die Zurückhaltung des kühlen Betrachters hinausriß. Das Negative der kapitalistischen Bürgerwelt herausarbeitend, war er voll Sehnsucht nach Negation der Negation, nach neuer Ordnung, Einheit, Fülle, nach einem »andren Zustand«, in welchem der Mensch mit seiner Umwelt, mit sich selbst übereinstimmt. »Worin«, so fragt er, »liegt die Möglichkeit eines *ganzen* Lebens, einer *vollen* Überzeugung, einer Liebe, die ohne jede Beteiligung von Nichtliebe, ohne einen Rest von Selbst- und Ichsucht ist? Das heißt doch: *nur positiv leben.*«

Ein Dichter, der auf solche Weise zu *fragen* versteht, deutet in die Zukunft, mag seine *Antwort* auch fragmentarisch sein. Ja, noch mehr: die richtig gestellte, die leidenschaftliche, die schonungslose Frage ist Voraussetzung jeder nicht dogmatischen, sondern vorwärtshelfenden Antwort. In seinem »Vorwärtsirren« ist Musils Werk ein Vorwärtshelfen. Aus seiner Problematik erhebt sich ein mächtiges »Trotz alledem!« – die Möglichkeit, nur positiv zu leben, die Aufgabe, eine Welt zu errichten, in der Persönlichkeit und Kollektiv übereinstimmen.

Franz Kafka

Über das Werk Franz Kafkas erhebt sich die Pyramide der Würdigungen. Ich maße mir nicht an, einen neuen Baustein hinzuzufügen. Mein Beitrag besteht aus Notizen zu einigen Problemen.

Es gilt, Franz Kafka vor Heiligsprechung zu bewahren, nicht minder jedoch, ihn gegen dogmatische Eiferer zu verteidigen. Er war kein Heiliger, sondern ungleich mehr: ein großer Dichter. Sein Werk ist ungleich mehr als letzter Schrei eines Zeitalters; es ist Weltliteratur. Es zählt, sagte Thomas Mann, »zum Lesenswertesten, was die Weltliteratur hervorgebracht hat.«

Dieses Werk entnahm Nährstoff und Gift dem untergehenden Habsburgerstaat. Eben dadurch wuchs es – welch ein Paradoxon! – über lokale Begrenztheit hinaus, ins Heimatlose. Als Max Brod zum erstenmal Prosa seines Freundes vorlas, meinte Franz Werfel: »Hinter Tetschen-Bodenbach wird kein Mensch Kafka verstehn.« Die Mitwelt wußte wenig mit ihm anzufangen. Der Nachruhm ist enorm.

Kafka, als mystischer Nihilist, als Beschwörer des Unwirklichen und Irrationalen gefeiert und verdammt, war wesentlich ein Satiriker. Die großen Propheten waren zumeist auch Satiriker, die großen Satiriker manchmal auch Propheten. Kafkas phantastische Satire hat Künftiges prophetisch vorweggenommen. Seinem Wesen entspricht, was Karl Kraus von Nestroy sagte: »Er geht antizipierend seine kleine Umwelt mit einer Schärfe an, die einer späteren Sache würdig wäre. Er tritt bereits seine satirische Erbschaft an.«

Nur die kleinen Details gesehn zu haben, wirft mancher Pedant ihm vor; den großen Zusammenhang habe er nicht wahrgenommen, den Weltendonner nicht gehört, sondern nur Unhörbares. Es gibt, vor dem Einschlafen, einen »paradoxen Zustand«: man hört das Ticken einer Uhr, nicht ein Gewitter. Die Uhr, die Kafka ticken hörte – es hat sich später herausgestellt – war eine Höllenmaschine. Sie sprengte das Haus in die Luft, in das der Blitz nicht einschlug. Das kleine Detail verriet den großen, den katastrophalen Zusammenhang.

Kafka starb an einer privaten Krankheit, die ihn überlebende

Familie Jahrzehnte später an einer öffentlichen, deren Kommen er geahnt hatte: an Hitlers Drittem Reich.

Genie der Schwäche

Franz Kafka wurde am 3. Juli 1883 als Sohn eines jüdischen Kaufmanns in Prag geboren. Er starb am 3. Juni 1924 im Sanatorium Kierling bei Wien an einer Kehlkopftuberkulose.

In konzentrierter Selbstbeobachtung hat Kafka seine *Schwäche* als Urgrund seiner literarischen Kraft aufgedeckt. Er schrieb: »Ich habe von den Erfordernissen des Lebens gar nichts mitgebracht, so viel ich weiß, sondern nur die allgemeine menschliche Schwäche. Mit dieser – in dieser Hinsicht ist es eine riesenhafte Kraft – habe ich das Negative meiner Zeit, die mir ja sehr nahe ist, die ich nie zu bekämpfen, sondern gewissermaßen zu vertreten das Recht habe, kräftig aufgenommen. An dem geringen Positiven sowie an dem äußersten, zum Positiven umkippenden Negativen, hatte ich keinen ererbten Anteil...«

Es war eine ähnliche Schwäche, wie die von Kleist oder Keats, nur noch totaler, ein wehrloses Preisgegebensein, ein dem leisesten Druck Erliegen, eine so dünne Haut, daß das Tageslicht durchzuscheinen vermochte. »Dieser Krug war schon zerbrochen«, schrieb er an Milena, »lange noch ehe er zum Brunnen ging.« Sein zarter Körper, hoch aufgeschossen wie ein Kellergewächs, befand sich in steter Abwehrstellung gegen ein »Zuviel«. Der Instinkt der Selbsterhaltung gebot ihm Ökonomie, Sparsamkeit, Verzicht auf manches, von dem er ahnte, »daß es maßlos über meine Kraft hinausgeht«. Sein Verlangen nach Geborgenheit, nach Heimkehr gleichsam in den Mutterschoß, entsprach der Schwäche des Organismus. Doch mächtiger war die Begierde nach literarischer Produktion.

»Als es meinem Organismus klar geworden war, daß das Schreiben die ergiebigste Richtung meines Wesens sei, drängte sich alles hin und ließ alle Fähigkeiten leer stehen, die sich auf die Freuden des Geschlechts, des Essens, des Trinkens, des philosophischen Nachdenkens, der Musik zuallererst, richteten. Ich magerte nach allen diesen Richtungen ab. Das war notwendig, weil meine Kräfte in ihrer Gesamtheit so gering waren, daß sie nur gesammelt dem Zweck des Schreibens halbwegs dienen konnten.«

Dieser so zarte Organismus hatte die Kraft zu tragischer Entscheidung. Viele Schriftsteller können den Arbeitsprozeß so automatisieren, daß sie imstande sind, unter Vermeidung übermäßigen Energieaufwands, täglich ein Pensum zu erledigen; andre vermögen nur exzessiv, in einem Übermaß von innerer Angespanntheit, im »furore« zu produzieren. Zu dieser Kategorie von Schriftstellern gehörte Kafka. Am 12. September 1912 trägt er in sein Tagebuch ein: »Diese Geschichte, ›Das Urteil‹, habe ich in der Nacht vom 22. bis 23. von zehn Uhr abends bis sechs Uhr früh in einem Zug geschrieben... Die fürchterliche Anstrengung und Freude, wie sich die Geschichte vor mir entwickelte, wie ich in einem Gewässer vorwärtskam. Mehrmals in dieser Nacht trug ich mein Gewicht auf dem Rücken...Nur *so* kann geschrieben werden, mit solcher vollständigen Öffnung des Leibes und der Seele...« In einer andren Notiz berichtete er »von der Zeit der Erhebung, die ich mehr fürchte als ersehne, wie sehr ich sie auch ersehne...« Nur in solcher Zeit erfinde er Gutes, dann aber werde »die Fülle so groß..., daß ich verzichten muß, blindlings also nehme, nur dem Zufall nach, aus der Strömung heraus, griffweise, so daß diese Erwerbung beim überlegten Niederschreiben nichts ist im Vergleich zur Fülle, in der sie lebte, unfähig, diese Fülle herbeizubringen, und daher schlecht und störend ist, weil sie nutzlos lockt...« Für seine literarische Arbeit zahlte er mit kaum zu ertragenden Kopfschmerzen, mit Schlaflosigkeit, Erschöpfung, Krankheit, Selbstvernichtung. »Unfähig bin ich«, schrieb er 1913, »den Ansturm meines eigenen Lebens, die Anforderungen meiner eigenen Person, den Angriff der Zeit und des Alters, den vagen Andrang der Schreiblust, die Schlaflosigkeit, die Nähe des Irreseins – alles dies allein zu ertragen, bin ich unfähig...« Und 1921: »Dahinter, daß ich nichts Nützliches gelernt habe und mich – was zusammenhängt – auch körperlich verfallen ließ, kann eine Absicht liegen. Ich wollte unabgelenkt bleiben, unabgelenkt durch die Lebensfreude eines nützlichen und gesunden Mannes. Als ob Krankheit und Verzweiflung nicht zumindest ebenso ablenken würden!... Die systematische Zerstörung meiner selbst im Laufe der Jahre ist erstaunlich, es war wie ein langsam sich entwickelnder Dammbruch, eine Aktion voll Absicht...«

Die von den Romantikern aufgebrachte und abgebrauchte Alternative: Kunst *oder* Leben! war für Kafka tödlicher Ernst.

Seine Schwäche verbot ihm, beides zur Einheit zu machen. Obwohl er Jus studiert, einen Beruf gewählt hatte, der ihm relativ viel freie Zeit ließ, wurde sein Organismus durch die Doppelarbeit aufgezehrt. Die beiden Berufe können, schrieb Kafka, »einander niemals ertragen und ein gemeinsames Glück zulassen. Das kleinste Glück im einen wird ein großes Unglück im zweiten. Habe ich an einem Abend Gutes geschrieben, brenne ich am nächsten Tag im Bureau und kann nichts fertigbringen. Dieses Hin und Her wird immer ärger. Im Bureau genüge ich äußerlich meinen Pflichten, meinen inneren Pflichten aber nicht, und jede nicht erfüllte innere Pflicht wird zu einem Unglück, das sich aus mir nicht rührt...« Kafka war nicht nur als Schriftsteller, sondern auch als Beamter der Prager Arbeiterversicherungsanstalt bis zum Äußersten gewissenhaft, das genaue Gegenteil eines Bohemien. »Meine Zweifel stehn um jedes Wort im Kreis herum«, sagt er von seiner literarischen Produktion. Und die Beamten der Anstalt schilderten ihn als ungemein pflichtbewußt. Die rührende Gestalt des Studenten im Amerika-Roman ist Kafkas Ebenbild: bei Tag ist er Verkäufer in einem Warenhaus, nachts aber sitzt er einsam auf einem Balkon, von Büchern umringt, und studiert.

»Aber wann schlafen Sie?« fragte Karl und sah den Studenten verwundert an.

»Ja, schlafen!« sagte der Student. »Schlafen werde ich, wenn ich mit meinem Studium fertig bin. Vorläufig trinke ich schwarzen Kaffee...«

Die heftige Abwehr Kafkas gegen die Ehe, nach der er zugleich große Sehnsucht empfand, war zum Teil der Widerstand eines schwachen, überanstrengten Organismus. Als dennoch die Vorbereitungen zu einer Ehe weit gediehen waren, wurde Kafka vom ersten Blutsturz überwältigt. Er sah darin, wie Brod berichtet, gleichsam die Strafe dafür, daß er so oft die gewaltsame Lösung herbeiwünschte. Im Gespräch mit dem religiösen Freund zitierte Kafka gegen Gott das Wort aus den Meistersingern: »Ich hätt' ihn für feiner gehalten.«

Kafka entschied sich bewußt für Kunst und Selbstvernichtung, gegen das Leben und jegliches Privatglück. Zu dieser extremen Entscheidung mag beigetragen haben, daß Kafka der überspannten Situation bedurfte, um seinem Genie gemäß zu schreiben. In »normalem« Zustand war er ein bedeutender, doch nicht der unvergleichbare Schriftsteller, der zu werden er jeden Schmerz auf sich nahm. Was er davon sagte, könne Jahrzehnte später in Thomas Manns Roman »Dr. Faustus« Adrian Leverkühn gesagt haben: »Das Schreiben ist ein süßer, wunderbarer Lohn, aber wofür? In der Nacht war es mir mit der Deutlichkeit kindlichen Anschauungsunterrichtes klar, daß es der Lohn für Teufelsdienst ist. Dieses Hinabgehen zu den dunklen Mächten, diese Entfesselung von Natur aus gebundener Geister, fragwürdige Umarmungen und was alles noch unten vor sich gehen mag, von dem man oben nichts mehr weiß, wenn man im Sonnenlicht Geschichten schreibt...«

Kafkas Tagebücher und Briefe sind voll der Klagen, voll des Mitleids über sich selbst, voll der selbstquälerisch eingestandenen Schwäche; doch hinter all den Lamentationen verbirgt sich der Heroismus eines Lebens, hinter der akzentuierten Unzulänglichkeit die Größe eines Mannes, der sich selbst zerbrach, damit aus Trümmern das Kunstwerk steige.

Der Fremdling

Das merkwürdige Wort, er habe das Negative seiner Zeit, die ihm sehr nahe gewesen sei, kräftig in sich aufgenommen, ist eine doppelte Aussage Kafkas: über sich selbst und über sein Zeitalter. Sein empfindlicher, auf kaum zu erkennende Symptome heftig reagierender Organismus befähigte ihn, verborgene Krankheit intensiv zu spüren. Ich kannte einen Arzt, der den Krebs roch, schon im unbeweisbaren Anfangsstadium. Kafka roch die Verwesung einer scheinbar noch intakten Gesellschaft, im Bürokraten von heute den Prügler, den Henker von morgen, im unscheinbaren Keim die heranreifende Katastrophe. Er war dazu imstande, weil seine individuelle Situation einer gesellschaftlichen entsprach, weil in seinem Umkreis das Negative der Zeit deutlicher hervortrat als anderswo.

Sein wesentliches Erlebnis war die *Fremdheit,* das Nicht-dazu-Gehören, das Auf-sich-selbst-Zurückgeworfensein. In seiner vorzüglichen Studie »Kafka pro et contra« sagt Günther Anders: »Als Jude gehörte er nicht ganz zur christlichen Welt. Als indifferenter Jude – denn das war er ursprünglich – nicht ganz zu den Juden. Als Deutschsprechender nicht ganz zu den Tschechen. Als deutschsprechender Jude nicht ganz zu den böhmischen Deutschen. Als Böhme nicht ganz zu Österreich. Als Arbeitsversicherungsbeamter nicht ganz zum Bürgertum. Als Bürgersohn nicht ganz zur Arbeiterschaft. Aber auch zum Büro gehörte er nicht, denn er fühlt sich als Schriftsteller. Schriftsteller aber ist er auch nicht, denn seine Kraft opfert er der Familie. Aber »ich lebe in der Familie fremder als ein Fremder.« (Brief an seinen Schwiegervater.)

»Ihr seid mir alle fremd«, sagte Kafka zu seiner Mutter, »nur die Blutnähe besteht, aber sie äußert sich nicht...« Er haßt das dumpfe Daheim und kommt nicht los davon. »Das eine Mal verfolge ich auch das mit meinem Haß, der Anblick des Ehebettes zu Hause, der gebrauchten Bettwäsche, der sorgfältig hingelegten Hemden kann mich bis zum Erbrechen reizen, kann mein Inneres nach außen kehren, es ist, als wäre ich nicht endgültig geboren, käme immer wieder aus dumpfem Leben in dieser dumpfen Stube zur Welt, müsse mir dort immer wieder Bestätigung holen...« Das Unverständnis der strebsamen, selbstzufriedenen kleinbürgerlichen Familie für das Extreme, das hier in ihrer Mitte heranwuchs, war festgefügt und unüberwindbar. Das nach Liebe begehrende Kind krümmte sich in das eigne Ich zurück. Zumeist schlecht gekleidet, hielt es sich krumm, und paßte sich dadurch den Kleidern an. »Da ich schon damals mehr in Ahnungen als in Wirklichkeit auf dem Wege war, mich geringzuschätzen, war ich überzeugt, daß die Kleider nur an mir dieses zuerst brettartige, steife, dann faltighängende Aussehen annahmen...« Vor dem Einschlafen aber gab sich das Kind damit ab, »daß ich einmal als reicher Mann in vierspännigem Wagen in der Judenstadt einfahren, ein mit Unrecht geprügeltes schönes Mädchen mit einem Machtwort befreien und in meinem Wagen fortführen werde...« Im Amerika-Roman denkt der für das Recht eines Heizers unerschrocken kämpfende Karl: »Wenn ihn doch seine Eltern sehen könnten, wie er in fremdem Land vor angesehenen Persönlichkeiten das Gute verfocht und, wenn er es auch noch nicht zum Siege gebracht hat, so doch zur letzten Eroberung sich vollkommen bereitstellte.« Immer wieder las Kafka die Briefe Kleists, merkte an, daß die Sippe des Junkers den Dichter als »ein ganz nichtsnutziges Glied der menschlichen Gemeinschaft« betrachtete und fügte mit melancholischer Ironie hinzu, daß zum hundertsten Todestage die Familie an seinem Grab einen Kranz mit der Inschrift niederlegte: »Dem besten ihres Geschlechts.«

Die Ähnlichkeit des Prager Juden Franz Kafka mit dem preußischen Junker Heinrich von Kleist wurde schon oft hervorgehoben. Der seiner Sippe, seinem Stand und Staat entfremdete Kleist, der in die Fremde Aufgebrochene, träumte von glorreicher Wiederkehr, vom Lorbeerkranz aus den Händen der Familie, kam als Gescheiterter zurück und starb an dieser Schmach. Noch weniger als Kleist vermochte Kafka familiärer Gebundenheit zu entrinnen, noch unzulänglicher waren seine Fluchtversuche als die des hochmütigen Junkers. Flüchtlinge aber, Fremdlinge waren beide, dem Erwachsensein nicht gewachsen, im Knabenalter festgehalten, im Unvermögen, sowohl sich loszureißen als sich mit andren dauerhaft zu vereinigen, am Ende nur mehr vom Tode solche Vereinigung erhoffend. Beide waren sie gerade in ihrer Absonderlichkeit Repräsentanten eines heraufdämmernden Zeitalters, so wie Rousseau, wie Byron auf übersteigerte Art das Charakteristische einer Epoche ankündigten.

Der Vater

In Briefen über Kindererziehung unterstützt Kafka die Auffassung Swifts, daß die Eltern zumeist am wenigsten geeignet sind, ihre Kinder zu erziehen. Er sprach von dem »Familientier«, dem Organismus der Familie, und fügte hinzu: »In der Menschheit hat jeder Mensch Platz oder zumindest die Möglichkeit, auf seine Art zugrunde zu gehen, in der von den Eltern umklammerten Familie aber haben nur ganz bestimmte Menschen Platz, die ganz bestimmten Forderungen und überdies noch den von den Eltern diktierten Terminen entsprechen. Entsprechen sie nicht, werden sie nicht ausgestoßen – das wäre sehr schön, ist aber unmöglich, denn es handelt sich ja um einen Organismus –, sondern verflucht oder verzehrt oder beides. Dieses Verzehren geschieht nicht körperlich wie bei dem alten Elternvorbild in der griechischen Mythologie (Kronos, der seine Söhne auffraß – der ehrliche Vater), aber vielleicht hat Kronos seine Methode der sonst üblichen gerade aus Mitleid mit seinen Kindern vorgezogen...«

Der Vater, ein vitaler, tüchtiger, rücksichtsloser Emporkömmling, ein »mit Kraft, Lärm und Jähzorn« die Welt regierender Kronos oder Jehovah, brach dem schwachen Kinde das Rückgrat. Die Beziehung zu diesem Vater hat Kafkas Beziehung zur Welt entscheidend mitbestimmt. In seinem großen »Brief an den Vater«, dem niemals übergebenen, ist Kafka Ankläger, Verteidiger, Angeklagter. Ein Prozeß wird veranstaltet, den nicht ein Urteil beendet, sondern die Verzweiflung fortsetzt bis zur Vernichtung.

»Du hattest Dich«, so heißt es in diesem Brief, »allein durch eigene Kraft so hoch hinaufgearbeitet, infolgedessen hattest Du unbeschränktes Vertrauen zu Deiner Meinung... In deinem Lehnstuhl regiertest Du die Welt... Du bekamst für mich das Rätselhafte, das alle Tyrannen haben, deren Recht auf ihrer Person, nicht auf dem Denken begründet ist...«

In vollständiger Empfindungslosigkeit habe der Vater mit seinen Worten losgeschlagen, »niemand tat Dir leid, nicht währenddessen, nicht nachher, man war gegen Dich vollständig wehrlos...« Das für den Knaben vor allem Niederdrückende war, »daß Du, der für mich so ungeheuer maßgebende Mensch, Dich selbst an die Gebote nicht hieltest, die Du mir auferlegtest. Dadurch wurde die Welt für mich in drei Teile geteilt, in einen, wo ich, der Sklave, lebte, unter Gesetzen, die nur für mich erfunden waren, und denen ich überdies, ich wußte nicht warum, niemals völlig entsprechen konnte, dann eine zweite Welt, die unendlich von meiner entfernt war, in der Du lebtest, beschäftigt mit der Regierung, mit dem Ausgeben der Befehle und mit dem Ärger wegen deren Nichtbefolgung, und schließlich in eine dritte Welt, wo die übrigen Leute glücklich und frei von Befehlen und Gehorchen lebten. Ich war immerfort in Schande... Deine äußerst wirkungsvollen, wenigstens mir gegenüber niemals versagenden rednerischen Mittel bei der Erziehung waren: Schimpfen, Drohen, Ironie, böses Lachen und – merkwürdigerweise – Selbstbeklagung... Man wurde gewissermaßen schon bestraft, ehe man noch wußte, daß man etwas Schlechtes getan hatte...«

Daraus ergab sich das für Kafka so charakteristische Gefühl, »immerfort in Schande« zu sein, das permanente Schuldbewußtsein. »In der Kafka-Welt fliegen die Furien der Tat voran«, formuliert Günther Anders, »nicht hinter der Tat her.« In diesem scheinbar individuellen Vater-Sohn-Konflikt gab eine gesellschaftliche Situation sich zu erkennen. Kafka war sich dessen bewußt, und zog daraus gesellschaftliche Konsequenzen. Er lernte die Mächtigen nicht nur hassen, sondern auch ihre Heuchelei durchschauen, den Widerspruch zwischen ihren Geboten und ihrem Verhalten, zwischen Wort und Tat. Er warf dem Vater vor, daß die Religion, von der er zu sprechen pflegte, für ihn nicht mehr war als »höchstens noch die ausgestreckte Hand, die auf die Söhne des Millionärs F. hinwies, die an den hohen Feiertagen mit ihrem Vater im Tempel waren... Im Grunde bestand der Dein Leben führende Glaube darin, daß Du an die unbedingte Richtigkeit der Meinungen einer bestimmten jüdischen Gesellschaftsklasse glaubtest und eigentlich also, da diese Meinungen zu Deinem Wesen gehörten, Dir selbst glaubtest...«

Der Vater war Geschäftsmann, Unternehmer, Repräsentant einer Klasse. Das Ergebnis seiner Erziehung war, »daß ich alles floh, was nur von der Ferne an Dich erinnerte. Zuerst das Geschäft... Dinge, die mir dort zuerst selbstverständlich gewesen waren, quälten, beschämten mich, besonders Deine Behandlung des Personals... Du nanntest die Angestellten ›bezahlte Feinde‹, das waren sie auch, aber noch ehe sie es geworden waren, schienst Du mir ihr ›zahlender Feind‹ zu sein... Deshalb gehörte ich notwendig zur *Partei des Personals*...« Kafka erhob den Konflikt mit seinem Vater ins Allgemeine: »Das Ganze ist ja keine vereinzelte Erscheinung, ähnlich verhält es sich bei einem großen Teil dieser jüdischen Übergangsgeneration...«

Dieser Vater-Sohn-Konflikt ging über das Problem der »jüdischen Übergangsgeneration« hinaus, war charakteristisch für ein Zeitalter des Übergangs. Die alte Generation des Kleinbürgertums war wirtschaftlich emporgekommen, glaubte nur an das, was sie in Händen hielt. Die allgemeine Unsicherheit der kleinbürgerlichen Existenz zwischen Aufstieg und Deklassierung, Bourgeoisie und Proletariat, wurde durch die besondre Situation des Judentums verschärft. »Die unsichere Stellung der Juden«, schrieb Kafka, »unsicher in sich, unsicher unter den Menschen, würde es über alles begreiflich machen, daß sie nur das zu besitzen glauben dürfen, was sie in der Hand oder zwischen den Zähnen halten, daß ferner nur handgreiflicher Besitz ihnen Recht auf das Leben gibt und daß sie, was sie einmal verloren haben, niemals wieder erwerben werden...« Viele der jungen kleinbürgerlichen Generation, nicht nur der jüdischen, strebten nach geistigem Besitztum, revoltierten gegen die ökonomische Besessenheit der Väter, gegen die »Vaterwelt« der Gewinnsucht, der Ausbeutung, der Heuchelei. Es war im Kampf der Generationen ein Wetterleuchten des Klassenkampfs. In ihrer Auflehnung sympathisierten nicht wenige der jungen Intellektuellen zumindest zeitweise mit dem Sozialismus. Der Vatermord wurde vor und nach dem Ersten Weltkrieg zu einem bedeutenden Thema der Literatur. In einem Brief an Milena erzählte Kafka, er habe geträumt, daß ein Verwandter sich über die geliebte Frau ironisch äußerte. »Darauf ermordete ich ihn irgendwie, kam dann aufgeregt nach Hause, die Mutter lief immerfort hinter mir, es war auch hier ein ähnliches Gespräch im Gang; schließlich schrie ich heiß vor Wut: ›Wenn jemand Milena im Bösen nennt, zum Beispiel der Vater (mein Vater), ermorde ich auch ihn oder mich.‹ «

In der Tat vollzog Kafka den Vatermord an sich selbst. Der totale Bruch mit dem Vater war Voraussetzung der herbeigesehnten unbürgerlichen Existenz. Ihm fehlte zu diesem Bruch die Kraft. In seinem »Brief an den Vater« nahm er dessen Antwort vorweg: »Ich gebe zu, daß wir miteinander kämpfen, aber es gibt zweierlei Kampf. Den ritterlichen Kampf, wo sich die Kräfte selbständiger Gegner messen, jeder bleibt für sich, verliert für sich, siegt für sich. Und den Kampf des Ungeziefers, welches nicht nur sticht, sondern gleich auch zu seiner Lebenserhaltung das Blut saugt. Das ist ja der eigentliche Berufssoldat, und das bist du. Lebensuntüchtig bist du; um es dir aber darin bequem, sorglos und ohne Selbstvorwürfe einrichten zu können, beweist du, daß ich alle deine Lebenstüchtigkeit dir genommen und in meine Taschen gesteckt habe...«

Diese vorweggenommene Antwort des Vaters ist fürchterlich: die Kapitulation des Ohnmächtigen, dessen Haß ohne Kraft ist. In der Erzählung »Das Urteil« fällt der Vater das Todesurteil über den Sohn, und dieser vollstreckt es. Kafka analysierte die eigene Erzählung: »Das Gemeinsame ist alles um den Vater aufgetürmt, Georg fühlt es nur als Fremdes, Selbständiggewordenes, von ihm niemals genug Beschütztes, russischen Revolutionen Ausgesetztes...« Der Vater wird als Herr der Welt gesehn, der sich als Besitzender mit ihr eins fühlt; dem Sohn aber steht sie als das Fremde gegenüber, als das Entäußerte, Erstarrte, das »russischen Revolutionen ausgesetzt«, nur mehr revolutionär umzuwälzen ist. Kafka zieht es vor, »Prozeß« zu führen, einen Prozeß als qualvollen inneren Monolog mit Argument und Gegenargument, bis zur verzweifelten Erwägung, ob nicht der Vater doch im Recht, der Sohn nur »Ungeziefer« sei – was in der Novelle »Die Verwandlung« mit gräßlicher Sachlichkeit dargestellt wird. Es war nach innen gewandte Aggression gegen den Vater, Haß, ins eigene Fleisch gebohrt, Selbstbespiegelung, Schuldbewußtsein, bis zu dem Satz, mit dem »Der Prozeß« endet: »...es war, als sollte die Scham ihn überleben.«

Prag

Diese Familie, in der als ein ihr Entfremdeter Kafka heranwuchs, lebte in Prag, der widerspruchsvollsten Stadt der Habsburgermonarchie. Die Stadt war überfüllt von Erinnerung, deutsche Kaisermacht und tschechischer Freiheitskampf, Alchimie und Sternenkunde, Comenius und Kepler, der Rabbi Löw und der Golem, alles dicht, gedrängt, eindringlich, versteinerte Traum-Magie. Grillparzer litt am entnervenden, vampyrischen Wesen von Wien; in Prag war alles, auch dieses Wesen, überhitzt, überstiegert. Nach seiner Rückkehr aus München im Herbst 1902 schrieb Kafka: »Prag läßt nicht los... Dieses Mütterchen hat Krallen.« Jahre später, in einem Brief: »Ich habe nichts zu riskieren und alles zu gewinnen, wenn ich aus Prag fortgehe...« Nur fern von Prag sei »das Gefühl wirklichen Lebendigseins und dauernder Zufriedenheit« zu gewinnen. Und schließlich, 1921, im Tagebuch, die Klage, daß »mich der Lebensstrom niemals ergriffen hat, daß ich von Prag nie loskam...«

Die Herrenschicht in dieser Stadt (Fabrikanten, Finanzleute, Bürokraten, Professoren) sprach deutsch und war eine kleine Minderheit. Das Volk, die große Mehrheit, sprach tschechisch. Es gab eine deutsche Universität, ein deutsches Theater, deutsche Behörden, und rings umher tschechisches Proletariat und Kleinbürgertum. Um Straßennamen wurden Straßenkämpfe ausgefochten. Die mißachtete Mehrheit erhob den Anspruch, daß Prag ihre Stadt werde. Die Minderheit besaß noch die Macht, nicht mehr die Zukunft. »Deutsch war in Prag«, wie Klaus Wagenbach in seiner Kafka-Biographie formuliert, »eine Art staatlich subventionierter Feiertagssprache.« Es war die Sprache fremder Herren in einem fremden Volk, nicht aus Lebendigem Nahrung saugend, sondern aus Denkmälern, Aktenstaub, Privilegien. Nur Steine der Vergangenheit, fragwürdige Machtverhältnisse, bürokratische Gespenster bestätigten den deutschsprechenden Herren einen Zustand, dem schroff die Gegenwart widersprach. »Wachend gehen wir durch einen Traum«, sagte

Kafka zu Janouch, »selbst nur ein Spuk vergangener Zeiten.« Er sprach von der alten Judenstadt, die ihm »viel wirklicher« sei als die »hygienische neue Stadt«; es war darüber hinaus die Situation der deutschsprechenden Minderheit. Das Gefühl, daß in dieser Stadt die Dinge mächtiger seien als die Menschen, das Gefühl der Entfremdung also, nahm überhand. Wagenbach zitiert aus einem Buch von Paul Leppin: »Das heißt, er war es gar nicht, der das alles tat, es waren die Dinge selber, die ihr Leben durch das seine trugen und durch ihn hindurchgingen wie durch eine offene Tür...«

Eine Minderheit innerhalb der Minderheit waren die deutschsprechenden Juden. Von den Deutschen als Juden, von den Tschechen als Deutsche unfreundlich angesehn, waren sie im Kulturleben Prags ein unentbehrliches Element. Die meisten der namhaften deutschsprachigen Schriftsteller, die aus Prag kamen, waren Juden. Groß aber war die Fremdheit, die sie umgab. In seinen Gesprächen mit Janouch sagte Kafka vom deutschen Theater in Prag, es sei »eine Pyramide ohne Basis... Es gibt hier kein richtiges Deutschtum und darum auch kein verläßliches ständiges Publikum. Die deutschsprechenden Juden in den Logen und auf den Parkettsitzen sind doch keine Deutschen, und die nach Prag kommenden deutschen Studenten auf den Balkonen und Galerien, das sind nur Vorposten einer vordringenden Macht, Feinde – nicht Zuhörer.« Der deutschsprechende Jude Kafka gehörte nirgends hin; die deutsche Kultur bewundernd, verabscheute er die »vordringende Macht« sudetendeutscher Chauvinisten und Antisemiten. Böhmen war das Geburtsland des Nationalsozialismus.

»Ich habe niemals unter deutschem Volk gelebt«, schrieb Kafka an Milena. »Deutsch ist meine Muttersprache und deshalb mir natürlich, aber das Tschechische ist mir viel herzlicher...« Das »Personal«, dessen Partei Kafka in der Auflehnung gegen die Vater-Welt ergriff, war tschechisch. Um ein Volk zu finden, mußte er zu den Tschechen gehn. Er nahm an tschechischen Versammlungen teil, hörte Reden des Nationaldemokraten Dr. Kramář, des Sozialdemokraten Dr. Soukup, des nationalen Sozialisten Klofář, näherte sich vor allem den Anarchisten. Im Mai 1912 proklamierte Jaroslav Hašek mit dem Hohn des Satirikers die »Politische Partei gemäßigten Fortschritts im Rahmen der Gesetze«. Er hielt eine Rede gegen Politik und Polizei, in der er die Prostituierten pries, als »wahre samaritanische Schwestern voller Güte im Vergleich zur politischen Prostitution.« Auch dieser groteske Humor im Widerstand gegen die k. k. Behörden der »Herrennation« war für Prag charakteristisch. So sehr sich Kafka von Hašek unterscheidet, ist in dieser Haltung Gemeinsames erkennbar.

Im Niemandsland zwischen jüdischer Familie, deutscher Sprache, tschechischem Volk angesiedelt, erlebte Kafka sich selbst als Fremdling, Prag als die Stadt der Entfremdung.

Der Habsburgerstaat

Auf engen Raum zusammengepreßt, war dieses Prag die zur Stadt gewordene Problematik der Monarchie.

Ebenso wie in Prag war die deutschsprechende »Herrennation« eine stets kleiner werdende Minderheit. Einander widerstrebende Völker wurden seit dem Zeitalter des »aufgeklärten Absolutismus« durch eine Bürokratie mit deutscher Amtssprache zusammengehalten. Aktenbündel und Bajonette garantierten die Herrschaft über die riesige slawische Mehrheit; wie lange noch? Die niedergehaltenen Völker wurden diesem Staat mehr und mehr entfremdet; doch nicht nur sie. Auch im »Herrenvolk« nahm das Unbehagen überhand, das Gefühl, daß dieser Staat ein Provisorium, daß ohne Rückendeckung von außen das privilegierte Dasein nicht zu sichern sei. Im Grunde glaubte fast niemand an den Bestand des Reiches. Der alte Kaiser fuhr täglich aus. Doch war er es wirklich? War's nicht ein Gespenst mit weißem Bart? In der Parabel »Eine kaiserliche Botschaft« hat Kafka diesen Zustand mystifiziert: Der sterbende Kaiser schickt einen Boten aus, doch dieser zwängt sich nutzlos durch die Gemächer des innersten Palastes; »niemals wird er sie überwinden; und gelänge ihm dies, nichts wäre gewonnen; die Höfe wären zu durchmessen; und nach den Höfen der zweite umschließende Palast; und wieder Treppen und Höfe; und wieder ein Palast; und so weiter durch Jahrtausende; und stürzte er endlich aus dem äußersten Tor – aber niemals, niemals kann es geschehen – liegt erst die Residenzstadt vor ihm, die Mitte der Welt, hochgeschüttet voll ihres Bodensatzes.«

In dieser totalen Entfremdung von Volk und Staat war die

Macht in den »Gemächern des innersten Palastes« kaum erkennbar und schien sich fortwährend zu verändern. Wie die Macht jeweils verteilt war, zwischen dem Monarchen, den aristokratischen Gutsbesitzern, den Banken und der Industrie, den Gruppierungen innerhalb des »Herrenvolkes« und der andren Nationen, den Konservativen und Liberalen, den Klerikalen und Deutschnationalen, war unbestimmt. Die Konstellation von heute konnte morgen schon nicht mehr bestehn. Selten gab es Pläne, die über den Augenblick hinausgingen. Und gab es sie, wurden sie stets durchkreuzt, verloren sie sich im Kunterbunt gegensätzlicher Interessen. Das Fortwursteln am Rande der Katastrophe war zum Dauerzustand geworden. Mitunter war die Macht gleichsam abwesend, sagenhaft wie der Graf West-West in Kafkas »Schloß«, in einen Dunst von Intrigen, Gerüchten, Kompromissen aufgelöst; doch stets zugegen war die sie behütende und ausübende Bürokratie. Mochte es auch so scheinen, als sei die unsichtbare Macht zum »stillen Verweser ihrer selbst« geworden, so wurden doch Leute zu Ämtern vorgeladen, Eingaben geschrieben und ad acta gelegt, Polizei und Justiz aufgeboten, ein riesiger Apparat in Bewegung gehalten. Was immer in den innersten Gemächern vor sich ging, auf jeden Fall gab es Vorgesetzte, mußte der Beamte vorsichtig sein, durfte er keine deutliche Sympathie bekunden, hielt er es für angebracht, korrekt und charakterlos zu sein. Für den Untertanen war diese Bürokratie der Inbegriff der Macht. Hinter ihr erhob sich zwar das alte Schloß der Macht, nah und unerreichbar, vielleicht nur Spuk einer längst verschollenen Wirklichkeit, doch den Stellvertretern dieser Leere, den Bürokraten, war der Untertan preisgegeben.

Diese unglaubwürdige, in ihren Beweggründen undurchsichtige, in ihren Konsequenzen unberechenbare Habsburgermonarchie fand in Kafka den ihr gemäßen Darsteller.

Die Bürokratie

Jean Jacques Rousseau hat als erster dargestellt, wie das Volk sich dem eigenen Kollektiv entfremdet, wie es aufhört, Volk zu sein, wenn es sich »vertreten« läßt. Das Gemeinwesen könne wohl die Regierung, niemals aber den Gemeinwillen übertragen, wolle es nicht im Staat sich selbst entfremdet sein. »Die Staatsgewalt kann nicht in Vertretung ausgeübt werden. Sie besteht ihrem Wesen nach im Gemeinwillen, und der Wille kann nicht vertreten werden; er ist er selbst oder ein fremder, ein Mittelding gibt es nicht.« Die Teilung der Staatsgewalt in Legislative und Exekutive mache »aus dem Träger der Staatsgewalt ein phantastisches, zusammengeflicktes Wesen, als wenn man den Menschen aus verschiedenen Körpern zusammensetzen wollte, von denen der eine nichts als Augen hätte, der zweite nichts als Arme und der dritte Füße und sonst nichts.« Die gesellschaftlichen Verhältnisse seien nun freilich so kompliziert, die Staaten so groß geworden, daß man auf Teilung der Staatsgewalt, auf das Trugbild der »Volksvertretung« nicht verzichten könne, doch daraus folge Entfremdung des Staatsbürgers vom Staat, Konzentration der Macht, Verlust der Freiheit.

Im rückständigen Habsburgerstaat war auch nach Erkämpfung des demokratischen Wahlrechts, vor allem durch die Arbeiterschaft, die Exekutive übermächtig, die Kontrolle durch ein verworrenes Parlament minimal. Die Ausübung der Macht durch eine nahezu unkontrollierte Bürokratie führt zu extremer Entfremdung. Kafka hat dies entdeckt, auf Grund seiner österreichischen Erfahrung das bürokratische System, das Erlebnis des Untertanen in seiner Auflehnung gegen die Bürokratie, in seiner Niederlage oder Resignation dargestellt.

Für den Bürokraten gibt es keine menschlichen, sondern nur Sachbeziehungen. Der Mensch wird zum Akt. Ein abgestorbenes Wesen, kenntlich gemacht durch Aktenzahl, gerät in den Aktenumlauf. Auch wenn dieses Wesen persönlich vorgeladen wird, ist es nicht Person, sondern »Fall«. Abgefallen ist alles von ihm, was nicht zur »Sache« gehört. In den Korridoren der Amtsgebäude riecht es nach Erniedrigung. Rauchen ist strengstens verboten, Atmen inbegriffen, Herzklopfen hingegen gestattet, sogar erwünscht. Jede Hoffnung schwindet. Dem von Tür zu Tür Gewiesenen, in grauem Vorraum Wartenden, wird Schuldbewußtsein suggeriert. Wer hier eintritt, ahnt sich als schuldig, auch wenn er nur einen Krankenschein braucht, um Verlängerung seines Passes ersucht. Bestenfalls ist er Bittsteller, im Grunde jedoch Delinquent. Ingeborg Bachmann spricht in ihren Erzählungen »Das dreißigste Jahr« von der Wiener Bürokratie, formuliert: »Hofrätliches und Abgetretenes in Kanzleien. Nie ein hartes Wort in den Vorzimmern, immer ein kränkendes. (Hinhalten, nicht abweisen.)« Das gilt nicht nur für Wien; doch in dieser österreichischen Form lernte Kafka die Bürokratie kennen.

Das Warten vor dem Gesetz, vor irgendwelchen Kanzleitüren, war zum Dauerzustand des österreichischen Untertanen geworden. Die Beschreibung dieses Zustands im »Prozeß« ist nur scheinbar traumhaft-phantastisch, in der Tat jedoch konzentriert realistisch: »K. glaubte, in eine Versammlung einzutreten. Ein Gedränge der verschiedensten Leute – niemand kümmerte sich um den Eintretenden – füllte ein mittelgroßes, zweifenstriges Zimmer, das knapp an der Decke von einer Galerie umgeben war, die gleichfalls vollständig besetzt war und wo die Leute nur gebückt stehen konnten und mit Kopf und Rücken an die Decke stießen. K., dem die Luft zu dumpf war, trat wieder hinaus...« Doch wenn er schließlich vor dem Richter steht, zieht dieser die Uhr aus der Tasche, hält sie ihm vor und sagt: »Sie hätten vor einer Stunde und fünf Minuten erscheinen sollen!«

Die Demütigung der Wartenden: »In fast regelmäßigen Entfernungen voneinander saßen sie auf den zwei Reihen langer Holzbänke, die zu beiden Seiten des Ganges angebracht waren. Alle waren vernachlässigt angezogen... Da keine Kleiderhaken vorhanden waren, hatten sie die Hüte, wahrscheinlich einer dem Beispiel des andern folgend, unter die Bank gestellt. Als die, welche zunächst der Tür saßen, K. und den Gerichtsdiener erblickten, erhoben sie sich zum Gruß, da das die Folgenden sahen, glaubten sie auch grüßen zu müssen, so daß alle beim Vorbeigehen der beiden sich erhoben. Sie standen niemals vollständig aufrecht, der Rücken war geneigt, die Knie geknickt, sie standen wie Straßenbettler. K. wartete auf den ein wenig hinter ihm gehenden Gerichtsdiener und sagte: ›Wie gedemütigt die sein müssen...‹«

Irgendwie wird man zum »Fall«, Im Roman »Das Schloß« sagte der Dorfvorsteher zu K.: »Sie sind als Landvermesser aufgenommen, wie Sie sagen; aber, leider, wir brauchen keinen Landvermesser. Es wäre nicht die geringste Arbeit für ihn da...« Nach dieser Demütigung des in eine Scheinwelt inhaltsloser Berufe Aufgenommenen erklärt der Vorsteher, alles sei auf einen alten Akt zurückzuführen, in dem von einem Landvermesser die Rede war. Ebenso unerwartet wie verspätet kam die Entscheidung. Der Mensch ist ein erledigter oder unerledigter Akt. »In einer so großen Behörde wie der gräflichen kann es einmal vorkommen, daß eine Abteilung dieses anordnet, die andere jenes, keine weiß von der anderen, die übergeordnete Kontrolle ist zwar äußerst genau, kommt aber ihrer Natur nach zu spät, und so kann immerhin eine kleine Verwirrung entstehen...« K. meint nun, sein kleiner sei zum großen Fall geworden. »Nein«, sagte der Vorsteher, »es ist kein großer Fall. In dieser Hinsicht haben Sie keinen Grund zur Klage, es ist einer der kleinsten Fälle unter den kleinen. Der Umfang der Arbeit bestimmt nicht den Rang des Falles...«

Momus (so hieß im alten Rom der Gott des Spottes), ein Privatsekretär des mächtigen Bürokraten Klamm, nimmt Protokolle auf. »Wird denn, Herr Sekretär«, fragte K. »Klamm dieses Protokoll lesen?« »Nein«, sagte Momus, »warum denn? Klamm kann doch nicht alle Protokolle lesen, er liest überhaupt keines...«

Im Roman »Der Prozeß« belehrt der Advokat den K., daß erste Eingaben bei Gericht nicht gelesen, sondern zu den Akten gelegt werden. Man werde sie künftig überprüfen, heißt es: »leider sei aber auch dies meistens nicht richtig, die erste Eingabe werde gewöhnlich verlegt oder gehe gänzlich verloren, und selbst wenn sie bis zum Ende erhalten bleibt, werde sie, wie der Advokat allerdings nur gerüchtweise erfahren hat, kaum gelesen...« Das Verfahren sei im allgemeinen »nicht nur vor der Öffentlichkeit geheim, sondern auch vor dem Angeklagten...« Es sei aber auch »für die unteren Beamten geheim, sie können daher die Angelegenheiten, die sie bearbeiten, in ihrem ferneren Weitergang kaum jemals vollständig verfolgen... Sie dürfen sich nur mit jenem Teil des Prozesses befassen, der vom Gesetz für sie abgegrenzt ist...« Das Wichtigste seien »die persönlichen Beziehungen des Advokaten, in ihnen liegt der Hauptwert der Verteidigung.«

Der zum »Fall« Gewordene hat es nur mit unteren Instanzen zu tun; die oberen sind ihm entrückt und rätselhaft. Ein hoher Beamter wie Klamm ist nahezu unerkennbar. Barnabas ist Klamm zugeteilt, weiß jedoch nicht, ob es wirklich Klamm ist, mit dem er spricht. »Mit Klamm spricht er, aber ist es Klamm? Ist es nicht eher jemand, der Klamm ein wenig ähnlich ist?« Barnabas wagte nicht zu fragen, »aus Furcht, er könnte durch irgendwelche ungewollte Verletzung unbekannter Vorschriften seine Stelle verlieren...« Die kleinen Bürokraten wie die beiden »Gehilfen«, die das Schloß dem Fremden schickt, um ihn zu überwachen, sind nur in ihrer Funktion zugegen, sonst aber wesenlos. K. vergleicht ihre Gesichter: »Wie soll ich euch denn unterscheiden? Ihr unterscheidet euch nur durch die Namen, sonst seid ihr einander ähnlich wie« – er stockte, unwillkürlich fuhr er dann fort – »sonst seid ihr einander ja ähnlich wie Schlangen.« Sie sind nur Funktion, Schatten eines Auftrags, Diener einer geheimen Behörde im Hintergrund. Die Entscheidung über den »Fall« erfolgt in unerforschlicher Dunkelheit.

Ist man einmal zum »Fall« geworden, gibt es kaum ein Entrinnen. Ein »wirklicher Freispruch«, wird K. belehrt, sei äußerst selten. »Solche Freisprüche soll es allerdings gegeben haben. Nur ist es sehr schwer, das festzustellen. Die abschließenden Entscheidungen des Gerichts werden nicht veröffentlicht, sie sind nicht einmal den Richtern zugänglich, infolgedessen haben sich über alte Gerichtsfälle nur Legenden erhalten.« Häufig sind die »scheinbaren Freisprüche«, die jederzeit eine Wiederaufnahme des Prozesses zulassen. Am günstigsten ist es, das Verfahren zu verschleppen, es in der Schwebe zu halten.

Dies alles entsprach, ins Phantastische, Gespenstische nicht allzusehr übersteigert, der Situation des Untertanen in der Habsburgermonarchie und zugleich dieses Staates selbst. Als Kafka seine Bücher schrieb, war der Habsburgerstaat ein Sonderfall. In den entwickelten kapitalistischen Ländern gab es damals weder eine übermächtige Bürokratie, noch das Gefühl des nahenden Untergangs, noch das Fortwursteln am Rande der Katastrophe. Die weißen »Herrennationen« fürchteten nicht, daß die ungeheure Mehrheit in den Kolonien und Halbkolonien sich gegen sie erheben könne. All dies war weit entfernt, der rücksichtslose Machtapparat funktionierte, zu Hause hatte man Demokratie, fühlte man sich gesichert. Im ungebrochenen Bewußtsein von Macht und Sicherheit hielt man die Problematik der Donaumonarchie nicht für allgemeingültig.

Die Entwicklung hat jedoch das ahnungsvolle Wort Friedrich Hebbels bestätigt:

> Dies Österreich ist eine kleine Welt,
> In der die große ihre Probe hält…

Es ist *das österreichische Paradoxon,* daß gerade durch ihre Rückständigkeit die Monarchie Erscheinungen des allgemeinen

Verfalls vorwegnahm, daß in Österreich, in dem sich alles verspätet hatte, der Fäulnisprozeß der kapitalistischen Welt, die Problematik des letzten Stadiums, sich verfrühte. Was Kafka als literarisches Thema entdeckt hatte, war die *österreichische* Bürokratie. Doch im satirischen Zerrbild von einst sind unverzeichnet die Züge späterer bürokratischer Machtapparate erkennbar. Der Angsttraum hat den Alltag überwältigt. Der Gerichtshof im »Prozeß«, die gräflichen Beamten im »Schloß«, die Kombination von verborgener Macht und sichtbar hervortretender Willkür, Erbärmlichkeit, Niedertracht, die unnahbaren Großen und die schlechtbezahlten, mißgelaunten, korrumpierten kleinen Beamten, dies alles ist aus phantastischer Satire zu gespenstischer Wirklichkeit geworden.

In der bürokratischen, den Untertanen entfremdeten Habsburgermonarchie trat die allgemeine Entfremdung deutlicher hervor als anderswo. Das Negative, das der sensible Kafka aus Familie, Vaterstadt, Monarchie, aus individueller und gesellschaftlicher Situation, so kräftig in sich aufnahm, wurde nach dem Zweiten Weltkrieg zum Grunderlebnis der kapitalistischen Welt. Was Kafka und Musil dargestellt hatten, war ungleich mehr als österreichische Tragikomödie. Der Untergang des Habsburgerstaates gab sich als Menetekel zu erkennen.

Die Entfremdung

Die Entfremdung des Bürgers vom Staat, die Verdinglichung, Entmenschlichung gesellschaftlicher Beziehungen durch die Bürokratie, ist nur eine, wenn auch wesentliche Komponente eines allumfassenden Prozesses.

Nach dem Scheitern am »Robert Guiskard«, nach dem irren Jagen durch Frankreich, der »Aussicht auf das unendlich-prächtige Grab« entgegen, arbeitete Kleist bei einem Tischler in Mainz. Ebenso ahnte Kafka im Handwerkertum die Möglichkeit, zur Einheit mit der Welt und mit sich selbst zu gelangen. Das Erzeugnis des Handwerkers ist ein Ganzes, dem Erzeuger nicht entfremdet, sondern in unverdunkeltem Zusammenhang vom Entwurf bis zur Vollendung gedeihend, von einer Aura der Wärme und Freundlichkeit umgeben. Durchaus anders ist dies im einseitigen, spezialisierten Arbeitsprozeß. Kafka, der stets im Beruf, in der Arbeit, ein Zentralproblem, den Ursprung entscheidender Widersprüche und Konflikte sah, sprach im Amerika-Roman knapp und scheinbar nebenbei vom Gefühl der Entfremdung, das einen Liftjungen überkommt: »Enttäuscht war Karl vor allem dadurch, daß ein Liftjunge mit der Maschinerie des Aufzuges nur insoferne etwas zu tun hatte, als er ihn durch einen einfachen Druck auf den Knopf in Bewegung setzte, während für Reparaturen am Triebwerk derartig ausschließlich die Maschinisten des Hotels verwendet wurden, daß zum Beispiel Giacomo trotz halbjährigem Dienst beim Lift weder das Triebwerk im Keller noch die Maschinerie im Inneren des Aufzuges mit eigenen Augen gesehen hatte, obwohl ihn dies, wie er ausdrücklich sagte, sehr gefreut hätte...«

Die Entfremdung des Menschen beginnt mit seinem Heraustreten aus der Natur durch die Arbeit, die Produktion. »Durch sie erscheint die Natur als sein Werk und seine Wirklichkeit«, sagte Karl Marx in seinen »Ökonomisch-Philosophischen Manuskripten«. Im Arbeitsprodukt vergegenständlicht er sich selbst als Gattungswesen, »indem er sich nicht nur wie im Bewußtsein intellektuell, sondern werktätig wirklich verdoppelt und sich selbst daher in einer von ihm geschaffenen Welt anschaut...« Diese zur Entwicklung des Gattungswesens Mensch *notwendige* Entfremdung bedarf ihrer fortschreitenden *Überwindung*, durch welche der Mensch im Prozeß der Arbeit seiner selbst bewußt wird, in seiner Schöpfung, im Produkt seiner Arbeit, sich wiederfindet. Der Handwerker ist dazu imstande, nicht der Lohnarbeiter in der enormen Arbeitsteilung kapitalistischer Produktionsweise. Dieser vermag dem »Akt der Entfremdung« nicht den Akt der Vereinigung mit seinem Werk, mit sich selbst, entgegenzusetzen. Diesen »Akt der Entfremdung« charakterisiert Karl Marx als: »1. Das Verhältnis des Arbeiters zum *Produkt der Arbeit* als fremden und über ihn mächtigen Gegenstand. Dies Verhältnis ist zugleich das Verhältnis zur sinnlichen Außenweilt, zu den Naturgegenständen als einer fremden ihm feindlich gegenüberstehenden Welt 2. Das Verhältnis der Arbeit zum *Akt der Produktion* innerhalb der *Arbeit*. Dies Verhältnis ist das Verhältnis des Arbeiters zu seiner eigenen Tätigkeit als einer fremden, ihm nicht angehörigen, die Tätigkeit als Leiden, die Kraft als Ohnmacht, die Zeugung als Entmannung, die *eigne* physische und geistige Energie des Arbeiters, sein persönliches Leben – denn was ist

Leben als Tätigkeit – als eine wider ihn selbst gewendete, von ihm unabhängige, ihm nicht gehörige Tätigkeit. Die *Selbstentfremdung,* wie oben die Entfremdung der *Sache*...«

Das Gefühl Kafkas für diese Entfremdung, sein Schauder vor solcher Widernatur, war intensiv, sein Werk die unendliche Variation des Themas: »die Tätigkeit als Leiden, die Kraft als Ohnmacht, die Zeugung als Entmannung...« In den Reflexionen »Beim Bau der Chinesischen Mauer« wird hervorgehoben, wie nötig es sei, dem an einem Teilstück des gigantischen Werks Mitwirkenden immer wieder den Überblick über die Gesamtheit zu ermöglichen. Man konnte »die unteren, geistig weit über ihrer äußerlich kleinen Aufgabe stehenden Männer... nicht zum Beispiel in einer unbewohnten Gebirgsgegend, hunderte Meilen von ihrer Heimat, Monate oder gar Jahre lang Mauerstein an Mauerstein fügen lassen; die Hoffnungslosigkeit solcher fleißigen, aber selbst in einem langen Menschenleben nicht zum Ziel führenden Arbeit hätte sie verzweifelt und vor allem wertloser für die Arbeit gemacht...«

In einem Gespräch mit Janouch über den »Taylorismus«, die sorgfältige Zerlegung des Arbeitsprozesses und vollkommene Verwandlung des Arbeiters in einen Teil der Maschinerie, sagte Kafka: »Damit wird nicht nur die Schöpfung, sondern vor allem der Mensch, der ihr Bestandteil ist, befleckt und erniedrigt. So ein vertaylorisiertes Leben ist ein grauenvoller Fluch, aus dem nur Hunger und Elend an Stelle des gewünschten Reichtums und Gewinnes erwachsen kann. Das ist ein Fortschritt...« – »Zum Weltuntergang«, setzte Janouch fort. Kafka schüttelte den Kopf: »Wenn man das wenigstens mit Sicherheit sagen könnte. Es ist aber nicht sicher... Das laufende Band des Lebens trägt einen irgendwohin – man weiß nicht wohin. Man ist mehr Sache, Gegenstand – als Lebewesen.«

Arbeitsprodukt und Akt der Produktion werden, je weiter die Arbeitsteilung fortschreitet, je mächtiger und komplizierter der technische, ökonomische und politische Apparat des Kapitalismus wird, dem Arbeitenden immer fremder. Das Gattungswesen Mensch wird nicht nur tausendfältig spezialisiert und zerstückelt, nicht nur in seinem Beruf immer einseitiger, fragmentarischer, sondern zerfällt auch mehr und mehr in einen »Berufsmenschen« und einen »Privatmenschen«, die einander zumeist vollkommen entfremdet sind. Der auf ein enges »Spezialfach« zusammengeschrumpfte Beruf kann zumeist nicht befriedigen, wird als »inhaltslos« empfunden. Ebenso verkümmert zumeist das auf sich selbst zurückgeworfene »Privatleben«, wird »inhaltslos«, schablonenhaft, durch das anonyme »Man« vorbestimmt. Anteilnahme am Gesellschaftlichen wird zumeist abgelehnt, da angesichts der riesigen, unnahbaren Machtapparate Mitbestimmung, Mitentscheidung als illusorisch erscheint. Da jedoch nur das Gesellschaftliche, das Kollektiv, die Gemeinschaft den Beruf-- mit dem Privatmenschen vereinigen kann, vollendet die Entgesellschaftung die Entfremdung, die Zerstörung der menschlichen Persönlichkeit.

Das Hinauswachsen der Dinge über den Menschen, die Erstarrung der Menschenwelt zu einer Dingwelt, die Tendenz des Mittels, zum Zweck zu werden, hat seit dem Sieg des Kapitalismus, also im Zeitalter der Romantik, ein heftiges *Verlangen nach »Unmittelbarkeit«* hervorgerufen. Die starre Kruste der »Außenwelt« zu durchstoßen, sich »unmittelbar« mit der Wirklichkeit zu vereinigen, wurde zur romantischen Begierde. »Wir suchen überall das Unbedingte«, schrieb Novalis, »und finden immer nur Dinge.« Ähnlich Shelley: »Es ist nie wünschenswerter, die Dichtung zu pflegen, als in Zeiten, in denen das egoistische und berechnende Prinzip übermächtig ist. Denn es häufen sich die Dinge des äußeren Lebens, und die Anhäufung übersteigt die Fähigkeit, sie in die Gesetze der menschlichen Natur mit einzubeziehen.« In einer ästhetischen »Unio Mystica«, in der »Intuition«, im »Furore« hofften die Romantiker, aus der Entfremdung zur Einheit mit sich selbst und der Welt heimzukehren. Hoffnung auf diesen »andren Zustand« und Enttäuschung am Ergebnis werden in Kafkas Traum vom Engel zur großen Vision der Verkündigung und Verdinglichung.

In diesem Traum beginnt die Zimmerdecke abzubröckeln, »über ihr schienen Dinge zu schweben, die durchbrechen wollten, man sah schon fast das Treiben dort in Umrissen, ein Arm streckte sich aus, ein silbernes Schwert schwebte auf und ab. Es galt mir, das war kein Zweifel; eine Erscheinung, die mich befreien sollte, bereitete sich vor. Ich sprang auf den Tisch, um alles vorzubereiten, riß die Glühlampe samt ihrem Messingstab heraus und schleuderte sie auf den Boden und stieß den Tisch aus der Mitte des Zimmers zur Wand hin. Das, was kommen sollte, konnte sich ruhig auf den Teppich niederlassen und mir melden, was es zu melden hatte. Kaum war ich fertig, brach die Decke wirklich auf. Noch aus großer Höhe, ich hatte sie schlecht eingeschätzt, senkte sich im Halbdunkel langsam ein Engel in bläulich violetten Tüchern, umwickelt mit goldenen Schnüren, auf großen, weißen, seidig glänzenden Flügeln herab, das Schwert im erhobenen Arm waagrecht ausgestreckt. ›Also ein Engel!‹ dachte ich, ›den ganzen Tag fliegt er auf mich zu, und ich in meinem Unglauben wußte es nicht. Jetzt wird er zu mir sprechen.‹ Ich senkte den Blick. Aber als ich ihn wieder hob, war zwar noch der Engel da, hing ziemlich tief unter der Decke, die sich wieder geschlossen hatte, war aber kein lebendiger Engel, sondern nur eine bemalte Holzfigur von einem Schiffschnabel, wie sie in Matrosenkneipen an der Decke hängen. Nichts weiter. Der Knauf des Schwertes war dazu eingerichtet, Kerzen zu halten und den fließenden Talg aufzunehmen. Die Glühlampe hatte ich heruntergerissen, im Dunkel wollte ich nicht bleiben, eine Kerze fand sich noch, so stieg ich also auf einen Sessel, steckte die Kerze in den Schwertknauf, zündete sie an und saß dann noch bis in die Nacht hinein unter dem schwachen Licht des Engels.«

Das ist nicht nur die für Kafka charakteristische Vereinigung von intensiver Vision und sorgsam dargestellter Einzelheit, konzentrierte Prosa, in der man das Rauschen der Dichtung vernimmt; nicht nur das immer wiederkehrende Erlebnis des »andren Zustands«, der Überfülle der Inspiration, von der ein toter Engel übrigbleibt, als Träger einer armen Kerze; es ist auch prägnantes Bild der Verdinglichung, der Verwandlung einer geahnten Unmittelbarkeit in ein lebloses Mittel, der Erstarrung zum Gegenstand. Die Romantiker hatten diesen Schauder gefühlt, ihm Gestalt gegeben, in allerlei Automaten, Marionetten, toten Figuren, die Leben vortäuschten; Kafka jedoch war der erste, der im *Alltäglichen* diese Erstarrung wahrnahm, die Entmenschlichung des Menschen, seine Verdinglichung. Seine künstlerische Methode gleicht diesem Engel mit dem Schwert in der Hand, der plötzlich im Flug erstarrt, reglos im Raume schwebt.

Engel werden zu Dingen, doch Dinge zu Lebewesen. Kafka berichtet von »Odradek«, der aus dem Abfall stammt, abtrünnig, abgetrennt, ein Ding-Gespenst. »Es sieht zunächst aus wie eine flache, sternartige Zwirnspule, und tatsächlich scheint es auch mit Zwirn bezogen; allerdings dürften es nur abgerissene, alte, aneinander geknotete, aber auch ineinander verfilzte Zwirnstücke von verschiedener Art und Farbe sein. Es ist aber nicht nur eine Spule, sondern aus der Mitte des Sterns kommt ein kleines Querstäbchen hervor und an dieses Stäbchen fügt sich dann im rechten Winkel noch eines. Mit Hilfe dieses letzteren Stäbchens auf der einen Seite, und einer der Ausstrahlungen des Sterns auf der anderen Seite, kann das Ganze wie auf zwei Beinen aufrecht stehen...« Dieses Fabelwesen, das auf neue Art komisch und grausig ist, dieser Odradek, scheint unsterblich zu sein; »aber die Vorstellung, daß er mich auch noch überleben sollte, ist mir eine fast schmerzliche.«

Das dem Menschen entschlüpfte, auf eigene Faust sein Unwesen treibende Ding ist in dieser Gestalt zwar beunruhigend, scheint jedoch ungefährlich. In der Erzählung der Therese vom Tode ihrer Mutter – im Amerika-Roman – werden die Dinge mörderisch, in einem mörderischen sozialen System. Die vor Elend und Erschöpfung ihres Bewußtseins kaum mehr mächtige Frau stürzt vom Baugerüst: »Viele Ziegel rollten ihr nach und schließlich, eine ganze Weile später, löste sich irgendwo ein schweres Brett los und krachte auf sie nieder. Die letzte Erinnerung Thereses an ihre Mutter war, wie sie mit auseinandergestreckten Beinen dalag in dem karierten Rock, der noch aus Pommern stammte, wie jenes auf ihr liegende rohe Brett sie fast bedeckte. Sie hatte ausführlich erzählt, wie es sonst nicht ihre Gewohnheit war, und gerade bei gleichgültigen Stellen, wie bei der Beschreibung der Gerüststangen, die jede für sich allein in den Himmel ragten, hatte sie mit Tränen in den Augen innehalten müssen...« Das Brett auf der Brust der Toten, die allein in den Himmel ragenden Gerüststangen, werden in ihrer todbringenden Macht innerhalb einer unmenschlichen Gesellschaft dargestellt.

Kafka wußte, daß dieses System der Kapitalismus war, aber er wußte auch, daß dieses System über den Kapitalisten hinausgewachsen war, daß es ihn durch die Macht der Dinge überwältigte. Er sprach mit Janouch über eine Zeichnung von George Grosz und wandte gegen sie ein, daß sie nicht die volle Wahrheit sei: »... Der dicke Mann beherrscht den armen Mann im Rahmen eines bestimmten Systems. Er ist aber nicht das System selbst. Er ist nicht einmal sein Beherrscher. Im Gegenteil: der dicke Mann trägt auch Fesseln... Der Kapitalismus ist ein System von Abhängigkeiten, die von innen nach außen, von außen nach innen, von oben nach unten und von unten nach oben gehen. Alles ist abhängig, alles ist gefesselt. Der Kapitalismus ist ein Zustand der Welt und der Seele...«

Dieser Zustand war, dessen war Kafka gewiß (wie einst schon Rousseau), durch Mittel der bürgerlichen Demokratie nicht umzuwälzen. Die Schilderung der nächtlichen Wahldemonstration, die Karl Roßmann von einem Balkon aus beobachtet, läßt ohne ein Wort des Kommentars, nur durch die künstlerische Methode, das Formale des Vorgangs erkennen. Alles wird, in totaler Entfremdung, von außen her gesehn, als ein Aufgebot von Plakaten, Scheinwerfern, Automobilen, Musikkapellen, Propaganda und Wutgebrüll der Gegner: »Wurde den führenden Männern unten der Lärm zu arg, so erhielten die Trommler und Trompeter den Auftrag einzugreifen, und ihr schmetterndes, mit ganzer Kraft ausgeführtes, nicht endenwollendes Signal unterdrückte alle menschlichen Stimmen bis zu den Dächern der Häuser hinauf...« Eben darin, daß im Kampf der großen amerikanischen Parteiapparate das Inhaltliche untergeht, die Trommeln und Trompeten die menschliche Stimme unterdrücken, besteht der gespenstische Realismus dieser Darstellung. Das Inhaltliche der kapitalistischen Welt wird, scheinbar unabsichtlich, doch um so wirkungsvoller, auf zwei Balkonen hoch über dem Wahltumult angedeutet: Karl Roßmann ist der Gefangene zweier Strolche, die ihm mit der Polizei drohen, und, auf dem Nachbarbalkon, der Student, muß tagsüber als Verkäufer arbeiten, um nachts studieren zu können, und ihre Lage ändert sich nicht, wer immer dort unten gewählt wird.

Milena, die einzige Frau, die Kafka leidenschaftlich geliebt hat, sagte: »Für ihn ist das Leben etwas gänzlich anderes als für alle anderen Menschen, vor allem sind für ihn das Geld, die Börse, die Devisenzentrale, eine Schreibmaschine völlig mystische Dinge (und sie sind es ja in der Tat, nur für uns andere nicht)...« Mystische Dinge also? Ertappt man den Mystiker in flagranti? Von »sinnlich-übersinnlichen Dingen«, von ihrem »mystischen«, ihrem »rätselhaften« Charakter hatte längst ein andrer gesprochen, den zum Mystiker umzufälschen auch der Gewiegteste nicht gewagt hat: Karl Marx, als er den »Fetischcharakter der Ware« analysierte. In der warenproduzierenden Gesellschaft verwandelt sich das Arbeitsprodukt »in eine gesellschaftliche Hieroglyphe. Später suchen die Menschen den Sinn der Hieroglyphe zu entziffern, hinter das Geheimnis ihres eigenen gesellschaftlichen Produkts zu kommen...« Kafka ahnte den Sinn der Hieroglyphe, doch für ihn, den Schriftsteller, war entscheidend, daß er die gespenstische Wirklichkeit der »sinnlich-übersinnlichen« Dinge zu *erleben* vermochte.

Kafka hat die Macht der Dinge über den Menschen in Angst und Schrecken erlebt, das Auseinanderklaffen des Daseins in eine verdinglichte, entfremdete »Außenwelt« und das auf sich selbst zurückgeworfene Ich. Die äußere und die innere Uhr, so schrieb er im Jänner 1922, stimmen nicht mehr überein. »...die äußere geht stockend ihren gewöhnlichen Gang. Was kann anders geschehn, als daß sich die zwei verschiedenen Welten trennen, und sie trennen sich oder reißen zumindest auseinander in einer fürchterlichen Art. Die Wildheit des inneren Ganges mag verschiedene Gründe haben, der sichtbarste ist die Selbstbeobachtung, die keine Vorstellung zur Ruhe kommen läßt, jede emporjagt, um dann selbst wieder als Vorstellung von neuer Selbstbeobachtung weitergejagt zu werden...« Schon 1910 sprach Kafka von dieser unnachsichtigen Selbstbeobachtung, »wie man die Fernrohre jetzt gegen den Kometen richtet«. In solcher Selbstbeobachtung vermag das Ich sich kaum zu finden, gerät es sich selbst in Verlust. Diese Entfremdung des Menschen von sich selbst drückt Kafka auch dadurch aus, daß seine Helden sogar aus ihrem Namen flüchten; im Amerika-Roman heißt der Held noch Karl Roßmann, im »Prozeß« nur mehr Josef K., im »Schloß« ist nichts als K. übriggeblieben, das Anonyme, das Niemand und Jedermann. Einen Brief an Milena unterschreibt Kafka: »Dein (nun verliere ich auch noch den Namen; immerfort ist er kürzer geworden und jetzt heißt er: Dein).«

Kampf um den Ausweg

Kafka hat, wie keiner vor ihm, die Entfremdung bis zum Äußersten dargestellt, hat aber auch verzweifelt um den Ausweg gekämpft. Wer ihn, den Dunklen, Suchenden, nur als Nihilisten sieht, als unentwegt Hoffnungslosen, verfälscht sein Bild. Er stand in der Mitte zwischen den Zurückblickenden, für die das Gegenwärtige nur durch sein Versinken zur Wirklichkeit wird, durch das Eingehn in den Bestand starrer Bilder und Dinge, als Trümmerhaufen der Erinnerung, und den Vorwärtsträumenden, die Gegenwart als Beginn der Zukunft fühlen, als Fülle ungestalteter Möglichkeiten. Dieser Zustand entspricht dem Jungsein, dem Altsein der andre, im Bereich nicht nur des Biologischen, sondern auch des Gesellschaftlichen. In Kafka mischt sich das im Vergangenen Gefangene, Verfallende, Uralte dem Knabenhaften, dem frühen Licht des Tags, der niemals schwindenden Utopie. Auch in äußerster Verzweiflung ist ein Hauch der Hoffnung, die Ahnung einer andren, möglichen Menschenwelt.

An diese Ahnung zu erinnern, ist nicht weniger notwendig, als ihren durchaus unreligiösen Charakter hervorzuheben. So sehr wir Max Brod zu danken haben, daß er gegen testamentarischen Wunsch den Nachlaß Kafkas veröffentlichte, so sehr ist seine Legende vom »religiösen« Kafka anzufechten. Brod kann diese Legende weder durch das Werk noch durch ein Wort aus hunderten Briefen und Gesprächen stützen. Er schreibt im Gegenteil: »Bei aller Trauer um die Unvollkommenheit und Undurchsichtigkeit menschlichen Tuns war Kafka davon überzeugt, daß es Wahrheiten gebe, an denen nicht zu rütteln sei. Nicht durch Worte sprach er das aus, wohl aber durch sein ganzes Verhalten sein Leben lang...« Seinen eigenen Platonismus deutet Brod in Kafkas »Grunderlebnis« um; daß er hinter dem Negativen die Welt der Ideen (im Sinne Platons) gesehen habe, sei »das Auszeichnende im Leben und Schaffen Kafkas« gewesen, »ohne daß je ein Wort darüber gesprochen worden wäre.« Kafka hingegen schrieb im Oktober 1917 an Brod (aus einem Brief an F. die Worte wiederholend): »Wenn ich mich auf mein Endziel hin prüfe, so ergibt sich, daß ich nicht eigentlich danach strebe, ein guter Mensch zu werden und einem höchsten Gericht zu entsprechen, sondern, sehr gegensätzlich, ihre grundlegenden Vorlieben, Wünsche, sittlichen Ideale zu erkennen und mich dann möglichst bald dahin zu entwickeln, daß ich durchaus allen wohlgefällig würde... Zusammengefaßt kommt es mir also nur auf das Menschen- und Tiergericht an...« Im Juli 1922 charakterisierte er sich in einem Brief an Brod als einen Menschen »fremd dem Glauben, nicht einmal das Gebet für das Seelenheil ist von ihm zu erwarten...«

Der Aphorismus Kafkas, den Brod als Beweis für seine These anführt, spricht gegen sie: »Der Mensch kann nicht leben ohne ein dauerndes Vertrauen zu etwas Unzerstörbarem in sich, wobei sowohl das Unzerstörbare als auch das Vertrauen ihm dauernd verborgen bleiben können. Eine der Ausdrucksmöglichkeiten dieses Verborgenbleibens ist der Glaube an einen persönlichen Gott.« Dieser distanzierende Hinweis auf den Glauben an einen persönlichen Gott als *eine* der Ausdrucksmöglichkeiten gibt zu erkennen, daß er nicht Kafkas Ausdrucksmöglichkeit war. Die Formulierung ist wohlerwogen; Kafka stellt nicht ein Dogma auf, sondern spricht vom »Vertrauen zu etwas Unzerstörbarem in sich«, dessen der Mensch bedarf, um über sich selbst hinauszugreifen, die Gegenwart der Zukunft, das Leben dem Werk darzubringen. Von solcher Möglichkeit, in irgendeiner Form unzerstörbar, unsterblich fortzuwirken, ist jeder bedeutende Mensch überzeugt. Es ist Verwirrung der Begriffe, dies »religiös« zu nennen. Die Romantiker, vor allem die deutschen, haben diese Verwirrung angestiftet, um sich gegen die Aufklärung, deren abtrünnige Kinder sie waren, als Hüter verlorengegangener Einheit zu gebärden und sich in den Ruinen alter Religion anzusiedeln. Die Religion der Chateaubriand, Schlegel und Schleiermacher war aus Kunststoff fabriziert. Sowohl religiöse wie an keine Religion gebundene Menschen sollten gemeinsam auf Deutlichkeit und Festigkeit der Begriffe bestehn.

Die Hypothese, daß Kafka vor allem ein »homo religiosus« gewesen sei, führt zu Interpretationen, die der Originalität seines Werkes nicht gerecht werden. Wer den »Prozeß« oder das »Schloß« als künstlerische Darstellung des »ewigen Mißverstehens zwischen Mensch und Gott«, als »Versagen des Menschen vor Gott« auszulegen unternimmt, reduziert die Vielfalt des Dargestellten auf eine dogmatische Formel; diese Simplifizierung ist noch gröber als jene, die das Kunstwerk nur als Widerspiegelung gesellschaftlicher Außenwelt gelten läßt, ohne das Besondre des Künstlers zu berücksichtigen, das Ineinandergreifen dieses Besondren mit der gesellschaftlichen Situation sowie mit Unzulänglichkeiten, Hoffnungen und Enttäuschungen des Menschengeschlechts, die über den geschichtlichen Augenblick hinausreichen. Kafka neigte dazu, Zeitbedingtes ins Metaphysische umzudeuten, einen geschichtlichen Augenblick zum Dauerzustand des Menschen zu versteinern, doch sein dialektisches Fortschreiten von jeder Antwort zu neuer Frage, von jedem Satz zum Gegensatz hat solcher Versteinerung stets entgegengewirkt.

Den Ausweg suchend, vermied Kafka jede pathetische Übersteigerung. Der Manierismus der ersten Periode war bald überwunden, ein streng verhaltener Stil wurde angestrebt. Die Tendenz, das Alltägliche, scheinbar Banale ins Phantastische zu erheben, stieß auf die entgegengesetzte, das Ungewöhnliche so darzustellen, als sei es das Gewöhnliche, es in niedrige Sphären zu transponieren, zu Naivität zu nötigen. Robert Musil hat in seiner Besprechung des »Heizer« eben dies hervorgehoben: »Es ist absichtliche Naivität und hat doch nichts von dem Unangenehmen einer solchen. Denn es ist rechte Naivität, die in der Literatur (genau so wie die falsche; da liegt nicht der Unterschied!) etwas Indirektes, Kompliziertes, Erworbenes ist, eine Sehnsucht, ein Ideal. Aber etwas ist, das Überlegungen vertrug, ein fundiertes, ein Gefühl mit lebendigen Gründen; während die falsche sogenannt echte, die beliebte schlichte Naivität eben dies nicht und darum so wertlos ist.« Diese beabsichtigte Naivität (als Protest gegen das Überladene, bunt sich Spreizende) findet in der *Parabel* den ihr gemäßen Bereich; die vielen Erzählungen Kafkas, die von Tieren handeln, sind der Rückzug in aesopische Sprache (nicht vor äußerer, sondern vor innerer Zensur), in Versteck und Verschlüsselung, und zugleich die »Untertreibung«, die »Verfremdung« beängstigender Erlebnisse ins Naive der Tierwelt. Wenn also Kafka von seinem verzweifelten Verlangen nach dem »Ausweg« berichtet, erzählt er von einem Affen, der den Ausweg fand, ein Mensch zu werden, und in einem »Bericht an die Akademie« seine Beweggründe und Bemühungen darlegt:

»Ich habe Angst, daß man nicht genau versteht, was ich unter Ausweg verstehe. Ich gebrauche das Wort in seinem gewöhnlichsten und vollsten Sinn. Ich sage absichtlich nicht Freiheit. Ich meine nicht dieses große Gefühl der Freiheit nach allen Seiten. Als Affe kannte ich es vielleicht, und ich habe Menschen kennengelernt, die sich danach sehnten. Was mich aber anlangt, verlangte ich Freiheit weder damals noch heute. Nebenbei: mit Freiheit betrügt man sich unter Menschen allzuoft... Nein, Freiheit wollte ich nicht. Nur einen Ausweg rechts, links, wohin immer; ich stellte keine anderen Forderungen...«

Der Affe muß sich selbst überwinden, um Mensch zu werden. Die Selbstüberwindung besteht – damit kein romantisches Pathos der »Erlösung« aufkomme! – im Austrinken einer Schnapsflasche, wovor der Affe zurückschaudert. Es ist ein Vorgang »gegen die Natur«, ein Akt der Entfremdung, mit swiftischer Ironie dargestellt.

Die dem Menschen entfremdete wird als eine sinnlose Welt

empfunden. Jeder Ausweg hat zum Ziel, ihr einen Sinn abzugewinnen und dadurch den Gegensatz von Ich und Außenwelt aufzuheben. Vielleicht vermag der *Beruf*, redlich ausgeübt, diese Vereinigung herbeizuführen. Im Amerika-Roman ist es die Hoffnung des jungen Karl Roßmann, »einen Posten zu finden, in dem er etwas leisten und für seine Leistungen anerkannt werden könnte... Er wollte nur an das Interesse des Geschäftes denken, dem er zu dienen hätte, und allen Arbeiten sich unterziehen, selbst solchen, die andere Bürobeamte als ihrer nicht würdig zurückweisen würden.« Das Thema taucht immer wieder auf. Die Suche nach dem Beruf, der Wunsch sich darin zu bewähren, das Verlangen, in ein Arbeitskollektiv sich einzugliedern, ist für Kafka ein Zentralproblem. Doch eben der Beruf, in einem System extremer Arbeitsteilung und unerbittlicher Konkurrenz, führt selten zur Menschwerdung, oft zur Entmenschlichung. Aufschlußreicher als ein Dutzend »privater« Erlebnisse abseits des Arbeitsprozesses ist es, wenn im Amerika-Roman Therese zu dem soeben im Hotel Occidental aufgenommenen Karl ins Zimmer kommt und schließlich im Gespräch zu ihm sagt: »Gleich, wie ich Sie zum erstenmal gesehen habe, habe ich Vertrauen zu Ihnen gehabt. Und trotzdem – denken Sie, so schlecht bin ich – habe ich auch Angst gehabt, die Frau Oberköchin könnte Sie an meiner Stelle zum Sekretär machen und mich entlassen.«

In einer wohldurchdachten Kafka-Monographie, die Lob auch dort verdient, wo sie zum Widerspruch herausfordert, rügt Hermsdorf die »bruchstückhafte Erfassung der Charaktere«, die Gestaltung des Menschen vor allem in seiner Berufsfunktion, den Verzicht auf »reichhaltige individuelle Charakterisierung«. An andrer Stelle sagt er freilich: »Alle Mitglieder der Gesellschaft sind jedoch in ihrer Arbeit einseitige und parzellierte Menschen, verkrüppelte, vom Fluch einer unmenschlichen Gesellschaft grausam geschlagene Existenzen... Sein Roman bedeutet den grell gezeichneten Nachweis absoluter Unmöglichkeit eines erfüllten, wirklich humanen Menschseins im imperialistischen Zeitalter.« Die typische Gestalt der spätkapitalistischen Welt ist eben nicht die entfaltete, sondern die verkümmerte Persönlichkeit. Das »Innenleben« etwa eines Bürokraten – er mag ein musterhafter Familienvater sein, durch »fadenscheinige Gemütlichkeit« sich hervortun – ist gesellschaftlich belanglos, nur mehr zu satirischer Kontrastwirkung verwendbar. Die Methode, mit der ein freundlicher, nach Leistung, Güte, Gerechtigkeit strebender Junge wie Karl Roßmann in seinem Kampf gegen eine Welt der Ausbeutung, Konkurrenz, Entmenschlichung gezeigt wird, in seinem Kampf um den Beruf als Voraussetzung der Existenz, in seinem Scheitern an einem System, das mächtiger ist als menschliches Vertrauen, entspricht in ihrem Realismus einer gesellschaftlichen Situation. Gewiß: eine »dialektisch aufhebende Lösung des Gegensatzes zwischen dem Helden und der amerikanischen Umwelt« wäre selbst vom vollendeten Roman nicht zu erwarten gewesen. Auch der als Realist anerkannte Theodore Dreiser hat im Roman »Eine amerikanische Tragödie« keinerlei Lösung dieser Art angedeutet. Es gibt nicht stets eine Lösung.

Die Romantiker erwarten Lösungen nie vom Beruf, wohl aber von der *Leidenschaft*, vor allem von der erotischen. Die Frau wurde als Verführerin verflucht und als Erlöserin gefeiert, bis zur hysterischen Gewaltsamkeit der Wagner-Opern. Kafka war auch diese Sehnsucht und Hoffnung nicht fremd. Seine Begierde nach dauernder Gemeinschaft mit einer Frau, nach Ehe und Familie, war jener Kleists verwandt: Verlocktsein von der Vision, unbesiegbare Angst vor der Wirklichkeit. »Vor allem Angst davor«, schrieb er im Jänner 1921, »daß ich nicht hinreiche, körperlich nicht, geistig nicht, die Last eines fremden Menschen zu tragen; solange wir fast eins sind, ist es bloß eine suchende Angst: ›Wie? wir sollten wirklich fast eins sein?‹ und dann, wenn diese Angst ihre Arbeit getan hat, wird es eine bis in die letzte Tiefe überzeugte, unwiderlegbare, unerträgliche Angst...« Exzesse der Phantasie, Gefühl der Unzulänglichkeit, Ahnung, daß er zum Glück nicht tauge, Erinnerung an ein frühes, peinliches sexuelles Erlebnis – all dies wirkte zusammen, daß Kafka die »Macht der Frauen« in eine Sphäre des Gewöhnlichen, des Niedrigen verdrängte.

Nach einem Beisammensein mit F. schrieb Kafka, der sich selbst nicht Betrügende, in sein Tagebuch: »Mühsal des Zusammenlebens. Erzwungen von Fremdheit, Mitleid, Wollust, Feigheit, Eitelkeit, und nur im tiefen Grunde vielleicht ein dünnes Bächlein, würdig, Liebe genannt zu werden, unzugänglich dem Suchen, aufblitzend einmal im Augenblick eines Augenblicks.« Im »Prozeß« bietet die Pflegerin des kranken Advokaten sich dem Josef K. als Geliebte an, verspricht, ihm zu helfen. Dem Gericht zu entschlüpfen, sagte sie, »ist ohne fremde Hilfe nicht möglich, wegen dieser Hilfe aber müssen Sie sich nicht ängstigen, die will ich Ihnen selbst leisten.« »Sie verstehen viel von diesem Gericht und von den Betrügereien, die hier nötig sind«, sagte K. und hob sie, da sie sich allzu stark an ihn drängte, auf seinen Schoß ... Er zeigte ihr das Bild seiner gelegentlichen Geliebten ... »Mag Sie also jetzt Ihre Geliebte sein«, sagte Leni, »Sie würden sie aber nicht sehr vermissen, wenn Sie sie verlören oder für jemand anderen, zum Beispiel für mich, eintauschten ...« Als er sie schließlich flüchtig küßte, nahm sie seinen Kopf an sich ... »Sie haben mich eingetauscht!« rief sie von Zeit zu Zeit, »sehen Sie, nun haben Sie mich eingetauscht!« Da glitt ihr Knie aus, mit einem kleinen Schrei fiel sie fast auf den Teppich. K. umfaßte sie, um sie noch zu halten, und wurde zu ihr hinabgezogen. »Jetzt gehörst du mir«, sagte sie.

Ähnlich geschieht es im »Schloß«, wenn K. Frieda kennenlernt, die Geliebte des mächtigen Bürokraten Klamm, mit dem zu sprechen sein Ziel ist. Frieda arbeitet am Schanktisch, in der Nähe der Tür, hinter der Klamm sich aufhält. »Ein unscheinbares, kleines, blondes Mädchen mit traurigen Augen und mageren Wangen, das aber durch ihren Blick überraschte, einen Blick von besonderer Überlegenheit.« Der Beischlaf vollzieht sich vor der Tür des Klamm, »in den kleinen Pfützen Biers und dem sonstigen Unrat, von dem der Boden bedeckt war.« Alles sei daher gekommen, sagt Frieda später, »daß du glaubtest, in mir eine Geliebte Klamms erobert zu haben und dadurch ein Pfand zu besitzen, das nur zum höchsten Preis ausgelöst werden könne ...«

In dieser äußersten Entromantisierung des Erotischen (kein Hauch mehr von Senta und Solvejg!) gibt sich die schauerliche Austauschbarkeit des Leibes»objekts« in einer Welt totaler Kommerzialisierung zu erkennen, diese schon von vielen Romantikern dargestellte Austauschbarkeit des Körpers als Stellvertreter eines Traums, die anonyme, die antlitzlose Sexualität. Zugleich aber deuten Leni und Frieda auf etwas andres hin, verheißen Hilfe, versprechen Zutritt zu einer dem K. entrückten, entfremdeten Wirklichkeit. Es geht darum, die verriegelte Tür zwischen dem Ich und der Außenwelt aufzubrechen, unmittelbare Vereinigung zu ermöglichen. Entscheidend ist das *Vertrauen* von Mensch zu Mensch.

Für Kafka wie für Kleist war dieses unbedingte, die Macht der Dinge überwindende Vertrauen die Voraussetzung *menschlicher*

Beziehungen in einer verdinglichten Welt. »So wenig ich sein mag«, schrieb Kafka am 4. Mai 1915, »niemand ist hier, der Verständnis für mich im ganzen hat. Einen haben, der dieses Verständnis hat, etwa eine Frau, das hieße Halt auf allen Seiten haben...« Dieses Vertrauen, das die Oberköchin und Therese ihm entgegenbringen, ist für Karl Roßmann Hilfe und Schutz in einer fremden Welt. Wie diese Welt des Augenscheins, der scheinbaren Tatsachen, falschen Zusammenhänge, überwältigenden Argumente sich zwischen Roßmann und die beiden Frauen schiebt, immer dichter wird, immer höher emporwächst, bis das Vertrauen nicht mehr standzuhalten vermag – seit Kleist gab es keinen Dichter, der diese tragische Entfremdung mit solcher Unerbittlichkeit darzustellen vermochte.

Die Lösung ist also nicht durch den Einzelnen für den Einzelnen herbeizuführen, erwidert Kafka seiner schwindenden Illusion. Sie muß das Ich in einer höheren Wirklichkeit aufheben, vielleicht im »Jenseits« der Kunst, im Geisterreich des *Ästhetischen*. Das unvollendete letzte Kapitel des Amerika-Romans scheint auf solch ein phantastisches Wiederfinden alles Verlorenen, Festhalten des Vergänglichen im magischen Theater der Erinnerung hinzudeuten, vielleicht im Erlebnis der Kunst, vielleicht im romantischen Traum eines künftigen Goldenen Zeitalters. Brod berichtet, Kafka habe mit rätselhaften Worten lächelnd angedeutet, »daß sein junger Held in diesem fast grenzenlosen Theater Beruf, Freiheit, Rückhalt, ja sogar die Heimat und die Eltern wie durch paradiesischen Zauber wiederfinden werde.« Diesem Hinweis widerspricht nur scheinbar die Tagebuchnotiz vom 30. September 1915: »Roßmann und K., der Schuldlose und der Schuldige, schließlich beide unterschiedslos strafweise umgebracht, der Schuldlose mit leichterer Hand, mehr zur Seite geschoben als niedergeschlagen...« So wird mit leichterer Hand beiseite geschoben, wer in die Welt des schönen Scheins entweicht, in paradiesische Phantasie, wo »Frauen, als Engel gekleidet, in weißen Tüchern, mit großen Flügeln am Rücken, auf langen goldglänzenden Trompeten bliesen.« Diese Vision des Ästhetischen taucht zuerst im Tagebuch 1914 auf, das »Naturtheater von Oklahoma« vorwegnehmend; doch damals schon hat Kafka die Welt des Scheins nicht als echte Lösung anerkannt. In barocker Überfülle, Abglanz des Großen Welttheaters der Jesuiten in Österreich, steigt die Traumwelt auf:

»Noch stehe ich hier in meinem Jammer, aber schon kommt hinter mir der ungeheure Wagen meiner Pläne angefahren, die erste kleine Plattform schiebt sich unter meine Füße, nackte Mädchen, wie auf Karnevalswagen besserer Länder, führen mich rücklings die Stufen empor, ich schwebe, weil die Mädchen schweben, und hebe meine Hand, die Ruhe befiehlt. Rosenbüsche stehn zu meiner Seite. Weihrauchflammen brennen, Lorbeerkränze werden herabgelassen, man streut Blumen vor und über mich, zwei Trompeter wie aus Steinquadern aufgebaut, blasen Fanfaren, kleines Volk läuft in Massen heran, geordnet hinter Führern, die leeren, blanken, gerade geschnittenen, freien Plätze werden dunkel, bewegt und überfüllt, ich fühle die Grenze menschlicher Bemühungen und mache aus meiner Höhe aus eigenem Antrieb und plötzlich mich überkommendem Geschick das Kunststück eines vor vielen Jahren von mir bewunderten Schlangenmenschen...«

Im Augenblick eines Augenblicks erscheint als höchstes Ergebnis menschlicher Bemühungen der Schwebezustand des Ästhetischen (wie in den Zirkuserzählungen Kafkas), dann aber drängen sich »die kleinen gehörnten Teufel« herauf, »schon putzen fünfzig Teufelsschwänze mein Gesicht, der Boden wird weich, ich versinke mit einem Fuß, dann mit dem andern, die Schreie der Mädchen verfolgen mich in meine Tiefe, in die ich lotrecht versinke, durch einen Schacht, der genau den Durchmesser meines Körpers, aber eine endlose Tiefe hat...«

Kafka war kein Romantiker, der, wie Schelling oder Nietzsche, das Ästhetische als Vollendung pries. Aus Rosen und Lorbeer, Weihrauch und nackten Mädchen stürzt er zurück in das eigene bodenlose Ich. Die heitre Gemeinschaft des Traums erspart nicht den Kampf um Bewältigung der gesellschaftlichen Wirklichkeit, den Konflikt des Ich mit der Außenwelt, das Scheitern an ihr oder die Synthese.

Revolte und Resignation

Das ursprüngliche Erlebnis Kafkas war die Nicht-Übereinstimmung mit der »Vaterwelt«. Er stand ihr in Revolte gegenüber, empfand jedoch diese Haltung zugleich als Schuld, als Unvermögen, sich einzugliedern, als Ausgestoßensein, weil er die Kraft nicht hatte, einzutreten. Diese dem Wesen nach kleinbürgerliche Revolte mit dem ihr innewohnenden Widerspruch wird im »Prozeß« mit unüberbietbarer Intensität gestaltet.

Josef K. wehrt sich gegen die willkürliche Verhaftung durch Beamte einer geheimen Behörde, deren »anliegendes schwarzes Kleid...mit verschiedenen Falten, Taschen, Schnallen, Knöpfen und einem Gürtel« wie eine Vorahnung künftiger Schrecken ist. Er wehrt sich gegen den Prozeß, den diese Behörde ihm macht, gegen die unbekannten Drahtzieher im Hintergrund. Er wehrt sich im Tonfall eines renitenten österreichischen Staatsbürgers, ans Publikum gewendet, die Sympathie des kleinen Mannes suchend. Es sei kein Zweifel, sagt er, daß hinter der Verhaftung und der Einvernahme »eine große Organisation sich befindet. Eine Organisation, die nicht nur bestechliche Wächter, läppische Aufseher und Untersuchungsrichter, die günstigsten Falles bescheiden sind, beschäftigt, sondern die weiterhin jedenfalls eine Richterschaft hohen und höchsten Grades unterhält... Und der Sinn dieser großen Organisation, meine Herren? Er besteht darin, daß unschuldige Personen verhaftet werden und gegen sie ein sinnloses und meistens, wie in meinem Fall, ergebnisloses Verfahren eingeleitet wird...«

Die kleinen, korrupten, schlechtbezahlten Beamten, die ihn verhafteten, werden vor seinen Augen bestraft, durch einen Prügler, der nicht mehr Mensch, nur mehr Funktion ist. Er halte diese Beamten gar nicht für schuldig, mischt K. sich ein, »schuldig ist die Organisation, schuldig sind die hohen Beamten«. »So ist es!« riefen die Wächter und bekamen sofort einen Hieb über ihren schon entkleideten Rücken. »Hättest du hier unter deiner Rute einen hohen Richter«, sagte K. und drückte, während er sprach, die Rute, die sich schon wieder erheben wollte, nieder, »ich würde dich wahrhaftig nicht hindern, loszuschlagen, im Gegenteil, ich würde dir noch Geld geben, damit du dich für die gute Sache kräftigst.« »Was du sagst, klingt ja glaubwürdig«, sagte der Prügler, »aber ich lasse mich nicht bestechen. Ich bin zum Prügeln angestellt, also prügle ich.«

K. geht so weit, dem Geistlichen in der Kirche zuzurufen: »Die Lüge wird zur Weltordnung gemacht.« – »K. sagte das abschließend«, fährt Kafka fort, »aber sein Endurteil war es nicht.« Der revoltierende Kleinbürger kann sich zu keinem Endurteil, zu keiner Entscheidung erheben; seine Aufsässigkeit bleibt ohne Konsequenz, insgeheim fühlt er sich schuldig, nicht er, sondern der unsichtbare Gerichtshof fällt das Endurteil.

Wer nur der Bürokratie, nicht den sie lenkenden Mächten, gegenübertritt, ist stets ein Einzelner. Der spontane und fahrige Widerstand des Einzelnen ist unwirksam. Zwei Herren, »bleich und fett, mit scheinbar unverrückbaren Zylinderhüten«, führen den K. zur Exekution. Er hält sie für »alte, untergeordnete Schauspieler«, und sie sind es in der Tat; wie der Prügler nur Funktion ist, sind sie nur Masken eines Systems, das den Menschen schuldig werden läßt. Sie nehmen ihn in die Mitte, erfassen seine Hände »mit einem schulmäßigen, eingeübten, unwiderstehlichen Griff. K. ging straff gestreckt zwischen ihnen, sie bildeten jetzt alle drei eine solche Einheit, daß, wenn man einen von ihnen zerschlagen hätte, alle zerschlagen gewesen wären. Es war eine Einheit, wie sie fast nur Lebloses bilden kann.« Denn der nur aufbegehrende, doch schuldbewußt die Ordnung anerkennende Kleinbürger ist ein Teil dieser Einheit, dieser dinghaften, zu Leblosem erstarrten. Die Hinrichtung des K. im öden Steinbruch, eines der unheimlichsten Nachtstücke der Weltliteratur, wird dennoch vom aufzuckenden Licht andrer Möglichkeiten durchflackert. »Seine Blicke fielen auf das letzte Stockwerk des an den Steinbruch angrenzenden Hauses. Wie ein Licht aufzuckt, so fuhren die Fensterflügel eines Fensters dort auseinander, ein Mensch, schwach und dünn in der Ferne und Höhe, beugte sich mit einem Ruck weit vor und streckte die Arme noch weiter aus. Wer war es? Ein Freund? Ein guter Mensch? Einer, der teilnahm? Einer, der helfen wollte? War es ein einzelner? Waren es alle? War noch Hilfe?...« Der schon Gebrochene ahnt, daß Hilfe möglich sei, Ausweg, Anderswerden, für ihn aber ist es zu spät, er stirbt, erwürgt, durchbohrt. »Wie ein Hund!« sagte er, »es war, als sollte die Scham ihn überleben.«

Mit unzulänglichen Mitteln hat Josef K. sich aufgelehnt; der namenlose K. im Roman »Das Schloß« lehnt sich nicht mehr auf, sondern ist nur bemüht, kein Ausgestoßener zu sein, aufgenommen zu werden, der Gemeinschaft des Schlosses anzugehören. Es ist ein Buch voll Eis und Einsamkeit. Auf der Straße zum Schloß »die Länge des Dorfes, das kein Ende nahm, immer wieder die kleinen Häuschen und vereisten Fensterscheiben und Schnee und Menschenleere...« Weiß, rein und dicht ist auch die Sprache, wie frischgefallener Schnee, als sei die Geschichte des K. dem Protokoll eines Erzengels entnommen. Das Schloß ist unerreichbar; doch nichts daran erinnert, wie Brod es zu deuten versucht, an die »göttliche Gnade«. Die Welt des Schlosses ist eine böse Welt; die gnostische Idee des Demiurg, des bösen Schöpfers, die »Gegenwelt« der Kabbala, scheint Kafka beeinflußt zu haben, wie sie vor ihm Blake und Shelley beeinflußt hat. In der Tagebuchnotiz vom 19. Juni 1916 ist das Echo des alten Ketzertums vernehmbar: »...Wüten Gottes gegen die Menschenfamilie. Die zwei Bäume, das unbegründete Verbot, die Bestrafung aller (Schlange, Frau und Mann), die Bevorzugung Kains, den er durch die Ansprache noch reizt. Die Menschen wollen sich durch meinen Geist nicht mehr strafen lassen...« Die »Mächte«, denen K. hilflos gegenübersteht, werden als böse, korrupt, widermenschlich charakterisiert. Doch wehe jedem, der sich nicht unterwirft!

Die Familie Barnabas, an welche der Fremdling K. gerät, ist geächtet. Der mächtige Bürokrat Sortini fand an Amalia, der Schwester Barnabas, Gefallen. Er schrieb ihr einen Brief, in dem er sie mit den gemeinsten Ausdrücken aufforderte, sofort zu ihm zu kommen. Das Mädchen zerriß den Brief und warf dem Boten die Fetzen ins Gesicht. Damit, erzählt ihre Schwester Olga dem K., »war der Fluch über unsere Familie ausgesprochen«. Seither wird die Familie Barnabas wirtschaftlich und gesellschaftlich zugrunde gerichtet. Das Schrecklichste daran ist, daß alles wie von selber geschieht, ohne greifbare Entscheidung, durch unsichtbares Spiel im Hintergrund. »Wir alle wußten, daß keine ausdrückliche Strafe kommen werde. Man zog sich nur von uns zurück. Die Leute hier wie auch das Schloß... Es geschah nichts. Keine Vorladung, keine Nachricht, kein Bericht, kein Besuch, nichts...« Die Leute im Dorf hätten die Familie Barnabas gerne wieder aufgenommen, warteten jedoch auf ein Zeichen aus dem Schloß, und dieses Zeichen kam nicht. Da nichts geschah, geriet die Familie mehr und mehr in Verruf und schien im Schatten der Macht dahinzuschwinden. Und dann begann der Vater, erzählte Olga, »es begannen die sinnlosen Bittwege zum Vorsteher, zu den Sekretären, den Advokaten, den Schreibern, meistens wurde er nicht empfangen, und wenn er durch List oder Zufall doch empfangen wurde – wie jubelten wir bei solcher Nachricht und rieben uns die Hände –, wurde er äußerst schnell abgewiesen und nie wieder empfangen... um Verzeihung zu bekommen, mußte er erst die

Schuld feststellen, und die wurde ihm ja in den Ämtern abgeleugnet...«

In solcher Situation beginnt sich alles zu pervertieren. Der Vater, der ja die Herrschaft des Schlosses nicht verneint, sondern grundsätzlich anerkennt, sucht nun selber nach seiner »Schuld«, die, so meint er, vor ihm geheimgehalten wird, wünscht in der Unbestimmtheit seines Schuldbewußtseins sich selbst zu bezichtigen, wartet auf der Landstraße in Frost und Elend auf vorbeifahrende Beamte, fällt in Krankheit und siecht dahin. Kafka hat den äußeren und inneren Zustand des schuldlos aus einem Kollektiv Verdrängten, der jede Schuld auf sich zu nehmen bereit ist, wenn er nur zurückkehren und dadurch gesellschaftlich existieren darf, mit beunruhigender Präzision gestaltet. K. erfährt zur Genüge, wie schändlich das bürokratische System des Schlosses ist, weiß aber auch, welcher Verlassenheit der einzelne ausgeliefert ist, wenn er nicht »dazugehört« und will somit um jeden Preis dazugehören. Lieber die schlimmste Gemeinschaft als keine! Lieber Kapitulation, als Einsamkeit! Das ist die Haltung des K. vor den Toren des Schlosses, eine verzweifelte Haltung, die künftiges Verhängnis ankündigt.

»Dieses *Grenzland zwischen Einsamkeit und Gemeinschaft*«, schrieb Kafka am 29. Oktober 1921, »habe ich nur äußerst selten überschritten, ich habe mich darin sogar mehr angesiedelt als in der Einsamkeit selbst...« In der Erzählung »Beim Bau der Chinesischen Mauer« (1917) wird alles vom Schrei nach Gemeinschaft übertönt. Die zum Bau der großen Mauer Aufbrechenden werden von Massen begleitet: »Auf allen Wegen Gruppen, Wimpeln, Fahnen, niemals hatten sie gesehen, wie groß und reich und schön und liebenswert ihr Land war. Jeder Landmann war ein Bruder, für den man eine Schutzmauer baute, und der mit allem, was er hatte und war, sein Leben lang dafür dankte. Einheit! Einheit! Brust an Brust, ein Reigen des Volkes, Blut, nicht mehr eingesperrt im kärglichen Kreislauf des Körpers, sondern süß rollend und doch wiederkehrend durch das unendliche China.« Die Erzählung »Der Bau« (Herbst 1923) ist ein traumhaft verhallendes Lob der Einsamkeit: »Das schönste an meinem Bau ist aber seine Stille... Schön ist es für das nahende Alter, einen solchen Bau zu haben, sich unter Dach gebracht zu haben, wenn der Herbst beginnt... Arme Wanderer ohne Haus, auf Landstraßen, in Wäldern, bestenfalls verkrochen in einen Blätterhaufen oder in einem Rudel der Genossen, ausgeliefert allem Verderben des Himmels und der Erde! Ich liege hier auf einem allseits gesicherten Platz...« In der letzten Erzählung jedoch, »Josefine, die Sängerin oder Das Volk der Mäuse« (Frühjahr 1924), wird Josefine, die durch ihren Gesang sich aus dem Volk der Mäuse erhebende Persönlichkeit, nur als Emanation dieses Volkes anerkannt. Ihr Gesang, der Kraft verleiht, hat all diese Kraft aus dem Volk geschöpft. Störrisch auf sich selbst zurückgezogen, wird die Sängerin, nicht mehr Erlebnis einer Gemeinschaft, bedeutungslos. »Sie versteckt sich und singt nicht, aber das Volk, ruhig, ohne sichtbare Enttäuschung, herrisch, eine in sich ruhende Masse, die förmlich, auch wenn der Anschein dagegen spricht, Geschenke nur geben, niemals empfangen kann, auch von Josefine nicht, dieses Volk zieht weiter seines Weges. Mit Josefine aber muß es abwärts gehn. Bald wird die Zeit kommen, wo ihr letzter Pfiff ertönt und verstummt. Sie ist eine kleine Episode in der ewigen Geschichte unseres Volkes, und das Volk wird den Verlust überwinden...«

Persönlichkeit und Arbeiterklasse

Das Zentralproblem des modernen Menschen, die Vereinigung von Persönlichkeit und Kollektiv, von Ich und Außenwelt, um dadurch die Entfremdung zu überwinden, bildet den Kern von Kafkas Werk. Nicht als einzelner, in hoffnungsloser individueller Revolte einer entfremdeten Welt gegenüberzustehn, sondern aufgenommen zu werden, einer Gemeinschaft anzugehören, befreit von der Angst, der Einsamkeit, ist sein unzerstörbares Verlangen. Seine Angst, »ausgedehnt auf alles«, schrieb er an Milena, sei »vielleicht nicht nur Angst, sondern auch Sehnsucht nach etwas, das mehr ist als alles Angsterregende...«

Das Verwirrende und Gefährliche von Kafkas Angesiedeltsein »im Grenzland zwischen Einsamkeit und Gemeinschaft« ist das Unbestimmte und Auswechselbare dieser Gemeinschaft. Sie ist ein X, eine unbekannte Größe, für die man verschiedenes einsetzen kann, und als am Ende seines Lebens das Judentum für diese Gemeinschaft »stellvertretend« wurde, war die Entscheidung keineswegs überzeugend. Die dem Zeitalter gemäße Entscheidung für die Arbeiterklasse entsprach nicht Kafkas wesentlichem Erlebnis.

In der Auflehnung gegen die Vater-Welt des Geschäfts und Profits ergriff Kafka die »Partei des Personals«. Er lernte jedoch, sowohl in der Fabrik des Vaters wie vor allem in der Arbeiterunfallversicherungsanstalt, deren Beamter er war, die Arbeiter nicht als kämpfende Klasse, sondern als hilflose einzelne kennen. Mit Entsetzen berichtete er von den gedemütigten Arbeiterinnen in der Fabrik; sie »sind nicht Menschen, man grüßt sie nicht, entschuldigt sich nicht, wenn man sie stößt, ruft man sie zu einer kleinen Arbeit, so führen sie sie aus, kehren aber gleich zur Maschine zurück, mit einer Kopfbewegung zeigt man ihnen, wo sie eingreifen sollen, sie stehn in Unterröcken da, der kleinsten Macht sind sie überliefert...« Und die Hilfesuchenden, die von der Maschine Verstümmelten, die nicht als Fordernde, sondern als Bittsteller in die Anstalt kommen, in dieses »dunkle Bürokratennest«, sind in ihrer Geduld und Ohnmacht nicht imstande, Kafka von ihrer Kraft als Klasse zu überzeugen. »Wie bescheiden diese Menschen sind«, sagte Kafka zu Brod. »Sie kommen zu uns bitten. Statt die Anstalt zu stürmen und alles kurz und klein zu schlagen, kommen sie bitten.« Die halbstaatliche Anstalt war ein Zugeständnis an die Arbeiterbewegung, eindrucksvoll auf dem Papier, jämmerlich in der Wirklichkeit. Die Unternehmer prellten die Anstalt um die gesetzlich festgelegten Beiträge, die Bürokraten waren Türhüter der Macht, nicht Verteidiger der ihrem Schutz Anvertrauten. In zwei Zeitungsartikeln, deren Autor so gut wie sicher Kafka war, wurden 1909 diese Gaunereien aufgedeckt. »Es ist wahrhaft traurig«, hieß es da, »daß diese große Anstalt, der über 35 000 gewerbliche Betriebe anvertraut sind, sich erst jetzt, nach 20 Jahren ihres Bestehns, ihrer Pflichten auf dem Gebiete der Unfallverhütung bewußt wird...« Die Anstalt schien »einfach ein toter Körper, dessen einziges Lebendiges ein wachsendes Defizit war...« Und »die Öffentlichkeit hat schon lange keine Gelegenheit gehabt, über jugendlichen Übereifer der Prager Anstalt zu lächeln...«

Für Kafka entscheidend war stets das *unmittelbare* Erlebnis, das konkrete Detail, nicht das ins Allgemeine Erweiterte. Er hatte den Ausbruch des Krieges 1914 in dichterischer Vision vorweggenommen; als der Krieg dann wirklich ausbrach, trat er abseits, beobachtend, registrierend.

Es war der Standort, der Standpunkt Prag, von dem aus dies geschah, nach außen hin exakt organisierter Patriotismus, doch hinter schwarz-gelben und deutschnationalen Demonstrationen der stumme tschechische Protest – und in Kafka selbst der Zwiespalt des Abseitsstehenden, den die Kundgebungen anwidern und dennoch die Trauer übermannt, daß er keiner Gemeinschaft angehört. Die »große Zeit« überwältigte ihn nicht, wohl aber das scheinbar kleine Detail. Im Eisenbahnzug sieht er 1915 zwei alte Flüchtlinge aus Galizien. Der alte Mann »greift in wehmütigem Schmerz der alten Frau ans Kinn. Was für eine Zauberei darin liegt, wenn einer alten Frau unter das Kinn gegriffen wird. Schließlich sehen sie einander weinend ins Gesicht. Sie meinen es nicht so, aber man könnte es so deuten: Sogar dieses elende, kleine Glück, wie es die Verbindung von uns zwei alten Leuten ist, wird durch den Krieg gestört...« Es ist die stets konkrete, unmittelbare *Humanität* Kafkas, die sich auf solche Weise kundtut.

Seine Haltung zur Arbeiterschaft ergab sich ebenfalls aus einer Fülle *persönlicher* Erlebnisse und Erfahrungen: Negation des Kapitalismus und seiner Machtapparate, Parteinahme für die Erniedrigten und Beleidigten, doch kein Vertrauen zur geschichtlichen Kraft der Arbeiterklasse. Abgesehen davon, daß die Arbeiter ihm als Einzelne und Leidende gegenübertraten, konnte die Arbeiterbewegung des Habsburgerstaats, national gespalten, ohne revolutionäre, gesamtösterreichische Perspektive, auf den Künstler, den Schriftsteller, keine Anziehungskraft ausüben. Daß keiner der bedeutenden österreichischen Schriftsteller (trotz Sympathie für den Kampf der Ausgebeuteten und Unterdrückten) sich vor 1914 oder nach 1918 der Arbeiterklasse anschloß, kann nicht nur ein Versagen dieser Schriftsteller sein; es muß wohl damit zusammenhängen, daß die Arbeiterbewegung nicht die gemeinsame Revolution zum Ziel hatte, sondern daß sie sich von den einander widersprechenden nationalen Forderungen der Bourgeoisie übermannen ließ.

Jede große *Revolution* zertrümmert die Entfremdung. Die Klassen, die Menschen stehn einander unverhüllt gegenüber, sind aus der Macht der Dinge zur unmittelbaren Entscheidung durchgebrochen, zur Freiheit also, zu sich selbst. Im österreichischen Januarstreik 1919 war die Möglichkeit einer solchen Revolution sichtbar geworden; der November 1918 hatte in Österreich mehr den Charakter eines Zusammenbruchs als einer Revolution. Für den deutschsprachigen Schriftsteller Kafka in der neuentstandenen Tschechoslowakei war die Situation kompliziert; an seinem Zustand der Entfremdung hatte sich nichts geändert, an die Stelle der alten trat eine neue Bürokratie, mit der es neue Schwierigkeiten gab, und der Roman »Das Schloß« war zum Teil ein Widerschein dieser Situation. Es fehlt nicht an Andeutungen, daß Kafka mit der russischen Revolution sympathisierte, ohne sie als weltgeschichtlichen Wendepunkt zu verstehn. Für ihn, den Kranken, Einsamen, war das Erlebnis, die Erfahrung, daß die Bürokratie das dauerhaft Mächtige sei, unumstößlich geworden. »Man hat Einfluß auf die Ereignisse«, schrieb er an Milena, »denn ohne Volk ist kein Krieg zu führen, und man nimmt daraus das Recht, mitzusprechen, aber wirklich beurteilt und entschieden werden die Dinge doch nur in der unabsehbaren Hierarchie der Instanzen...« Im Gespräch mit Janouch sagte Kafka, am Ende jeder wirklich revolutionären Entwicklung erscheine der Bonapartismus. »Die Revolution verdampft, und es bleibt nur der Schlamm einer neuen Bürokratie.«

Kafka hat mit enormer Kraft das Negative seines Zeitalters in sich aufgenommen; für das »zum Positiven umkippende Negative«, für die Negation der Negation, fehlte ihm das Organ. Seine Ahnung, daß die Revolution nicht mit einem Schlag, nicht endgültig die Entfremdung überwindet, daß die Entwicklung stets aufs neue, in aufsteigender Spirale, gegen die Erstarrung anzukämpfen hat, war gerechtfertigt; doch so deutlich er das Erstarren wahrzunehmen vermochte, so undeutlich war ihm der widerspruchsvolle Gesamtprozeß fortschreitender Entwicklung, dieses »Trotz alledem!«, das ihr innewohnt, ein Vorwärts und Aufwärts trotz allen Rückschlägen, Irrwegen, Eiszeiten, in denen unaufhaltsam »Tauwetter« sich vorbereitet. Seine pessimistische ist daher eine simplifizierende Geschichtsphilosophie.

Derlei Philosophie wäre ungefährlich, wenn sie in keiner Weise der Wirklichkeit entspräche. Ihre Gefahr besteht darin, daß sie mit mächtigen Kräften und Erscheinungen der Wirklichkeit übereinstimmt, das ihnen Entgegenwirkende jedoch übersieht oder verdunkelt. Nicht das Unwahre, sondern das Halbwahre ist Unheilvoll. Kafkas Romane sind nicht grundlose Angstträume, sondern, in gespenstisch-satirischer Verzerrung, eine von Millionen erlebte Wirklichkeit, eine Welt beispielloser Machtkonzentration und ohnmächtiger Individuen, eine Welt, in der Massen vom Gefühl erfaßt sind, der einzelne könne die großen Entscheidungen nicht im geringsten beeinflussen. Kafka verdient, als großer Dichter, großen Ruhm. Doch das Ausmaß seines Erfolgs ist bestürzend. Es ist die Stimmung des Gewährenlassens, des Sichabfindens mit einer unmenschlichen Welt, die durch das Werk Kafkas bestätigt und bekräftigt wird. Dem Scheitern verleiht es eine fahle Glorie, als sei es ewiges Schicksal, dem Menschen vorbestimmt. Der Schimmer der Hoffnung, die Suche nach dem Ausweg, gilt als wesenlos. Auf Kafka beruft sich nur allzuoft ein satter, selbstgefälliger Nihilismus. Gegen diesen »Kafkaismus« gilt es, die dichterische Leistung Kafkas zu würdigen.

Die dichterische Methode

»Die Marquise von O...« des Heinrich von Kleist beginnt mit dem Satz: »In M..., einer bedeutenden Stadt im oberen Italien, ließ die verwitwete Marquise von O..., eine Dame von vortrefflichem Ruf, und Mutter von mehreren wohlerzogenen Kindern, durch die Zeitungen bekannt machen: daß sie, ohne ihr Wissen, in andre Umstände gekommen sei, daß der Vater zu dem Kinde, das sie gebären würde, sich melden solle; und daß sie, aus Familienrücksichten, entschlossen wäre, ihn zu heiraten...«

»Die Verwandlung« Kafkas beginnt mit dem Satz: »Als Gregor Samsa eines Morgens aus unruhigen Träumen erwachte, fand er sich in seinem Bett zu einem ungeheuren Ungeziefer verwandelt. Er lag auf seinem panzerartig harten Rücken und sah, wenn er den Kopf ein wenig hob, seinen gewölbten, braunen, von bogenförmigen Versteifungen geteilten Bauch, auf dessen Höhe sich die Bettdecke, zum gänzlichen Niedergleiten bereit, kaum noch erhalten konnte.«

Das Erregende der von Kleist und Kafka angewandten Methode ist die beabsichtigte *Nicht-Übereinstimmung* dessen, *was* erzählt, mit der Art, *wie* es erzählt wird, der Widerspruch von ungewöhnlichem Ereignis und protokollarischer Berichterstattung. Kleist, Stendhal, Mérimée berichten von extremen Charakteren, Leidenschaften, Situationen (im romantischen Gegensatz zur Banalität der Bürgerwelt!); doch das überhitzte Thema wird im kältesten Stil vorgetragen. Eben durch die vorgetäuschte Objektivität, mit der Subjektives gestaltet wird, durch eine Sprache, die dem

Ungeheuren den Schein des Alltäglichen verleiht, wird das Beunruhigende noch beunruhigender, das Befremdende noch befremdender. Ja, noch mehr: durch das scheinbare Unbeteiligtsein, durch die Methode Kafkas, das Gräßliche so darzustellen, als sei es nichts Besondres, ein »Fall« unter tausenden, gewinnt das Gräßliche nicht nur einen Schauder ohnegleichen, sondern wird es zugleich als die bisher nicht wahrgenommene, nun aber enthüllte Alltäglichkeit empfunden. Die von der Romantik einst mit dem Pathos der Beschwörung aufgescheuchten Gespenster, die einer phantastischen Umwelt bedurften, sind plötzlich mitten unter uns; und das »Normale«, das unauffällige Dasein eines Handlungsreisenden, Bankbeamten oder Landvermessers, eines auswechselbaren Durchschnittsmenschen, beginnt ins Phantastische zu entgleiten, das jedoch nichts andres ist als die sich verzerrende und dadurch enthüllende Alltäglichkeit.

Die Nicht-Übereinstimmung des Künstlers, des Schriftstellers, mit seiner gesellschaftlichen Umwelt ist für das kapitalistische Zeitalter charakteristisch. Aus diesem Auseinanderklaffen in Persönlichkeit und entfremdete Außenwelt ergeben sich gegensätzliche Methoden, die Wirklichkeit künstlerisch zu bewältigen; auf der einen Seite ein im wesentlichen romantischer *Subjektivismus*, der die Welt vom Ich aus erlebt, verurteilt, vernichtet, auf der andren Seite die kritische Distanz des Schriftstellers, der sich die Kraft zutraut, *über* der Gesellschaft zu stehen, sie in allen Zusammenhängen zu überblicken, der objektive gottähnliche Richter zu sein, Weltschöpfer zugleich und Herr des Jüngsten Gerichts. Der Standpunkt des einen ist das Mittendrinsein, das mitgerissene, vorwärtsirrende, der Welt sich widersetzende Ich, der Standpunkt des andren das Darüberstehn, Distanz des unvoreingenommenen Beobachters. Die Prosa Kleists, das Werk Stendhals und Mérimées, und, bis zur äußersten Gespanntheit, das Werk Kafkas, ist widerspruchsvolle Vereinigung des Mittendrinseins mit gewaltsam gewonnener Distanz.

Der Subjektivismus, durch zunftfreies Unternehmertum, Nonkonformismus, Pietismus vorbereitet, bemächtigte sich mit Rousseau des Romans, alte epische Normen sprengend, Dramatisches und Lyrisches in die Erzählung einbeziehend. Auf »La Nouvelle Heloïse« und die »Confessions« folgten »Die Leiden des jungen Werther«, die Romane »Anton Reiser« und »Andreas Hartknopf« von Karl Philipp Moritz, und dann kam Byron, der, wie Stendhal sagte, »das einzige Objekt seiner eigenen Aufmerksamkeit« war, und Stendhal selbst, der »Egoist«, Heine, Musset und andre. Die Methode Kafkas, die Welt im Erlebnis einer Zentralgestalt, also subjektiv darzustellen, war an sich nichts Neues; das eigentlich Neue ist die Konsequenz, mit der die Umwelt nur, oder fast nur, vom Standpunkt dieser Zentralgestalt aus gesehen wird. Viele der Nebengestalten treten zwar in feinen und festen Zügen hervor, doch nur selten wird durch ihre Augen die Umwelt wahrgenommen; außerdem sind es zumeist nur einige wesentliche Details, aus denen ihr Bild sich zusammenfügt. Von seiner Geliebten F. sprechend, hat Kafka dieses Prinzip im Tagebuch angedeutet: »An F. sehe ich äußerlich, wenigstens manchmal, nur einige zählbar kleine Einzelheiten. Dadurch wird ihr Bild so klar, rein, ursprünglich, umrissen und luftig zugleich.« Auf solche Weise zeichnet Kafka seine Gestalten, nachdem er die Gefahr seiner frühen Periode, das für viele Prager Schriftsteller charakteristische Ausschweifen in üppige Manieriertheit, überwunden, und sich zu sparsamen Mitteln, zu Reinheit und Leichtigkeit der Darstellung, erzogen hatte.

Opulente Romane ekelten den gereiften Kafka an. Die Romantiker hatten einst das Lokal- und Zeitkolorit entdeckt und eine Masse von Details, Landschaft, Architektur, Interieur, Gebrauchs- und Luxusgegenständen, akkumuliert, rings um den Helden solche äußere Wirklichkeit angehäuft. Walter Scott etwa stopfte seine Romane mit solcher Schilderung voll. »Die Tracht und die Kupferkette eines mittelalterlichen Leibeigenen sind leichter zu beschreiben als die Regungen des Menschenherzens...« schrieb Stendhal über Scott. »Die Beschreibung eines Kostüms und die *Pose* einer Person, wie nebensächlich sie auch sei, nehmen mindestens zwei Seiten cin. Die Regungen der Seele... werden in wenigen Zeilen abgetan...« Diese Entdekkung des »Milieu« und seine extensive Darstellung waren ein wichtiger Beitrag zur Bereicherung der Literatur; die Sucht jedoch, durch ein Ensemble von Gegenständen eine scheinbare Totalität darzubieten, drohte, wie Stendhal begriff, die »Regungen der Seele«, die inneren Vorgänge durch die Schilderung äußerer Umstände zu verschütten. Von Dickens, dem großen englischen Romancier, dessen »David Copperfield« ihm, als er am Amerika-Roman arbeitete, in mancher Hinsicht ein Leitbild war, sagt Kafka in seinem Tagebuch:

»Dickens Reichtum und bedenkenloses mächtiges Hinströmen, aber infolgedessen Stellen grauenhafter Kraftlosigkeit, wo er müde nur das bereits Erreichte durcheinanderrührt. Barbarisch der Eindruck des unsinnigen Ganzen, ein Barbarentum, das allerdings ich, dank meiner Schwäche und belehrt durch mein Epigonentum, vermieden habe. Herzlosigkeit hinter der von Gefühl überströmenden Manier. Diese Klötze roher Charakterisierung, die künstlich bei jedem Menschen eingetrieben werden und ohne die Dickens nicht imstande wäre, seine Geschichte auch nur einmal flüchtig hinaufzuklettern.«

In dieser Kritik (übertreibend, wie dies gegen ein Leitbild von einst häufig zu geschehn pflegt), werden faktische Unzulänglichkeiten einer für die Entwicklung der Literatur bedeutsamen Methode aufgedeckt. Es widerspricht der gesellschaftlichen, der literarischen, der künstlerischen Entwicklung, an einer Methode, und sei sie noch so verdienstvoll gewesen, für alle Zeit festzuhalten. Das Epos Homers, die Tragödien des Aeschylos und Sophokles sind an Vollkommenheit nicht zu überbieten, doch ihre gesellschaftlichen Voraussetzungen sind dahingeschwunden. Ebenso wandeln sich mit den gesellschaftlichen Voraussetzungen die Formen des Romans und des Dramas. Es kam eine Zeit, in der eine literarische Entfettungskur unumgänglich wurde; für den Roman war Kafka, für das Theater Brecht einer der Initiatoren.

Wie knapp, schlank, konzentriert, mit welcher Kunst des Weglassens und Andeutens, wird im Kapitel »Der Heizer« zu Beginn des Amerika-Romans eine gesellschaftliche Situation dargestellt! Der schwerfällige Heizer mit den mächtigen Fäusten und dem geringen Vermögen, das Unrecht, das ihm geschah, überzeugend darzutun; der Millionär, dem Recht und Unrecht vollkommen gleichgültig sind, denn für ihn entscheidend ist nur der Erfolg; der bürokratische Machtapparat (Kapitän, Schiffsoffizier, Hauptkassier) in seiner Hierarchie der Instanzen; der an die Macht sich haltende Oberheizer; der jeder Veränderung der Kräfteverhältnisse sich anpassende Diener; und schließlich Karl Roßmann, der junge Kleinbürger zwischen Proletariat und Bourgeoisie. Er tritt für das Recht des Heizers ein; plötzlich aber gibt sich der Millionär als sein sagenhafter Onkel zu erkennen und zieht ihn leise, doch unwiderstehlich, vom Heizer fort, in die Traumwelt des Reichtums. Noch einmal wendet sich Karl dem Heizer zu: »›Du mußt dich aber zur Wehr setzen, ja und nein sagen, sonst haben doch die Leute keine Ahnung von der Wahrheit. Du mußt mir versprechen, daß du mir folgen wirst, denn ich selbst, das fürchte ich mit vielem Grund, werde dir gar nicht mehr helfen können.‹ Und nun weinte Karl, während er die Hand des Heizers küßte, und nahm die riesige, fast leblose Hand und drückte sie an seine Wangen, wie einen Schatz, auf den man verzichten muß. – Da war aber auch schon der Onkel Senator an seiner Seite und zog ihn, wenn auch nur mit dem leisesten Zwange, fort...« Nichts ist überladen, nichts mit dicker Farbe gemalt, der Hafen von New York als Hintergrund nur durch einige Details leicht und luftig angedeutet, die Situation, ohne pedantischen Kommentar für Kurzsichtige oder Schwerhörige, in ihrer unaufdringlichen Wirklichkeit dichterisch, also symbolisch, dargestellt.

Im subjektiven Erlebnis und seiner intensiven Gestaltung wird nicht selten die Wirklichkeit objektiver erfaßt als durch die Objektivität wohlfunktionierender Apparate. Karl Roßmann erlebt New York: »Alles in beiden Riesenstädten ist leer und nutzlos aufgestellt.« Man mag erwidern, diese Städte seien durchaus nicht leer und alles sei höchst nutzvoll aufgestellt, und seitenlange Schilderungen all der Gegenstände in ihrer Zweckhaftigkeit, ihrem technischen und gesellschaftlichen Zusammenhang, könnten diesen Einwand erhärten – und dennoch wird in dem knappen Satz, der ein subjektives Erlebnis wiedergibt, mehr von der Wirklichkeit dieser Riesenstädte (das Naturlose, Einsame, Entfremdete) ausgesagt als in scheinbar objektiver Beschreibung. Durch solchen Subjektivismus wird nicht die *Gesamtheit* gesellschaftlicher Zusammenhänge aufgedeckt; wohl aber werden, wenn ein großes Talent am Werk ist, bedeutsame Komponenten der Wirklichkeit sichtbar, die der auf Systematik bedachte Schriftsteller nicht selten übersieht. Ich kann in dieser Methode nicht, wie Hermsdorf, eine »Entwirklichung der Umwelt« erblikken. Umwelt ist auf verschiedene Art darstellbar. Walter Scott hat Schlösser mit solcher Genauigkeit geschildert, daß schließlich nichts im Gedächtnis haften bleibt. Edgar Allen Poe hat das Haus der Usher nicht in hundert Äußerlichkeiten, sondern in einer unvergeßlichen *Atmosphäre* des Unheils dargestellt. Der *Dunst der Dinge* kann stärker wirken als die Dinge selbst es vermögen. Die scheinbare »Entwirklichung der Umwelt« kann ein Mittel sein, die Wirklichkeit intensiver darzustellen. Der Reflex eines

Zeitalters im Erlebnis und Bewußtsein eines für dieses Zeitalter typischen Charakters überdauert zumeist die umfassende Darstellung all der Objekte, deren Gesamtheit die Außenwelt ist.

Der Subjektivismus im Roman ist bewußter Verzicht auf Darstellung der *gesamten* gesellschaftlichen Wirklichkeit, Konzentration auf einige ihrer Komponenten und Tendenzen, die der Autor für wesentlich hält. Doch auch der strengste Wille zur Objektivität, zur Darstellung der Gesellschaft in der Gesamtheit ihrer objektiven Zusammenhänge, vermag im günstigsten Fall sein Ziel nur annähernd und selbst dies nur unbeweisbar zu erreichen. Kafka war sich des Problems bewußt, als er schrieb: »Wirklich urteilen kann nur die Partei, als Partei aber kann sie nicht urteilen. Demnach gibt es in der Welt keine Urteilsmöglichkeit, sondern nur deren Schimmer.« Kafka sah richtig, daß jeder nur von einem *Standpunkt* aus wahrnehmen und urteilen kann, daß jeder Standpunkt, beabsichtigt oder absichtslos, *Parteinahme* ist. Also kann nur die Partei wirklich urteilen; wenn Kafka nun hinzufügt, daß sie als Partei nicht urteilen könne, übersieht er die Möglichkeit einer Parteinahme, die in großen Zügen mit der gesellschaftlichen Entwicklung übereinstimmt. Der Standpunkt kann so gewählt sein, daß es von ihm aus möglich ist, einen weiten Bereich der Wirklichkeit im Schöpfungsprozeß neuer Wirklichkeiten zu überblicken, aber auch so, daß von ihm aus nur ins Vergangene abstürzende Bruchstücke wahrzunehmen sind. Der »Schimmer« der Urteilsmöglichkeit, von dem Kafka spricht, kann von einer verglimmenden Nachtlampe, aber auch vom Sonnenaufgang herrühren, und von diesen verschiedenartigen Lichtquellen wird der Wert des Urteils, der Grad seiner Annäherung an die Wahrheit abhängen. So war das Urteil des jakobinischen Kleinbürgers Stendhal über die nachrevolutionäre gesellschaftliche Wirklichkeit ungleich richtiger als das Urteil rückwärts gewandter Romantiker, nicht nur, weil er diese an Talent überragte, sondern auch, weil der Standpunkt, den er gewählt hatte, einen weiteren und freieren Überblick ermöglichte. Gewiß: auch dieser bedeutendste progressive Schriftsteller seines Zeitalters war nicht imstande, den Gesamtprozeß der Wirklichkeit objektiv darzustellen, und zog sich immer wieder bewußt auf seinen Subjektivismus zurück. Das Maximum des Erreichbaren ist teilweise Übereinstimmung des vom Schriftsteller gewählten Standpunkts, seiner

Parteinahme also, mit der sich entwickelnden gesellschaftlichen Wirklichkeit. Vollkommene Übereinstimmung kann, da die Wirklichkeit mannigfaltiger und listenreicher ist als jede auf noch so tiefer Kenntnis begründete Voraussicht, niemals erreicht werden.

In unserem Zeitalter ergibt sich aus der Parteinahme für die Arbeiterklasse, für den Kampf der Völker gegen den Imperialismus, aus dem Standpunkt eines undogmatischen Marxismus, die Möglichkeit weitgehender Übereinstimmung und Objektivität. Freilich nur die Möglichkeit: denn für die Darstellung der Wirklichkeit in ihrem Entwicklungsprozeß genügt nicht die Überzeugung vom Sieg des Sozialismus, nicht die Kenntnis allgemeiner gesellschaftlicher Grundgesetze, sondern es geht darum, Formen des Übergangs, des Anderswerdens in ihrer widerspruchsvollen Konkretheit darzustellen, Sosehr die große Vision der Zukunft nötig ist, damit ihr »Schimmer« auf weite Sicht zu urteilen ermögliche, sosehr gefährdet es die Objektivität der Darstellung, die Übereinstimmung mit der Wirklichkeit, wenn der Wunsch, das Morgen und Übermorgen müsse der vorwegnehmenden Formel genau entsprechen, die Unbefangenheit des Beobachters verdunkelt, wenn ein Mauerwerk von Dogmen den Standpunkt »unverrückbar« machen soll, in der Tat aber nur den allseitigen Ausblick verstellt. Die gesellschaftliche Wirklichkeit unseres Zeitalters scheint zwar, als Kampf zwischen Sozialismus und Kapitalismus, zwischen den sich befreienden Völkern und den imperialistischen Machthabern, ungemein durchsichtig, ist jedoch in ihrer allseitigen Wechselwirkung, in der Vielfalt überraschender Situationen, keineswegs leicht zu durchschauen. Ob es im Augenblick selbst dem größten und souveränsten marxistischen Schriftsteller, selbst einem Shakespeare oder Stendhal der sozialistischen Welt, möglich wäre, diese moderne Welt in ihrer Totalität darzustellen, scheint mir zweifelhaft. Außerdem: wenn wir den marxistischen Standpunkt für die Voraussetzung einer solchen Darstellung halten, behaupten wir damit keineswegs, daß nicht auch von andren Standpunkten aus wesentliche Einblicke in manchen Bereich der modernen Wirklichkeit zu gewinnen sind. »Bürgerliche« Schriftsteller, wie Thomas Mann, Robert Musil, Franz Kafka, William Faulkner, haben durch ihre Vertrautheit mit Problemen der kapitalistischen Welt in einer Periode größter geschichtlicher Umwälzungen Bedeutsames zur

Entdeckung verborgener Wirklichkeit beigetragen. Von all diesen nichtmarxistischen Schriftstellern war Kafka der Arbeiterschaft am nächsten, ohne jedoch ihren geschichtlichen Standpunkt einzunehmen.

Die phantastische Satire

Kafkas Parteinahme für die Unterdrückten ist eindeutig; um so vieldeutiger erscheint die mit seiner Methode dargestellte Wirklichkeit. Diese Methode vereinigt in bestürzender Art extremen Subjektivismus, ein ununterbrochenes Mittendrinsein, mit der Distanz des aggressiven Gelächters, der *phantastischen Satire*, deren Meister Aristophanes, Rabelais, Cervantes waren, Swift, Nestroy, Karl Kraus. Wir haben den Bericht Brods, daß die Freunde unbändig lachten, als Kafka das erste Kapitel des »Prozeß« vorlas. »Und er selbst lachte so sehr, daß er weilchenweise nicht weiterlesen konnte... Gewiß, es war kein gutes, behagliches Lachen. Aber eine Komponente guten Lachens war mit dabei –, neben den hundert Komponenten der Unheimlichkeit, die ich nicht verkleinern will.« (Die Freunde lachten, weil sie wußten, worauf sich Kafka bezog, worauf er satirisch hindeutete.) Diese Komponente des *Komischen* im Werk Kafkas tritt um so kräftiger hervor, je unbefangener der Leser sich verhält. Wer den Mut hat, seine an sich vieldeutigen und überdies von Kommentaren überhäuften Erzählungen »naiv« zu lesen, ohne der Versuch, in jedem Satz Hieroglyphen, Symbole, Allegorien zu entdecken, wird des Komischen hundertfach gewahr. (Wenn etwa Olga im »Schloß« von den korrupten Bürokraten sagt: »Hier fehlt es an Liebe nie. Unglückliche Beamtenliebe gibt es nicht.« – drängt sich das Wort Nestroys auf: »Hausherren haben noch selten hoffnungslos geliebt.«)

Das Komische ist bei Kafka zugleich das Drohende, das Unheimliche – doch war es dies bei Swift oder bei Nestroy nicht? Je weiter der Kapitalismus fortschritt, je mehr die Entfremdung überhandnahm, desto befremdender, beängstigender wurde das Komische, und das »schwarze Lachen« war sein Widerhall. Der gegen Windmühlen kämpfende Don Quichotte war eine komische Figur, weil er die Prosa einer unritterlichen Wirklichkeit nicht anerkennen wollte; diese komische war zugleich eine rührende Haltung, da der Ritter von der traurigen Gestalt stets die Möglichkeit ahnte, einer Bedrängten gegen Riesen und Monstren zu Hilfe zu eilen. Ein Element des Komischen fehlte auch nicht den Maschinenstürmern, die das sichtbare Ding zertrümmerten, in hoffnungslosem Zorn und ohne Kenntnis der unsichtbaren Produktionsverhältnisse, die das Ding zum Dämon machten. Hier jedoch war schon das Schauerliche dem Komischen beigemischt, denn zum Unterschied von den Windmühlen, die dem Don Quichotte nichts antun, sind die Maschinen zur Macht geworden, denen der Arbeiter untertan ist. Das Werk ist über den Menschen hinausgewachsen. Diese Verquickung des Komischen mit dem Schauerlichen wurde zu einem wesentlichen Merkmal des kapitalistischen Zeitalters.

In der unheimlichen Verhaftungsszene, mit welcher der »Prozeß« beginnt, ergibt sich das Komische aus der Diskrepanz der Funktion, welche die beiden Beamten als Beauftragte eines geheimnisvollen Gerichtshofs innehaben, und der Niedrigkeit ihres Benehmens. Diese Diskrepanz zwischen der unfaßbaren gesellschaftlichen Macht im Hintergrund und der individuellen Schäbigkeit der sie vertretenden Funktionäre ist im »Prozeß« wie im »Schloß« Ursprung des Komischen. Den Ansatz dazu, als jähe Entwürdigung des Mächtigen, als Sturz des Herrn in den Dreck, gab es schon in der Hanswurst-Komödie. Noch in Komödien, wie »Der zerbrochene Krug« oder »Der Revisor«, war es eine begrenzte oder erschwindelte Macht, die zu Fall kam; die wahre Macht im Hintergrund blieb unangefochten. In den Werken Kafkas aber sind es die Repräsentanten der wahren Macht, deren Niedrigkeit aufgedeckt wird, ohne daß dadurch die unsichtbaren Höheren, die anonymen Machthaber, auch nur einen Augenblick lang dem aggressiven Gelächter preisgegeben sind. Es ist nicht mehr die durchsichtige mittelalterliche Rangordnung, die durch das Komische im Nu aufgehoben wird, es ist eine undurchsichtige, nicht an faßbare Besitztümer und Privilegien, sondern an unfaßbares Kapital, an unpersönliche Organisation gebundene, durch einen ungeheuren Apparat ausgeübte anonyme Macht. Wenn der König stolpert, kann das Volk herzhaft lachen; wenn ein Apparat sich absurd gebärdet, vergeht ihm das Gelächter.

Nicht mehr das *Erhabene,* sondern das *Gräßliche* ist es, von dem nur ein Schritt zum Lächerlichen ist; diese Kombination von

Gräßlichem und Lächerlichem (von Victor Hugo als das *Groteske* definiert) wird das für die hochorganisierte kapitalistische Welt Symptomatische. Die Möglichkeit, daß ein Mensch mit dem Gehirn eines Schimpansen durch den Druck auf einen Knopf eine Stadt vernichten, ja den Weltuntergang heraufbeschwören kann, diese Inkongruenz von Machtmittel und Bewußtsein, diese Umkehrung der ursprünglichen Beziehung von Produkt und Produzenten, von Mittel und Zweck, birgt in sich die denkbar größte Komik. Dieser Widerspruch ist komisch und gräßlich zugleich. Das Lächerliche einer Situation, von der Karl Kraus sagte: »Operettengestalten spielen die Tragädie der Menschheit«, ist von solcher Gräßlichkeit, daß das Lachen an der Luft erstarrt. Auch Hitler war komisch, und Chaplin hat in seinem Film »der große Diktator« dieses Komische überwältigend gestaltet; doch das Gelächter erschrickt vor sich selbst, vergeht in der Wolke von Knochenstaub, die aus Vernichtungslagern aufstieg und sich weithin verbreitete. Die Menschheit kann nicht mehr, wie Marx gehofft hat, durch die Komödie »heiter von ihrer Vergangenheit« Abschied nehmen; das »schwarze Lachen«, das Lächerliche in gräßlicher Gestalt, ist der Wirklichkeit unseres Zeitalters immanent.

Kafkas phantastische Satire entspricht dieser Wirklichkeit. Es wäre Vereinfachung dieses vieldeutigen Werks, wollte man es *nur* als solche Satire auffassen. Da jedoch bisher Kafka entweder als Mystiker gefeiert oder als ein die Wirklichkeit deformierender Irrealist verdammt wurde, scheint es geboten, diesen satirischen Charakter des Werks hervorzuheben. Der von der Außenwelt Bedrängte – bis zum Gefühl, sie stürze über ihm zusammen – rettet sich immer wieder in die Distanz, aus welcher das Gräßliche sich als das Komische darstellt, das Erschrecken vor der Grimasse in satirische Aggression übergeht. Von einem »ungeheuer ironischen Abenteuer« spricht Günther Anders und fügt hinzu, Kafka sei diesem Abenteuer nicht gewachsen gewesen; offenkundig ist es das Verwischte, Unbestimmte des Standpunkts, satirische Objektivierung und zitterndes Mittendrinsein, und das sich daraus ergebende Ineinanderfließen gegensätzlicher Stilarten, was Anders zu diesem Urteil bewog.

Erich Auerbach verweist in seinem Buch »Mimesis« auf den Gegensatz epischer Methoden schon in vergangenen Jahrtausenden und stellt Homer und die Bibel einander gegenüber: »Auf der einen Seite ausgeformte, gleichmäßig belichtete, ort- und zeitbestimmte, lückenlos im Vordergrund miteinander verbundene Erscheinungen; ausgesprochene Gedanken und Gefühle; mußevoll und spannungsarm sich vollziehende Ereignisse. Auf der andern Seite wird nur dasjenige an den Erscheinungen herausgearbeitet, was für das Ziel der Handlung wichtig ist, der Rest bleibt im Dunkel; die entscheidenden Höhepunkte der Handlung werden allein betont, das Dazwischenliegende ist wesenlos; Ort und Zeit sind unbestimmt und deutungsbedürftig; die Gedanken und Gefühle bleiben unausgesprochen, sie werden nur aus dem Schweigen und fragmentarischen Reden suggeriert, das Ganze, in höchster und ununterbrochener Spannung auf ein Ziel gerichtet, und insofern viel einheitlicher, bleibt rätselvoll und hintergründig...«

Der europäische Roman hat sowohl von Homer wie von der Bibel gelernt, wobei Homer überwog. Martin Walser stellt in seiner sorgfältigen Kafka-Studie »Beschreibung einer Form« das epische Prinzip Kafkas dem Homerischen Epos gegenüber. In diesem Epos ist die Ordnung der Welt »ein Kontinuum, in dem alles Platz hat...« Die »extensive Totalität« dieses Kontinuums sei bei Kafka bedeutungslos geworden. An ihre Stelle sei die »intensive Totalität« des Menschen getreten, dessen Existenz »nicht mehr im Handeln, sondern im bloßen Dasein bedroht ist«. Durch die »solipsistische Reduktion«, die Kafka vollzogen habe, sei die empirische Totalität dahingeschwunden. Im Amerika-Roman gebe es noch Bezüge zu einer empirischen Welt: »In ›Prozeß‹ und ›Schloß‹ bezieht sich Kafka nicht mehr auf eine vorhandene Welt. Durch die Ausbildung seines autonomen Formvermögens hat er seine Subjektivität schon vor dem Werk überwunden. Was er jetzt noch schreibt, gewinnt von ihm unabhängiges, objektives Sein, das in seiner reinen Geschaffenheit keine Totalität empirischer Objekte anstreben muß, dafür aber eine Totalität der über die Existenz eines Menschen entscheidenden Kräfte gewinnt.«

Die aus exakter Form-Analyse sich ergebende Auffassung Walsers, daß die Dichtungen Kafkas dem Epos näher seien als dem Roman, ist ernster Erwägungen wert. Die »intensive Totalität« seiner Werke, ihrer in sich geschlossenen, für sich bestehenden Wirklichkeit, ist unbestreitbar. Für unrichtig aber halte ich, daß sich Kafka im »Prozeß« und im »Schloß« nicht mehr auf eine vorhandene Welt beziehe, daß er eine »solipsistische Reduktion«

vollzogen habe. Zu einem solchen Ergebnis kann man nur gelangen, wenn man den eminent satirischen Charakter dieser Werke übersieht. In der Tat bezieht sich Kafka hundertfältig auf die vorhandene, wenn auch unglaubwürdig gewordene Wirklichkeit der Habsburgermonarchie als Modell einer in Brüche gehenden Welt. Auch die Welt, die Swift im »Gulliver« schuf, ist eine in sich geschlossene, für sich bestehende phantastische Wirklichkeit, bezieht sich jedoch satirisch auf das England seines Zeitalters. Das Neue an Kafkas Satire ist ihr ungeheurer Subjektivismus, das vollkommene Hineinnehmen der äußeren in eine innere Wirklichkeit, wodurch das Ich seine Gegenwelt in sich selbst reproduziert. Dennoch ist der »Solipsismus« nur scheinbar; denn die intensive »Gegenwelt« entspricht einer extensiven, einer gegebenen, gefürchteten, in satirischer Aggression, in »Deutungswut« und Selbstdemütigung anerkannten Wirklichkeit, wie die zermalmenden Mächte, die unnahbaren im Hintergrund, ihrem Wesen nach einem vorhandenen Vater, ihrer Form nach den bürokratischen Instanzen des Habsburgerstaates entsprachen.

In Kafkas Werk vereinigen sich auf sonderbare Weise Elemente der Bibel und Homers, wobei das Biblische überwiegt. Das Grundelement dieser Stilmischung stammt aus dem Dunkeln, nicht aus dem Hellen, aus dem Deutungsbedürftigen also, nicht aus dem schon Gedeuteten. Dennoch wird die konkrete, die charakteristische Einzelheit der Außenwelt aufs Genaueste herausgearbeitet; das jeweils Geschaute steht in weißem Licht und scharfer Kontur vor uns, nur weiterwandernd verliert sich der Blick im Unbestimmten und Vieldeutigen. Doch eben dieser Widerspruch von deutlichem Detail und verdunkeltem Zusammenhang entspricht der gesellschaftlichen Situation, in die Kafka gestellt war, und diese Situation (nicht sein Erlebnis in ihr) wird mit der Objektivität phantastischer Satire gestaltet.

Das Bilderbuch der Welt

Kafka stellt eine Folge intensiv beleuchteter Bilder dar, deren Zusammenhang häufig im Dunklen bleibt: Hieroglyphenschrift gleichsam, nicht Buchstaben-Alphabet.

Im komplizierten Prozeß, in dem sich die naturhafte in die Wirklichkeit des Kunstwerks umwandelt, entsteht eine Fülle solcher Bilder als Brücke zwischen Natur und Kunst. Die sich entfremdende Wirklichkeit wird als Fülle von Bildern in das Innere des Menschen zurückgenommen. Diese Bilder sind keineswegs nur erinnerte Urzeit, starre »Archetypen«, sind nicht ein unabänderliches »seelisches Erbgut«, sondern verändern, erneuern, vervielfältigen sich als Ergebnis von Erfahrung, Hoffnung und Illusion. Auch die scheinbar so festen Mythen, die einen frühen Schatz an Bildern darstellen, sind der Verwandlung unterworfen, und neue Wirklichkeiten produzieren neben neuen Erkenntnissen auch neue »mythische« Leitbilder. In den Assoziationen des Künstlers kündigt sich also Wirklichkeit an, in gleichsam »präfabrizierten«, für den künstlerischen Prozeß unentbehrlichen Bruchstücken.

Solche den Künstler, den Dichter überwältigenden Bilder müssen ihren Sinn nicht augenblicklich enthüllen. Dante hat das erste Sonett der »Vita Nuova«, die Darstellung einer »wundersamen« Traumerscheinung, allen »berühmten Troubadours« seines Zeitalters zugesandt, mit der Bitte, es zu deuten. Es ist die Vision von einem Gott, der in seinen Händen das Herz des Dichters und die schlafende Beatrice trägt:

Poi la svegliava, e d'esto core ardendo
Lei paventosa umilmente pascea:
Appreso gir lo ne vedea paigendo.

(Er weckte sie, und speiste mit dem Herzen
Dem glühenden, die schüchtern es empfing:
Dann schwand er weinend hin und voll der Schmerzen.)

»Besagten Traumes wahrer Sinn wurde damals von keinem erkannt«, schrieb Dante, »jetzt aber leuchtet er auch den einfältigsten Geistern ein.« Im uralten Bild des Gottesmahls, der Kommunion, setzte das Neue sich durch, die Liebe als Passion, als romantische Leidenschaft, als »Unio Mystica« mit der Geliebten.

Niemals vermag der Künstler, der Dichter auf solche Bilder der Wirklichkeit zu verzichten; doch gibt es allgemeine Umstände, vernünftige Zeitalter, in denen das Bewußtsein dominiert, und Krisenzeiten, gesellschaftliche Verdunkelungen, unabsehbare Umwälzungen, in denen das Bildhafte, Hieroglyphische überhandnimmt.

Aus der Erschütterung Europas durch Reformation und Gegenreformation waren, im Kampfe gegen feudale Üppigkeit, puritanische Bilderstürmer hervorgegangen, Feinde der schönen Künste und jeder Sinnlichkeit; zugleich aber entstand das jesuitische Lehrstück, die Repräsentation von Dogmen und Formeln durch eine starre Fülle von Allegorien, eine unumstößliche, doch bildhafte Welt; und schließlich, zwischen den Extremen, sprach ein von Angstträumen bedrängter Humanismus in Gleichnissen, Hieroglyphen, satirischen und utopischen Visionen zu Eingeweihten.

Eine der sonderbarsten Visionen dieser Art war »Die Chymische Hochzeit«. Der Humanist Johann Valentin Andreä gab 1614 die »Fama Fraternitatis« heraus, den Bericht über einen fingierten »Orden des Rosenkreuzes«, 1615 die »Confessio Fraternitatis R. C.«, als Kampfschrift gegen den Papst, die Jesuiten, die Scholastik, für das reine Evangelium und eine »Himmel und Erde umfassende« Philosophie, 1616 »Die Chymische Hochzeit«, alles in den Jahren unmittelbar vor der Katastrophe des Dreißigjährigen Krieges. Das letzte dieser Bücher ist ein allegorischer Roman. Christian Rosenkreutz bricht auf, um sich den Prüfungen im Schloß der Auserwählten zu unterziehen. In beglückenden und bestürzenden Bildern werden die Geheimnisse der Alchimie, in ihnen aber zugleich die Angstträume eines schreckensvollen Zeitalters dargestellt: schwarze Kutten nach einem Festmahl, ein schwarzer Henker, der die Könige köpft, Häupter, in schwarzes Tuch gewickelt, Blut, in goldenem Pokal aufgefangen, »das dünkte mich wahrlich eine blutige Hochzeit«. Dennoch ist Rosenkreutz guten Mutes, scheint aus allen Prüfungen als Auserwählter hervorzugehn. Dann aber geleitet ein Knabe ihn zu einem Grabmal. »Hier«, so sagt er, »liegt Venus begraben…« und führt ihn Stufen abwärts in die Finsternis. Dort entzündet er eine Fackel. »Ich erschrak sehr und fragte, ob er dies tun dürfe. Er gab mir zur Antwort: ›Da die Königlichen Personen jetzt ruhen, habe ich nichts zu befürchten.‹ Nun erblickte ich ein zubereitetes köstliches Bett, mit schönen Vorhängen umzogen, deren einen er öffnete. Da sah ich Frau Venus (ganz bloß, denn die Decke hatte er aufgehoben) in solcher Zierde und Schönheit liegen, daß ich schier erstarrte und auch heute noch nicht weiß, ob es eine Wachsfigur war oder ein Mensch hier tot lag…« Die Begegnung mit dieser leichenhaften Frau Venus wird dem Christian Rosenkreutz zum Verhängnis. Die Sünde des Auserwählten wird ruchbar. Zum Geständnis genötigt, wird er aus dem Schloß ausgestoßen und muß den Türhüter ablösen, vor der Türe warten, bis einst ein andrer ihn ablöst.

Die wunderlichen Erlebnisse des Christian Rosenkreutz erinnern in ihrer Mischung von traumhafter Assoziation und verschlüsselter Allegorie, von Entsetzen und Entsagung, von Schuld und Scham nicht nur äußerlich an Kafka. Von Montsalvatsch und den himmlischen »Gemächern« der Kabbala bis zur unsichtbaren Burg der Rosenkreutzer ist das Schloß den einen Symbol der Gnade, den andern Inbegriff satanischer »Gegenwelt«. Das Schloß des Rosenkreutz, ein Traum von Geborgenheit in Jahren des Unheils, ist blutig und bleich von der über Deutschland heraufziehenden Katastrophe, der Schatten fliegt der Tat, das Bild dem Ereignis voran. Ebenso ist ein andres Buch des katastrophalen Jahrhunderts, »Das Labyrinth der Welt« des tschechischen Humanisten Comenius (Komenský) in seiner Mischung von Angsttraum, phantastischer Satire und verschlüsselter Utopie, in mancher Hinsicht dem Werk Kafkas verwandt. In einer erschütterten Welt werden drängende, drohende Bilder der Wirklichkeit gebannt, ehe das Bewußtsein imstande war, sie zu sichten, zu deuten, und so entsteht (nicht ausschließlich, doch in weitem Bereich) eine ahnungsvolle »prophetische«, phantastisch-satirisch-utopische Literatur als Produkt eines unausgegorenen Zeitalters...

Es wäre zu untersuchen, ob nicht Vorgänge, die sich in der modernen Welt unaufhörlich wiederholen, nahezu die Macht mythischer Bilder gewinnen: die rhythmischen Bewegungen der Maschine, der Straßenverkehr in seiner starren Unrast, das Aufleuchten von Signalen, das Verflochtensein von Mensch und Apparat, das Warten vor Schaltern, auf Straßenbahn und Autobus, die ungeheure Macht lebloser Dinge usw. Die bei verdunkeltem oder gedämpftem Bewußtsein aufsteigenden Bilder könnten also die Wirklichkeit als aufbewahrtes Erlebnis reproduzieren, in einem scheinbar phantastischen, im Grunde jedoch realen Zusammenhang. Der von solchen Bildern Überwältigte mag sie in ihrer Fülle und Folge als vieldeutig empfinden, ahnt jedoch, daß sie nicht wesenlos sind, ja vielleicht auf tiefere Zusammenhänge hindeuten als die zur Konvention gewordenen. Viele Visionen Kafkas scheinen aus solcher erinnerter, durchaus nicht »archaischer« oder »ewiger«, sondern höchst moderner Wirklichkeit zu stammen. Diese ihm entfremdete, nur durch ein kompliziertes System von Vermittlungen ihm bewußt werdende Wirklichkeit der Außenwelt *unmittelbar* zu erleben, ist seit der Romantik heftiges Verlangen des künstlerisch Produzierenden. »Hinter die Dinge« zu kommen, sie nicht im vorgezeichneten Schema, in einer sich konkret nur gebärdenden gespenstischen Abstraktheit, sondern als ursprüngliche Wirklichkeit aufzufassen, war Kafka bemüht. Wenn er zum Beispiel in der Zeitung »eine Äußerung von zuständiger schwedischer Stelle« las, es werde »trotz der Drohungen des Dreierverbands die Neutralität unbedingt gewahrt werden«, hatte er das Gefühl, daß hier »ein Stockholmer Gespenst« spreche, daß all diese Worte »nur in bestimmte Form zusammengeballte Gebilde aus Luft sind...« Kafka war nicht bereit, Wort- und Begriffs-Gespenster als Wirklichkeit anzuerkennen.

Aus einem System von Klischees auszubrechen, aus einer durch Übereinkunft, Vorurteil, Erziehung, Presse, Phrase zurechtgemachten Welt der »Tatsachen«, aus einer entwirklichten Welt also, in eine noch ungeordnete, unerforschte, gährende Wirklichkeit einzudringen, ist für den Künstler, den Schriftsteller Bedürfnis und Notwendigkeit. Ohne Ahnungsvermögen, Phantasie, »Intuition« ist diese so widerspruchsvolle Wirklichkeit unsres Zeitalters nicht zu entdecken und darzustellen, noch weniger jedoch ohne Vernunft und gesellschaftliches Bewußtsein. Nicht vor unerwarteten, mitunter unverständlichen, mythenhaft bestürzenden Bildern zurückzuschrecken, sie aber schließlich auf ein Ziel hin zu ordnen, sie dem Bewußtsein zu unterwerfen, ist mehr denn je die Aufgabe des die moderne Wirklichkeit künstlerisch Darstellenden.

Der Schriftsteller, der die Antwort parat hat, bevor er noch richtig die Frage stellte, der die Welt so sieht, wie sie zu sehen er sich programmatisch verpflichtet fühlt, der das Bestürzende zurückweist und den Gestalten, den Situationen seines Werks nicht gestattet, Eigenleben zu gewinnen, wird nicht imstande sein, diese widerspruchsvolle Wirklichkeit künstlerisch darzustellen; mag er seine Konstruktionen auch aus handfesten Tatsachen zusammenfügen, sie werden dennoch zumeist nicht mehr sein als »in bestimmte Form zusammengeballte Gebilde aus Luft«. Andrerseits begibt sich der den Bildern Vertrauende in die Gefahr, diese durch seine Phantasie reproduzierten Elemente der Wirklichkeit, die notwendig fragmentarischen Charakter haben, für die ganze Wirklichkeit zu nehmen. Kafka neigte dazu, dieses ahnungsvolle Hingegebensein an die Bilder für das entscheidende Mittel zu halten, die Geheimnisse der Welt zu erfahren, an der Wirklichkeit teilzunehmen. In seinem Werk mischte sich rationelles Denken im Detail mit einem zunehmenden allgemeinen Irrationalismus, mit dem Gefühl, im Bild, in der Chiffre der Wirklichkeit diese selbst festzuhalten.

In geschichtlichen Krisensituationen scheint die Tendenz obzuwalten, eine ins Unbekannte aufbrechende Welt entweder durch Chiffren oder durch Formeln zu bannen. Es entsteht einerseits ein Dogmatismus, der sich an überlieferte Formeln klammert und lieber die Wirklichkeit abschafft als das Lehrgebäude, andrerseits ein Zwitterwesen von Positivismus und Mystizismus, ein Geltenlassen nur des unmittelbar Geschauten, ein die Chiffre, das Symbol, das vieldeutige Bild als das einzig Wirkliche Anerkennen. Dieses In-Chiffren-Sprechen ist für viele der begabtesten jungen Schriftsteller der kapitalistischen Welt charakteristisch; es gestattet ein Verharren in Unbestimmtheit und Unentschiedenheit, eine Verschleierung des Banalen durch das Rätselhafte, einen Schwebezustand an Stelle eines Standpunkts als Ausdruck allgemeiner Enttäuschung und Verzweiflung, als bewußte Ablehnung all dessen, was auch nur entfernt an vereinfachende Agitation gemahnt. Kafka ist dieser Generation, die vom Erlebnis der Sinnlosigkeit überwältigt ist, vorangegangen; was viele nach dem Zweiten Weltkrieg empfinden, hat er schon zur Zeit des Ersten vorweggenommen.

Dieser beunruhigende »Kafkaismus« ist durch keine vereinfachende Formel, durch keinen agitatorischen Optimismus im Schatten der Atombombe zu überwinden, und auch nicht dadurch, daß man ihn als »dekadent« abtut. Gewiß: die Welt, in der dieser Kafkaismus gedeiht, ist überfüllt von Erscheinungen der Dekadenz, des Niedergangs; wer sich in dieser Welt als gegen sie immun gebärdet, kann einer sie erlebenden Generation nicht als vertrauenswürdig erscheinen. Doch tausende dieser vom Kafkaismus erfaßten jungen Leute sind in Paris gemeinsam mit Arbeitern, deren Bekenntnis der Marxismus ist, auf die Straße gegangen, haben gegen OAS und Algerienkrieg ihr Leben eingesetzt. In der totalen Negation, die Kafka gestaltet hat, ist auch die Negation der Negation verborgen, der Durchbruch aus der Entfremdung in die Entscheidung, die dem Dasein plötzlich Gemeinschaft und Sinn verleiht. Im »Grenzland zwischen Einsamkeit und Gemeinschaft« hausen heute Ungezählte. Es gilt, ihre Einsamkeit nicht als Unfug abzutun, sondern sie ernstzunehmen, ihnen Gemeinschaft nicht zur Pflicht, sondern zum Erlebnis zu machen. Denn so sehr Vernunft und Bewußtsein höchste Instanz sind, so unentbehrlich sind die »Bilder«, ist die Phantasie als eine Kraft, die verborgene Zusammenhänge aufzudecken vermag, nicht nur dem Verstand, sondern auch dem Gefühl. Es ist die Größe Brechts, daß er Bilder von mythischer Eindringlichkeit heraufbeschworen und sie mit Vernunft und Bewußtsein zum Kunstwerk geordnet hat.

Der Kafkaismus wird vorübergehn, wenn seine Voraussetzungen überwunden sind. Kafka wird bleiben.

st 241 Wolfgang Koeppen, Der Tod in Rom. Roman
192 Seiten
Der Tod in Rom ist die Geschichte einer Handvoll Menschen, die nach dem Krieg in Rom zusammentreffen: Opfer, Täter, Vorbereiter und Nachgeborene des Schreckens. Rom, die Stadt Cäsars und Mussolinis, die Heilige Stadt und die Stätte zweideutiger Vergnügungen, bringt die Vergangenheit dieser Männer und Frauen ans Licht. Koeppen beschreibt in diesem Zeitroman die verborgenen Krankheiten der deutschen Seele.

st 242 E. Y. Meyer, Eine entfernte Ähnlichkeit. Erzählungen
154 Seiten
»Meyer denkt also klar, er denkt ernsthaft und verbindlich, er scheut vor dem Simplen nicht zurück, er ist in einem wohltuenden Sinne menschenfreundlich: und dies alles nicht theoretisierend, sondern so, daß er etwas erzählt, das ich womöglich auch erzählt haben könnte. Ich bin, wie gesagt, befangen, weil ganz und gar eingenommen. Ich wünschte, vielen ginge es so.«
Rolf Vollmann, Stuttgarter Zeitung

st 243 Erich Heller, Thomas Mann. Der ironische Deutsche
364 Seiten
Diese große kritische Studie handelt von der Dichtung, nicht vom Leben Thomas Manns. Nicht Vollständigkeit ist ihr Ziel, sondern Analyse des Wesentlichen, Entscheidenden. In sechs weitangelegten Kapiteln führt Heller den Leser durch das Werk Thomas Manns. Im Mittelpunkt steht jeweils eines der Hauptwerke, dem Zugehöriges zugeordnet ist. Die Einheit des Werkes von Thomas

Mann wird sichtbar, seine Verknüpfung mit Vorhergehendem und Gleichzeitigem deutlich.

st 244 Dolf Sternberger, Gerechtigkeit für das neunzehnte Jahrhundert. Zehn historische Studien
192 Seiten
Sternberger zählt zu den Pionieren der Wiederentdeckung des neunzehnten Jahrhunderts. Dieses Jahrhundert ist die Epoche eines erneuerten Imperialismus der europäischen Großmächte, aber auch die Epoche der Sklavenbefreiung und aller Emanzipationsbewegungen. Es ist die Epoche der industriellen Verelendung, aber auch der Fabrikgesetze und der Sozialversicherung, des Nationalismus wie des Internationalismus, der bürgerlichen Vorherrschaft wie der Arbeiterbewegung.

st 245 Hartmut von Hentig, Die Sache und die Demokratie. Drei Abhandlungen zum Verhältnis von Einsicht und Herrschaft
138 Seiten
Man spricht von »Tendenzwende« und meint damit: das Ende des Traums von der Reform der Gesellschaft, die große Ernüchterung oder in den Formeln von Hentig: die Wiederherstellung der Sachgesetze gegenüber der Demokratie. Die Hoffnung der verunsicherten Menschen bleibt bei einem *common sense,* der beides vermag: sich der zunehmenden Sachkompetenz zu bedienen und sich von ihr wieder zu trennen, wo sie nur sachlich, unverständlich, unmenschlich wird. Die Weise, in der sich *common sense* organisiert, ist die Demokratie.

st 246 Hermann Broch, Schriften zur Literatur.
st 247 Kommentierte Werkausgabe, herausgegeben von Paul Michael Lützeler
Bd. 1 – Kritik, 432 Seiten
Bd. 2 – Theorie, 336 Seiten
Band 1 enthält Schriftstellerporträts – Thomas Mann, Karl Kraus, Elias Canetti, James Joyce, Robert Musil, Hugo von Hofmannsthal u. a. – sowie Rezensionen und Würdigungen der Werke von Alfred Polgar, Kasimir Edschmid, Charles Baudelaire, Aubrey Beardsley u. a., während Band 2 die thoretischen Schriften zusammenfaßt. Diese Ausgabe vermittelt erstmals ein vollständiges

Bild des Dichters, Literaturtheoretikers, Politologen, Massenpsychologen und Geschichtsphilosophen Broch.

st 248 Samuel Beckett, Glückliche Tage. Dreisprachig
Deutsch von E. und E. Tophoven
112 Seiten
»Beckett verärgert die Leute stets durch seine Ehrlichkeit ... Er zeigt, es gibt keinen Ausweg, und das ist natürlich irritierend, weil es tatsächlich keinen Ausweg gibt ... Unser fortgesetzter Wunsch nach Optimismus ist unsere schlimmste Ausflucht.« *Peter Brook*

st 249 Uwe Johnson, Berliner Sachen. Aufsätze
128 Seiten
Berliner Stadtbahn, aus dem Sommer von ausgerechnet 1961, dieser Aufsatz wird ja manchmal verlangt, dann war er nicht zu haben. Das soll von Anständen beim Schreiben handeln, dabei geht der Verfasser keinen Schritt von der S-Bahn runter. Wie, das könnte man hier nachlesen. Auch die Anstände, die Johnson mit den Westberlinern hatte, als sie die S-Bahn auszuhungern gedachten; damals zitierten die ostdeutschen Verwalter des Verkehrsmittels ihn gern. Skandal machten sie erst, als derselbe Text in einem Buch an die Teilnehmer der letzten Olympiade verschenkt werden sollte. Unerfindlich, außer, man sieht sich das an.

st 250 Erste Lese-Erlebnisse
Herausgegeben von Siegfried Unseld
160 Seiten
»Wie war jene erste Begegnung mit Literatur?«, so wurden Autoren befragt. Das Thema Erste Lese-Erlebnisse ist von Belang. Für den, der schreibt, wie für den, der liest. Für den also, der sich seines Weges durch Literatur bewußt wird. Vor allem jedoch für den jungen Leser, der dringlicher denn je der Orientierung, Anregung und Ermutigung bedarf.

st 251 Bertolt Brecht, Gedichte
Ausgewählt von Autoren
Mit einem Geleitwort von Ernst Bloch
154 Seiten
Deutschsprachige Autoren haben jene drei Gedichte ge-

nannt, die für ihr Denken und Handeln wichtig geworden sind. Aus dieser Zusammenstellung – von Volker Braun, H. M. Enzensberger, Max Frisch, Siegfried Lenz, Friederike Mayröcker, Anna Seghers u. a. – ergibt sich eine erneute Wirkungsebene der Lyrik Brechts und gleichzeitig ein Bild seiner Gegenwärtigkeit.

st 252 Hermann Hesse, Eine Literaturgeschichte in Rezensionen und Aufsätzen
Herausgegeben von Volker Michels
588 Seiten
Es gibt kaum einen »Klassiker der Moderne«, auf den nicht Hesse als einer der allerersten publizistisch hingewiesen hätte.
Besprechungen der frühesten Werke der Weltliteratur bis hin zu den Schriften zeitgenössischer Autoren (Max Frisch, Arno Schmidt, Peter Weiss) ergeben eine Literaturgeschichte in Rezensionen und Aufsätzen.

st 253 James Joyce, Briefe
Ausgewählt aus der dreibändigen, von Richard Ellmann edierten Ausgabe von Rudolf Hartung
Deutsch von Kurt Heinrich Hansen
272 Seiten
Der Herausgeber dieses Bandes war bestrebt, die Auswahl aus der riesigen Korrespondenz so vorzunehmen, daß alle wesentlichen Problemkreise und die wichtigsten menschlichen Beziehungen angemessen repräsentiert wurden.
»Die Briefe bilden eine Art Ergänzung zum Schöpfungskomplex des großen irischen Schriftstellers, ja, man könnte sagen, sie verstünden sich fast als Kommentar dazu.«
Werner Helwig

st 254 Ödön von Horváth, Die stille Revolution. Kleine Prosa
Mit einem Nachwort von Franz Werfel. Zusammengestellt von Traugott Krischke
106 Seiten
Auch mit diesen kurzen, zum Teil skizzenhaften und fragmentarischen Arbeiten erweist sich Horváth als ein

scharfsinniger Kritiker nicht nur seiner, sondern auch unserer Zeit, der – vorausahnend – das bereits gestaltet hat, was uns heute bewegt.

st 255 Hans Erich Nossack
Um es kurz zu machen. Miniaturen
Zusammengestellt von Christof Schmid
120 Seiten
Nossack ist ein Meister der kurzen Form. Seine Erzählungen und Romane enthalten eine Vielzahl in sich geschlossener Miniaturen. Solche Etüden und Miniaturen, die bisher nicht, an apokryphen Plätzen oder in Sammelbänden veröffentlicht waren, sammelt der vorliegende Band. Diese kurzen Texte, geschrieben in den Jahren zwischen 1946 und 1974, vermitteln in Minutenbildern Quintessenzen einer langen literarischen Biographie.

st 257 Thomas Bernhard, Die Salzburger Stücke
Der Ignorant und der Wahnsinnige.
Die Macht der Gewohnheit
202 Seiten
Thomas Bernhards »Salzburger Stücke« sind über den äußeren Anlaß hinaus – sie wurden in Salzburg uraufgeführt – sowohl inhaltlich als auch formal an die Stadt und ihre Festspiele gebunden. Eine musikalisch-künstlerische Tätigkeit auszuüben, sie perfekt auszuüben, das ist das Thema, das Bernhard in beiden Stücken anschlägt. Die künstlerische Perfektion als Kompensation für die Unvollkommenheit der Welt, als Kontrapunkt der Notwendigkeit zum Tode ist es, die Bernhard in seinen Figuren thematisiert.

st 258 Peter Handke, Falsche Bewegung
Filmbuch
84 Seiten
Handke erzählt in seinem Filmbuch, frei nach Goethes »Wilhelm Meisters Lehrjahre«, eine klassische Entwicklungs- und Bildungsgeschichte.
»So genau sind noch nie die Neurosen der siebziger Jahre beschrieben, die Zweifel an der Veränderbarkeit statischer Verhältnisse durch politische Aktion, die resignativen Skrupel in bezug auf eine ordentliche Beschreibung unordentlicher Verhältnisse.« *Die Zeit*

st 259 Franz Xaver Kroetz, Gesammelte Stücke
504 Seiten
Inhalt: Wildwechsel; Heimarbeit; Hartnäckig; Männersache; Lieber Fritz; Stallerhof; Geisterbahn; Wunschkonzert; Michis Blut; Dolomitenstadt Lienz; Oberösterreich; Maria Magdalena; Münchner Kindl.
»Es ist grandios, wie Kroetz in den unprätentiösen Dialekt-Dialogen immer an den richtigen Stellen das Richtige sagen läßt.« *FAZ*

st 260 Peter Suhrkamp. Zur Biographie eines Verlegers in Daten, Dokumenten und Bildern
vorgelegt von Siegfried Unseld unter Mitwirkung von Helene Ritzerfeld
246 Seiten
Am 1. Juli 1950 gründete Peter Suhrkamp seinen eigenen Verlag. Aus Anlaß des 25jährigen Bestehens wurden Zeugnisse und Dokumente, Daten und Bilder seines Lebens und seiner Arbeit gesammelt. Aus den Mosaiksteinen dieses Bandes ergibt sich der Weg Peter Suhrkamps, der unbeabsichtigt und doch konsequent zu seinem Ziele führte: »mein Beruf – dieser schöne Verlegerberuf«. Seine Biographie ist ein Stück Zeit-, Literatur- und Verlagsgeschichte.

st 262 Herbert Achternbusch, Happy
oder Der Tag wird kommen. Roman
170 Seiten
»Das ist ein Heimat- und Familienroman, ein Reiseroman, eine Geschichte über das Lieben und ein Buch über das Kino ... Ein Heimatroman über eine Heimat, die einem Angst macht – und ein Reiseroman von Reisen dorthin, wo die Geschichten einfacher, klarer, schöner sind. Reisen mit dem Kopf: von Bayern nach Bali oder zum Sambesi oder Reisen in eine noch traumhaftere Traumwelt – ins Kino, in den Western. Und immer wieder Herbert Achternbusch und die Liebe: es sind die schönsten, spukhaftesten, verworrensten Liebesgeschichten, die er bisher geschrieben hat.« *Die Zeit*

st 263 Adolf Muschg, Im Sommer des Hasen. Roman
318 Seiten
»Die Geschichte enthält Momente von ungewöhnlicher

psychologischer Finesse und Töne, die innig und doch niemals innerlich sind ... Abermals erweist es sich, daß man eine erotische Geschichte deutlich und genau erzählen kann, ohne deshalb indiskret oder gar brutal zu wirken.« *Marcel Reich-Ranicki*

st 264 Hermann Kasack, Fälschungen. Erzählung
256 Seiten
Kasack erzählt die Geschichte einer Kunstfälschung, der ein deutscher Industrieller und Sammler zum Opfer fällt. Die Konsequenz, die der Sammer für sich aus der Erfahrung zieht, daß niemand mehr ein verläßliches Gefühl für die alten Kunstwerke besitzt, ist zugleich eine innere Läuterung: ihm wird die Lebensfälschung sichtbar, der er selbst unterlag.

st 265 Fritz Rudolf Fries, Der Weg nach Oobliadooh. Roman
232 Seiten
Die jungen Leute, die diesen Roman bevölkern, leben im Leipzig der fünfziger Jahre. Sie hängen ihren eigenen Sehnsüchten nach und pfeifen auf die strengen Riten der Gesellschaftsordnung. Sie folgen der Verführung des Westens, der sich ihnen in Oobliadooh, einem Schlager von Dizzy Gillespie entnommen, symbolisiert. Doch kehren sie bald von ihrem Ausflug zurück.

st 266 Walter Höllerer, Die Elephantenuhr. Roman
Vom Autor gekürzte Ausgabe
ca. 400 Seiten
»Höllerer schreibt einen stellenweise furios zeit- und gesellschaftskritischen Roman über das Deutschland dieser Jahre, mit bemerkenswerten Kapiteln über das Verhältnis der beiden Staaten in Deutschland oder über die Identitätsneurose in beiden Teilen Berlins, mit satirisch funkelnden Skizzen über die Zustände an den Universitäten ...« *Rolf Michaelis*

st 267 Ernst Penzoldt, Die Kunst, das Leben zu lieben und andere Betrachtungen
Ausgewählt von Volker Michels
144 Seiten
Diese Auswahl aus den Bänden *Causerien* und *Die Lie-*

bende versammelt 25 Betrachtungen von zeitloser Aktualität. Zwei Jahrzehnte nach Penzoldts Tod erinnert der Band damit an einen in der Literatur unseres Jahrhunderts nicht eben häufigen Autorentypus, der bei aller Sympathie für das Rebellische, bei allem Spott gegen das Inhumane, Routinierte und Überlebte, bei allem Esprit und übermütigem Witz nie das Naheliegende übersehen oder es einer Tendenz zuliebe unterdrückt hat.

st 268 Materialien zu Alfred Döblin
›Berlin Alexanderplatz‹
Herausgegeben von Matthias Prangel
272 Seiten
Döblin hatte seinen größten Erfolg mit dem 1929 erschienenen *Berlin Alexanderplatz* (Bibliothek Suhrkamp 451). Zu diesem Buch stellt der Materialienband Dokumente der Entstehung und Wirkung zusammen. Neben Vorformen, Passagen früherer Fassungen des Werks und dem vollständigen Hörspieltext stehen Selbstzeugnisse des Autors, zeitgenössische Rezensionen und wissenschaftliche Arbeiten, die den derzeitigen Forschungsstand umreißen sollen.

st 269 Fritz J. Raddatz. Traditionen und Tendenzen.
Materialien zur Literatur der DDR. Erweiterte Ausgabe
ca. 700 Seiten
»Der Raddatz« (*Peter Wapnewski* in der *Zeit*) gilt als verläßlichste, brauchbarste Information über die DDR-Literatur wie zugleich als kritisch-selektive Analyse eines kenntnisreichen Literaturhistorikers. Raddatz hat seine Studie auf den neuesten Stand gebracht, die Bibliographie wurde erweitert und erfaßt die Primär- und Sekundärliteratur bis 1975. Was hier vorliegt, ist Lesebuch und Arbeitsmaterial zugleich.

st 270 Erhart Kästner, Der Hund in der Sonne
und andere Prosa
Aus dem Nachlaß
Herausgegeben von Heinrich Gremmels
160 Seiten
Alle Bücher Kästners sind byzantinischen Mosaiken vergleichbar, und so bot sich an, die literarischen Fragmente ebenfalls mosaikartig zu ordnen. *Im ersten Teil* geht es

um Begriffe wie Wissenschaft, Technik, Verbrauch, also um Kästners leidenschaftlichen Umgang mit dem Wesen der modernen Zivilisation. *Im zweiten Teil* folgen wir ihm auf das Erlebnisfeld zwischen Vergangenheit und Zukunft, geschichtlicher, also erlebter und gemessener, also abstrakter Zeit bis hin zu den Grenzproblemen des Todes. *Im dritten Teil* kommt der Zeitgenosse ins Bild in seinen verschiedenen Aspekten als Habenichts, Wohlständler, Langweiler, als Schweiger, Künstler, Einsiedler. Nicht Modelle des täglichen Lebens sind gemeint, sondern Symbolgestalten des Zeitgeistes.

st 278 Czesław Miłosz, Verführtes Denken
Mit einem Vorwort von Karl Jaspers
256 Seiten
Miłosz, zwar nicht Kommunist, aber zeitweilig als polnischer Diplomat in Paris, beschreibt die ungeheure Faszination des Kommunismus auf Intellektuelle. Er stellt sich als Gegenspieler marxistischer Dialektiker vor, deren Argumente von höchstem Niveau und bezwingender Logik sind. Was der konsequente totalitäre Staat dem Menschen antut, zeigt Miłosz in einer Weise, die den Menschen am äußersten Rand einer preisgegebenen Existenz wiederfindet. Von solcher Vision beschreibt der Autor ohne Haß, wenn auch mit satirischen Zügen, die Entwicklung von vier Dichtern, die aus Enttäuschung, Verzweiflung, Überzeugung oder Anpassung zu Propagandisten werden konnten.

st 279 Harry Martinson, Die Nesseln blühen
Roman
320 Seiten
Dieser Roman des Nobelpreisträgers für Literatur 1974 erzählt die Geschichte einer Kindheit. In fünf Kapiteln stehen sich Menschen in der Unordnung von Zeit und selbstgerechten Gewohnheiten gegenüber. Von der Kinderversteigerung geht der Weg Martin Tomassons durch die Schemenhöfe der Furcht, des Selbstmitleids und der Verlassenheit, bis ein fremder Tod ihn aus dieser Scheinwelt stößt. Zuletzt kommt Martin als Arbeitsjunge ins Siechenheim. In dieser Welt des Alterns, der Schwäche, der Resignation regiert der schmerzvolle Friede der Armut. Martin klammert sich an Fräulein Tyra, die Vor-

steherin. Ihr Tod liefert ihn endgültig dem Erwachen aus.

st 281 Harry Martinson, Der Weg hinaus
Roman
362 Seiten
Dieser Band setzt die Geschichte des Martin Tomasson fort. Das ist Martins Problem: die Bauern, bei denen er als Hütejunge arbeitet, beuten seine Arbeitskraft aus. Er wird mit Gleichgültigkeit behandelt, die Gleichaltrigen verhöhnen ihn mit kindlicher Grausamkeit. Ihm bleibt nur die Flucht ins »Gedankenspiel«, in eine Scheinwelt, aufgebaut aus der Lektüre von Märchen und Abenteuergeschichten. Die Zukunft, von der Martin sich alles erhofft, beginnt trübe: der Erste Weltkrieg ist ausgebrochen. Der Dreizehnjährige schlägt sich bettelnd durchs Land, um zur Küste zu kommen. Immer in Gefahr, aufgegriffen zu werden, erreicht er zu guter Letzt eine der Seestädte.

st 285 Kurt Weill, Ausgewählte Schriften
Herausgegeben mit einem Vorwort von David Drew
240 Seiten
Dieser Band druckt Weills eigene in wichtigen Musikzeitschriften veröffentlichte Beiträge wieder ab. Darüber hinaus bringt er zum ersten Mal eine Auswahl aus etwa 400 Artikeln, die Weill in den Jahren 1925–1929 für die Berliner Wochenzeitschrift *Der Berliner Rundfunk* schrieb. Diese Aufsätze zum Thema Rundfunk sind eine wichtige Ergänzung zu den theoretischen Aufsätzen, in denen Weill sich zu Funktion und Wirkung des Musiktheaters in einer modernen Gesellschaft äußert und die Aspekte seiner Zusammenarbeit mit Georg Kaiser, Bertolt Brecht und Caspar Neher untersucht.

Alphabetisches Gesamtverzeichnis der suhrkamp taschenbücher